DER POTSDAMER PLATZ

Ernst Ludwig Kirchner und der Untergang Preußens

DER POTSDAMER PLATZ

Ernst Ludwig Kirchner und der Untergang Preußens

Herausgegeben von
Katharina Henkel und Roland März

Mit Beiträgen von
Thomas Friedrich
Katharina Henkel
Marion Hoock
Fritz Jacobi
Roland März
Christian Saehrendt
Sherwin Simmons
Rita E. Täuber
Katrin Wiethege

G+H Verlag Berlin

SMPK Nationalgalerie Berlin

Impressum

Dieser Katalog erscheint anläßlich der Ausstellung
»Der Potsdamer Platz. Ernst Ludwig Kirchner und der Untergang Preußens«
vom 27. April bis 12. August 2001 in der Neuen Nationalgalerie, Staatliche Museen zu Berlin.

Die Ausstellung wurde durch die Stiftung Deutsche Klassenlotterie Berlin ermöglicht
und ist Teil der Gemeinsamen Landesausstellung in Berlin und Brandenburg.

Katalog
Herausgegeben von Katharina Henkel und Roland März
Redaktion: Katharina Henkel
Lektorat: Elke Goemann und Katharina Henkel
Gestaltung: Reinhard Pannier, Mitarbeit: Stefan Wendel, form-L1, Berlin
Herstellung und Druck: Reiterdruck, Berlin

Ausstellung
Konzeption: Roland März
Ausstellung: Katharina Henkel und Roland März
Organisation: Gabriele Bösel
Restauratorische Betreuung: Carolin Bohlmann, Otto Hubacek, Stefanie Dietz, Andrea Sartorius
Graphik: Reinhard Pannier, Mitarbeit: Stefan Wendel, Olaf von Sass, form-L1, Berlin
Hängung: Udo Beisert und Thomas Seewald
Multivision: Visual Arts; Andrea Frey, Christian Nosch, Philip Bause
Ausstellungsarchitektur: Kahlfeldt Architekten, Berlin

Für ihre Hilfe und Unterstützung danken wir ganz besonders Benita Piechaczek und Benjamin Spira
sowie Gerda Berger, April Eisman, Dorit Häßler, Marion Hoock, Anna Lemke Duque, Karin Rhein,
Christian Saehrendt, Jeanette Schäfer und Elena Zanichelli.

Abbildungen
Umschlag Vorderseite: Ernst Ludwig Kirchner: Potsdamer Platz (Detail), 1914, Öl auf Leinwand,
Nationalgalerie – Staatliche Museen zu Berlin,
© by Dr. Wolfgang & Ingeborg Henze-Ketterer, Wichtrach/Bern
Vorsatzblatt Max Missmann: Potsdamer Platz zu Berlin, Haus Vaterland, 1914,
© Stiftung Stadtmuseum, Photosammlung, Berlin
Nachsatzblatt Blick in nordwestliche Richtung über das Gebiet des ehemaligen Potsdamer Bahnhofes.
Rechts das Weinhaus Huth an der quer durch das Bild verlaufenden Linkstraße, Oktober 1990,
© Robert Paris, Berlin
Frontispiz Ernst Ludwig Kirchner: Selbstportrait als Soldat, im Atelier Berlin-Steglitz, Körnerstr. 45, 1915,
Photographie, Kirchner Museum Davos, © by Dr. Wolfgang & Ingeborg Henze-Ketterer, Wichtrach/Bern

Informationen zur Ausstellung unter www.kirchner-potsdamerplatz.de

Die Deutsche Bibliothek - CIP Einheitsaufnahme

Der Potsdamer Platz : Ernst Ludwig Kirchner und der Untergang Preußens ; [anläßlich der Ausstellung
»Der Potsdamer Platz. Ernst Ludwig Kirchner und der Untergang Preußens«, vom 27. April bis 12. August 2001
in der Neuen Nationalgalerie, Staatliche Museen zu Berlin – Preußischer Kulturbesitz] / SMPK, Neue Nationalgalerie.
Hrsg. von Katharina Henkel und Roland März. Mit Beitr. von Thomas Friedrich .... - Berlin : G-und-H-Verl., 2001
ISBN 3-931768-61-9 (Buchh.-Ausg.)
ISBN 3-88609-451-0 (Museumsausg.)

Inhalt

8 **Vorworte**

14 **Dank**

16 **1914 – Preußens apokalyptischer Sommer**
Von der Lust und Unlust am Untergang
Roland März

32 **Am Abgrund: Kirchners Potsdamer Platz**
Roland März

50 **Stadttor, Bahnhof, Warenwelt**
Der Potsdamer Platz
Thomas Friedrich

68 **Eine Haßliebe**
Kirchner im wilhelminischen Berlin
Roland März

96 **Die ›Brücke‹ in Berlin**
Katharina Henkel

112 **Berlin – Zwischen Tag und Nacht**
Marion Hoock

128 **Luxus, Mode, Unsittlichkeit**
Sherwin Simmons

138 **Ein ›Alter Meister‹ der Selbstinszenierung**
Christian Saehrendt

148 **Kirchner, Lehmbruck und die Skulptur**
Fritz Jacobi

162 **Kirchner – Berlin und die neue Literatur**
Katrin Wiethege

170 **Der Tod für die Idee**
Die Expressionisten und der Weltkrieg
Katharina Henkel

196 **Kirchners Berliner Jahre 1911 bis 1917**
Katharina Henkel

208 **Annäherungen**
Kunst und Prostitution im Kaiserreich
Rita E. Täuber

218 **Kokotten & Freier**
Rita E. Täuber

236 **Heilige Hure**
Travestie und Groteske
Roland März

244 **Der veristische Eros**
Rita E. Täuber

258 **Metropolis**
›Berlin, dein Tänzer ist der Tod‹
Roland März

297 **Verzeichnis der ausgestellten Werke und Illustrationen**
Benita Piechaczek

313 **Bibliographie**
Karin Rhein

315 Nachweis der Bildrechte

316 Personenregister

Vorworte

Das Preußenjahr 2001 bietet an einer Vielzahl von Orten in Berlin und Brandenburg die Gelegenheit, auf den Spuren der Vergangenheit zu wandeln. Hier spielte sich in den Schlössern wie auf den Schlachtfeldern, in Schulen und Fabriken, auf Höfen und in Kirchen der erstaunliche Aufstieg Preußens zu einer europäischen Großmacht ab, die bei vielen Beobachtern trotz mancher Rückständigkeit als modernstes Staatswesen des Kontinents galt.

Auch dreihundert Jahre nach der Krönung des preußischen Königs und über fünfzig Jahre nach seinem Untergang hört dieses einzigartige Gebilde nicht auf, uns Nachgeborene zu faszinieren. Und so wenig eine staatliche Wiedergeburt zu erwarten oder zu befürchten wäre, so lebendig ist es in vielem geblieben. Gerade in Berlin und Brandenburg erinnern nicht nur Orte, Straßen und Plätze an diese gemeinsame Geschichte, auch in den Schlössern, Museen und Bibliotheken ist sie lebendige Wirklichkeit.

Die Veranstaltungen rund um das Jubiläum können helfen, einen Teil der preußischen Ideale, Ideen und Tugenden für unsere Gegenwart zu erschließen. Das Zusammenleben von Menschen unterschiedlicher Herkunft, die sich an die bestehende Werte- und Rechtsordnung halten, die Toleranz zwischen verschiedenen Religionsgemeinschaften, die Betonung der Pflichten gegenüber dem Nächsten, der Loyalität gegenüber dem Staat, Sparsamkeit, Effizienz und Akuratesse, all das gehört zum preußischen Vermächtnis für das neue Jahrhundert. Ich denke, wir können uns auch heute noch durchaus von Preußen inspirieren lassen und jenseits der Mythen und Legenden noch einiges von Preußen lernen.

Eberhard Diepgen
Regierender Bürgermeister von Berlin

Berlin und Brandenburg begehen das Preußenjahr 2001 gemeinsam. Bereits bei den Vorbereitungen war man sich einig, daß der 300. Jahrestag der Selbstkrönung des Kurfürsten zum König Friedrich I. kein Datum der Bilanzierung, der Abrechnung sein darf.

Die Regentschaft preußischer Könige war eher kurz im historischen Vergleich. Dennoch hat sie Deutschland unübersehbar geprägt. Das ist eine Tatsache, egal ob sie gefällt oder nicht. An Preußen scheiden sich die Geister. Es weckt widersprüchliche Emotionen, spricht nicht selten eher den Bauch als den Kopf an. Preußen wird bewundert und kritiklos verehrt, beargwöhnt und gar gehaßt.

Wer sich mit der Geschichte Preußens befaßt, tut gut daran, sich diese widersprüchlichen Reaktionen bewußt zu machen. Der preußische Staat war durch Zweideutigkeiten und Ambivalenzen geprägt. Der preußische Adler – so hatte es hellsichtig Madame de Staël bereits 1810 definiert – »zeigt ein Doppelgesicht wie der Januskopf: ein militärisches und ein philosophisches.«

Mit den Veranstaltungen im Preußenjahr soll also kein neuer Vorstoß unternommen werden, Bilanz zu ziehen über Preußen. An Anstrengungen, dies ernsthaft und endgültig zu tun, hat es gerade in den vergangenen Jahrzehnten nicht gefehlt – man denke nur an die erste große Preußen-Ausstellung in der Bundesrepublik, die 1981 über eine halbe Million Besucher in der Berliner Martin-Gropius-Bau zog und eine bis dahin kaum vorstellbare Springflut an Veranstaltungen und Veröffentlichungen, an Debatten und Diskussionen mit sich brachte.

Vieles ist aus diesen Versuchen zu lernen, besonders wichtig scheint die Erkenntnis, daß es ein Ende der Beschäftigung mit Preußen nicht geben kann – und nicht geben sollte. Es geht um Selbstvergewisserung in der Gegenwart, um Orientierung für die Zukunft. Landesgeschichte stiftet Identität und weist Wege. Auch in diesem Sinne ist die Einladung zum Besuch der Ausstellungsorte des Preußenjahres 2001 in Berlin und Brandenburg zu verstehen.

Die Region heißt ihre Gäste willkommen. So vielfältig wie die Ausstellungsorte sind, so breitgefächert ist das Angebot. Kommen Sie, schauen Sie, diskutieren Sie mit! Brandenburg und Berlin freuen sich auf die Neugier und den Disput!

Manfred Stolpe
Ministerpräsident des Landes Brandenburg

»Wer die Schönheit angeschaut mit Augen, / Ist dem Tode schon anheimgegeben«, – diese Verse August von Platens, Lyriker von preußischem Adel, liefern ein vielfältiges Motto zu dieser anregenden Ausstellung der Nationalgalerie zum Preußenjahr 2001.

Schon der Blick auf's Detail, das Antlitz der Kokotte auf Kirchners Meisterwerk *Potsdamer Platz*, enthüllt Schönheit als Verhängnis. Gerda Schilling, die hier als erotische Königin des Potsdamer Platzes porträtierte Freundin Kirchners, verschwand kurze Zeit danach unauffindbar in der Unterwelt. Ihre ebenfalls im Tanzlokal auftretende Schwester Erna Schilling, die auf Kirchners *Potsdamer Platz* getarnt als verschleierte Kriegerwitwe vor dem Potsdamer Bahnhof dem einschlägigen Gewerbe nachgeht, wurde als Melancholikerin hingegen zur Lebensstütze für Ernst Ludwig Kirchner. Als Kriegsfreiwilliger nach Vollendung des *Potsdamer Platz* eingezogen, erlitt dieser nach kurzem Militärdienst einen völligen Nervenzusammenbruch. Wie gelähmt verließ Kirchner Deutschland und suchte in der Einsamkeit der Schweizer Bergwelt Zuflucht, um wieder zur Kunst zurückzufinden.

Die Großstadt, der Krieg, die Erotik und die Kunst – unsere Ausstellung bündelt gefährliche Schicklichkeiten und Schönheiten, die der Verblendungszusammenhang und inspirierte Wahn des wilhelminischen Kaiserreiches mitsamt dem alten Preußen dem Untergang zuführte. Ihm folgte ein junges Preußen, das Berlin von Dada bis Hitler, das ein erneuter menschenverachtender Wahnsinn nun in den absoluten Untergang und Ernst Ludwig Kirchner als Mitleidenden an Deutschland schließlich in den Selbstmord trieb.

»Der Potsdamer Platz. Ernst Ludwig Kirchner und der Untergang Preußens«, das ist eine dramatische Ausstellung zu einer der spektakulärsten Erwerbungen, die für die Nationalgalerie in der Amtszeit Wolf-Dieter Dubes als Generaldirektor der Staatlichen Museen zu Berlin gelungen ist. Ihm gilt deshalb zuerst unser herzlicher Dank. Ermöglicht wurde diese großartige Erwerbung durch die vereinten Anstrengungen von Bund, Land Berlin, KulturStiftung der Länder, dem Ernst von Siemens-Kulturfond, der Kulturstiftung der Deutschen Bank sowie weiteren Mäzenen. All diesen zusammenwirkenden Institutionen und Personen sei an dieser Stelle ebenfalls nochmals sehr herzlich gedankt.

Kirchners lebensgroßes Gemälde *Potsdamer Platz*, das in der Kunstgeschichte als Ikone des deutschen Großstadt-Expressionismus gilt, bildet mit all seinen zeithistorischen und biographischen Bezügen den Ausgangspunkt unserer Ausstellung. Sie versteht sich als Essay, der die entscheidenden Themen Großstadt, Eros, Kunst und Krieg in einem spannungsreichen Dialog vom Impressionismus zum Expressionismus, bis hin zum Verismus in sämtlichen Ausstellungsräumen der Neuen Nationalgalerie durchdekliariert. Mit den Kokotten und Freiern des Edouard Manet, Henri de Toulouse-Lautrec und Edvard Munch, dem nächtlichen Berlin, gesehen von Max Beckmann, Emil Nolde und Lesser Ury, taucht die moderne, tumultuarisch bewegte Großstadt auf, die auch Ernst Ludwig Kirchner malte. Dabei dienen Kirchners Kokottenbilder nie der moralischen Entrüstung, sondern im fiebrigen Farb- und Formklima zeigen sie die raubtierhafte Versammlung von Gleichgesinnten als Sinnbild großstädtischer Entfremdung wie jene melancholische Faszination, die von der käuflichen Komponente solch großstädtischer Entfremdung ausgeht. Der ›häßliche Eros‹ der Prostitution und der ›kalte Blick‹ auf die Zeitphysiognomie in den »Roaring Twenties« von Otto Dix, George Grosz und Christian Schad bilden die Perspektive einer Ausstellung, die in Tag- und Nachtgesichtern den Januskopf von Vertrautheit und Fremde, Urbanität und Sexus spiegelt. An deren Ende steht Berlin-Dada als radikale Abrechnung mit dem weiterlebenden Militarismus der wilhelminischen Ära in den Zwangziger Jahren und dem Ausblick auf die Nationalsozialisten, die nach 1933 Preußen schließlich endgültig in den Untergang führten.

Die Ausstellung »Der Potsdamer Platz. Ernst Ludwig Kirchner und der Untergangs Preußens« vereint , ausgehend vom Sammlungsbestand der Nationalgalerie, Meisterwerke von Kirchner, seinen Vorläufern und Zeitgenossen aus den namhaftesten europäischen und amerikanischen Museen und Privatsammlungen. Nach der großen Ausstellung »Das XX. Jahrhundert. Ein Jahrhundert Kunst in Deutschland« vor zwei Jahren bedurfte es enormer Anstrengungen, um noch einmal eine Vielzahl so außerordentlicher Werke der klassischen Moderne in unserer Ausstellung zu vereinen.

Unser sehr herzlicher Dank geht deshalb an die Leihgeber, deren Großzügigkeit wir diese Ausstellung verdanken, aber auch an all jene, die unser ambitioniertes Vorhaben mit Rat und Tat begleitet haben. Besonders danken möchten wir Kirchners Nachlaßverwalter Dr. Wolfgang Henze und Frau Ingeborg Henze-Ketterer in Wichtrach/Bern, Herrn Dr. Eberhard W. Kornfeld, Bern, und Herrn Wolfgang Wittrock, Düsseldorf, der als Vermittler wesentlich zur Erwerbung des Gemäldes »Potsdamer Platz« von Ernst Ludwig Kirchner beitrug. Alle Leihgeber haben sich für längere Zeit von einigen ihrer Meisterwerke in den Sammlungen getrennt. Dafür sei ihnen allen nochmals herzlich gedankt.

Die Ausstellung und der Katalog wurden in der Berliner Nationalgalerie mit besonderer Hingabe und ungewöhnlicher Intensität erarbeitet. Roland März, der die Konzeption entwarf, hat unseren mit vielen Facetten zum Thema angelegten Ausstellungsessay von Anbeginn in sehr enger Zusammenarbeit mit Katharina Henkel verwirklicht. Besonderer Dank ergeht auch an Gabriele Bösel, ohne ihr Engagement und ihre Umsicht bei der Organisation wäre diese Ausstellung in der Kürze der verfügbaren Zeit nicht möglich gewesen. Ihnen allen, Benita Piechaczek und Benjamin Spira eingeschlossen, gilt unser sehr herzlicher Dank.

Zum wiederholten Male durfte sich die Berliner Nationalgalerie auch bei dieser Ausstellung, die Teil der Gemeinsamen Landesausstellung Berlin und Brandenburg Preußen 2001 ist, auf die großzügige finanzielle Förderung durch die Stiftung Deutsche Klassenlotterie Berlin verlassen. Ihr sind die Nationalgalerie und alle Freunde der Kunst Ernst Ludwig Kirchners zu großem Dank verpflichtet.

Peter-Klaus Schuster
Nationalgalerie Berlin

Dank

Für die freundliche Überlassung von Leihgaben danken wir folgenden Museen, Institutionen und privaten Sammlern:

Bedburg-Hau, Stiftung Museum Schloss Moyland – Sammlung van der Grinten – Joseph Beuys Archiv des Landes Nordrhein-Westfalen

Berlin, Agentur für Bilder zur Zeitgeschichte

Berlin, Berlinische Galerie, Landesmuseum für Moderne Kunst, Photographie und Architektur

Berlin, Bröhan-Museum, Landesmuseum für Jugendstil, Art Deco und Funktionalismus (1889–1939)

Berlin, Brücke-Museum

Berlin, Deutsches Historisches Museum

Berlin, Filmmuseum Berlin, Deutsche Kinemathek

Berlin, Galerie Berinson

Berlin, Galerie Bodo Niemann

Berlin, Jeanne-Mammen-Gesellschaft

Berlin, Käthe-Kollwitz-Museum Berlin

Berlin, Sammlung P.H.G.

Berlin, Staatliche Museen zu Berlin, Kunstbibliothek

Berlin, Staatliche Museen zu Berlin, Kupferstichkabinett

Berlin, Stiftung Archiv der Akademie der Künste, Kunstsammlung

Berlin, Stiftung Stadtmuseum Berlin

Bern, E.W.K.

Bern, Paul-Klee-Stiftung, Kunstmuseum Bern

Bremen, Kunsthalle Bremen

Davos, Kirchner Museum Davos (E. L. Kirchner Stiftung)

Dresden, Staatliche Kunstsammlungen Dresden, Galerie Neue Meister

Dresden, Staatliche Kunstsammlungen Dresden, Kupferstich-Kabinett

Düren, Leopold-Hoesch-Museum der Stadt Düren

Düsseldorf, Galerie Vömel

Düsseldorf, Kunstsammlung Nordrhein-Westfalen

Düsseldorf, Sammlung Cary und Dan Georg Bronner

Düsseldorf, Wolfgang Wittrock Kunsthandel

Duisburg, Lehmbruck Nachlaß in der Stiftung Wilhelm Lehmbruck Museum

Duisburg, Stiftung Wilhelm Lehmbruck Museum

Frankfurt am Main, Sammlung Deutsche Bank

Frankfurt am Main, Städelscher Museums-Verein e.V.

Freital, Städtische Sammlungen Freital Stiftung Friedrich Pappermann

Friedrichshafen, Zeppelin Museum Friedrichshafen – Technik und Kunst

Gelsenkirchen, Städtisches Museum Gelsenkirchen

Hagen, Karl Ernst Osthaus-Museum der Stadt Hagen

Halle, Staatliche Galerie Moritzburg Halle, Landeskunstmuseum Sachsen-Anhalt

Hamburg, Hamburger Kunsthalle

Hannover, Niedersächsisches Landesmuseum

Hannover, Sprengel Museum Hannover

Karlsruhe, Mirko Heipek

Karlsruhe, Staatliche Kunsthalle Karlsruhe

Lübeck, Museum für Kunst und Kulturgeschichte

Madrid, Museo Thyssen-Bornemisza

Milwaukee, Sammlung Familie Fishman

München, Bayerische Staatsgemäldesammlungen

München, Erika und Werner Krisp

Neukirchen, Stiftung Seebüll Ada und Emil Nolde

New York, Douglas & Nash, Partnership

New York, The Museum of Modern Art

New York, The Solomon R. Guggenheim Museum

Oslo, Munch-museet

Oslo, Nasjonalgalleriet

Paris, Centre Georges Pompidou, Musée National d' Art Moderne

Paris, Musée Picasso

Sammlung Hermann Gerlinger

Stuttgart, Galerie der Stadt Stuttgart

Stuttgart, Graphische Sammlung der Staatsgalerie Stuttgart

Stuttgart, Staatsgalerie Stuttgart

Wien, Leopold Museum – Privatstiftung

Wuppertal, Von der Heydt-Museum

Zürich, Kunsthaus Zürich, Vereinigung Zürcher Kunstfreunde

sowie weiteren Sammlern, die nicht genannt werden möchten.

Für Rat, Hilfe und Vermittlung danken wir:

Sigrid Achenbach, Götz Adriani, Claus Bärwald, Michael Baumgartner, Reinhold Baumstark, Hubert Beck, Christoph Becker, Anita Beloubek-Hammer, Axel Benz, Heinz Berggruen, Hendrik A. Berinson, Ulrich Bischoff, Petra Bloedorn-Meyer, Dirk Blübaum, Christoph Brockhaus, Hans Brockstedt, Margrit Bröhan, Dan Georg Bronner, Wolfgang Büche, Ursula Cosmann, Birgit Dalbajewa, Lisa Dennison, Christoph Graf Douglas, Alexander Dückers, Sybille Ebert-Schifferer, Doris Edler, Arne Eggum, Dorothea Eimert, Volkmar Essers, Bernd Evers, Sabine Fehlemann, Michael Fehr, Bernd Finkeldei, Marvin L. Fishman, Janos Frecot, Martin Fritsch, Wolfram Gabler, Ulrike Gauss, Hermann Gerlinger, Elisabeth Giese, Sebastian Giesen, Barbara Göpel, Alfred Gottwaldt, Heide Grape-Albers, Milena Gregor, Franz Joseph van der Grinten, Lucius Grisebach, Sabine Gruber, Rolf Günther, Reiner Güntzer, Ekhard Haack, Mirko Heipek, Wolfgang Henze, Ingeborg Henze-Ketterer, Wulf Herzogenrath, Wolfgang Holler, Christian von Holst, Jenns Howoldt, Friedhelm Hütte, Ralph Jentsch, Joachim Kaak, Paul Kahlfeldt, Florian Karsch, Diethart Kerbs, Stefanie Ketzscher, Heidrun Klein, Christian Klemm, Lothar Klünner, Eberhard W. Kornfeld, Ulrich Krempel, Thomas Krens, Andreas Kreul, Anita Kühnel, Landesarchiv Berlin, Marit Lange, Hans-Ulrich Lehmann, Christoph Lehmbruck, Gottlieb Leinz, Elisabeth und Rudolf Leopold, Tomàs Llorens, Lutz S. Malke, Ron Manheim, Massimo Martino Fine Arts & Projects Mendrisio, Karin von Maur, Wolfgang Meighörner, Jörn Merkert, Achim Moeller Fine Art Ltd. New York, Magdalena M. Moeller, Freya Mülhaupt, Tobias G. Natter, Bodo Niemann, Norbert Nobis, Hans Ottomeyer, Alfred Pacquement, Gesche Poppe, Ursula Prinz, Pyms Gallery London, Ewald Rathke, Gérard Regnier, Manfred Reuther, Thorsten Rodiek, Cora Rosevear, Bernd Schälicke, Gudrun Schmidt, Johann-Karl Schmidt, Uwe M. Schneede, Katja Schneider, Klaus Schrenk, Sabine Schulze, Carla Schulz-Hoffmann, Roland Scotti, Nicholas Serota, Martina Sitt, Tone Skedsmo, Viktoria von Specht, Toni Stooss, Ingrid Streckbein, Margret Stuffmann, Wolfgang Trautwein, Ullstein Bilderdienst Berlin, Kirk Varnedoe, Edwin Vömel, Wolfgang Werner, Gerhard Wietek, Wolfgang Wittrock, Hela Zettler, Armin Zweite.

1914 – Preußens apokalyptischer Sommer
Von der Lust und Unlust am Untergang

Roland März

Schicksalsjahr 1914. Auf die »Urkatastrophe« Erster Weltkrieg im frühen 20. Jahrhundert ist seit Jahren schon mit aller Leidenschaft und Unbedachtheit drauflos visioniert, aber auch mit kaltem Kalkül zielstrebig hingearbeitet worden. Als erster hat der poète-prophète und Kulturkritiker Friedrich Nietzsche mit seinem rigorosen »Versuch einer Umwerthung aller Werthe« den Konflikt zwischen Künstlertum und Bürgerlichkeit, Vision und brüchiger Realität im Deutschen Kaiserreich, zu schüren gewußt. In der Vorrede seiner Fragmente über den »Willen zur Macht« schrieb er 1888: »Unsere ganze europäische Kultur bewegt sich seit langem schon in einer Tortur der Spannung, die von Jahrzehnt zu Jahrzehnt wächst, wie auf eine Katastrophe los: unruhig, gewaltsam, überstürzt: einem Strom ähnlich, der ans Ende will, der sich nicht mehr besinnt, der Furcht davor hat, sich zu besinnen.«[1]

Die nachfolgende Generation der expressionistischen Avantgarde hat die prophetische Diagnose des Entlarvungsphilosophen Friedrich Nietzsche nach der Jahrhundertwende mit wachsender Faszination und unterdrücktem Unbehagen geradezu verschlungen. Der Umstürzler Nietzsche bot das geistige Beispiel der Selbstbefreiung von geistiger Gängelung und kultureller Ausgrenzung, von autoritärem Zwang und nationalistischer Großmannssucht, von Erwerbsgier und forcierter Mechanisierung im wilhelminischen Kaiserreich. Später resümierte Gottfried Benn: »... für meine Generation war er das Erdbeben der Epoche«.[2]

In Berlin herrschte Wilhelm II., König von Preußen und Kaiser des Deutschen Reiches, schlecht beraten von seinem ladestocksteifen Hofmaler Anton von Werner, unumschränkt eingeschränkt auch in allen Angelegenheiten der Kunst und Kultur. Die Künstler, die außerhalb des akademischen Betriebes und des höfischen Geschmacks standen, wußten darum, »... daß der Kaiser, seines fürchterlichen Kunstgeschmacks wegen, es ist der einer Köchin oder eines Bäckergesellen ...«[3], die Avantgarde jenseits der verbrauchten Konventionen in den Künsten verabscheute. Mit den pompösen Hohlkörpern preußisch-germanischer Geschichte und Mythologie in der Siegesallee des Tiergartens krönte der Kostüm-Kaiser als »Siegfried Meyer«, so Paul Klee, sein kulturelles Sendungsbewußtsein. Das Volk sollte mit den hehren Idealen moralisch aufgerichtet werden. Auch in Fragen der Kunst war er der typische Besserwisser, anmaßend, eitel und schnurgerade intelligent, der die sozial engagierte Kunst der Käthe Kollwitz und des Heinrich Zille in die dreckige Niederung der »Rinnsteinkunst« zog und zudem der erklärte Feind der Impressionisten und der außer Rand und Band geratenen Expressionisten war. Als er den Künstlern der »Berliner Secession« um Max Liebermann den Auftritt auf der Weltausstellung in St. Louis verwehrte, erhob sich mit der Gründung des »Deutschen Künstlerbundes« 1903 in Weimar zunehmend Widerspruch. Harry Graf Kessler, der Initiator des Bundes, erklärte: »Der Schutz der Individualität aber dort, wo er notwendig ist! Und wir danken gefälligst für eine Kunstrepublik mit Wilhelm II. an der Spitze.«[4] Das seit seiner Gründung bei der Aufteilung der Welt zu spät gekommene und von Preußen geführte Deutsche Reich drängte mit imperialistischer Machtpolitik, mit offener und verdeckter Militarisierung zum »Platz an der Sonne«. Der unberechenbare »Heldenkaiser« wollte auch Europas Sonnenkönig sein, »der wie kein anderer sogar ein vernünftiges Vorhaben in eine gefährliche Dummheit verwandeln konnte«.[5] Der rapide Fortschritt in Wissenschaft, Technik und Wirtschaft sowie die Bevölkerungsexplosion in den Großstädten Deutschlands täuscht darüber hinweg, daß im Leben der Gesellschaft patriarchalische Autorität und in der Kultur lähmendes Schneckentempo herrschte: »Die Zeit aber war wütend darauf aus, alles Besondere, Individuelle aufzuspüren und als ein Hindernis zu beseitigen. Eine destruktive, entwertende, schändende Zeit. Wer sich nicht anbietet, wird vergewaltigt. Unerhörter Auf- und Abbau der im Spiel befindlichen Kräfte.«[6] »Kasernierung und Korsettierung«, das waren die preußischen Zwangsjacken, das nicht gelebte Leben im Reiche Wilhelm II. Trotzdem wurde der geistige Mensch vom liberalen Bürgertum und von der jüdischen Intelligenz sowie einigen wenigen Schriftstellern, wie Heinrich Mann, unverdrossen hochgehalten: »Der Faust- und Autoritätsmensch muß der Feind sein. Ein Intellektueller, der sich an die Herrenkaste heranmacht, begeht Verrat am Geist.«[7] Die künstlerische und literarische Avantgarde setzte hier an, brach die wilhelminische Corsage auf, um zu einer neuen Lebensform zu gelangen.

Am Ende des ersten Dezenniums zeigte die um Max Liebermann gescharte Künstlerschaft der Impressionisten und Neoimpressionisten erste Ermüdungserscheinungen. 1910 war die Stunde der Expressionisten gekommen, die sich zunächst in der »Neuen Secession« um Georg Tappert und Max Pechstein sammelten, Herwarth Walden gründete die Zeitschrift, dann die Galerie »Der Sturm«, 1913 folgte Franz Pfemferts »Die Aktion. Zeitschrift für Kunst, Politik und

Siegesallee, Berlin-Tiergarten · 1901

Gesellschaft«, und Ernst Ludwig Kirchner, Erich Heckel und Karl Schmidt-Rottluff übersiedelten von Dresden nach Berlin. Die Stadt an der Spree wurde zu einem attraktiven Zentrum der europäischen Avantgarde.

Apokalyptische Vorahnungen

Der Boden des legendären »goldenen Zeitalters der Sicherheit« (Stefan Zweig) war nach 1900 brüchig geworden, die unausgetragenen Widersprüche in der wilhelminischen Gesellschaft drängten mehr und mehr an die Oberfläche. Der sensible Künstler-Visionär und »Seher« trat jetzt als Seismograph in die Kulturarena der Zeit, als Rufer in der Wüste blieb er ein Außenseiter. Die drohende Apokalypse[8] wurde nicht nur voraus geahnt, sie wurde als Erlöserin herbei geredet. In der Dichtkunst der »Schwarzen Expressionisten« Gottfried Benn, Georg Heym, Jacob van Hoddis, Alfred Kubin und Georg Trakl wetterleuchtete kommendes Unheil. Im Sommer 1910 notierte Georg Heym, den Ernst Ludwig Kirchner durch Simon Guttmann kennenlernte, in seinem Tagebuch: »Es ist immer das Gleiche, so langweilig, langweilig, langweilig. Es geschieht nichts, nichts, nichts. Wenn doch einmal etwas geschehen wollte, was nicht diesen faden Geschmack von Alltäglichkeit hinterlässt ... sei es auch nur, daß man einen Krieg begänne, er kann ungerecht sein. Dieser Friede ist so faul, ölig und schmierig wie eine Leimpolitur auf alten Möbeln.«[9] Verständlich das Sehnsuchtsmotiv mit dem Ausbruch aus wilhelminischer Enge, doch naiv und töricht die Beschwörung des Krieges als der große Erlöser. Keiner von diesen »Visionären« hatte je die Schrecken des Krieges erfahren, der letzte lag fast ein halbes Jahrhundert zurück. Und dennoch war der Krieg als Gefahr schon seit Jahren eine unausweichlich latente Realität: 1905 erste Marokkokrise, 1908 die Annexion von Bosnien-Herzegowina durch Österreich-Ungarn, 1911 zweite Marokkokrise mit der Entsendung des deutschen Kanonenbootes »Panther« nach Agadir und 1912 der Balkankrieg, auf den Franz Marc mit seinem Sinnbild *Die Wölfe* reagierte. Kaiser Wilhelm II. hatte »herrliche Zeiten« versprochen, doch die folgenden Pleiten zeichneten sich schon an einem von Kriegsgewittern umtosten Horizont ab. Das Schreckgespenst der *Apokalyptischen Reiter*, von Albrecht Dürer her, gewann eine neue, metaphorische Bedeutung. In Anspielung auf Wilhelm II. schrieb der Wiener Publizist und »Fackel«-Träger Karl Kraus: »Durch Deutschland zieht ein apokalyptischer Reiter, der für viere ausgibt. Er ist Volldampf voraus in allen Gassen. Sein Schnurrbart reicht von Anfang bis Niedergang und von Süden gen Norden.«[10]

Schärfer als Karl Kraus haben die linken Sozialdemokraten Karl Liebknecht und Rosa Luxemburg sowie der sozialistisch orientierte

Ernst Ludwig Kirchner · Hugo Biallowons und Erna Schilling im Atelier · 1915

Wilhelm Fechner · Kaiser Wilhelm II. im Atelier des Malers Anton von Werner · um 1895

Literatenkreis um Franz Pfemferts Zeitschrift »Die Aktion« in Berlin die forcierte Aufrüstung Deutschlands und die drohende Kriegsgefahr gesehen, die wenige Jahre später ganz Europa in den Abgrund reißen sollte. Ihnen gelang es immer wieder, die Massen »von unten auf« zu Antikriegskundgebungen zu mobilisieren. Schon 1909 hatte der Dichter und Zeichner Alfred Kubin in seinem Roman »Die andere Seite«, aus der Perspektive des Zerfalls der österreichischen k. und k. Monarchie, sein metaphorisches »Traumreich« mit der Residenzstadt Perle im Biedermeiergewand in einem grausigen Spiele zum Tode hin untergehen lassen. In diesem Jahr notierte Max Beckmann in seinem Tagebuch: »Mein Herz schlägt mehr nach einer rohen, gewöhnlicheren, vulgäreren Kunst, die nicht verträumte Märchenstimmungen lebt zwischen Poesien, sondern dem Furchtbaren, Gemeinen, Großartigen, Gewöhnlichen, Groteskbanalen im Leben direkten Eingang gewährt. Eine Kunst, die uns im Realsten des Lebens immer unmittelbar gegenwärtig sein kann. Martin meint, es gibt Krieg. Rußland, England, Frankreich gegen Deutschland. Wir wurden einig, daß es für unsere heutige, demoralisierte Kultur gar nicht schlecht wäre, wenn die Instinkte und Triebe alle wieder mal an ein Interesse gefesselt würden.«[11] Auch Beckmann artikuliert hier die Lust an einem unwägbaren Über- und Untergang, die nicht mit den Folgen rechnet. In diesen Jahren malt er *Die Sintflut*, der er mit dem *Untergang der Titanic* sein größtes Gemälde im Hermsdorfer Atelier folgen läßt. Doch »das Bild ist nicht mehr als Episode. Der Eindruck des Erschütternden bleibt ganz und gar aus«[12], schreibt Curt Glaser. Ein »Naturereignis«, gemalt per distance, das bei der Jungfernfahrt der Titanic am 14. April 1912 im Eismeer 1503 Menschen in die Tiefe riß. Aber ein Denkzettel wider die hypertrophe Technikgläubigkeit an die Unsinkbarkeit des größten und schnellsten Luxusliners im frühen 20. Jahrhundert ist das Bild allemal und zudem ein Zeugnis der fortschreitenden Verunsicherung in wilhelminischer Zeit. Entscheidend für die Inkubationsphase des Weltkrieges wurden die Jahre 1912 bis 1914, die die Welt und das Denken so zerriß, daß sie in den folgenden Dezennien nicht wieder geflickt werden konnten. Am 17. April 1912 photographierte Heinrich Zille eine Menschenmenge, die eine partielle Sonnenfinsternis am Potsdamer Platz beobachtet (S. 57). Dies schlichte Naturereignis der befristeten Verdunkelung gewann unversehens eine katastrophale Dimension, die Alfred Kerr als abwendbaren »Weltuntergang« parodierte: »Die Welt mag zugrunde gehn, wenn die höchste Stufe der Entwicklung erreicht ist. Aber dann erst. Zeitgenossen, aber blicken Sie, mit mir, auf den Redner Wilhelm von Hohenzollern: um zu erkennen, ein wie unendlich weiter Weg bis zur Vervollkommnung der Menschheit vor uns liegt.«[13]

Der dämonische »Moloch« Großstadt zeugte in der Metropole die Sehnsucht nach Zerstörung und Wiedergeburt: »Sind nicht heute die Städte allein noch die Träger des großen, künstlichen, planmäßig geschaffenen Glanzes, die über den dunklen Gewölben bedrückter Existenzen und unheilbaren Elends mutig das ganze Dasein der Menschenmassen in den Wind des Schicksals, in die Entscheidung einer noch unausgetragenen Krisis drängen?«[14], fragte Alfons Paquet. Diese zwiespältige Haßliebe der Großstadt bei Künstlern wie Kirchner und den Literaten zwang, mit ihrem zivilisatorischen Erlösungsgedanken, auch den schlesischen Maler-Dichter Ludwig Meidner und seine Malerfreunde Richard Janthur und Jakob Steinhardt in ihren Bann. In halluzinativer Raserei brachte der »Pathetiker« des Großstadt-Expressionismus seine vulkanischen Untergangslandschaften mit lohender Farbe auf die Leinwände. Zum Jahreswechsel 1912/13 malte Meidner seine Vorahnung der

Ludwig Meidner · Berlin, Potsdamer Straße · 1913

Revolution (S. 29) auf den Straßen Berlins: im Zentrum der verwundete Fahnenträger mit der roten Schärpe, sein Schrei ist Fanal zum Aufruhr. Ringsum schießende Revoluzzer, explodierende Granaten und einstürzende, brennende Häuser. Als angsterfüllter Augenzeuge hatte sich Meidner links unten selbst dargestellt. Die *Potsdamer Straße* – eine stürzende Schleuse, in der die Menschenmenge im Kreischen der Fahrzeuge rennet, rettet, flüchtet, die unwegbare Katastrophe vor Augen. *Mein Nachtgesicht* (S. 28) – ein Jahr vor Kriegsausbruch portraitierte sich Meidner im stickigen Dachatelier eines Miethauses in Berlin-Friedenau in ekstatischer Gebärde – »denn in jenen Tagen warf zähnefletschend das große Weltgewitter schon seine grellgelben Schatten auf meine Pinselhand, mein Hirn blutete in schrecklichen Gesichten. Ich sah nur einen Tausendreigen der Skelette tänzeln. Viele Gräben und verbrannte Städte durch die Ebene sich winden.«[15]

Doch die kaisertreue Öffentlichkeit und die einfachen Leute nahmen von derlei »apokalyptischem Donner« in Herwarth Waldens »Sturm«-Galerie und anderswo kaum etwas wahr. Berlin zeigte sich, wie gewohnt, Tag und Nacht vergnügungssüchtig: Man hielt sich lieber an den Optimismus der Massenkultur, an Paul Linckes Schlager »Das ist die Berliner Luft« und »Laß den Kopf nicht hängen«. Der Tanz auf dem Vulkan 1913 – das letzte Friedensjahr. Ganz Berlin feierte am 15. Juni das 25. Regierungsjubiläum Kaiser Wilhelm II., ein riesiges Volksfest vor einer grandiosen Theaterkulisse. Mit gemischten Gefühlen betrachtet von Feldmarschall Colmar von der Goltz-Pesda: »Alles blüht und gedeiht – fast ist man versucht, bei diesem Anblick mit dem Dichter auszurufen: ›Mir grauet vor der Götter Neide‹.«[16] Seine Majestät, der Event- und Reisekaiser, befand sich auf dem Olymp der Popularität und des Imponiergehabes. In aller Scheinheiligkeit legte der Kaiser 1913 den Grundstein für das Stadion im Grunewald, das für die Olympiade 1916 gebaut werden sollte. Die Wacheren unter den Zeitgenossen aber spürten den Hauch von Verwesung, der in der Luft lag, und warteten auf den Sturm, der die Kulissenwelt Wilhelm II. hinwegfegen sollte: »... 1913, das Jahr vor dem Kriege, für die Gemüter schon ein Kriegsjahr. Manche, um nicht die meisten zu sagen, hatten irgend etwas gründ-

Vor dem Stadtschloß, Ansprache Kaiser Wilhelm II. (Mobilmachung und Kriegserklärung an Rußland): »Ich kenne keine Parteien mehr, ich kenne nur noch Deutsche« · 1.8.1914

lich satt, es zu beschreiben war ihnen nicht gegeben. Sie rochen Fäulnis, die Geruchshalluzinationen aber sind dauerhaft, sind sehr lästig; um sie zu vertreiben, willigt man in das Unwahrscheinliche ein. Der Krieg versprach eine Erfrischung, er sollte reinigen sowohl die Luft als auch die Phantasie.«[17] In einer sich zu Tode langweilenden, frustrierten Gesellschaft, die sich nach spektakulären Erdbeben und Sonnenfinsternissen, Feuersbrünsten und Schiffsuntergängen sehnte, war jetzt alles vorbereitet auf das Außerordentliche, den KRIEG, den »deutschen«, den »heiligen Krieg«, auf der Flucht vor dem Frieden.

Maximilian Harden: »In diesem Sommer wird Schicksal«

Prophetische Worte des Herausgebers der »Zukunft« – Berlin, im Juli 1914. Seit Wochen ein glühend heißer Sommer, die Temperaturen steigen bis auf 35 Grad, die Freibäder in Grünau und am Wannsee sind überfüllt, Berlin trinkt und ertrinkt. Dampfend der Asphalt am Potsdamer Platz, die Männer in Hemdsärmeln, die Frauen ohne Hut, die uniformierte Reichshauptstadt gerät außer Façon. Am 1. Juli 1914 schreibt die Berliner Volkszeitung: »Schon seit Wochen ist es fast tagtäglich schwül, und die natürliche Folge sind zahlreiche Gewitter ... Das Jahr 1914 verspricht, nach dem bisherigen Verlauf seiner warmen Monate und namentlich seit Juni zu urteilen, in besonderem Maße gewitterreich zu werden ... Wir leben in einer schwülen Zeit!«[18] Die Apokalypse läßt nicht auf sich warten. Mit der Schriftstellerin und Friedensnobelpreisträgerin Bertha von Suttner stirbt die Symbolfigur der modernen Friedensbewegung: »Die Waffen nieder«. Am 28. Juni 1914 überschlagen sich die Zeitungsmeldungen: Ermordung des österreichischen Thronfolgers Erzherzog Franz Ferdinand von Habsburg und seiner Gemahlin durch bosnische Nationalisten. Die »Schüsse von Sarajevo« stürzten die Welt ins Chaos: Deutschland bekundet seine Bündnistreue gegenüber Österreich-Ungarn, mit der Kriegserklärung Österreichs an Serbien wird auch das wilhelminische Deutschland in den kriegerischen Strudel gerissen. Die deutsche Regierung erklärt den »Zustand drohender Kriegsgefahr«, am 1. August erfolgt die deutsche Mobilmachung und die Kriegserklärung an Rußland, in den folgenden Tagen die an Belgien, Großbritannien, Frankreich, Bosnien, ganz Europa ist verstrickt in einem Knäuel undurchschaubarer kriegerischer Abenteuer, in einer katastrophalen Dimension der Euphorie und des drohenden Untergangs. Der Maler Ernst Ludwig Kirchner verbringt ein letztes Mal den Sommer mit Erna Schilling auf der Insel Fehmarn, in sengender Hitze ein letztes Gefühl der Befreiung in paradiesischer Landschaft und der kaum zu überbietenden Kreativität. Auch für ihn dann wie der Blitz aus heiterem Himmel: Kriegsausbruch am 1. August 1914. Die Rückkehr nach Berlin, eine Reise mit Hindernissen. Fehmarn wird zur strategisch wichtigen Zone erklärt und Kirchner zeitweilig als mutmaßlicher »Spion« und »verdächtiger Russe« festgehalten.

Der Krieg hatte schon begonnen, da kehrten auch Kirchners Malerfreunde Max Pechstein und Emil Nolde aus fernen Südsee-Gefilden in das kriegserfüllte Europa zurück. Als Augenzeugen einer schon halb zerstörten Kultur der »Primitiven« war das eine Heimkehr der Enttäuschten, das Exotische blieb ein unerfüllter Wahn. Hautnah jetzt die Konfrontation des Traumes vom Paradies mit der rasch einsetzenden Brutalität und Vernichtungsmaschinerie des Krieges. Kaiser Wilhelm II. hatte vom Balkon des Berliner Schlosses scheinheilig verkündet: »Ich kenne keine Parteien mehr, kenne nur noch Deutsche«. Und er verspricht, der Krieg sei beendet, »ehe das Laub von den Bäumen fällt«. Unversehens saßen die verfeindeten Impressionisten und Expressionisten im selben Boot der nationalen Euphorie, das jenseits aller Animositäten und des Parteienhaders alle die aufnahm, denen Opfermut, Vaterlandsliebe und Volksgemeinschaft wieder etwas galt: »Der Krieg beschert uns. Wir sind anders als gestern. Der Streit um Worte und Programme ist zu Ende.«[19] Bezeichnend, daß vor allem die Akademiker, Intellektuellen und Großbürger von der nun einsetzenden, chauvinistischen Hysterie erfaßt wurden, während die kleinen Leute sich instinktiv vom Patriotismus so lange als möglich fernhielten und an der »Normalität« des Lebens festhielten. Wer abseits stand, der galt als »Vaterlandsverräter«, der Kaiser schimpfte auf »die antimilitaristischen Umtriebe der Sozen«. Nur wenige Künstler, unter ihnen George Grosz, sahen durch den

Propaganda-Postkarte mit Portrait Wilhelm II., Zitat: »Ich kenne keine Parteien mehr, kenne nur noch Deutsche.« · 1.8.1914

Begeisterte junge Kriegsfreiwillige in Berlin · August 1914

Ausbruch des Krieges ihre individuelle Freiheit und ihr Leben auf's Äußerste bedroht. In einem irrationalen Akt der Selbst-Befreiung hatte die um sich greifende Massenpsychose des Chauvinismus und Nationalismus auch die Künstler und Literaten aus allen Lagern erfaßt: »Da hatte uns der Krieg gepackt wie ein Rausch. In einem Regen von Blumen waren wir hinausgezogen, in einer trunkenen Stimmung von Rosen und Blut. Der Krieg mußte es uns ja bringen, das Große, Starke, Feierliche. Er schien uns männliche Tat, ein fröhliches Schützengefecht auf blumigen, blutgetauten Wiesen. Kein schönrer Tod ist auf der Welt ...«[20] »Hurra, Hurra«-Geschrei der Lebejünglinge, Jungdeutschlandbündler und Studenten auf Berlins Straßen und auf dem Potsdamer Platz, doch »die Ideale sind nur aufgesteckte Etikettchen. Bis in die letzte Grundveste ist alles ins Wanken geraten.«[21] Nur wenige hatten das erkannt. Politisches und sozialpsychologisches Bewußtsein unter den Künstlern war selten, nur hier und da eine vage sozialistische Neigung, der erst der Krieg Ziel und Richtung gab. Am 2. Dezember 1914 stimmte Karl Liebknecht als einziger Reichstagsabgeordneter gegen die Bewilligung der Kriegskredite. Widerstand gegen den Krieg kam fast nur aus dem Kreis um Franz Pfemferts »Aktion« und Wieland Herzfeldes »Neue Jugend«.

Wo waren die preußischen Tugenden von Toleranz und Weltoffenheit geblieben? Die Ernst Barlach, Lovis Corinth und Max Liebermann der »Berliner Secession« schlugen in der »Kriegszeit« und im »Bildermann« kräftig in die Kerbe des wilhelminischen Hurra-Patriotismus, Karl Scheffler erwartete gar mit dem militärischen Sieg die führende Rolle Deutschlands unter den europäischen Kulturnationen. Blinder Wahn herrschte auch in den liberalen Köpfen der meisten Expressionisten. Es gab unter ihnen nicht wenige, die glaubten, daß der Krieg nicht nur über »die Existenz Deutschlands, sondern auch über den Sieg des Expressionismus« (Eduard Beaucamp) entscheiden würde. Schon die Futuristen hatten verantwortungslos den Krieg »als die einzige Hygiene der Welt« begrüßt. Auch Franz Marc und viele andere erwarteten vom heroisch-romantischen Mythos des Krieges die weltverändernde Katharsis und die Heraufkunft des geläuterten »geistigen Europa«. Für den Dichter August Stramm komponierte Herwarth Walden einen »Heeresmarsch«, der ein Jahr später als Hauptmann der Reserve als letzter seiner Kompanie bei einem Sturmangriff in Rußland fällt. Im Fegefeuer des Krieges sollte das »Geistige« obsiegen, eine heroische Illusion, bald aus Begeisterung hinweggespült im »Meer der Tränen«

2. August 1914

Berlin, Potsdamer Platz.
Geschrieben um ½6 Uhr abends.

Wir wollen uns keine falschen Gefälligkeiten mehr vormachen. Der gewöhnliche Lauf der Dinge ist aufgehoben. Jetzt gilt nur noch die Tat und der Gedanke. Jede Rede ist ungiltig geworden.

Es ist Gerichtstag!

Anzeige in: »Die freie Straße« (Berlin) · 2. August 1914

(Thomas Mann). Mit der Bibel, Nietzsches »Zarathustra« und der »Fröhlichen Wissenschaft« im Tornister zogen die »Freiwilligen« ins Feld, das große Morden hatte begonnen. Ein Krieg nahm seinen verhängnisvollen Verlauf, der kein persönliches Schicksal mehr war, sondern ein nationales, patriotisches, kollektives Erlebnis versprach: Soldat sein, der mannhaft fallend für eine Idee »auf dem Feld der Ehre« untergeht. Wie also entrinnen aus diesem Konflikt?

Es gab nicht wenige, die sich freiwillig meldeten, unter ihnen Max Beckmann und Otto Dix, die Radier- und Zeichenkunst der beiden bekam in den Operationssälen und Schützengräben Flanderns und

Edvard Munch · Potsdamer Platz · 1902/35

Frankreichs entsetzlich pralle Wirklichkeit im Blutschlamm »zu fressen«. Karl Schmidt-Rottluff ergriff die Chance, »möglichst Starkes zu schaffen«, und sah »die Dinge plötzlich in ihrer furchtbaren Gewalt«. Differenzierter reagierte Ernst Ludwig Kirchner auf die Herausforderung »Krieg«. Noch im Frieden begonnen, vollendete er im Herbst 1914 in Berlin sein apokalyptisches Gemälde *Potsdamer Platz* (S. 39), schon hart am Abgrund der Zeit, unter Anspannung der letzten Kräfte. Er hatte sich als »unfreiwillig Freiwilliger« auf das Abenteuer »Krieg« eingelassen, in der ambivalenten Situation der Einberufung auf das Ungewisse: Warten, Warten, Warten ... Jahresende 1914: »Mein Militärverhältnis ist leider ungedienter Landsturm. 80. ... Die Leute sind wundervoll freie Menschen, wenn sie zurückkommen. Ich sah neulich hier ein paar, die den Siegeszug durch Belgien mitgemacht hatten, wie große Kinder.«[22] Auch Kirchner sah sich in fataler patriotischer Pflicht, im Opfergang fürs »Vaterland, ans teure, schließ dich an«. An Gustav Schiefler schrieb er: »... ich glaube das auch, daß viele dieser Menschen, die im Felde gestanden haben, zum Menschlichen gekommen sind und dadurch den Ausdruck der Empfindungen der Menschheit in der Kunst schätzen werden. ... sich außer des eigenen Ich stellend zur Erfüllung der hohen Aufgabe.«[23]

Tag und Nacht fuhren die mit Soldaten überfüllten Eisenbahnzüge unter Kirchners Atelierwohnung in der Körnerstraße 45 zur Front. Er mied die Öffentlichkeit, ging nur noch selten und zumeist nächtens aus, sein Atelier wurde zur Fluchtburg. Erst im Juli 1915 wird er dann Rekrut als Fahrer bei der Artillerie in Halle an der Saale. Emil Noldes Freund Dr. Hans Fehr, Reitlehrer beim Militär, veranlaßte, daß Kirchner militäruntauglich geschrieben wird. Seelisch und körperlich zerrüttet, blieb ihm das Erlebnis von Tod und Gewalt an der Front erspart. Die Rettung von der »hohen Aufgabe« in Kriegszeiten: Flucht in die Krankheit, forciert durch Absinth, Morphium und Veronal, um sich und sein Werk zu retten. Ernst Ludwig Kirchner durchlitt die

George Grosz · Durchhalten bis zum Ende · 1915/16

Frédéric Coubillier: Kolossalbüste Kaiser Wilhelm II. · (Große Berliner Kunstausstellung 1906)

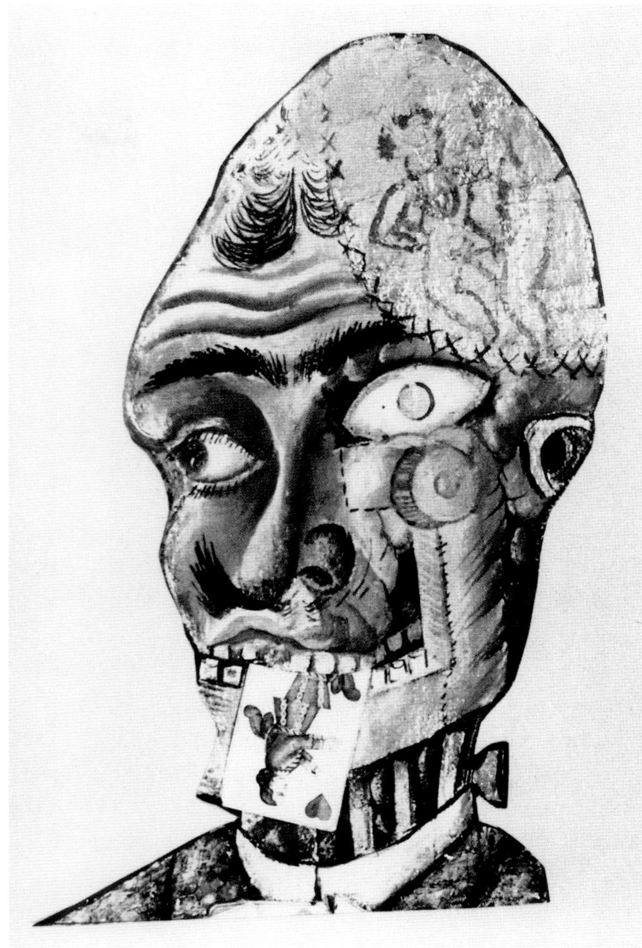

Otto Dix · Die Skatspieler (freistehendes Detail) · 1920 · Kat.Nr. 133

Kreuzwegstationen des eingebildeten wie des tatsächlich Kranken in den Sanatorien: Königstein/Taunus – Berlin – Davos – Kreuzlingen. Der Potsdamer Platz – nach Kriegsausbruch herrscht hier »Gerichtstag«, ein irrsinniger Tanzboden auf dem Vulkan. Kaiser Wilhelm II. zeigte sich empört: »Für die Verwundeten, für Witwen und durch Verlust betroffene Eltern ist ein solches Gebaren tief kränkend. Mögen meine Berliner durch stillen Ernst und Mithilfe aller Art ihren Anteil ausdrücken an der großen Zeit. Möge auch die hauptstädtische Presse, insbesondere die Witzblätter, ihre Spötteleien über den Feind einstellen. Heilig ist unsere Sache, heilig soll sie geführt werden.«[24] Der Berliner aber pfiff auf des Kaisers »heilige Sache« und vergnügte sich bis die »Durchhalte«-Revuen im Nachtleben der Metropole ihren Einzug hielten. Umjubelt der Auftritt der »Germania Girls« im »Wintergarten«.

Patriotische Banden zogen grölend über den Potsdamer Platz, in der Wache des Potsdamer Bahnhofes wurden vorgebliche »Spione« festgehalten, die Jagd auf alles Ausländische begann. Langsam starb das Leben auf dem Potsdamer Platz, Automobile und Pferde zogen zur Front, die Straßenbahnen fuhren nicht mehr. Eine erste Bildstörung berlinischen Volkslebens hatte zur Jahrhundertwende Edvard Munch mit seinem folkloristischen Gemälde *Leichenwagen auf dem Potsdamer Platz* (S. 115) und der Radierung *Potsdamer Platz* gegeben, in den Hungerjahren läßt George Grosz den Leichenwagen zum »Staatsbegräbnis« erster Klasse auffahren. »Durchhalten!« heißt jetzt die Parole, vom Schlachthaus ins Leichenschauhaus, bis zum bitteren Ende. Und ein Requiem à la Gottfried Benn als Zugabe: »Ein Sarg kriegt Arbeit u. ein Bett wird leer. / Dann rasch vors Tor: nun sind sie Landverdrecker / Und Brunnengift. Man scharrt sie in die Äcker. / Und wenn es regnet, riecht der Boden sehr.«[25] Da, wo das Leben Purzelbäume schlug, war auch der Tod nicht allzuweit: der Friedhof vor dem Potsdamer Bahnhof. Ankommen und Abfahren, mit den Kriegszeiten ins Jenseits, ohne Wiederkehr.

Der apokalyptische Spuk der Vorkriegsvisionen war im Trommelfeuer der Materialschlachten und im lähmenden Stellungskrieg zerstoben. Todesmeldungen geisterten 1914/15 durch die Berliner Tageszeitungen. Schier endlos die *Pieta* (S. 190) der in Kriegszeit »Gefallenen«. Es »fielen« 1914 der Maler August Macke, die Dichter Alfred Lichtenstein, Ernst Wilhelm Lotz und Ernst Stadler, am 9. Juli

1916 Kirchners und Botho Graefs Freund Hugo Biallowons. Franz Marcs Soldatentod von Verdun 1916 bezeichnet in symbolischer Weise das Ende der expressionistischen Avantgarde und zugleich den Ansatz für eine neue, dadaistisch skeptische und schonungslos veristische Wirklichkeitskunst, die radikal mit den Illusionen vom Krieg und den Wolkenwanderertendenzen des Expressionismus in Deutschland Schluß machte. Ernüchterung machte sich allenthalben breit, von Monat zu Monat schärften Not und Tod den Blick der Künstler für die wahren Realitäten des Krieges. An die patriotische Apotheose des »deutschen Helden« glaubte in Kreisen der künstlerischen Avantgarde bei mörderisch anhaltendem Stellungskrieg, in Giftgas gehüllt, im Jahre 1916 keiner der Intellektuellen mehr: »Der Lügenbau«, so Hugo Ball, »stürzt zusammen. Möglichst weit ausweichen, in die Tradition, in die Fremdheit, ins Übernatürliche, um nicht getroffen zu werden«.[26]

Zwei Wege aus der Misere zeichneten sich ab. Das Ziel blieb ungewiß: Ernst Ludwig Kirchner wählte die Flucht aus der Zeit in die rettende Natur der Schweizer Berge, Max Beckmann, Otto Dix und George Grosz nahmen die Hölle des Krieges mit all ihrem krassen Schrecken an, mußten »durch alle Kloaken der Welt gehen«, Maxime: »Was mich nicht umbringt, macht mich stark« (Friedrich Nietzsche).

Der erste moderne, totale Krieg im 20. Jahrhundert brach rigoros mit der Scheinmoral und Fassadenhaftigkeit einer erstarrten Zivilisation im wilhelminischen Deutschland, aber auch mit der verstiegenen Vision vom »Neuen Menschen« in der expressionistischen Kunst. Am Ende des Desasters stand in den Trümmern die Fragmentierung und Entfremdung, das Bruchstück »Prothesen-Mensch«, exemplarisch vorgeführt in den *Skatspielern* (S. 271) des Otto Dix'. Scheußliche Dada-Grimasse des Weltkrieges, der letzte Rest preußischer Humanitas war restlos zerstört und der kategorische Imperativ der totalen Vernichtung hatte gesiegt, Immanuel Kants Moralkategorien schienen auf den Kopf gestellt und die Ethik des deutschen Idealismus hinweggefegt. Der »Heldenkaiser« Wilhelm II., der 1914 großspurig in den Krieg geritten war, lag 1918 betend auf den Knien, für Deutschland, für Hohenzollern und Preußen, vergebens: »Er war ein schüchtern-forscher Mensch, der laut schrie und aufgeregt redete, um seine Verlegenheit zu verbergen; seine Brutalität und kitschige Pose Selbstschutz und Selbstbetrug, eine rein persönliche Angelegenheit, die wir alle jetzt mit Vernichtung des Reiches und Ruin des deutschen Volkes bezahlen. Dieser brüllende, wie ein Löwe brüllende Hase wäre das lächerlichste Ungeheuer der Geschichte, wenn nicht Elend und Blutströme sein Werk wären. Die Verlogenheit seiner Haltung, die nichts Echtes neben sich duldete, hat Staat und Politik ausgehöhlt, Schein und Flitter an die Stelle des altpreußischen Kerns geschoben und dazu das Augenmaß fast des ganzen Volkes verdorben.«[27] Der Kaiser sah sich genötigt, in aller Form abzudanken und ging schnurstracks ins holländische Exil. Diejenigen, die die Katastrophe überlebten, riefen »Hoppla, wir leben!«, Preußens Untergang schien jetzt schon besiegelt, doch untergegangen waren lediglich das Deutsche Reich und die preußische Monarchie. Es begann alles lustvoll mit dem großen Abenteuer »Krieg«, um in der Frustration von Nachkrieg und Konterrevolution zu enden. Die Deutschen waren unfähig, wirklich Revolution zu machen. Gottfried Benn: »Die deutsche Form der Revolution ist die Denunziation.«[28] Es war Johannes Baader, der mit seinem großen »Plasto-Dio-Dada-Drama« *Deutschlands Groesse und Untergang durch Lehrer Hagendorf* der wilhelminischen Ära den dadaistischen Garaus machte. Weder der Untergang Preußens, den einige schon voreilig mit der Reichsgründung 1871 konstatierten, noch der von Oswald Spengler prognostizierte »Untergang des Abendlandes« war eingetreten. Ein verlorener Krieg, eine gescheiterte Revolution: »Berlin, dein Tänzer ist der Tod!«[29] Neuerliche Lust am militaristischen Abenteurertum kam in der Republik von Weimar herauf: »Der Kaiser ging, die Generäle blieben«.

1 Zitiert nach: Roland März: *Künstlerische Vorahnung und Realität des Weltkrieges. Apokalyptische Visionen in der Kunst des 20. Jahrhunderts*, in: *Bildende Kunst*, Heft 8, 1983, S. 402.

2 Gottfried Benn: *Nietzsche – nach 50 Jahren*, in: *Gottfried Benn. Sämtliche Werke*, Bd. 5, Prosa 3, hrsg. von Gerhard Schuster, Stuttgart 1991, S. 199.

3 *Harry Graf Kessler. Tagebuch eines Weltmannes*, Ausst.Kat. Deutsches Literaturarchiv im Schiller-Nationalmuseum Marbach a.N., Stuttgart/Bad Cannstatt 1988, S. 55.

4 Wie Anm. 3, S. 191.

5 Carl Einstein: *Der Ideenverfall in Deutschland*, in: *Carl Einstein. Werke*, Bd.2 1919–1928, hrsg. von Hermann Haarmann und Klaus Siebenhaar, Berlin 1996, S. 534f.

6 Hugo Ball: *Die Flucht aus der Zeit*, Zürich 1992, S. 16.

7 Heinrich Mann: *Essays*, Bd.1, Berlin 1954, S. 14.

8 Vgl.: Roland März: *Apokalypse*, in: *Das XX. Jahrhundert. Ein Jahrhundert Kunst in Deutschland*, Ausst.Kat. Nationalgalerie Berlin, Berlin 1999, S. 72–86 sowie Ernst Halter und Martin Müller: *Weltuntergang. Mit einem Lesebuch*, Ausst.Kat. Zürich, Zürich 1999.

9 Zitiert nach: *Der 1. Weltkrieg. Vision und Wirklichkeit*, Ausst.Kat. Galerie Michael Pabst, München 1982, S.5.

10 Karl Kraus: *Grimassen. Ausgewählte Werke*, Bd. 1, Berlin 1977, S. 191.

11 Zitiert nach Hans Kinkel: *Max Beckmann. Leben in Berlin*, München 1966, S. 21f.

12 Zitiert nach Curt Glaser, in: *Die Kunst für Alle*, 1912/13, S. 457f.

13 Alfred Kerr: *Aus dem Tagebuch eines Berliners*, Frankfurt/M. 1999, S. 23.

14 Zitiert nach Albert Soergel: *Dichtung und Dichter der Zeit. Neue Folge. Im Banne des Expressionismus*, Leipzig 1925, S. 209.

15 Zitiert nach: *Kunst in Deutschland 1905–1937*, Ausst.Kat. Nationalgalerie Berlin, Berlin 1992, S. 87.

16 Zitiert nach Alfred Grunow: *Der Kaiser und die Kaiserstadt*, Berlin MCMLXX, S. 86.

17 Heinrich Mann: *Ein Zeitalter wird besichtigt*, Berlin/Weimar 1982, S. 271.

18 Zitiert nach Dieter und Ruth Glatzer: *Berliner Leben 1914–1918. Eine historische Reportage aus Erinnerungen und Berichten*, Berlin 1983, S. 11.

19 Julius Meier-Graefe, in: *Kriegszeit – Kunstflugblätter (Berlin)*, Nr. 1, 31.8.1914.

20 Ernst Jünger: *In Stahlgewittern. Ein Kriegstagebuch (1926)*, zitiert nach: *Chronik. Das XX. Jahrhundert. Kunst, Kultur, Politik und Gesellschaft in Deutschland*, hrsg. von Andrea Bärnreuther und Peter-Klaus Schuster, Köln 1999, unpag. (1914).

21 Wie Anm. 6, S. 21.

22 Brief von Ernst Ludwig Kirchner an Gustav Schiefler vom 28.12.1914, in: *Ernst Ludwig Kirchner. Gustav Schiefler. Briefwechsel 1910–1935/38. Mit Briefen von und an Luise Schiefler und Erna Kirchner sowie weiteren Dokumenten aus Schieflers Korrespondenz-Ablage*, bearbeitet von Wolfgang Henze mit Annemarie Dube-Heynig und Magdalena Kraemer-Noble, Stuttgart/Zürich 1990, S. 68.

23 Brief von Ernst Ludwig Kirchner an Gustav Schiefler vom 27.1.1915, wie Anm. 12, S. 71.

24 Wie Anm. 16, S. 90.

25 Zitiert nach: *Gottfried Benn. 1886–1956*, Ausst.Kat. Deutsches Literaturarchiv im Schiller-Nationalmuseum Marbach a.N., Stuttgart 1986, S. 51.

26 Wie Anm. 6, S. 121.

27 Harry Graf Kessler: *Berlin, 4. Januar 1919. Sonnabend*, in: *Harry Graf Kessler. Tagebücher 1918–1937*, hrsg. von Wolfgang Pfeiffer-Belli, Frankfurt/M. 1982, S. 91.

28 Wie Anm. 2, S. 227.

29 Walter Mehring: *Dada-Prolog 1921*, zitiert nach: *Walter Mehring. Chronik der Lustbarkeiten. Die Gedichte, Lieder und Chansons 1918–1933*, hrsg. von Christoph Buchwald, Düsseldorf 1981, S. 43.

Ernst Ludwig Kirchner · Selbstportrait als Soldat im Atelier · 1915 · Kat.Nr. 1

Ludwig Meidner · Mein Nachtgesicht · 1913 · Kat.Nr. 2

Ludwig Meidner · Revolution (Barrikadenkampf) · 1912/13 · Kat.Nr. 3

Ludwig Meidner · Apokalyptische Landschaft · 1913 · Kat.Nr. 4

Emil Nolde · Erregte Menschen · 1913 · Kat.Nr. 5

Am Abgrund: Kirchners Potsdamer Platz

Roland März

Die erste Hälfte des Jahres 1914 ist für Kirchner noch erfüllt von ausgiebigen Reisen: Jena – Köln – Jena – Fehmarn. Die Zwischenzeit in Berlin nutzt er zum intensiven Zeichnen. In Sekundenschnelle niedergeschrieben, entsteht am Potsdamer Platz die erste grundlegende Skizze vor Ort (S. 40), denn »Kirchner zeichnet wie andere schreiben«. Der Blick von oben: Zwei Gruppen mit Kokotten und Freiern, dazwischen der Strich von einem Mann als Klammer. Dahinter das »Haus Potsdam«, wie vom Sturm zerzaust, und das Portal des Potsdamer Bahnhofes, herunter gedreht wie bei Lyonel Feininger auf die Intimität einer thüringischen Dorfkirche. Hier schon ist hoch aufragend die Fassade auf eine Loggia reduziert. Kirchner setzt den Strich kaum einmal ab, im filigranen Schlingwerk der Linien sind die Figuren eingefangen und heben zugleich ab. Bereits in den Skizzen ist in den Kontrapunkten figuraler Verknüpfung Wesentliches für die Vision zum Bilde hin erfaßt. Diese »Sturmskizzen« wie sie Kirchner selbst nannte, sind dann im Atelier weiter ausgearbeitet worden. Das große Blatt *Potsdamer Platz* (S. 34), mit seinen blassen Farbkreiden in Ocker, Blau und Grün, kann als erster Versuch gelten, das Motiv im Bilde farbig zu fassen. Der Strich tastend, sich im Ungefähren verlierend wie die beiden Kokotten, die sich nach links wenden. Hier ist noch der hohe Kandelaber zu sehen, der die zwei Frauen trennt, später aber im Bild entbehrlich geworden ist. Die großformatige, endgültige Zeichnung (S. 41) zu Kirchners Krönungsbild[1] der Berliner Kokottenbilder ist mit Kohle auf Bütten ausgeführt. Aus dem Duo der Zweifigurengruppen in der ersten Skizze ist eine Konstellation von drei, die Komposition tragenden Figuren geworden: die hoch aufragenden Kokotten mit dem auf sie zuschreitenden Freier. Auch die bestimmte Strichführung in rissiger Kohle spitzt die Figuration jetzt zu, nur noch ein kleiner Schritt bis hin zum Gemälde, in dem die rechte Dirne ihr verlorenes Profil zum en face der direkten Konfrontation mit dem Betrachter wendet. Die wegweisende Prädisposition zum Gemälde ist damit in groben Zügen angelegt: Figurenraffung versus Raumöffnung, Statik versus Rotation.

Im Zeichnen hat Ernst Ludwig Kirchner seine Bilderschrift der »Hieroglyphe«[2] gefunden, die »Zeichen eigenen Sehens« (Carl Einstein): »Meine Form entsteht so, daß ich in der Ekstase des Erlebens in der Skizze neue Formgestalt finde, die im Bild kristallisiert und fest wird.« Abbilder werden so zu Zeichen, so auch im *Potsdamer Platz* (S. 39): die Dreiecksform in der Straßengabelung und im Männerschritt, die Rundform in der Verkehrsinsel, der Kreis bindet so die Figur. Die ausgreifenden Federboas der Kokotten im Gemälde sind als Sprungfedern der Aufforderung direkt aus dem ergiebigen Arsenal seiner Skizzen herleitbar, wie auch die hochhackigen Stiefeletten, die in ihrem Zickzack etwas vom teuflischen Pferdefuß an sich haben. Baum, Uhr, Hut und Fenster, all das sind Formkürzel im Kontext des Bildes, Kirchners hieroglyphische Markenzeichen zum Sinnbild hin.

Im Dachgeschoß der Körnerstraße 45 in Steglitz (bei Kirchner irrtümlich immer Friedenau) beginnt der Maler im Frühjahr 1914 den *Potsdamer Platz*, um ihn nach Kriegsausbruch im Herbst zu vollenden. Kirchner über seinen Malprozeß: »Ich fange ganz farbig an mit Farbflächen, dann kommt erst die Zeichnung hinzu, so gelangen meine letzten Berliner Bilder.« Hier dominiert der gedämpfte Komplementärkontrast von Rot und Grün. Das Ziegelrot des Bahnhofes, ein Feuer, das unter der Asche glimmt. Und was für ein Grün, das August Endell als Flaneur so beschreibt: »Der Himmel nach Westen über der Bellevuestraße und Kaffee Josty ist hellgrün, die sonst so widerwärtigen Reklamebeleuchtungen mit ihrem armseligen grellen Licht schimmern jetzt sanft in dem lichten Grün. Der Potsdamer Bahnhof liegt zurück im Dunkel, das beleuchtete Zifferblatt seiner Uhr schwebt wie eine gelbe Kugel in dem hier tiefblauen Himmel.« Kirchner hat etwas von diesem Grün auf die Erde heruntergeholt. Doch sein überirdisches Grün ergießt sich über die Straße, traumhaft gespiegelt wie aus Gewittern, sich auffächernd im kalten Licht auf nassem Asphalt und ausufernd zwischen Bürgersteig und Verkehrsinsel, diese überflutend. Nur ein Hauch vom »bittersüßen Nachtschatten, seinen mörderischen Ruf … unheilbringendes Grün hat das Grün von einem anderen Gift, dem Arsen …« (Derek Jarman) und etwas von der Bitternis des grünen Absinths. Und eine Reminiszenz von ferne her, Vincent van Goghs *Nachtcafé in Arles* in Rot, Grün und Gelb, die nachmitternächtliche Stunde sehnsüchtiger Erwartungen, das »Ausdrücken einer Atmosphäre von glühender Unterwelt, ein bleiches Leiden, die Finsternis, die selber über den Schlafenden Gewalt hat.« Unheilvoll das Schwarz im Gewand von Kirchners Witwe, dem sich die junge Kokotte in Preußischblau hinzugesellt. Das Lachsrosa und Samtschwarz der »Damen & Herren«, Farbtupfer und harte Zeichen im nächtlichen Zwischenraum, schemenhaft sich verlierend. Lebloser Schattenriß der Männer, den Kirchner ein Jahr später in den Holzschnitt-Illustrationen zum *Schlemihl* (S. 92–95) weiter zuspitzt. Der schraffurartige, mittelpastose Farbauftrag auf einer groben, unregelmäßigen Leinwand erscheint spröde und zurückgenommen, jede der Farben, außer dem Schwarz, ist gebrochen durch Weiß. Die Gestalten werden getragen von einem noblen Grau in der Mauer, im Rondell und auf dem Trottoir, ein Hauch von Lavendel und Lila darin, Kirchners »perlmuttriger Nebel«. Der erweist sich in seinen chromatischen Auffächerungen und »Strichgewittern« (Eberhard Roters) der Farben als ein Kolorist von hohen Graden, der auch als Expressionist eine gewisse Nähe zum Impressionismus mit seinen nuancierten Farbabstufungen nicht verleugnet. Der Maler hat seinem *Potsdamer Platz* nicht

Ernst Ludwig Kirchner · Potsdamer Platz · 1914

nur mit dem hohen Format von 2 x 1,5 m für die lebensgroßen Kokotten außerordentliche Bedeutung verliehen, sondern auch, indem er sein Meisterwerk zweimal mit »EL Kirchner« signierte, vorn fast unkenntlich an der unteren Kante des Rondells und auf der Rückseite der Leinwand mit schwarzer Ölfarbe.

Zwei Frauen auf dem Potsdamer Platz, nur auf den ersten Blick zwei Damen der besseren Gesellschaft, die »fremdgehen«. In Wirklichkeit zwei Kokotten unterschiedlichen Alters, schicksalhaft miteinander verklammert. Die Berliner Straßendirne ging auffällig à la mode, eingekleidet »in mustergültigen Ausführungen« bei L. Michelet & Co. Laut polizeilicher Vorschrift war die Straßenprostitution im kaiserlichen Berlin und der direkte Kontakt mit Männern eingeschränkt, die »käuflich bekannten Weiber« sollten »ladylike dahinschweben«. Elegante Kostüme, Kleider und Mäntel im Nachklang der Belle Époque, in Szene gesetzt als mondän aufgeputzte Paradiesvögel und Vogelmenschen mit skurrilen Hüten, der Reiterhut wippt als schrilles Markenzeichen und als Signal für den Freier: Komm, nimm mich! Die schwarzen Galane halten sich in gebührlicher Entfernung von ihnen, anonym und gesichtslos, die rosa »Hühnchen« mißachtend. Einer von ihnen wagt den Scherenschritt zum monumentalen Doppelstandbild der Kokotten, hinein ins Leere. Er ähnelt im Typus dem Künstlerfreund Otto Mueller (S. 86),

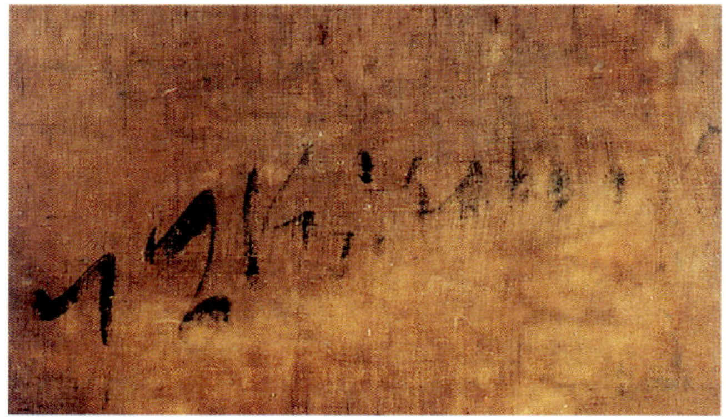

Kirchners Signatur auf der Rückseite des Gemäldes Potsdamer Platz

der solch einen hohen, spitzen Hut trug, wie Peter-Klaus Schuster bemerkte. Man bleibt auf Distanz, und auch die Symbole Phallus (Dreieck) und Vagina (Kreis) führen aneinander vorbei. Anonym und in kalter Erstarrung verharren die beiden Kokotten, schicksalhaft verklammert in diesem Straßenballett der käuflichen Liebe, sind sie die pantomimischen Primadonnen ihres Berufs, »alles Individuelle erscheint im Gattungsmäßigen erloschen« (Will Grohmann). Kirchner fand in beiden Frauen zur skulpturalen Fassung seiner Kokotten im *Potsdamer Platz*, zum veristischen Doppelstandbild der Kurtisane, das er Preußen schenkte. Die schwarze »Witwe« ist ganz die vergitterte Unnahbarkeit, mit einem Raubvogelgesicht unter brennendem Haar, die Hutfedern zu schneidenden Messern ausgefahren. Carl Sternheim erinnert sich, daß im juste milieu von Berlin »Kriegswitwen und Kriegsbräute als Kokotten um die Wette arbeiteten«. Im Kriegsjahr 1914 trägt die Prostituierte mit dem Witwenschleier unverkennbar die Gesichtszüge von Erna Schilling, die der Maler im Dezember 1914 erstmals »meine Frau« nennt. Sie tritt im Sinnkontext des *Potsdamer Platzes* als eine Frau auf, die vom Schicksal zur Witwe bestimmt ist und dem im Gemälde nicht mehr dargestellten Friedhof der Dreifaltigkeitsgemeinde gefaßt ins Auge sieht: »Ein Armenkirchhof ragt, schwarz, Stein an Stein, / Die Toten schaun den roten Untergang / aus Ihrem Loch. Er schmeckt wie starker Wein« (Georg Heym). Dieser kleine Friedhof, vor dem die Droschken hielten, befand sich unmittelbar vor dem Hauptportal des Potsdamer Bahnhofes, er wurde erst in den Jahren 1910 bis 1922 eingeebnet. Hinter der Hure im Schleier das junge, hyper-

Ernst Ludwig Kirchner · Gerda Schilling · um 1911

Ernst Ludwig Kirchner · Potsdamer Platz (Detail) · 1914 · Kat.Nr. 8

Dreifaltigkeits-Friedhof vor dem Potsdamer Bahnhof · 1901 · Kat.Nr. 6

Ernst Ludwig Kirchner · Frauen am Potsdamer Platz · 1914 · Kat.Nr. 7

schlanke Model in Blau, ihr Antlitz maskenhaft erstarrt mit den toten, schwarzen Augen der Kassandra, das künftige Unheil verheißend. Will Grohmann erblickte in ihr das Ebenbild frühitalienischer Madonnen, doch sie ist Kirchners »Heilige Hure«, überirdisch schön in ihrer Unnahbarkeit und ins Transzendentale entrückt wie die schmalen Skulpturen an den Portalen gotischer Kathedralen. Mit beiden Gestalten, für die Kirchners damalige Freundinnen Erna und Gerda Schilling Modell gestanden haben dürften, hat der Maler paradigmatische Kunstfiguren für den entfremdeten Eros der »Hure Babylon« geschaffen, zwielichtige Geschöpfe zwischen Marionette, Mensch und Schaufensterpuppe. Keine der Kokotten zeigt Fleisch, ein bißchen Hals an der eisigen Kaskade des Schleiers, der Ansatz von Brust unter der Rüsche des Kragens. Frank Wedekinds femme fatale »Lulu« ist noch das Kind der süßen Unschuld: »Mein Fleisch heißt Liebe.« Bei Kirchner ist alles Maskerade des erstarrten Eros', eingepanzert in der käuflichen Ware »Sexus«, mit der Andeutung der Vagina im Schritt der jungen Kokotte – perfekt angezogen wie ausgezogen. In einem seiner Skizzenbücher notiert Kirchner: »Kokotte = Zeitfrau«[3] (S. 76), die aber ist auch die Priesterin im Tempel der Liebe, die keine Erfüllung findet.

Als der *Potsdamer Platz* 1916 in der »Freien Secession Berlin« ausgestellt wird, schreibt Kirchner an den Maler Curt Herrmann: »Beide Bilder müssen tiefer hängen, um überhaupt gesehen zu werden, am liebsten bis auf die Scheuerleiste«, Kirchner wollte nichts anderes, als daß sich Besucher und Kokotte von Angesicht zu Angesicht gegenüberstehen. Kirchners Überzeugung: Realist sein in sinnbildhafter, expressiver Gestaltung und damit auch Zeitgenosse sein. Das Berliner Feuilleton verhöhnt »das Verzerrte, Verkrüppelte, Disharmonische« des expressionistischen Bildes. Am 16. Februar 1916 schreibt Franz Servaes in der »Vossischen Zeitung«: »Gar Großes aber mag erst einem Ernst Ludwig Kirchner vorschweben. Er bietet wahre Spottgeburten menschlicher Erscheinungen mit verzogenen Gliedmaßen, in lächerlichen Hopsbewegungen und in einer wie betrunken wackelnden Raumumgebung. Man sagte mir, diese Bilder seien »von oben« gesehen, und man müsse sie gewissermaßen als Teppiche betrachten. Als ob schlechte Bilder dadurch besser würden, daß sie schlechten Teppichen irgendwie ähnlich sehen! Auch pflegt man Bilder an die Wand zu hängen, und dort müssen sie wirken. Tun sie das nicht, so haben sie ihren Beruf verfehlt. Ich will gern annehmen, daß Herr Kirchner höchst ernsthaft spintisiert und daß er nicht gänzlich ohne Talent ist. Aber so lange er blutleeren Hirngespinsten nachrennt, wird aus seiner Kunst nichts Ernstes werden.«

Mit seinem *Potsdamer Platz* schuf Ernst Ludwig Kirchner einen »imaginären Archetyp«[4] des großstädtischen Eros' im Dickicht des Geschlechterkampfes, in dem seine Faszination an einem »Leben in höchster Potenz« (Friedrich Nietzsche) auf die äußerste Spitze des kalkulierenden Gestaltens in den »Kokottenbildern« getrieben ist.

Wahrscheinlich im Herbst 1914 entstand in vier Zustandsdrucken der Holzschnitt nach dem Gemälde. Kirchner griff dabei, unter Weglassung des Witwenschleiers, auch auf die Kreidezeichnung mit ihren nach links gewendeten Kokotten zurück. Spiegelbildlich ist das Sujet scharfkantig mit Messer und Schrägeisen in das gemaserte Holz hineingeschnitten und »durch seine starke Vereinfachung die größte Steigerung des Linearen« (E. L. Kirchner) erreicht. Ein Holzschnitt der kristallin aufsplitternden Härte, gipfelnd in den Kokotten im Strahlenkranz der Verkehrsinsel. Im schärfsten Kontrast steht die Schwärze der Figuration auf dem Weiß des Grundes, einer aufgerissenen Eisscholle gleich. Die spitzwinklige Aggression der Freier trifft auf die geschlossene Abwehr der Kokotten: Monumente der Unangreifbarkeit des Eros'. Hier erst, im Holzschnitt, ist für Kirchner die äußerste Verschärfung in der Begegnung der Geschlechter erzielt. Graphisches Arbeiten in der Lakonik von Schwarz und Weiß, dazu in Rot, Blau und Grün monotypieartig gedruckt, für den Maler war das die prägnanteste, »letzte Fassung nach dem Bild« (Guenter Gercken) und die nicht mehr zu übertreffende Kristallisation der Bildidee.

Ernst Ludwig Kirchner hält seine »Großstadt als Kokotte«[5] am Abgrund der Zeitläufe, wo der psychologische Innenraum der Stadt Berlin 1914 hart auf die drohende Urkatastrophe Krieg, zunächst noch fern von Deutschland, trifft. Kirchner im Lebensgefühl der äußersten Gefährdung, das er mit den Dirnen teilt: »Wie die Kokotten, die ich malte, ist man jetzt selbst. Hingewischt, beim nächsten Male weg ...« Von der Impression führt der Weg zu Kirchners Lebensgleichnis: Ein dunkler Nachtstreifen am Horizont, die Uhr zeigt Mitternacht. Das poetische Notturno bei Georg Heym: »Die Nacht, die sich wie Blei vom finstern Himmel senkt ...« Unwägbar für alle die Situation der Erwartung, die Zukunft ungewiß im Zeichen der Auslöschung und der Vergänglichkeit des Lebens, das Sich-Behaupten-Müssen auf abschüssiger Bahn, den Abgrund vor Augen. Trauma des Künstlers Kirchner, womöglich ein fragmentarisches Werk zurücklassen zu müssen: Vollendet – Unvollendet.

1 Vgl.: Wolf-Dieter Dube: *Ernst Ludwig Kirchner. »Potsdamer Platz«. Eine Neuerwerbung*, in: *MuseumsJournal*, Nr. III, 13. Jg., Juli 1999, S. 38–39; Jill Lloyd: *Aquisition of the Year: Potsdamer Platz by Ernst Ludwig Kirchner at the Neue Nationalgalerie, Berlin*, in: *Apollo. The International Magazin of the Arts (London)*, December 1999, p. 10–11.
Der vorliegende Text von Roland März geht in beträchtlich gekürzter und im Detail ergänzter Form auf folgende Veröffentlichung des Autors zurück: *Ernst Ludwig Kirchner. Potsdamer Platz. 1914*, in: *Patrimonia* 185 – Kulturstiftung der Länder (Hrsg.), Berlin 2000. Dort auch Peter-Klaus Schuster: *Dank für ein kalkuliertes Meisterwerk*, S. 5–7.
Zu Kirchners Berliner Straßenszenen vgl.: Ewald Rathke: *Ernst Ludwig Kirchner. Straßenbilder*, Stuttgart 1969; Lucius Grisebach: *Ernst Ludwig Kirchner. Großstadtbilder.* München/Zürich 1979; Magdalena M. Moeller: *Ernst Ludwig Kirchner. Die Straßenszenen 1913–1915*, München 1993; Katharina Sykora: *Weiblichkeit, Großstadt, Moderne. Ernst Ludwig Kirchner. Straßenszenen 1913–1915*, Berlin 1996; Sherwin Simmons: *Ernst Ludwig Kirchner's Streetwalkers; Art, Luxury and Immorality in Berlin 1913-1916*, in: *Art Bulletin*, March 2000, Vol. LXXXII, No I, p. 117–148.

2 Lucius Grisebach: *Kirchners »Hieroglyphe«*, in: *Ernst Ludwig Kirchner. Aquarelle und Zeichnungen. Die Sammlung Karlheinz Gabler*, Ausst.Kat. Brücke-Museum Berlin, Berlin 1999, S. 31–39.

3 Gerd Presler: *Ernst Ludwig Kirchner. Die Skizzenbücher. »Ekstase des ersten Sehens«. Monographie und Werkverzeichnis*, Karlsruhe/Davos 1996, S. 97.

4 Martina Padberg: *Großstadtbild und Großstadtmetaphorik in der Malerei. Vorstufen und Entfaltung 1870–1918*, Münster 1995, S. 201.

5 Stephanie Rosenthal: *Großstadtnächte grell geschminkt*, in: *Die Nacht*, Ausst.Kat. Haus der Kunst, München 1998, S. 145.

Potsdamer Platz

Elisabeth Plessen

Verkehr und Insel
verschleiert die eine, Kokotte
der Vogelkäfig gefranst,
in grün, die Federn oben hinaus.
Das Samtkleid der anderen
schnell,
blau,
und abgetatscht,
der angehaltene Atem ihrer Haut.

Sie
betreten den Platz,
Taschenmesser
gespreizt
Beine
Geschlecht
Hände am Rücken
Hauswände entlang.
Filialdirektoren
Hochzeiter
Strizzis
schwarz
schwarz.
Und andere Damen stehen herum
in rosa Kostümen
mit Hut und Täschchen.
Na, Puppen?
Die auf der Insel kreisen
blicklos gehetzt, Beute
aus auf Beute und selber Beute.
Grüne Strasse
grüner Platz.
Nacht
grün fauchende Nacht.

Ernst Ludwig Kirchner · Potsdamer Platz · 1914 · Kat.Nr. 8

Ernst Ludwig Kirchner · Potsdamer Platz (Skizze) · 1914 · Kat.Nr. 9

Ernst Ludwig Kirchner · Potsdamer Platz (Skizze) · 1914 · Kat.Nr. 10

Ernst Ludwig Kirchner · Berliner Straßenszene · 1913 · Kat.Nr. 11

Ernst Ludwig Kirchner · Zwei Frauen auf der Straße · 1914 · Kat.Nr. 12

Ernst Ludwig Kirchner · Straßenszene mit grüner Kokotte · 1914 · Kat.Nr. 13

Ernst Ludwig Kirchner · Die Straße · 1913 · Kat.Nr. 14

Egon Schiele · Liebespaar · 1914/15 · Kat.Nr. 15

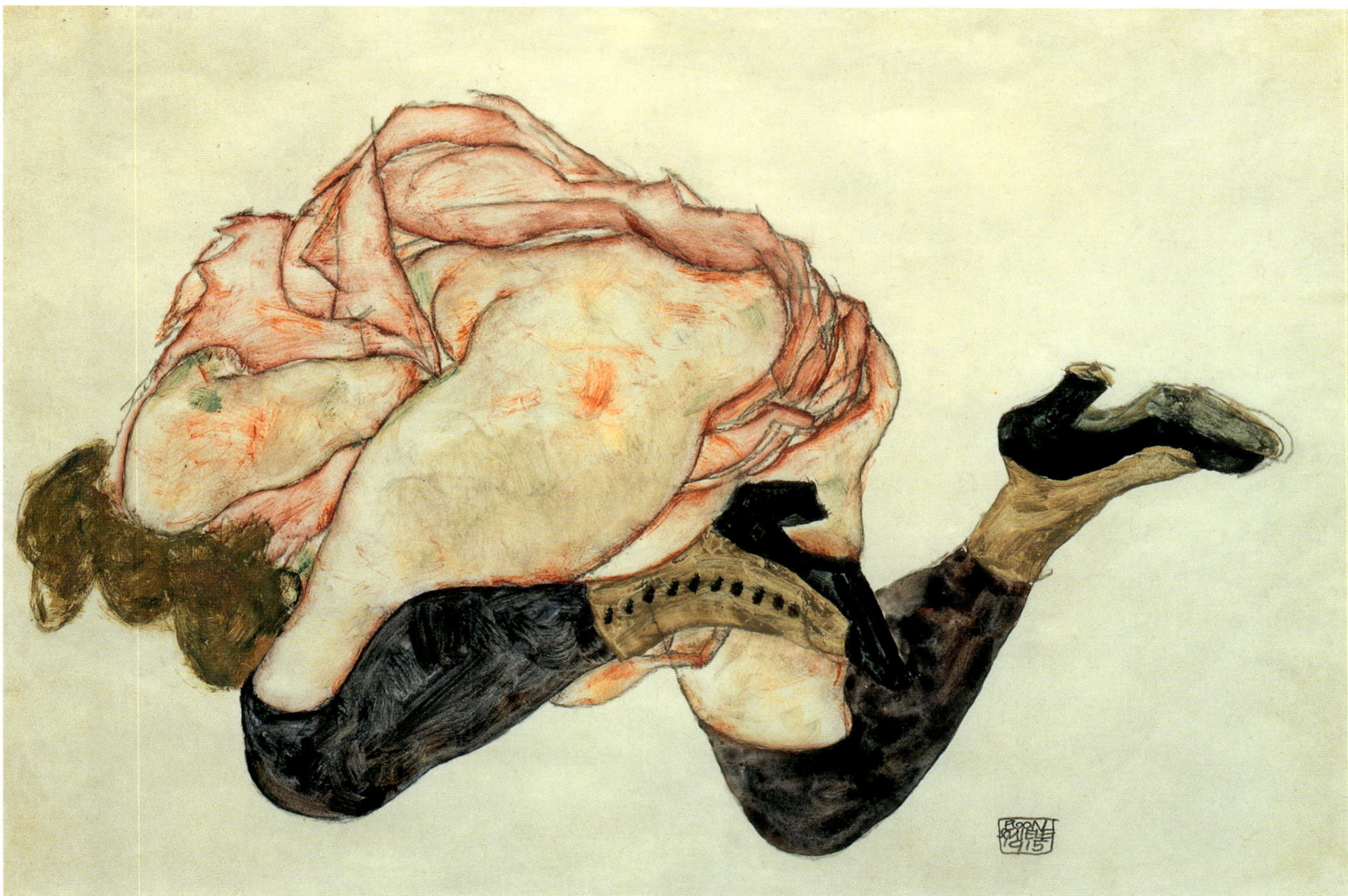

Egon Schiele · Knieende mit hinuntergebeugtem Kopf · 1915 · Kat.Nr. 16

Egon Schiele · Mädchenakt mit angezogenem rechten Bein und orangefarbenen Stiefeln · 1915 · Kat.Nr. 17

Oskar Zwintscher
Bildnis der Gattin des Künstlers
1902
Kat.Nr. 18

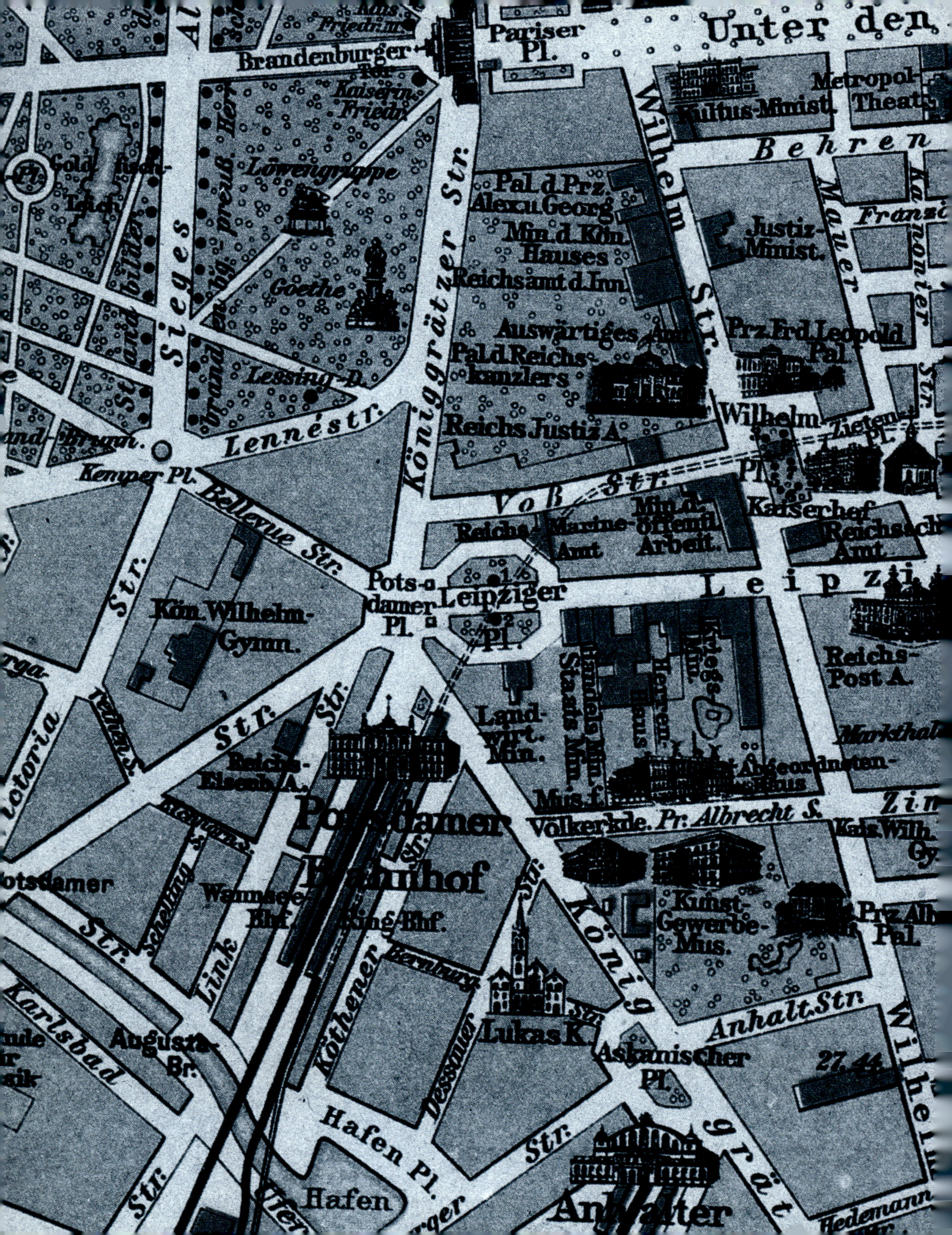

Unter den
Pariser Pl.
Brandenburger Tor
Kaiserin Friedr.
Metropol-Theat.
Kultus-Minist.
Behren
Wilhelm Str.
Löwengruppe
Goethe
Lessing-D.
Lennéstr.
Sieges
Kemper Pl.
Königgrätzer Str.
Pal. d. Prz. Alex. u. Georg
Min. d. Kön. Hauses
Reichsamt d. Inn.
Auswärtiges Amt
Pal. d. Reichskanzlers
Reichs Justiz A.
Justiz-Minist.
Prz. Frd. Leopold Pal.
Mauer
Wilhelm Pl.
Zieten Pl.
Kaiserhof
Voß Str.
Reichs-Marine-Amt
Min. d. öffentl. Arbeit.
Bellevue Str.
Pots-damer Pl.
Leipziger Pl.
Leipzi
Kön. Wilhelm-Gymn.
Reichs-Post A.
Kriegs-Min.
Herren-Haus
Landwirt. Min.
Reichs-Eisenb. A.
Potsdamer Bahnhof
Abgeordneten-Haus
Mus. f. Völkerkde.
Pr. Albrecht S.
Kunst-Gewerbe-Mus.
Prz. Albr. Pal.
Wannsee-Bhf.
Ring-Bhf.
Köthener
Bernburg
Lukas K.
Askanischer Pl.
Anhalt Str.
Dessauer
Hafen Pl.
Hafen
Anhalter
Karlsbad
Augusta Br.
Potsdamer
Link
König
Hedemann

Stadttor, Bahnhof, Warenwelt
Der Potsdamer Platz

Thomas Friedrich

Der Potsdamer Platz verdankt seine Existenz der Berliner Mauer. Genauer gesagt: der Akzisemauer, die unter dem »Soldatenkönig« Friedrich Wilhelm I. 1734–36 um die Stadt errichtet wurde. An vierzehn Toren wurde damals Einlaß in die Stadt gewährt und als Abgabe auf alle in das Stadtgebiet eingeführten Lebensmittel sowie auf alles, was zur Wohnung und Kleidung des Bürgers gehörte, die Akzise erhoben. Diese indirekte Steuer war eine reich sprudelnde Einnahmequelle für den preußischen Staat; nicht zuletzt wurde mit ihr der Ausbau der preußischen Armee finanziert. Die Stadtmauer diente nicht mehr zum Schutz gegen einen militärischen Feind. In erster Linie als Zollschranke, der Akzise wegen errichtet, sollte sie aber auch die Soldaten am Desertieren hindern. Und selbst die 1732–34 im Zuge der Westerweiterung von Dorotheen- und Friedrichstadt entstandenen barocken Schmuckplätze dienten primär militärischen Zielen: Exerzierplätze sollten sie sein, waren sie nun quadratisch (wie am Brandenburger Tor), rund (wie am Halleschen Tor) oder achteckig (wie am Potsdamer Tor) angelegt. Die Anlehnung an große Pariser Vorbilder war rein formal, nicht inhaltlich-städtebaulich definiert. »Die großen Berliner Plätze blieben«, so urteilte 1930 Werner Hegemann, »geometrische Löcher im Stadtplan. Sie konnten keine künstlerische Bedeutung gewinnen, weil ihre Umbauung dem Zufall überlassen blieb.«[1]

Dem Zufall überlassen blieb erst recht, was vor den Stadttoren lag: Da die Leipziger Straße in das Achteck (seit 1814: Leipziger Platz) mündete und jenseits des Potsdamer Tores keine direkte Fortsetzung fand, entstand der »Platz vor dem Potsdamer Tor«, wie er seit etwa 1740 genannt wurde, gewissermaßen absichtslos. Auf der Fläche vor der Toreinmündung, wo die »Allee nach Potsdam« (die spätere Potsdamer Straße), die »Allee nach Charlottenburg« bzw. »Bellevue-Allee« (die spätere Bellevuestraße) und der Weg entlang der Stadtmauer (die heutige Stresemann- bzw. Ebertstraße) zusammentrafen, entwickelte sich nämlich im Laufe der Jahrzehnte eine eigenartige Konstellation: Bei zunehmendem Verkehr vor dem Stadttor ergab sich zwangsläufig eine quasi-platzartige Situation, die kein preußischer Monarch, kein Stadtplaner und keine Baubehörde ersonnen hatte. Die Geburt des Potsdamer Platzes vollzog sich gleichsam als Reaktion auf das Verkehrshindernis, das Stadtmauer und Stadttor darstellten.

Von nicht zu unterschätzender Bedeutung für die weitere Entwicklung des Areals am Potsdamer Tor war der »Kunst-Straßenbau«, die Anlage einer Chaussee nach Potsdam, mit der 1791 begonnen wurde. Diese erste Chaussee Preußens, die Berlin mit allen westlichen preußischen Landesteilen verband, machte die »Eingangspforte« Potsdamer Tor zum belebtesten und wichtigsten aller Tore Berlins. Dieses Aufrücken des Tores zu größerer Bedeutung, fast schon ein Gleichziehen mit dem Brandenburger Tor, kam auch architektonisch durch die 1824 nach Entwürfen Karl Friedrich Schinkels fertiggestellte neue Toranlage mit den beiden »dorischen« Torhäusern zum Ausdruck. Schinkels Plan allerdings, westlich vor dem Potsdamer Tor einen kreisrunden Vorplatz anzulegen, kam nicht zur Ausführung. Er scheiterte aus einem Grunde, der viele Projekte Schinkels zu Fall brachte: Der preußischen Ministerialbürokratie war der Ankauf von Grundstücken vor der Toranlage zu teuer. Immerhin wurde bis 1828 nach Plänen von Peter Josef Lenné der Leipziger Platz in einen Schmuckplatz umgewandelt.

Mit Schinkels und Lennés Tor- und Platzumbauten ging das »preußische Jahrhundert« der doppelten Platzanlage am Potsdamer Tor zu Ende. Alle bedeutenden Veränderungen von Gesicht und Struktur Berlins gingen bis dahin auf Entscheidungen der Hohenzollern-Monarchen zurück; ausschlaggebend für die städtebauliche Entwicklung in Barock und Rokoko, Klassizismus und Romantik waren die preußischen Könige gewesen. Jetzt, im Verlauf der 1830er Jahre, traten andere, nicht-staatliche Kräfte auf den Plan, die zunehmend die Stelle staatlicher Instanzen als Motor der Stadtentwicklung einnahmen. Für Berlin begann das Zeitalter der industriellen Revolution mit dem Maschinen- und Lokomotivenbau in den Fabriken vor dem Oranienburger Tor; zum Symbol des Aufbruchs wurde die erste preußische Eisenbahnlinie von Berlin nach Potsdam. 1838 wurde sie eröffnet und mit ihr der am Südrand des Potsdamer Platzes, wie er seit 1831 nunmehr offiziell hieß, gelegene Potsdamer Bahnhof. Zum am Platz ohnehin schon recht lebhaften Straßenverkehr trat der Schienenverkehr, und als 1841 unweit östlich des Potsdamer Bahnhofes auch noch der Anhalter Bahnhof errichtet wurde, vollzog sich in den südlich an die Bahnhöfe grenzenden Arealen das, was Städtebau-Experten einen »Bedeutungsgewinn« nennen. Die »Äußere Friedrichstadt« vor dem Potsdamer Tor und das zwischen Potsdamer und Anhalter Bahnhof entstandene »Geheimratsviertel« wurden 1841 Berlin eingemeindet. Man muß sich allerdings vergegenwärtigen, daß der Aufschwung dieses ehemaligen Vorstadtgebietes sich sozusagen »gebremst« vollzog, verzögert vor allem durch

Anonym · Das Leipziger Thor (= Potsdamer Tor) · um 1795

die preußische Bürokratie, die dem Aufstieg der Eisenbahngesellschaften und der damit einhergehenden raschen Industrialisierung Berlins ständig Hindernisse in den Weg legte. So mußten die Gleisanlagen vor den Toren Berlins enden, die Bahnhofsgebäude vor der Stadtmauer errichtet werden. Am Anhalter Bahnhof sah sich die »Berlin-Sächsische-Eisenbahn-Gesellschaft« gezwungen, eigens ein neues, das »Anhalter Thor« in die Stadtmauer brechen, davor einen neuen Platz (ab 1844: »Askanischer Platz«) errichten und hinter der Mauer eine neue Straße (»Anhalt-Straße«) zur Wilhelmstraße durchbrechen zu lassen. Friedrich Harkort, Industrieller und Vorkämpfer des deutschen Eisenbahnbaus, brachte die ökonomische und politische Interessenlage in Preußen auf den Punkt, als er sagte: »Die Junker haben von ihrem Standpunkt aus recht; sie fühlen instinktiv, daß die Lokomotive der Leichenwagen ist, auf welchem Absolutismus und Feudalismus zum Kirchhofe werden gefahren werden.«[2] Die Beerdigung sollte sich freilich noch einige Zeit hinziehen, weil sich zeigte, daß es Interessengegensätze auch zwischen Lokomotivführern und Lokomotiv-Fabrikanten gab. Die erste massive politische Konfrontation zwischen Absolutismus und Bürgertum in Berlin jedenfalls war beendet, als am 10. November 1848 preußischen Truppen der Einzug durch das Potsdamer Tor in die Stadt gelang. Zum Tor gelangt waren die Truppen auf dem Schienenweg, Zielpunkt Potsdamer Bahnhof. In Preußen waren also die Lokomotiven vorerst noch Leichenwagen für die Demokratie.

Das generelle Verbot von 1853, im Gebiet vor dem Potsdamer Tor Fabriken zu errichten, verstärkte die schon seit dem ausgehenden 18. Jahrhundert bestehende Attraktivität der Gegend für wohlhabende bürgerliche Kreise. Je näher allerdings die Stadt an das Quartier heranrückte, umso mehr veränderte sich der Charakter seiner Bebauung. An die Stelle der meist noch recht bescheidenen Landhäuser des frühen 19. Jahrhunderts traten repräsentative Villen und »herrschaftliche Miethäuser« mit großen Gartenanlagen, die die städtebauliche Struktur des Tiergartenviertels bis weit in die 1870er Jahre hinein bestimmten. »Die Umgestaltung des Tiergartens zu einem Landschaftsgarten (1833–1840) durch Peter Josef Lenné mit der Tiergartenstraße als vornehmer Promenade, die An-

Adolph Menzel · Die Berlin-Potsdamer Eisenbahn · 1847

lage des Landwehrkanals (1845–50) mit beidseitigen baumbestandenen Alleen und die immer dichtere Bebauung der Innenstadt führten dazu, daß das Tiergartenviertel zum bevorzugten Wohnsitz der reichen Berliner Bankiers und Industriellen, der Gelehrten und Künstler wurde.«[3] Zusätzlich zu den schon 1841 eingemeindeten Gebieten kam 1861 u.a. auch noch das sogenannte Schöneberger Revier bis zur Kurfürstenstraße bzw. bis zum heutigen Kleistpark zu

Straßenleben auf dem Potsdamer Platz · 1892

Berlin. Der Abriß der Stadtmauer war damit unumgänglich geworden, zog sich aber – u.a. wegen militärischer und polizeilicher Bedenken – noch einige Jahre hin. Das anachronistische Bauwerk fiel in den Jahren 1867 und 1868, bemerkenswerterweise also nur wenige Jahre, bevor Berlin Hauptstadt des neuerrichteten Deutschen Kaiserreichs wurde! Der 1878 erstmals separat erschienene Berlin-Baedeker konstatierte: »Vor dem ehem. Potsdamer Thor liegt die äussere Friedrichstadt ..., das von dem reicheren Theile der Bevölkerung bewohnte Westend und einer der schönsten Stadttheile Berlins, der in seiner Eigenart kaum seines Gleichen hat. Hier, vorzugsweise am Rande des Thiergartens und in den auf diesen mündenden Strassen ... finden sich am zahlreichsten jene städtischen, mit Vor- und Zwischengärten versehenen Villen, welche als die anziehendsten Leistungen der neueren Berliner Baukunst gelten können; auch die geschlossenen Strassen sind fast sämmtlich mit Bäumen bepflanzt und mit Vorgärten versehen.« [4]
In die Zeit um 1870 fällt auch der Beginn einer Entwicklung, die zusammen mit der Erweiterung des Tiergartenviertels nach Westen Bestandteil des legendären »Zuges nach dem Westen« werden sollte, einem Prozeß, der mehr als ein halbes Jahrhundert lang die städtebauliche Entwicklung Berlins auf heute kaum noch nachvollziehbare Weise nachhaltig prägte. Die bis dahin auf die Leipziger Straße beschränkte Geschäfts- und Ladennutzung der Erdgeschosse »wanderte« westwärts über den Potsdamer Platz hinaus in die Potsdamer Straße hinein und verwandelte langsam, aber kontinuierlich, die alte Chaussee nach Potsdam in eine Geschäftsstraße mit lebhaftem Verkehr. Zu Beginn der 1860er Jahre hatte der wachsende Verkehr bereits eine Verbreiterung der Potsdamer Brücke von elf auf fast neunzehn Meter notwendig gemacht. Die sprunghafte Zunahme der Bevölkerung Berlins (die sich allein von 1861 bis 1893 verdreifachte und im Jahre 1905 die Zwei-Millionen-Grenze überschritt), der Aufstieg zu einer der bedeutendsten Industriestädte und nach der Reichsgründung von 1871 zum Verwaltungsmittelpunkt (und, nebenbei bemerkt, Börsenzentrum), die Transformation ländlicher Vororte wie Schöneberg und Wilmersdorf zu Großgemeinden sowie, als Folge davon, nicht zuletzt die gewaltige Ausweitung des Verkehrs (u.a. 1872 Neubau des Potsdamer, 1880 des Anhalter Bahnhofes) »schoben« förmlich den Potsdamer Platz von seinem traditionellen Platz vor der Stadtmauer, also am Stadtrand, in eine neue Funktion. Der Potsdamer Platz rückte von der Peripherie allmählich ins Zentrum, ja er wurde – noch während des Kaiserreiches – zum wildbewegten »Herzen der Stadt«.
In seinem 1895 erschienenen populären, die Vorzüge der Reichshauptstadt überschwenglich darstellenden Werk »Berlin in Wort und Bild« bezeichnet der Publizist Paul Lindenberg den Potsdamer Platz bereits als jenen Punkt, »an welchem das Berliner Leben am gewaltigsten und unermüdlichsten treibt und brandet«. Nach der Schilderung der Flucht einiger »aus der Provinz« gekommener Familien »auf die Rettungsinsel, jene inmitten des Platzes liegende, etwas erhöhte Stelle«, von der aus diese nun »mit erstaunten Augen das wogende Treiben rund um sich her betrachten«, – Erich Kästner wird aus einer ähnlichen Szenerie noch dreißig Jahre später ein Gedicht mit derselben Häme gegen die »Provinzler« machen – versteigt sich Lindenberg in eine geradezu hymnische Lobpreisung eines steinernen »Jung-Berlin«, das auf dem Potsdamer Platz »mit voller Wucht in die Erscheinung« trete. »Neue Palastbauten auf allen Seiten, monumentale Hotels und Wohnhäuser, teilweise aus kostbarem Sandstein errichtet und mit künstlerischen Bildhauerarbeiten geschmückt, und das Gleiche ist bei den hier einmündenden Straßenzügen der Fall ... Kaum an einem anderen Punkte fesselt und packt uns das moderne Berlin so, wie hier an diesem Potsdamerplatze«, schwärmt der wilhelminische Enthusiast und gerät in Rage ob der »unendliche[n] Schar der Wagen und Fußgänger, ... denn im Durchschnitt passieren diesen Platz täglich von der sechsten Morgen- bis zur zehnten Abendstunde neunzigtausend Fußgänger und achtzehntausend Wagen.«[5]
Wahrscheinlich stammt die Zahl aus einer der peniblen Berliner Verkehrszählungen und ist daher recht exakt. Das Bild, das Lindenberg zeichnet, stünde so als Urbild jener seltsamen Mischung aus Mythos und Realität, die uns etwa ein Jahrhundert später als Legende vom »verkehrsreichsten Platz Europas« wiederbegegnen wird. Mythos: weil Berlin sich, seitdem es kaiserliche Reichshauptstadt geworden ist, unentwegt unter Druck fühlt, beweisen zu müssen, daß es mit den alteingesessenen Metropolen Paris und London gleichzuziehen in der Lage ist. Die stets und ständig wiederkehrende Saga von »Berlins Aufstieg zur Weltstadt« hat hier ihren gewissermaßen sozialpsychologischen Ursprung. Realität: weil Berlin nach dem langanhaltenden Rückschlag, den ihm die »Gründerkrise« von 1873

Luftaufnahme Potsdamer/Leipziger Platz · um 1920

versetzte, seit den späten 1880er Jahren in der Tat einen gewaltigen Sprung in die Moderne vollzog und sich von der provinziellen Biederkeit, die es in den 1870er Jahren noch allenthalben verströmte, zumindest teilweise befreite.
Für den Potsdamer Platz hieß das zunächst, einen weiterhin ständig zunehmenden Verkehr über sich ergehen lassen zu müssen. Denn unverändert bestand die alte, noch aus Zeiten der Friedrichstadt-Erweiterung stammende »Nadelöhr-Situation« fort: Zwischen Brandenburger und Halleschem Tor existierte, abgesehen vom am Anhalter Bahnhof neu durchgebrochenen Anhaltischen Tor, das kaum Entlastung brachte, nur ein einziger Zugang in die Friedrichstadt und in Richtung der alten Stadtmitte. Dieser Zugang war die Doppelplatzanlage Potsdamer/Leipziger Platz, und hier quälten sich tagtäglich die von Lindenberg erwähnten Fußgänger- und Wagenmassen in das Stadtzentrum hinein und aus ihm heraus. Dieses Stadtzentrum aber hatte sich nicht nur dem äußeren Bild nach verändert, es nahm auch, zumal in der Friedrichstadt entlang deren zentralen Straßenachsen, Schritt für Schritt den Charakter einer »City« nach Londoner und später auch New Yorker Vorbild an. So bildeten sich verschiedene Funktionszentren heraus: das Regierungsviertel an der Wilhelmstraße, das Banken- und Versicherungsviertel um die Behrenstraße, das Zeitungsviertel zwischen Schützen-, Markgrafen- und Kochstraße, das Konfektionsviertel am Hausvogteiplatz, das Fremdenverkehrs- und Vergnügungszentrum in der Friedrichstraße und einigen Seitenstraßen. Die Leipziger Straße wiederum wurde mehr und mehr zur zentralen Einkaufsstraße und trat damit zunehmend an die Stelle der Königstraße (der heutigen Rathausstraße).
Diese »Citybildung«, mit ihrer Verdrängung der Wohnbevölkerung aus großen Teilen der Innenstadt, sozusagen die Kehrseite des »Zugs nach dem Westen«, ergriff auch Potsdamer und Leipziger Platz. An ihrer Schnittstelle war 1880 ein vorläufig noch recht

Potsdamer Platz · 1912

bescheidenes Hotel eröffnet worden, der »Fürstenhof« (mit ganzen 50 Zimmern), im gleichen Jahr zog von der schloßnahen »Stechbahn« das »Café Josty« ins Eckhaus Potsdamer Platz und Bellevuestraße, wo es mit seiner modernen Glasfront zum Platz hin an die Stelle der biederen »Conditorei Friediger« trat. Seit 1882 erstrahlten Potsdamer Platz und die Leipziger Straße bis zur Kreuzung mit der Friedrichstraße abends im Schein elektrischen Lichts, sechs Jahre bevor auch Pariser Platz und die Straße Unter den Linden die Ehre nächtlichen Glanzes aus Lampen der Firma Siemens & Halske erhielten. Neben der Gegend am Bahnhof Friedrichstraße avancierte der Potsdamer Platz schließlich zum zweiten Fremdenverkehrszentrum Berlins durch den Bau des (Grand-) »Hotel Bellevue« (1887/88, Architekt: Ludwig Heim) auf der dem »Café Josty« gegenüberlie-

Postkarte, Café Josty am Potsdamer Platz

genden Straßenseite sowie des »Palast-Hotel« am Nordrand des Platzes, 1892/93 ebenfalls nach Plänen Heims errichtet. Ein großer Teil des Grundstückes des »Hotel Bellevue« wurde von einer längs der Front des Potsdamer Platzes und der Bellevuestraße ausgedehnten Terrasse eingenommen, die als Bierwirtschaft nebst Café genutzt wurde, allerdings nie auch nur annähernd die Popularität des »Café Josty« erreichte. Das »Palast-Hotel« mit seinen 110 Zimmern und Salons – Zimmer mit elektrischer Beleuchtung und Bedienung gab es hier von vier Mark an aufwärts – war einen Grad luxuriöser als das »Hotel Bellevue«, wo man ein Zimmer schon für drei Mark bekam. Das »Bellevue« war mit seinen großzügig bemessenen 68 Zimmern besonders für Gäste mit längerem Aufenthalt eingerichtet, besaß aber nur wenige Repräsentationsräume. Im »Palast-Hotel« hingegen, dessen drei Straßen- bzw. Platzfronten eine Länge von 103 Metern aufwiesen, hatte wilhelminische Pracht bereits Einzug gehalten. Die Fassade »ist in Barock-Architektur in Sandstein durchgeführt, wie auch die Räume im Innern des Gebäudes, von denen die Architektur des Treppenhauses und der Säle hervorzuheben ist«, wie das Werk »Berlin und seine Bauten« 1896 zu referieren wußte.[6] 1890 war in der Königgrätzer Straße (heute: Ebertstraße) unweit des Platzes auch noch ein Hotel mittleren Ranges eröffnet worden, das »Saxonia« – mit 100 Zimmern. Der gediegene »Leipziger Hof« gegenüber dem Potsdamer Bahnhof und mehr als ein halbes Dutzend kleinerer Hotels am Anhalter Bahnhof komplettierten gegen Ende des 19. Jahrhunderts das touristische Angebot. Theodor Fontane legte der Gestalt des »Onkelgenerals« in seinem Roman »Die Poggenpuhls« von 1896 über die damals bereits am Potsdamer Platz herrschende Atmosphäre die Worte in den Mund: »Josty mit dem Glasvorbau, wo sie schon von früh an sitzen und Zeitungen lesen, und die Pferdebahnen und Omnibusse kommen von allen Seiten heran, und es sieht aus, als ob sie jeden Augenblick ineinander fahren wollten, und Blumenmädchen dazwischen ..., und in all dem Lärm und Wirrwarr werden dann mit einem Male Extrablätter ausgerufen, so wie Feuerruf in alten Zeiten und mit einer Unkenstimme, als wäre wenigstens die Welt untergegangen ...«[7]

Den nächsten Entwicklungsschub erhielt der Potsdamer Platz aber nicht durch den Fremdenverkehr und auch nicht durch ein Gebäude, das am Platz selbst errichtet wurde, sondern durch den Bau des Warenhauses Wertheim in der Leipziger Straße. Als der erste Bauabschnitt auf dem Grundstück Leipziger Straße 132/133 im Jahre 1897 – gleichzeitig mit dem Umbau des Wohnhauses Bellevuestraße 3 zum »Künstlerhaus« des »Vereins Berliner Künstler« – fertiggestellt wurde, galt er sogleich als Sensation, obwohl es sich nicht um den ersten Berliner Warenhausbau handelte, nicht einmal um das erste Warenhaus der Firma Wertheim in Berlin (Wertheim Oranienstraße war schon 1894 eröffnet worden). Das Aufsehen erregte die Architektur des Hauses nach Entwürfen von Alfred Messel. Der Kunstkritiker Fritz Stahl faßte es 1898 so zusammen, daß »hier ein Künstler einem neuen Bedürfnis eine neue Form gefunden hat. Er hat die Konstruktion rein aus dem Zweck abgeleitet und die Kunstform rein aus der Konstruktion.« Messels Gebäude sei, ohne ihnen in allem zu gleichen, den großen Pariser Magazinen ähnlich. »Es hält in einer großen Zahl von Abtheilungen die verschiedensten Waren feil. Den Raum, den es gebraucht, wird man sich ungefähr vorstellen können, wenn man weiss, dass in der guten

Geschäftszeit etwa zwölfhundert Verkäufer in ihm thätig sind. Diese Ausdehnung bedingte im Interesse der Geschäftsleitung wie im Interesse des Publikums eine klare Übersichtlichkeit. Von dieser Forderung ist Messel ausgegangen: das ganze riesige Haus sollte gewissermassen ein einziger Raum werden. Die Mitte nimmt ein Lichthof ein, der vom Fundament bis zum Dache durchgeht. Um ihn legen sich in vier Geschossen breite Galerien. Aber die horizontale Gliederung ist nicht stark betont, die vertikale Richtung ist die massgebende. Und diese durch die Aufgabe bedingte Gestaltung des Inneren kommt in der Fassade voll und ehrlich zum Ausdruck. Wie im Lichthof, so gehen hier schlanke Pfeiler durch, und die Trennung in Geschosse ist nur leise angedeutet.«[8]

Messels Wertheimbau machte Schule; sein »Vertikalismus« wurde in den Jahren bis 1914 zum vorherrschenden Kennzeichen der Berliner Geschäftshaus-Architektur schlechthin. Nicht nur in der Friedrichstadt, auch in angrenzenden Geschäftszentren wie dem Exportviertel um die Ritterstraße »messelte« es fortan in der Berliner Warenwelt. Dabei war das »ganze riesige Haus« erst ein Anfang. In einem zweiten Bauabschnitt 1899/1900 wurde das Warenhaus auf die Grundstücke Leipziger Straße 134/135 und Voßstraße 31/32 erweitert, so daß sich die Messelsche Pfeilerarchitektur nunmehr in einer Frontlänge von etwa 100 Metern die Leipziger Straße entlang erstreckte. In den Jahren 1904 bis 1906 folgte ein dritter Bauabschnitt unter Einbeziehung der Grundstücke Leipziger Straße 136/137 und Voßstraße 26–30, vor allem aber des Eckgrundstücks Leipziger Platz 12. Abgesehen von der nochmaligen Ausdehnung der Frontlänge an Leipziger Straße und Platz auf nunmehr fast 186 Meter war es insbesondere der monumentale Kopfbau am Leipziger Platz, der für noch größeres Aufsehen sorgte als der Ursprungsbau von 1897. Schon Zeitgenossen stellten einen Vergleich an zwischen der Wandgliederung des Kopfbaus am Leipziger Platz und dem Innenwandsystem einer hochgotischen Basilika. Zwar wollte Messel keine Kathedrale bauen, sondern hatte nur erkannt, daß dieses Innenwandsystem eine der besten Lösungen für sein Bauvorhaben einer offenen Halle mit darüber sich schließender Außenwand in lichtdurchlässiger Konstruktionsweise darstellte. Aber das Bild war da, und die Formel von den Warenhäusern als »Kathedralen des Kommerzes« konnte erfunden werden. Messels Kopfbaulösung als Abschluß der 150 Meter langen Front des Warenhauses in der Leipziger Straße, eine künstlerische Steigerung, die der Lage am Leipziger Platz adäquat war, wurde in der Folgezeit für Jahrzehnte zur Ikone des modernen Berlins, auch als Geschäftshaus-Architekten wie Hans Poelzig oder Erich Mendelsohn den Messelschen »Vertikalismus« völlig verwarfen.[9]

Nach Messels Tod (1909) wurde der Warenhauskomplex 1911/12 in Bauformen, die sich weitgehend an Messels Bauteile anlehnten, nochmals um 83 Meter in Richtung Wilhelmstraße erweitert. So erlebte ihn George Grosz, der darüber in seinen Erinnerungen schreibt: »Bei Wertheim kaufte ich mein Zeichenmaterial, Krawatten, Seifen, Eßwaren; bei Wertheim war ich auch in der Leihbibliothek abonniert ... Bei Wertheim verabredete ich mich mit meiner Freundin zum Tee ... Wertheim war eine Welt für sich. Von Wertheim ging ich gewöhnlich zu Josty, einem alten, berühmten Kaffeehaus am Potsdamer Platz. Da saß ich stundenlang auf der Terrasse, skizzierte, beobachtete die Menschen oder ließ mir vom eigens dafür angestellten Zeitungskellner die neuesten Zeitschriften bringen ...«[10]

Was das »Café Josty« angeht, so war wohl seit Fontanes letzten Lebensjahren alles beim Alten geblieben, als Grosz im Jahre 1912 (wieder) nach Berlin kam. Drastische Veränderungen hatten sich allerdings nach der Jahrhundertwende auf anderen Grundstücken

Warenhaus Wertheim · 1910

Straßencafé-Szene · um 1910

am Potsdamer Platz oder in der Nähe des Platzes in den einmündenden Straßen vollzogen. Ganz offenbar unter der Ausstrahlungswirkung des Warenhauses Wertheim wagten es nun Unternehmer, reine Geschäftshäuser auch in der Potsdamer Straße zu errichten. So entstand 1901/02 das »Rolandhaus« des Architekten Wilhelm Walther in der Potsdamer Straße 127/128. Im Erd- und ersten Obergeschoß befanden sich links das Café und rechts das Weinrestaurant »Zum Roland von Berlin«; wie bei Walther üblich,

Heinrich Zille · o.T./Potsdamer Platz, Passanten beobachten eine Sonnenfinsternis · 17.4.1912 · Kat.Nr. 19

Straßenleben am Potsdamer Platz (Detail) · um 1895

auf das Prächtigste dekoriert. 1905 wurde hier das gleichnamige Cabaret gegründet, in dem Claire Waldoff ihre ersten Erfolge feierte. 1903/04 folgte, ebenfalls nach Entwürfen von Walther errichtet, das Geschäftshaus Potsdamer Straße 10/11 mit dem Restaurant »Alt-Bayern«. Ebenfalls ein wilhelminischer Prachtbau, konnte man hier Brunnenhof und Frauenhof, Herzogsaal und Städtesaal, Büffetraum und Zunftsaal, Kaisersaal und Minnesängersaal bewundern, letzteren in den Abmessungen 32 x 10,5 Meter, bis der Bau 1909 für einige Jahre in ein Warenhaus umgewandelt wurde.

Weinhaus »Rheingold«

1906 folgte das Büro- und Geschäftshaus Potsdamer Straße 10, das nach 1921 als Vox-Haus die Anfänge des Berliner Rundfunks sah. Die weitreichendsten Veränderungen aber spielten sich am Platz selbst und in dessen unmittelbarer Nähe ab. Von 1905 bis 1912 entstanden hier zwei Hotelneubauten, zwei Weinhäuser, ein Bierhaus und eine Vergnügungsstätte mit Café und Kino. Dieser Bauboom dürfte ebenfalls zumindest zum Teil auf die Ausstrahlung des Warenhauses Wertheim zurückzuführen sein, oder besser gesagt auf die Tatsache, daß die Leipziger Straße zwischen Leipziger Platz im Westen (Wertheim) bis zum Dönhoffplatz im Osten (mit dem Warenhaus Hermann Tietz, erbaut 1899/1900, mehrfach erweitert) in den ersten Jahren des 20. Jahrhunderts einen für Berliner Verhältnisse einzigartigen Aufstieg zur vornehmen Einkaufsstraße erlebte. Zwischen den »Riesen« Wertheim und Tietz gab es Spezialläden und -kaufhäuser wie Herpich, Grünfeld, Mädler, Ruhnke, Rodenstock, Cords, Maassen, Michels, Stiller, Kersten & Tuteur, Bote & Bock, Zuntz, Hefter, Loeser & Wolff sowie Kodak, von Restaurants wie den »Rheinischen Winzerstuben«, »Aschinger« und dem »Café Equitable« sowie den Weinrestaurants »Kempinski« und »Traube« einmal abgesehen. Rund die Hälfte dieser Firmen gehörten jüdischen Inhabern; das machte sie schon vor 1933 zur Zielscheibe von verbalen wie physischen Attacken der Nationalsozialisten.[11]

Wenn A. Wertheim und H. Tietz die beiden erfolgreichsten Warenhaus-Gesellschaften waren, so ist auf dem Gebiet der Gastronomie der Aufstieg der Firma Aschinger von der ersten »Bierquelle« im Jahre 1892 zur millionenschweren (Familien-) Aktiengesellschaft (nur acht Jahre später gegründet) und Restaurant-Kette fast noch imposanter. 1905 begann die Aschinger AG zwei große Bauprojekte gleichzeitig: die Errichtung des neuen Hotels »Der Fürstenhof« an der Ecke Leipziger Platz und Königgrätzer Straße (heute hier: Stresemannstraße) und des Weinhauses »Rheingold« zwischen Bellevuestraße und Potsdamer Straße. »Der Fürstenhof« wurde 1907 eröffnet, mit 300 Betten, 100 Privatbädern und verschiedenen Gaststätten und Geschäften im Erdgeschoß. Das Haus galt als erstrangig, aber keinesfalls luxuriös; es war für Durchgangsreisende geschaffen worden und in seinen Service-Einrichtungen streng rational durchkalkuliert. Gegenüber der Sachlichkeit des »Fürstenhofs« nahm sich das Konzept des »Weinhauses Rheingold« wilhelminisch-bombastisch aus. Die Aschinger AG wollte mit dem Gebäudekomplex alles bisher in Berlin Dagewesene in Anlage und Ausstattung übertreffen. Dem Architekten Bruno Schmitz, der schon den »Rosengarten« in Mannheim gebaut hatte und sich als Schöpfer von monumentalen Denkmälern wie dem Deutschen Eck in Koblenz einen Namen gemacht hatte, und dem Bildhauer Franz Metzner ließ man freie Hand. Die »Deutsche Bauzeitung« lobte das 1907 eröffnete »Rheingold« als »eine Anlage, die auf diesem Gebiet von keiner anderen in Deutschland übertroffen werden dürfte, eine Baugruppe von einer seltenen Kraft der künstlerischen Gestaltung.«[12]
Alfred Lichtwark, Direktor der Hamburger Kunsthalle, geizte hingegen nicht mit seinem Spott, als er schrieb: »An Material ist nichts gespart: Muschelsäle, Marmorsäle, Mosaiksäle, Ebenholzsäle, Onyxsäle und so weiter, und Alles in einem cyklopischen Jugendstil mit Sculpturen, die wie Nachtmahre auf dem Gemüt liegen.«[13]

War die Aschinger AG beim Bau des Hotels »Der Fürstenhof« von der Annahme ausgegangen, am Pariser Platz verkehre ein anderes Publikum als in der Nähe des Potsdamer Bahnhofes, so spekulierten die Erbauer des Hotels »Esplanade« (Architekt: Otto Rehnig) in der Bellevuestraße, das 1907/08 und 1911/12 in zwei Bauabschnitten errichtet wurde, auf das genaue Gegenteil. Als »glänzenden Bau« bezeichnete es der Baedeker nach seiner Fertigstellung und ließ es bei den Häusern »allerersten Ranges« an erster Stelle rangieren, noch vor dem »Adlon« am Pariser Platz. Wie das »Adlon« zeigte das »Esplanade« in seinem Inneren eine prächtige, repräsentative Palastarchitektur, verfügte über eine Vielzahl von Fest- und Gesellschaftsräumen mit bis zu neun Metern lichter Höhe (Wintergarten), Emporen, Galerien und gewölbten Decken, einen sehr geräumigen, gärtnerisch gestalteten Hof und Zimmer für fremde Dienerschaft. Nach seiner endgültigen Fertigstellung war das »Esplanade« dem »Adlon« der Ausstattung nach mindestens ebenbürtig, der Größe (und den Zimmerpreisen) nach übertraf es das »Adlon«.[14]

Wie bei den Hotels, so boten der Potsdamer Platz und seine nähere Umgebung um 1912 auch bei den Restaurants und Vergnügungsstätten (fast) die gesamte Skala von luxuriöser bis zu einfacher Ausstattung, von vornehmer Gediegenheit bis zur Massenabfertigung. Der große Weinpalast »Rheingold« konkurrierte mit dem kleineren, ruhigeren »Weinhaus Huth & Sohn« in der Potsdamer Straße 139 (1912 von Heidenreich & Michel neu errichtet), die in Hotels eingerichteten Bierstuben mit dem 1909/10 entstandenen, architektonisch etwas eigenartig geratenen, aber geräumigen »Bierhaus Siechen« (später »Pschorr-Haus«) zwischen Linkstraße und Potsdamer Bahnhof. Auf der anderen Seite des Bahnhofes, an der Köthener Straße, entstand 1911/12 als langgestreckter Baukörper, der in einem Rundbau an der Königgrätzer Straße unter einer hohen, kupfergedeckten Kuppel seinen monumentalen Abschluß

F. Albert Schwartz · Potsdamer Bahnhof · 1876

Halle des Potsdamer Bahnhofs · 1910

fand, das »Haus Potsdam«. Es war der letzte bedeutende Vorkriegsbau in der Nähe des Potsdamer Platzes. Der Architekt Franz Schwechten, als Erbauer des Anhalter Bahnhofes bekannt geworden, sollte in der exponierten Lage neben dem Potsdamer Bahnhof und gegenüber dem Hotel »Der Fürstenhof« ein Gebäude errichten, das Büroräume, ein Lichtspieltheater (die »Kammerlichtspiele«) und Gaststätten umfaßte. Er entledigte sich seiner Aufgabe, indem er das »Haus Potsdam« ganz in den Formen der beginnenden Moderne gestaltete, ohne daß es äußerlich Merkmale aufwies, die auf eine Zweckbestimmung hinwiesen.[15] Das zweigeschossige »Café Piccadilly« allein enthielt 2.500 Plätze, wurde doch in der Massengesellschaft auch das Vergnügen zunehmend industrialisiert und standardisiert. Kein Wunder, daß bei aller architektonischen Differenz sowohl das »Bierhaus Siechen« als auch das »Haus Potsdam« eine auffällige Ähnlichkeit mit dem zeitgenössischen Typ des Geschäftshauses aufwiesen. Die Vergnügungspaläste waren Geschäftshäuser, schärfer formuliert: Pläsierkasernen, noch ehe das Wort in der sozialkritischen Literatur der Weimarer Republik erfunden wurde.

Ein großer Bahnhofskomplex mit Fernverkehr, Ring- und Wannseebahn, seit 1902 auch eine U-Bahn-Station, fünf Hotels von luxuriösem bis zu gutbürgerlichem Zuschnitt, ein Riesencafé und ein Traditionscafé, ein Kino, ein Bierhaus und ein Weinpalast, etliche Restaurants, Bier- und Weinstuben: Kein Zweifel, der Potsdamer Platz war im ersten Jahrzehnt des 20. Jahrhunderts ein neues Zentrum des Fremdenverkehrs und Vergnügungsleben in Berlin geworden. In gewisser Hinsicht hatte er sogar dem alten Zentrum um die Friedrichstraße und die »Linden« den Rang abgelaufen. Der Verkehr warf täglich größere Probleme auf, und Lösungen waren nicht in Sicht. Im Baedeker von 1912 wurde immer noch gewarnt: »Der wenig umfangreiche Potsdamer Platz ist besonders durch den gewaltigen Verkehr nach dem Südwesten von Berlin belastet; mit dem Überschreiten warte man, bis vom Wachtkommando das Zeichen gegeben ist.«[16] Bald darauf wurde er durch ein drittes Zentrum, den »Neuen Westen« um die Kaiser-Wilhelm-Gedächtniskirche überflügelt. In den wenigen Jahren bis zum Weltkrieg jedoch befand sich der Platz gewissermaßen auf dem Höhepunkt seiner Karriere. Seine Grundstimmung erhielt er noch stets aus seiner Funktion als Verkehrsknotenpunkt und Eingangspforte in die City; die Bahnhöfe und ihr Publikum gaben ihr Teil an Atmosphäre drauf. Aber all das hätte nicht gereicht, um den Platz zu dem Mythos seiner selbst zu machen, zu dem er schon vor der Jahrhundertwende geworden war. Die Faszination, die er ausstrahlte, rührte wohl zunächst daher, daß das Hasten und Taumeln, dies schwindelerregende Gefühl des Immer-Aufgedreht-Seins und Nie-Innehalten-Könnens dem Berliner Publikum so recht ein Spiegelbild des eigenen Lebens und ein Symbol des Rhythmus' Berlins war, seit die Stadt in das Industriezeitalter eingetreten war. Der Platz war Identifikationsmuster und -ort. Die Spannung, die Vibration, die am Platz herrschten, wurden aber nur möglich durch die Heterogenität und Widersprüchlichkeit der gesellschaftlichen Verhältnisse, die am Platz ihren Ausdruck fanden. Der Alexanderplatz mit seiner Umgebung war das Zentrum von Berlin O, der Proletarier und Kleinbürger, der kleinen Händler, kleinen Kneipiers und auch der kleinen Kriminellen. Der Pariser Platz war hochherrschaftlich, und so war auch sein Publikum: in »Adlon« und Akademie, Botschaft und Palais verkehrten nur Adel, Groß- und gehobenes Bildungsbürgertum – die »feinen Leute« und was sich dafür hielt. Um die Gedächtniskirche herum wiederum flanierte das mondän-moderne Berlin der Reichen und Neureichen, der Avantgarde und der Bohème, der Trendsetter und Bahnbrecher, Künstler und Literaten sowie ihr Gefolge: »Jüngst-Berlin«, gewiß, aber eben nur ein schmaler Ausschnitt aus dem gesellschaftlichen, dem politischen Spektrum der Stadt: Berlin W und Berlin WW, wie es spöttisch hieß. Am Potsdamer Platz dagegen prallten alle Gegensätze aufeinander, mischten sich Personenkreise, die sich andernorts nie begegnet wären, trat der Industrielle neben den Boten, der Kutscher neben den Notar, die Gesellschaftsdame neben die Verkäuferin, die Hausfrau neben die Prostituierte, der kleine Beamte neben den kleinen Gauner. Hier war keiner fremd, jeder hatte hier ein Existenzrecht, auch wenn am Ende der eine ein sündhaft teures Zimmer im »Esplanade« bezog, der andere im »Weinhaus Rheingold« für achtzig Pfennige eine Portion Rinderbrust verzehrte (oder sie zubereitete), die eine Blumen, die andere sich selbst feilbot. Die kurzfristige Koexistenz disparater Existenzen in der Mitte einer Millionenstadt, da, wo die Aktivitätszentren dieser Stadt ihre höchste Verdichtung fanden – das Lebensgefühl, das solcherlei tagtägliche Dynamik erzeugte, gab es nur hier, und so intensiv auch nur für ein paar Jahre. Bis zu dem Zeitpunkt nämlich, an dem durch die »Jahrhundertkatastrophe« des Ersten Weltkrieges von Stund an alles, was es an Fortschrittlichem und Vorwärtstreibendem im wilhelminischen Berlin gab, aufgerieben, abgebrochen, zerschlagen wurde.

Mit Kriegsbeginn 1914 wurde der Potsdamer Platz in den Sog der sich überstürzenden, politischen und militärischen Geschehnisse gezogen. Am 1. August 1914, dem Tag der Mobilmachung der deutschen Streitkräfte, hatte die um sich greifende chauvinistische Hochstimmung längst auch die Massen am Potsdamer Platz erfaßt. Hoch- und Jubelrufe, Ovationen auf den Kaiser und die Armee wechselten ab mit dem Gesang vaterländischer Lieder, »in den alt und jung, die Herren und Damen in den Cafés, das Straßenpublikum, die Droschkenkutscher, Straßenbahner und die diensthabenden Schutzleute, die auf dem Platze den Verkehr zu regeln bemüht waren, enthusiastisch mit einstimmten«, wie die Presse berichtete. Am 6. August 1914 erschien in den Berliner Zeitungen eine seitenbreite Anzeige: »Das Café Piccadilly heißt jetzt: VATERLAND Kaffeehaus Potsdamer Platz«. Der Kaiser hatte am Schloß verkündet, er kenne keine Parteien mehr, und auch und erst recht am Potsdamer Platz war, so schien es, die deutsche Volksgemeinschaft hergestellt. Aber der chauvinistische Rausch verflog, der Kriegsalltag kehrte ein, und er erzeugte, je länger das Massensterben an den Fronten und die Lebensmittelnot in der Heimat anhielten, Kriegsgegnerschaft. »Die Ernährungsfrage ist zur Zeit brennender als je und die Stimmung in den Massen teilweise derartig gereizt, daß, wenn die jetzige Teuerung andauert und die Knappheit der Nahrungsmittel nicht behoben wird, mit dem Ausbruch von Unruhen gerechnet werden muß«, vermerkte der Berliner Polizeipräsident in seinem 60. »Stimmungsbericht« vom 2. März 1916.[17] So rief denn auch die Spartakusgruppe, eine der radikalsten, aus dem linken Flügel der Vorkriegssozialdemokratie entstandenen kriegsgegnerischen Gruppierungen, mit Handzetteln und Flugblättern zu einer Demonstration auf dem Potsdamer Platz am 1. Mai 1916 auf. Tausende von Menschen folgten dem Aufruf und versammelten sich auf dem Platz und in den angrenzenden Seitenstraßen. Die Nervosität der Polizei

Herbert Hoffmann · Karl Liebknecht in Soldaten-Uniform auf dem Weg zum Reichstag · 1918

war groß, die Stimmung gereizt, und kaum hatte der Wortführer der Spartakusgruppe, der Reichstagsabgeordnete Karl Liebknecht, den Potsdamer Bahnhof verlassen, um auf der Terrasse vor dem »Café Josty« eine Rede zu halten, wurde er von Polizeibeamten in Zivil abgefangen und, nachdem er mehrmals »Nieder mit dem Krieg! Nieder mit der Regierung!« gerufen hatte, verhaftet und abgeführt. In 1. Instanz wurde Liebknecht zu zweieinhalb Jahren Zuchthaus verurteilt, das Urteil in 2. Instanz lautete auf vier Jahre und einen Monat Zuchthaus.

Gegen das Urteil der 1. Instanz protestierten am Abend des 27. Juni wiederum Tausende am Potsdamer Platz, am 28. Juni begann in Berlin gar der erste Massenstreik während des Ersten Weltkrieges. Durch zahlreiche Verhaftungen und verschiedene andere Repressionsmaßnahmen gelang es indessen der Regierung, die Kriegsgegner noch für mehr als zwei Jahre in Schach zu halten. Als Karl Liebknecht jedoch am 23. Oktober 1918 aus dem Zuchthaus entlassen wurde, wirkte das wie ein Symbol für den nahenden Untergang des Kaiserreiches. Am Anhalter Bahnhof von Tausenden begeisterter Anhänger empfangen, bugsierte man Liebknecht am

Askanischen Platz auf einen leeren Plattenwagen und fuhr ihn im Triumphzug durch die Stadt. »Über den Askanischen Platz, die Königgrätzer Straße hinunter fuhr der Wagen im Schritt. ... An jeder Straßenkreuzung drängten große Polizeiaufgebote die Massen seitlich ab, aber immer wieder schloß sich die Menge von vorn dicht um den Wagen. So gelangten wir auf den Potsdamer Platz. Zwischen »Fürstenhof» und U-Bahn-Station hielt der Wagen, und hier, wo am 1. Mai 1916 Karl Liebknecht aus unserer Mitte von Polizeispitzeln herausgerissen worden war, hielt Karl jetzt eine kurze, leidenschaftliche Ansprache«, erinnerte sich später ein Mitkämpfer.[18]

In diesen Tagen verließ Kaiser Wilhelm II. Berlin und kehrte nie wieder zurück. Siebzehn Tage später, am 9. November 1918, dankte er ab, und auch für den Potsdamer Platz kamen die Tage und Monate der revolutionären Nachkriegswirren. Nach heftigen Schießereien in der Nacht wehte am 10. November eine rote Fahne auf dem Dach des »Palast-Hotels«. Theodor Wolff, der Chefredakteur des renommierten »Berliner Tageblatts«, faßte seine Eindrücke von den ersten Revolutionstagen in seinem Tagebuch so zusammen: »Für die Revolutionäre sind die totale Ohnmacht der Monarchisten und, um es milde zu sagen, der völlige Mangel an Widerstandsgeist, die kampflose Preisgabe des alten Regimes durch all seine Anhänger und privilegierten Beschützer so überraschend, daß sie noch gar nicht so recht daran glauben können.«[19] Es dauerte sechzehn Monate, ehe die reaktionären Gegner der neuen politischen Verhältnisse erstmals den Sturz der Republik probten. Photographien aus den Tagen des Kapp-Putsches vom März 1920 zeigen, wie die putschistischen Verbände der Brigade Ehrhardt am Potsdamer Platz ihr Heerlager errichten und Maschinengewehre in Stellung bringen. Eine Aufnahme zeigt Soldaten auf einem Lastwagen über den Platz jagend, im Hintergrund, an der Ecke Bellevuestraße, die Aufschrift »Jostys Conditorei u. Café«.[20] Der Wagen wirbelt mächtig Staub auf, die Stahlhelme der Soldaten glänzen in der Märzsonne. Die Helme sind mit weißen Hakenkreuzen bemalt.

Der Putsch scheiterte nach wenigen Tagen. Die Hakenkreuzler verschwanden, aber nach dreizehn Jahren kehrten sie auf den Platz zurück, diesmal im Besitz der staatlichen Machtmittel. Mit ihrem Sieg wurde der Untergang des Potsdamer Platzes in seiner alten Gestalt eingeläutet.

1 Werner Hegemann: *Das steinerne Berlin. Geschichte der größten Mietkasernenstadt der Welt*, Berlin 1930, S. 146.
2 Zitiert nach Helmut Maier: *Berlin Anhalter Bahnhof*, Berlin 2. Aufl. 1987, S. 23.
3 Hartwig Schmidt, *Das Tiergartenviertel. Baugeschichte eines Berliner Villenviertels, Teil 1: 1790–1870*, Berlin 1981, S.13.
4 *Berlin, Potsdam und Umgebungen. Separat-Abdruck aus Baedekers Nord-Deutschland*, Leipzig 1878, S. 54f.
5 Paul Lindenberg: *Berlin in Wort und Bild*, Berlin 1895, S 12f.
6 *Berlin und seine Bauten*, bearb. und hrsg. vom Architekten-Verein zu Berlin und der Vereinigung Berliner Architekten, Teil III, Privatbauten, Berlin 1896, S. 32.
7 Theodor Fontane: *Die Poggenpuhls*, in: *Romane und Erzählungen in acht Bänden*, hrsg. von Peter Goldammer, Gotthard Erler, Anita Golz und Jürgen Jahn, [Bd.] 7, Berlin und Weimar 1969, S. 348.
8 Fritz Stahl: *Ein modernes Warenhaus in Berlin*, in: *Deutsche Kunst und Dekoration II*, April–September 1898, S. 241–260, hier S. 243f.
9 Vgl. die kritische Würdigung des Messel-Baus in: Julius Posener: *Berlin auf dem Wege zu einer neuen Architektur. Das Zeitalter Wilhelm II.*, München 1979, S. 369ff, 453ff, 465ff.
10 George Grosz: *Ein kleines Ja und ein großes Nein*, Reinbek 1983 (Erstdruck 1955), S. 96f.
11 Vgl. Thomas Friedrich: *Die Politik des Hasses. Über den Aufstieg des Antisemitismus von der Ideologie zur Staatsdoktrin zu Lebzeiten Max Liebermanns*, in: *Was vom Leben übrig bleibt, sind Bilder und Geschichten. Max Liebermann zum 150. Geburtstag. Rekonstruktion der Gedächtnisausstellung des Berliner Jüdischen Museums von 1936*, Ausst.Kat. Stiftung »Neue Synagoge – Centrum Judaicum« u.a., Berlin 1997, S. 95–117, hier S. 100f.
12 *Deutsche Bauzeitung XLI*, 1907, No18, S.121.
13 Alfred Lichtwark: *Berliner Weinrestaurant*, in: *Briefe an die Kommission für die Verwaltung der Kunsthalle*, hrsg. von Gustav Pauli, Hamburg 1923. Zitiert nach: Johann Jakob Hässlin, Berlin/München 1959, S. 309.
14 Vgl. *Berlin und seine Bauten*, hrsg. vom Architekten- und Ingenieur-Verein zu Berlin, Teil VIII, Bauten für Handel und Gewerbe, Band B, Gastgewerbe, Berlin/München/Düsseldorf 1980, S. 10–13, 41.
15 Ders., S. 66ff., 110.
16 Karl Baedeker: *Berlin und Umgebung. Handbuch für Reisende*, 17. Aufl. Leipzig 1912, S. 171.
17 Ingo Materna/Hans-Joachim Schreckenbach (Bearb.): *Dokumente aus geheimen Archiven, Band 4, 1914–1918. Berichte des Berliner Polizeipräsidenten zur Stimmung und Lage der Bevölkerung in Berlin 1914–1918*, Weimar 1987, S. 111.
18 Vgl. die Dokumentation in: Annelies Laschitza/Elke Keller: *Karl Liebknecht. Eine Biographie in Dokumenten*, Berlin 1982, S. 320ff.
19 Theodor Wolff: *Die Wilhelminische Epoche. Fürst Bülow am Fenster und andere Begegnungen*, hrsg. und eingeleitet von Bernd Sösemann, Frankfurt/M. 1989, S. 185.
20 Hans J. Reichhardt: *Kapp-Putsch und Generalstreik März 1920 in Berlin. »Tage der Torheit, Tage der Not«*, Berlin 1990, S. 59.

Max Missmann · Potsdamer Bahnhof, Empfangsgebäude · 1910 · Kat.Nr. 20

Albert Einstein: Über die spezielle und die allgemeine Relativitätstheorie – Gemeinverständlich

Jede räumliche Beschreibung des Ortes eines Ereignisses oder Gegenstandes beruht darauf, daß man den Punkt eines starren Körpers (Bezugskörpers) angibt, mit dem jenes Ereignis koinzidiert. Dies gilt nicht nur für die wissenschaftliche Beschreibung, sondern auch für das tägliche Leben. Analysiere ich die Ortsangabe »in Berlin, auf dem Potsdamer Platz«, so bedeutet sie folgendes. Der Erdboden ist der starre Körper, auf den sich die Ortsangabe bezieht; auf ihm ist »Potsdamerplatz in Berlin« ein markierter, mit Namen versehener Punkt, mit dem das Ereignis räumlich koinzidiert.

Diese primitive Art der Ortsangabe kennt nur Orte an der Oberfläche starrer Körper und ist an das Vorhandensein unterscheidbarer Punkte dieser Oberfläche gebunden. Sehen wir zu, wie sich der menschliche Geist von diesen beiden Beschränkungen befreit, ohne daß das Wesen der Ortsangabe eine Änderung erfährt! Schwebt beispielsweise über dem Potsdamer Platz eine Wolke, so kann der Ort dieser, bezogen auf die Erdoberfläche, dadurch festgelegt werden, daß man auf dem Platze senkrecht eine Stange errichtet, die bis zur Wolke hinaufreicht. Die mit dem Einheitsmaßstab gemessene Länge der Stange in Verbindung mit der Angabe des Ortes des Fußpunktes der Stange ist dann eine vollständige Ortsangabe. An diesem Beispiele sehen wir, auf welchem Wege eine Verfeinerung des Ortsbegriffes vor sich gegangen ist.

Aus Sammlung Vieweg: *Tagesfragen aus den Gebieten der Naturwissenschaften und der Technik,* Heft 38, Friedr. Vieweg & Sohn, Braunschweig 1920, S. 4.

Elektrische Straßenbahn auf dem Potsdamer Platz · um 1905

Theodor Fontane: Auch heute wieder unpassierbar

so daß der einzuschlagende Weg erst durch ein Stück Königgrätzer Straße, demnächst aber über den Potsdamer Platz führt, der auch heute wieder wegen Kanalisation und Herstellung eines Inselperrons unpassierbar war. Wenigstens in seiner Mitte. So mußte Gordon denn an der Peripherie hin sein Heil versuchen, was ihn freilich nur in neue Wirrnisse brachte.

Denn es war gerade Markt heute, der, wie gewöhnlich an dieser Stelle, zwischen Straßendamm und Häuserfront abgehalten wurde. Hier saßen die Marktfrauen in einer Art Defilée, »gekeilt in drangvoll fürchterliche Enge«, durch welche Gordon nun hindurch mußte. Wirklich, das war nichts Leichtes, aber so schwer es war, so vergnüglich war es auch, und auf die Gefahr hin, überrannt zu werden, blieb er stehen und musterte die Szenerie ...

Alles primitiv, aber entzückend in seiner Heiterkeit und Farbe. Gordon war ganz hingenommen davon, und erst als er sich satt gesehen und ein paar kräftige Atemzüge getan hatte, ging er weiter, um, an der Köthner-Straßen-Ecke rechts einbiegend, auf den Hafenplatz zuzuschreiten.

Aus: *Cécile*, Berlin 1968

Jules Huret: Reise-Erinnerungen 1906

Ich glaube, die Hälfte der elektrischen Trams, von vier Seiten her einmündend, kreuzen hier, binnen weniger Minuten habe ich hundert gezählt... Ein Dutzend Schutzleute stehen fortwährend an den vier Straßenecken und in der Mitte des Platzes, zwischen den Weisern der Trams, denen sie Halt oder langsames Fahren gebieten oder das Zeichen zur Abfahrt geben.

Ruhig, kaltblütig, ohne ein lautes Wort, gewissermaßen ohne mit der Wimper zu zucken, leiten sie das ganze Getriebe. Das Auge unverwandt auf sie gerichtet, harren die Wagenführer eines Blickes, eines leisen Winkes, um zu stoppen, oder die Fahrt fortzusetzen.

Zitiert nach Lothar Fischer: *Potsdamer Platz: Ort der Stadtgeschichte, der Literatur und der Kunst*, in: Ausst.Kat. *Potsdamer Platz, Jahresausstellung '95 Verein Berliner Künstler*, S. 17

Café Josty am Potsdamer Platz · um 1914

Hans Ostwald: Alle Tische besetzt

Vor dem Gitter des Cafés ein buntes Hin und Her von Menschen. Junge Mädchen, schlank, leicht und luftig gekleidet. Frauen, die beim vorsichtigen Überschreiten des Platzes elegante Schuhe und reiche, flimmernde Unterkleider sehen lassen. Herren, die aus der Börse, aus vornehmen Bureaus und Geschäften kommen – und nur wenige Frauen und Männer, die Spuren ihrer Arbeit an der Kleidung tragen ...

Dies Bild gehört zum Café Josty. Es ist der Hintergrund. Ohne ihn – was wäre das Café?

Erst dieser zusammenfassende Ausstrahlungspunkt des Westens von Berlin ermöglicht dies Lokal mit all seinen Reizen, seinen Menschen und seinem bunten, vielfältigen Treiben. –

Im Sommer. Nachmittags. Unter grünen Bäumen im Schatten des Hauses eine schier verwirrende Fülle von Gestalten. Wie sie eben das heutige Berlin bietet. Helle, blendende Sommertoiletten. Herren in vornehmster Straßenkleidung, mit bunten Westen, echte Panamas auf den markanten Köpfen. Auch mit Zylinder oder neuestem Filz. Alle Tische besetzt.

Zwei Damen rauschen heran. Luftige, plissierte Seide. Matte Modefarbe. Nur die Hüte grün, in dem Saft des sommerlichen Wiesengrases. Die Gesichter frisch und erhitzt. Aber einige Falten an den Schläfen und die Fülle der Brüste und der Hüften und der frauenhafte schwere Gang, den hohe Absätze nicht ganz hinwegtäuschen, künden doch von gewissen Jahren.

Und an der sicheren Art des Auftretens sieht man, dass diese beiden Damen gewöhnt sind, allein auszugehen.

Alle Blicke folgen den hohen Gestalten, die zwischen den Tischen nach leeren Plätzen suchen – und in der Nähe eines Tisches mit alten Herren freie Stühle finden. Wie sie nun so sitzen, sieht man einen leichten Puderhauch auf ihrem Gesicht. Und die Brillantohrringe funkeln wie dankbare Geschenke ... Nicht nur die jungen Herren, die in der Nähe sitzen, suchen Blicke zu erhaschen und die Gestalten zu erfassen. Auch die Damen lassen ihre Augen über diese berückenden Kleider gleiten. Neid, Neugier, Erstaunen, Nachahmungssucht blicken heimlich und offen.

Aus: *Berliner Kaffeehäuser. Großstadtdokumente,* Verlag Herrmann Seemann Nachfolger, Berlin 1904

Herbert Hoffmann · Potsdamer Platz, im Hintergrund das Haus Vaterland · um 1930

László Moholy-Nagy: Das Simultane oder Polykino

Durch die Riesenentwicklung der Technik und der Großstädte haben unsere Aufnahmeorgane ihre Fähigkeit einer simultanen akustischen und optischen Funktion erweitert. Schon im alltäglichen Leben gibt es Beispiele dafür: Berliner queren den Potsdamer Platz. Sie unterhalten sich,
SIE HÖREN GLEICHZEITIG:
die Hupen der Autos, das Klingeln der Straßenbahn, das Tuten der Omnibusse, das Hallo des Kutschers, das Sausen der Untergrundbahn, das Schreien des Zeitungsverkäufers, die Töne eines Lautsprechers usw. und können diese verschiedenen akustischen Eindrücke auseinanderhalten. Dagegen wurde vor kurzem ein auf diesem Platz verschlagener Provinzmensch durch die Vielfalt der Eindrücke so aus der Fassung gebracht, daß er vor einer fahrenden Straßenbahn wie angewurzelt stehen blieb. Einen Analogfall optischer Erlebnisse zu konstruieren liegt auf der Hand.

In: *László Moholy-Nagy*, Ausst.Kat. Museum Fridericianum, Kassel 1991, S. 249

Curt Corrinth: Zu Ungeheurem getrieben

Normaluhr du am Potsdamer Platz, bahnhofsauffahrtvorgepflanzt; Halteschilder ihr, schießender Straßenbahnen; Plakatsäulen, vergnügungs-, aufruf-, mordüberklebt: Lotsenzeichen ihr alle, oh, im Meer der Menschen, um euch brandend allabendlich. Geisterhand in jenen Stunden winkte aus deinem Zifferblatt, machte deine schwarzen Zeiger raunen von ungeheuersten Schicksalen. Warten umstand euch geballter denn jeh, rotbestrichene Pfahle. Eure runden, wohlgemessenen Leiber, Zementene, oh wie grüßte euch Ahnen nahen Geschehens. Menschen, die euch erschauten, dieses Mal, strahlten fremden, feierlichen, bunteren Schein.

Aus: *Potsdamer Platz oder Die Nächte des neuen Messias* © by Langen Müller in der F.A. Herbig Verlagsbuchhandlung GmbH, München 1919

Waldemar Titzenthaler · Platz vor dem Potsdamer Bahnhof · 1906

Alfred Döblin: Der Kaplan

Weich dünstete der Nebel über den Potsdamer Platz und schwoll vom Tiergarten her. Die Bogenlampen auf den hohen Kandelabern schienen weiß in der Luft; kleine schwarze Fahrräder tauchten auf, klingelten und verschwanden; zögernd schwirrten die Autos über den Asphalt. Ueber dem Spiegel des Asphalts erschienen Pferdebeine, Röcke, von denen der Regen troff, verzerrte Konturen von lackierten Droschken, Stimmen, Traben, Klirren, Rollen über dem Platz; in regelmäßigen Intervallen ein Pfiff.

Aus: *Der Sturm – Halbmonatszeitschrift für Kultur und die Künste,* Jahrgang 1914/ Nummer 5

August Endell: Der Potsdamer Platz in Berlin

Es ist neun Uhr abends. Die Tage sind warm und regenlos. Der Nachthimmel um diese Zeit noch hell. Der Platz ist von zwei riesigen elektrischen Lichtträgern ganz mit Helligkeit gefüllt, wie eine große Kuppel breitet sich das Licht über den Platz. Die Häuser erglänzen in leisen bunten Farben, bunter als in dem weißen Tageslicht. Eins ist leicht rötlich, ein anderes gelb und zwischen den Häusern lagern die dichten zerklüfteten Berge der belaubten Bäume und das dämmrige Dunkel der weniger stark beleuchteten Nebenstraßen. Der Himmel nach Westen über der Bellevuestraße und Kaffee Josty ist hellgrün, die sonst so widerwärtigen Reklamebeleuchtungen mit ihrem armseligen grellen Licht schimmern jetzt sanft in dem lichten Grün. Der Potsdamer Bahnhof liegt zurück im Dunkel, das beleuchtete Zifferblatt seiner Uhr schwebt wie eine gelbe Kugel in dem hier tiefblauen Himmel. Das Hauptgesims flimmert in feinem Grau, und darunter glüht ein düsteres Rot, fast verschlungen von dem rauchigen Nebel, der alles zu umhüllen scheint. Alles verfließt weich ineinander, man spürt das perspektivische Zurückgehen kaum. Alle Umrisse zergehen.

August Endell: *Vom Sehen.* Texte 1896–1925 über Architektur, Formkunst und »Die Schönheit der Stadt«, hrsg. von Helge David, Basel/Berlin/Boston 1995, S. 129ff.

Eine Haßliebe
Kirchner im wilhelminischen Berlin

Roland März

Maler oder Flieger werden? – Zwei Berufe mit Risiken, Alternativen taten sich auf. Als Jüngling reist Ernst Ludwig Kirchner 1895 und 1898 aus dem sächsischen Chemnitz zweimal nach Spree-Athen, wo der Vater, Ingenieur und Papierforscher, seinen Jugendfreund Otto Lilienthal und dessen Bruder Gustav besucht. Beide lassen bei Lichterfelde und am Gollenberg bei Stölln waghalsig ihre Flugapparate in die Lüfte steigen. Unter den Zuschauern ist auch der Maler Arnold Böcklin. Der junge Kirchner erlebt seinen ersten und einzigen Flugversuch, »ich fühlte einen Moment, wie die Luft trug, dann drückte der Wind mich zu Boden«.[1] Aus dem Angebot der beiden Ikarusse, bei ihnen die Fliegerei zu erlernen, wird jedoch durch das kategorische »Nein« des Vaters nichts, der »Traum der Malerei« war stärker. Doch etwas Beflügelndes von diesem Abenteuer blieb für Kirchners Werdegang zurück: »Hier war Freiheit, Natürlichkeit und Freude. Ich lebte auf.«[2] Kirchners erster, jugendlicher Ausbruch aus provinzieller Enge, das Abheben in den Himmel, wo die Freiheit grenzenlos schien. Dies nachhaltige Erlebnis führt Kirchner aber künftighin nicht, wie etwa Wassily Kandinsky oder Paul Klee, ins Kosmische der Weltentrückung hinauf, er bleibt immer ein Mann der Bodenhaftung, ein Realist der ganz eigenen Art im aufreibenden Leben seiner Zeit. Kirchners Begriff der Freiheitlichkeit nimmt hier seinen Anfang.

Fast vergessen ist, daß der im unterfränkischen Aschaffenburg im Jahre 1880 geborene Ernst Ludwig Kirchner seine Vorfahren in brandenburgischen Gefilden hat. Vater und Mutter stammen aus Gransee, der Großvater väterlicherseits war evangelischer Pastor in Walchow (Rhin-Luch) bei Neuruppin. Theodor Fontane hat ihn in seinen »Wanderungen durch die Mark Brandenburg« als bedeutenden Altertumsforscher, Historiker und Sammler gewürdigt, der neben der »Geschichte der Familie Arnim« auch eine vierbändige »Geschichte der Kurfürstinnen und Königinnen von Brandenburg und Preußen« verfaßte. Von ihm kommt das reformatorische Sendungsbewußtsein, das auch Ernst Ludwig Kirchner in der Nachfolge Albrecht Dürers prägen wird. Es spricht einiges dafür, daß die Familie mütterlicherseits französisch-hugenottischer Herkunft war, ein Grund womöglich für Kirchners späteres Pseudonym »Louis de Marsalle«, das er für seine Schriften als Decknamen benutzte, um sich und sein Schaffen in das richtige Licht zu setzen.

Es sollten Jahre vergehen, bevor der junge Kirchner wieder einmal nach Berlin kommt. Auf den Reisen an die Ost- und Nordsee während der Dresdener »Brücke«-Jahre war Berlin lediglich flüchtige Durchgangsstation. Das ändert sich, nachdem Max Pechstein 1908 festen Wohnsitz in der Metropole nahm. 1908/09 schon will auch Kirchner nach Berlin übergesiedelt sein, eine der falschen Vordatierungen des Malers ohne Beweiskraft. Im Januar 1909 reist Kirchner nach Berlin, um die beeindruckende Matisse-Ausstellung in der Galerie Paul Cassirers zu sehen, im November besucht er die Cézanne-Ausstellung ebenfalls bei Cassirer, wo er nach Werken des Franzosen skizziert. Im März 1910 ist Kirchner wieder in Berlin, wo er in Pechsteins Atelier in der Durlacher Straße 14 in Wilmersdorf arbeitet, ein Jahr später lernt er hier Otto Mueller, den Maler schlanker, gotisierender Mädchengestalten, kennen. 1911 – das Jahr der Entscheidung: nach Berlin oder nach Paris gehen? Für Paris trafen »betreffende Voraussetzungen nicht ein«[3], aber welche? Darüber schweigt sich der Maler aus. Kirchner entscheidet sich so für die Hauptstadt Preußens und des Deutschen Reiches, die sich inzwischen zu einem Zentrum der europäischen Avantgarde aufgeschwungen hat.

»Man ist in Berlin nie Herr seiner Zeit«

Seit dem Oktober 1911 lebt Ernst Ludwig Kirchner – aus Dresden kommend – in Berlin, ein brodelnder Schmelztiegel aus Galerien und Sezessionen, Redaktionen und Verlagen, Kunsthändlern und Sammlern; die Stadt hat Initiative, Energie und Intellekt, aber auch jenes Faszinosum an Dekadenz und Morbidität, das den Nervenmenschen Kirchner fesselt. Doch des Malers hochgespannte Erwartungen erfüllen sich nicht, nach anfänglichem Interesse läßt Herwarth Walden mit seiner Galerie und Zeitschrift »Der Sturm« mit Kirchner auch die »Brücke«-Künstler fallen. Der von Kirchner und Pechstein in der Durlacherstraße 14 in Wilmersdorf ausgeübte und von der Polizei überwachte »Moderne Unterricht in Malerei« (MUIM-Institut) ist bereits 1912 zum Scheitern verurteilt. Schüler sind Hans Gewecke und Werner Gothein, die zu Kirchners engstem Freundeskreis in Berlin gehören. Im Mai 1913 erklärt die Künstlergruppe »Brücke« ihre Auflösung; in Berlin hatten sich die Gefährten auseinandergelebt. Berlin polarisierte zum Individualismus hin, Eifersucht und Rivalität kam auf. Kirchners einseitig verfaßte »Brücke«-Chronik (S. 200) und seine selbstherrliche Anmaßung, als »Neo-Expressionist« der »Führer der neuesten Richtung« zu sein, sind nur noch der Anlaß für den Auseinanderfall der Gemeinschaft.

Kirchner distanziert sich von den einstigen Gefährten Erich Heckel, Max Pechstein und Karl Schmidt-Rottluff, nur zu Otto Mueller bleiben freundschaftliche Bande bestehen. Berlin, das ist für Kirchner von Anbeginn an eine Haßliebe von befristeter Dauer, geboren aus Faszination und wachsender Abneigung: »Es liegt das an der unsteten Art, in der man in Berlin lebt, wenn man um das Leben kämpfen muß. Es ist schrecklich ordinär hier. Ich sehe, daß eine feine freie Kultur in diesen Verhältnissen nicht geschaffen werden kann und möchte fort, sobald ich diese große Baisse überwunden habe.«[4] Dieses Gefühl des Niederganges hat ursächlich auch mit dem Desinteresse zu tun, das auf Kirchners Schaffen in Berlin stößt. Das Feuilleton speist ihn mit Ignoranz und dürren Worten ab; die große repräsentative Einzelausstellung seiner Werke bleibt ihm in der Metropole versagt, und in den letzten Jahren hat er hier nur wenige Gemälde verkauft. Das »große Festessen«, bestehend aus Bohnensuppe und Apfelwein, bleibt die Ausnahme. Zum »Café Größenwahn«, dem Debattierklub der Avantgarde an der Ecke Joachimsthalerstraße/Kurfürstendamm und zum Jour fixe seines Nachbarn Ludwig Meidner in Friedenau findet Kirchner keinen Zugang, Kirchner hat den »Vulkaniker« Meidner 1916 nur ein einziges Mal in seinem Atelier besucht. Geistige Gespräche finden in seinem eigenen Atelier im kleinen Kreis statt, zu den anregendsten Gästen gehört der Dichter und Arzt Alfred Döblin.

Ernst Ludwig Kirchner · Berliner Kokotten · 1911

Immer wieder will Kirchner aus der Härte des Existenzkampfes in Berlin ausbrechen, sich im »Rheinland niederlassen«, »auf leichtere Lebensbedingungen hoffend«. Doch Kirchner sitzt fest auf dem anrüchigen »Leim Berlin«, zu dem es für ihn alljährlich nur eine erholsame Alternative gibt: die Insel Fehmarn als paradiesischer Freiraum für den Maler. Das, was Kirchner an Freunden verlor, gewinnt er im Februar 1914 in der thüringischen Universitätsstadt Jena hinzu: den Philosophen und Leiter des Kunstvereins Eberhard Grisebach, Botho Graef, Professor für Archäologie und Kunstgeschichte, dessen Freund Hugo Biallowons und andere mehr. Ernst Ludwig Kirchners charaktervolle Persönlichkeit wird hier sogleich erkannt: »Es ist ein angenehmer einfacher Mensch, grobe Hände vom Holzschneiden, das er mit großem Geschick übt. Außer langen Künstlerhaaren ist er frei von aller Pose, die Berliner Luft prägt diese Künstler zu Großstadtmenschen, aber sie betrachten das Leben dort wie einen Ausschnitt des Universums und sie wahren ihre Unabhängigkeit durch robuste Kraft. Macht Heckel mehr den Eindruck eines Schneiders, schon das Sächsische gibt ihm Schneiderkonturen, so ist Kirchner der richtige Schuster, hartköpfig und eckig. ... Ich möchte wohl glauben, daß er von der Brücke der bedeutendste ist.«[5] Berlin präsentiert sich als »Ausschnitt des Universums«, mit Hektik, Tempo und dem Lockruf mannigfaltiger Vergnügungen: Eros und Sexualität. Berlin schärft nicht nur die Sinne, es verschärft auch Kirchners Stil in Farbe und Form; der Schatten der Großstadt fällt auf den leuchtenden Fächer der Farbe in den Dresdener Jahren und die Form bricht auf in spitzwinkliger Abbreviatur und doppelter Perspektive im Bildraum.

Schon im Oktober 1913 hatte Kirchner sein neues Atelier im Dachgeschoß der Körnerstraße 45 in Steglitz bezogen, mit dem Blick auf die Eisenbahngleise, die Friedenauer Brücke an der Saarstraße und die Brandmauern der gegenüberliegenden Mietkasernen (S. 82). Von der nahegelegenen Station der Wannseebahn in Schöneberg war der Maler in einer Viertelstunde am Potsdamer Bahnhof, seinem Jagdrevier und Ausgangspunkt für die Streifzüge durch das weltstädtische Berlin: Potsdamer und Leipziger Platz – Leipziger Straße – Friedrichstraße – Unter den Linden – Pariser Platz mit dem Brandenburger Tor. Hier schlug der Puls der Metropole, Kirchners Zufluchtsort aber war sein Atelier. In der Tradition von Gauguins *Maison de Jouir* hat es Kirchner mit den selbst geschnitzten Möbeln und Skulpturen und Erna Schillings Stickereien zu einem Environment der Vitalität ausgestattet. Das exotische Atelier als Werkraum und Wohnhöhle, Kirchners inszeniertes Berliner »Gesamtkunstwerk«, als Ort der Gespräche über Kunst und Leben und das drohende Weltgewitter Krieg, aber auch als ein Ort der frei und ungehemmt ausgelebten Sexualität mit dem Nackttanz des Hugo Biallowons.

Ernst Ludwig Kirchner malt seine Freundschaftsbilder im Atelier mit den Schwestern Erna und Gerda Schilling am Waschbecken (S. 90) und dem Pfeife rauchenden Otto Mueller (S. 86). Die strenge, tektonische Gefaßtheit in den Körpern der Berliner Tingeltangel-Tänzerinnen löst die weichen Rundungen »sächsischen Barocks« in der Statur der Dresdener Mädels ab. Erna Schilling tritt als Lebensge-

Ernst Ludwig Kirchner · Studie zur Straße mit Roter Kokotte · 1914

Ernst Ludwig Kirchner · Straße mit Roter Kokotte · 1914

Ernst Ludwig Kirchner · Straße mit Roter Kokotte · 1914/25

Ernst Ludwig Kirchner · Kokotte mit Hund · 1914

fährtin an die Stelle von Dodo Große, »die freie Kameradschaft mit der Frau.« Die sinnliche Entspanntheit des Sexus in den Bildern der Dresdener Zeit verliert sich in Kirchners Berliner Atelier. Verschärfter Eros auch im Privatissimum, hier und da schon mit dem aufreizenden Geruch der Bordellszenerien. Die freie Liebe untereinander, alles ist möglich, aber auch die enterotisierte Kameraderie zwischen den Geschlechtern. Mit dem Dichter Anton Tschechow hätte auch der Maler Kirchner sagen können: »Die Freundschaft steht höher als die Liebe.« Erna nackt vor dem Spiegel, Kirchner an ihrer Seite, im Hintergrund lauert schon der Konkurrent, der Freier. Das zentrale Thema der »Kokotten & Freier« im Bordell (S. 229) und auf der Straße ist hier schon als Ouvertüre angestimmt. Von hier aus ist es nur noch ein Schritt zu Kirchners Obsession im Bordell, wo er mit Lithographien wie der *Busenfreier* (S. 228) zuweilen das Pornographische streift. Immer aber betont Kirchner die Intimität, den internen Charakter seiner Atelierszenen: das Atelier als Refugium der Besinnung in den Verführungen und Wirren der Zeit.

»Ekstase des ersten Sehens«[6] – Auf der Straße ist »Leben, Bewegung, Farbe«: Als Knabe schon zeichnete Kirchner, was sich vor seinem Fenster bewegte, die Frau mit dem Kinderwagen und die vorbeifahrenden Eisenbahnzüge. Vom Impressionismus des schönen Scheins bei Corinth, Liebermann, Slevogt und Ury ging es später zur Steigerung des Nervenlebens in den Großstädten Europas: Als Künstler reiht sich Ernst Ludwig Kirchner ein in die lange Reihe der Flaneure im städtischen Raum, von Adolph Menzel zu George Grosz, von Charles Baudelaire zu Franz Hessel, der das Flanieren eine »Lektüre der Stadt« genannt hat, bis hin zu Walter Benjamin, der die »Wiederkehr des Flaneurs« exemplarisch verkörpert. Das Spazierengehen ist so verstanden nicht etwa dahintreibender Müßiggang, sondern das kreative Entziffern und Entschlüsseln der Urbanität mit all ihren Chiffren und Signalen, Cafés und Schaufenstern, ihren Verkehrsmitteln und dem Bad in der Menge der Fußgänger, aus dem man wie neu geboren an Seele und Leib hervorgeht. In diesem Sinne war der Flaneur als kritischer Seismograph für den Maler wie für den Schriftsteller die »Selbstlektüre im Medium der Stadt« (Gerwin Zohlen), nicht ohne Melancholie, mit aller Hingabe an das Vertraute wie das neu Entdeckte, aber auch mit aller Reserviertheit gegenüber der Anonymität und der Fremdheit großstädtischen Lebens, in der der Einzelne in der Masse zu verschwinden droht.

Für den Zeichner Kirchner bot der zusammengeflickte Stadtraum Berlins mit seinen Boulevards und konzentrischen Plätzen weit mehr, er war der Erlebnisort äußerster Stimulation, so wie ihn der Soziologe Georg Simmel 1903 in seinen Aufsätzen und Vorträgen über »Die Großstädte und das Geistesleben« beschrieb: »Die psychologische Grundlage, auf der der Typus großstädtischer Individualitäten sich erhebt, ist die ›Steigerung des Nervenlebens‹, die aus dem raschen und ununterbrochenen Wechsel äußerer und innerer Eindrücke hervorgeht. Der Mensch ist ein Unterschiedswesen, d.h. sein Bewußtsein wird durch den Unterschied des augenblicklichen Eindrucks gegen den vorhergehenden angeregt; beharrende Eindrücke, Geringfügigkeit ihrer Differenzen, gewohnte Regelmäßigkeit ihres Ablaufs und ihrer Gegensätze verbrauchen sozusagen weniger Bewußtsein, als die rasche Zusammendrängung wechselnder Bilder, der schroffe Abstand innerhalb dessen, was man mit einem Blick umfaßt, die Unerwartetheit sich aufdrängender Impressionen. Indem die Großstadt gerade diese psychologischen Bedingungen schafft, ›mit jedem Gang über die Straße‹, mit dem Tempo der Mannigfaltigkeiten, des wirtschaftlichen, beruflichen, gesellschaftlichen Lebens – stiftet sie schon in den sinnlichen Fundamenten des Seelenlebens ... einen tiefen Gegensatz gegen die Kleinstadt und das Landleben, mit dem langsameren, gewohnteren, gleichmäßiger fließenden Rhythmus ihres sinnlich-geistigen Lebensbildes. Daraus wird vor allem der intellektualistische Charakter des großstädtischen Seelenlebens begreiflich, gegenüber dem kleinstädtischen, das vielmehr auf das Gemüth und gefühlsmäßige Bindungen gestellt ist.«[7]

Ernst Ludwig Kirchners nie nachlassender Beobachtungsdrang entzündet sich an der Suggestion des vorbeihastenden Lebens auf den Straßen und Plätzen, in den Cafés, Varietés und im Zirkus. Der Rhythmus der Bewegung wurde für ihn zum Gestaltproblem: für das Gesehene muß er Kürzel, Zeichen, »Hieroglyphen«[8] im Getümmel finden. Das aufreizende Klima der Metropole Berlin verschärft seit 1911 Kirchners nervöse Sensibilität, »sein Zeichenstift wird zur Jagdwaffe«. (Karlheinz Gabler). Tagsüber und vor allem nachts ist der Zeichner unterwegs. Auf den Straßen und Plätzen sieht er plötzlich die Kokotten, rasch notiert, spiralige Fischgrätenweiber und Schlingpflanzen auf Männerfang. Hier schon ist die Vision mit im Spiele, die alles beherrschende Dirne in Rot. Im farbigen Blatt dann der mondäne Auftritt der urbanen Königin des käuflichen Eros auf eisig abschüssiger Bahn, im Schlepptau der Keil gesichtsloser Galane. Der Mann mit Hut am Rande: Kunde, Zuhälter oder der Maler selbst? Ein Fremder unter Fremden, eingespannt in das Feld spitzwinkliger Kraftlinien. In Kirchners »Konzert der Striche« sind die farbigen Kreiden, Pastell und Tempera aufeinander geschichtet. Flammendes Rot bricht das Schwarz auf. Auskristallisierung des ursprünglichen Gesehenen hieß die Devise für die Malerei, »auch seine Bilder sind eigentlich farbige Zeichnungen« (Karl Scheffler).

In seinen Berlin-Skizzen hat Kirchner die Gestalten und Dinge beobachtet, »ohne daß sie wissen, daß sie beobachtet werden«, immer darauf bedacht, daß die Bildvision »aus diesem Zustand der Bewegung kommt« und getragen wird. Von der momentanen Situation in der Skizze führt der Werkprozeß, über die polychrome Variation in der Kreidezeichnung, zur reduzierten Kompositionsvorlage für das Gemälde: »Wenn wir so eine Großstadtstraße bei Nacht nun sehen mit ihren tausenden von Lichtquellen, zum Teil farbigen, so müssen wir doch einsehen, daß da alles objektive Konstruieren vergeblich ist, verändert doch schon ein vorbeifahrendes Taxi, ein helles Abendkleid oder ein dunkles die ganze mühsame Konstruktion. Wenn wir noch die Erregungswirkung dazurechnen, die in uns durch den Anblick unbekannter Effekte erzielt wird, und die eigentlich die Urheberin des künstlerischen Eindrucks ist, so kommt eben doch etwas ganz anderes zustande als uns die Konstruktion gibt. Dieses

Ernst Ludwig Kirchner · Brandenburger Tor, Berlin · 1915 · Kat.Nr. 21

Der Pariser Platz · um 1910

eigentliche Kunstbild aber, das wir als Innenbild in uns von der Sache mitnehmen, ergibt uns die eigentliche Vision, die es zu schaffen, auf der Leinwand herzustellen – gilt –, denn sie trägt auch der Beschauer in sich, und sie wird in ihm wieder aufstehen, wenn wir sie recht und stark auf die Leinwand gebaut haben.«[9]

Stadtraum Berlin – »Kraftlinien« und Motive

Von Dresden nach Berlin, der Ortswechsel als Bildwechsel. Kirchner nähert sich von der Peripherie und den Vororten Berlins dem Zentrum der Stadt, dem paradigmatischen Ort der Moderne. Von Grünau, dem Bade- und Segelparadies der Berliner geht es zu den Kanälen, die den Corpus der Metropole wie ein Aderwerk durchziehen. Mit dem *Roten Elisabethufer, Berlin* (S. 89) gerät Kirchner in den Tiefensog der Kanallandschaft, der auch Erich Heckel fasziniert. Nahes backsteinrotes Leuchten der Melanchthon- und der Neuen Garnisonkirche, aus der Ferne von zwei Männern betrachtet. Kirchners romantische Vedute des Berliner Großstadt-Expressionismus. Wieder ist die Brücke Symbol, mehr noch aber die Klammer für das Erlebnis Stadtraum im »Steinernen Berlin«. Berliner Leben aber pulsiert auf den großen Plätzen im Zentrum der Stadt, in der barocken

Ernst Ludwig Kirchner · Botho Graef, Hugo Biallowons im Atelier · um 1914/15 · Kat.Nr. 22

Ernst Ludwig Kirchner · Unbekannte junge Frau, Ernst Ludwig Kirchner, Erna Kirchner (Schilling) und Hans Gewecke im Atelier · um 1914/15 · Kat.Nr. 23

Rundung des *Belle-Alliance-Platzes* (S. 88), mit dem Ameisengewimmel der Passanten zu kulissenhafter Wirkung gebracht. Im *Nollendorfplatz* (S. 85) läßt Kirchner den Verkehr in der Karambolage von Menschen und Fahrzeugen aus dem Zentrum des drohenden Zusammenstoßes nach allen Seiten hin explodieren, fast immer der Blick von oben und die rhythmische Geschlossenheit der Komposition. Winzig fast schlängelt sich die Straßenbahn Linie 88, mit der Kirchner nach Friedenau-Schöneberg fährt, an Karl Friedrich Schinkels klassizistischen Torhäuschen durch die Leipziger Straße, der Aufmarsch der Kokotten beginnt. Die Figuration und nicht die Architektur im Stadtraum Berlins beherrscht von nun an Kirchners Malerei: von der Straßenszene zum Kokottenbild. Am Ende der Stadtveduten steht 1915 das *Brandenburger Tor* (S. 73) in seinem kalten, stechenden Gelb und mit seiner skelettierten klassizistischen Architektur. Es ist Kriegszeit, monoton der Zug der Panzerwagen auf abschüssiger Bahn, die eine Seite des Platzes leergefegt, auf der anderen Passanten, die sich wie weggewischt nach nirgendwohin im glanzlosen Berlin verlieren. Mit der Leere malt Kirchner die Unsichtbarkeit und das Verschwinden des Topos.

Kirchners Kokotten

Die »doppelte Moral« gutbürgerlicher Gesellschaft fand um 1900 hinter verschlossenen Türen statt: im Bordell. Hier machte der Sohn, vom Vater angespornt, seine ersten sexuellen Erfahrungen. Die starre Corsage der Institution Ehe, durch das Freudsche »Es« enthemmt und durch Edvard Munch und August Strindberg, Arthur Schnitzler und Frank Wedekind appetitlich entblättert. Es ist die Heiligsprechung der Prostitution mit ihrem Januskopf von Dirne und Madonna. Im Berlin nach 1900 sah man das verruchte Objekt männlicher Begierde mit kühler, analytischer Distanz: »Persönlich erstaunlicher Typus. Die Kokotte hat Sexualorgane ohne Sexualität. Weiter: Den Nullpunkt der Kälte übertrumpft sie mit dem Minuszeichen. Die Sexualorgane sind Betriebswerkzeuge. Die Kokotte, ein Impresario der Liebe. Asexuell schauspielert sie Sexualbeziehungen. Sie, anscheinend mit vielen Beziehungen, hat keine. Sie ist vollkommen einsam, wenn auch nicht verlassen. Ja, hier trägt

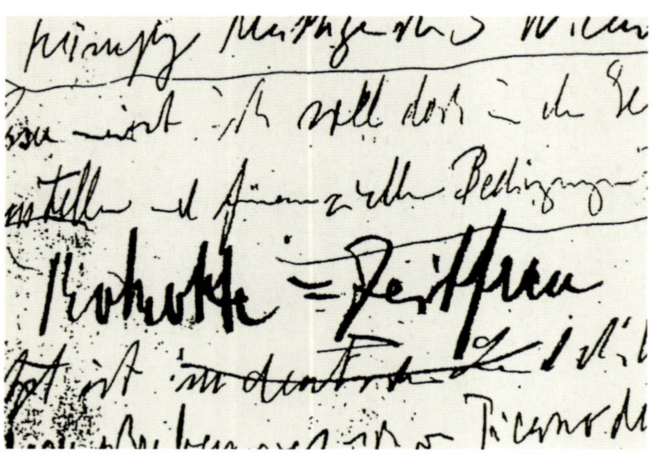

Ernst Ludwig Kirchner · Skizzenbuch 38/67 (Detail)

Luigi Russolo · Plastische Übersicht der Bewegungen einer Frau · 1912

die Einsamkeit Gebärde des Lächelns und Bezauberns, und es entbehrt nicht eines grausigen Humors, wenn sich die Tote hinstellt, um die Lebendigen zum rauschenden Leben einzuladen.«[10] Max Herrmann-Neiße nannte die Dirne das »Horizontal-Flittchen«, für Kirchner ist die »Kokotte = Zeitfrau« und Sinnbild einer Vanitas.[11] Die erotische Verlockung der nächtlichen Straße hat als einer der ersten der frühe Max Beckmann gesehen, aber nicht gemalt: »Männer, die sich nach ein paar Dirnen im Gehen umdrehen. Die Frauen drehen sich ebenfalls nach ihnen um. Die Männer grell von einem Straßenlicht beleuchtet, die Frauen etwas dunkler. Möchte gern etwas von dem Zucken, dem magnetischen Zusammenreißen der Geschlechter hineinbringen: etwas, was mich auf der Straße immer mit Bewunderung über diese immense Pracht der Natur erfüllt.«[12] Mit den lichterfüllten Farbflecken des Impressionismus war dies nicht zu verwirklichen: Erst Kirchner hat Beckmanns Beobachtung vom »magnetischen Zusammenreißen der Geschlechter«, von der Natur und Unnatur im Kontaktieren und Aneinandervorbei von Frau und Mann auf der Straße, zum eigentlichen Thema seiner Kokottenbilder in Berlin gemacht. So sehr Kirchner auch ein distanzierter Beobachter des Dirnenlebens war, seine Hinwendung zu den Protagonisten war nie ohne einfühlsame, menschliche Anteilnahme. Und vielleicht waren sie auch mehr für ihn, nämlich die Projektionsfiguren für sein eigenes, gefährdetes »Ich« im Anbruch der Kriegszeit, das gemeinsame Schicksal der Labilität und Unsicherheit verkörpernd,

Ernst Ludwig Kirchner · Friedrichstraße, Berlin · 1914 · Kat.Nr. 24

das der Maler mit den Kokotten teilte: das Ausgesetztsein und Unverstandensein in einer kälter und fremder werdenden bürgerlichen Gesellschaft, in der vieles zur Ware und zum Fetisch wird. Und dennoch war Kirchner alles andere als der Sozialkritiker und Milieu-Schilderer des Dirnenlebens, was ihn deutlich von den Naturalisten Hans Baluschek und Heinrich Zille unterscheidet. Er sah die Kokotten im Status der unerschütterlichen Selbstbehauptung. Kasimir Edschmid schreibt damals: »Eine Hure ist nicht mehr ein Gegenstand, behängt und bemalt mit den Dekorationen ihres Handwerks. Sie wird ohne Parfüme, ohne Farben, ohne Tasche, ohne wiegende Schenkel erscheinen. Aber ihr eigentliches Wesen muß aus ihr herauskommen, daß in der Einfachheit der Form doch alles gesprengt wird von den Lastern, der Liebe, der Gemeinheit und der Tragödie, die ihr Herz und ihr Handwerk ausmachen. Denn die Wirklichkeit ihres menschlichen Daseins ist ohne Belang. Ihr Hut, ihr Gang, ihre Lippen sind Surrogate. Ihr eigentliches Wesen ist damit nicht erschöpft.«[13]

Auf Herwarth Waldens »Ersten Deutschen Herbstsalon« ist 1913 auch Luigi Russolos *Plastische Übersicht der Bewegungen einer Frau* zu sehen. Sehr wahrscheinlich, daß Ernst Ludwig Kirchner dieses Gemälde einer der italienischen Futuristen für seine Berliner Straßenszenen reflektiert und auch mit seinem Dichterfreund Alfred Döblin diskutiert hat. Das Paradebeispiel für Kirchners spezifischen »Futurismus« ist die *Friedrichstraße, Berlin* (S. 77) von 1914: Manifeste Präsenz der Kokotten vorn, aufgereiht wie Modepuppen, Schulter an Schulter. Dahinter die Phalanx der Freier, die Beine spitzwinklig ausgestellt, aufgereiht wie in der Parade preußischer Gardefüseliere, die sich in der Unendlichkeit des nächtlichen Stadtraumes verlieren. Rotation versus Erstarrung des Eros: Ein Auto im Anschnitt rast vorbei und ein Windspiel mit der Keuschheit der Rehe von Franz Marc huscht grazil und gefährdet vom Licht ins Dunkel der Nacht. Im Zeitraffer der Choreographie der Kokotten, der filmisch geschnittenen Reihung der Freier und in der Gegenwart moderner Technik bekundet Kirchner sein futuristisch gestimmtes Lebensgefühl dynamischer Bewegung als Echolot der pulsierenden Großstadt Berlin. George Grosz erinnert sich: »In der Friedrichstadt wimmelte es von Huren. Sie standen in den Hauseingängen wie Schildwachen und flüsterten ihr stereotypes: ›Kleiner, kommste mit?‹ Es war die Zeit der großen Federhüte, der Federboas und des hochgeschnürten Busens. Die hin und her geschwenkte Tasche war das Abzeichen der Gilde. Das berühmteste Hurencafé war das »Café National« in der Friedrichstraße.«[14]

Im Rückblick auf seine Berliner Stadtbilder notiert Kirchner am 24. August 1919: »Sie sind entstanden in den Jahren 11–14, in einer der einsamsten Zeiten meines Lebens, in der mich eine qualvolle Unruhe Tag und Nacht immer wieder hinaustrieb, in die langen Straßen voller Menschen und Wagen.«[15] Mit dem Ausbruch des Krieges war die Faszination »Großstadt« für die Expressionisten erloschen, an ihre Stelle trat die Suggestion »Krieg« als Misere.

Der Maler Ernst Ludwig Kirchner und der Diplomat und Mäzen Harry Graf Kessler, hätten in den Kriegsjahren auf dem Potsdamer Platz zusammentreffen können. Doch die beiden Flaneure sind sich weder an dieser belebten Drehscheibe Berlins noch anderswo je begegnet. Von seinem benachbarten Domizil in der Köthener Straße kommend, notiert Graf Kessler – und es klingt wie ein Kommentar zu Kirchners Bild – am ersten Weihnachtsfeiertag 1917 in seinem Tagebuch: »Auf dem Potsdamer Platz im Schnee tippelte vor mir eine kleine Dame sehr chic nach der Mode herausgebracht; zierlich, trivial, zeitlos, trotz des etwas lächerlichen Zeitkostüms. Wie komisch, in einem künftigen Museum eine Wachsfigur: »Dame aus dem Weltkrieg«! Kurzes Röckchen, hohe Leder Schuhe, Topfhut und Paradiesvogel Federn auf dem Köpfchen, Nichts als Boudoir Eitelkeit und Konvention zwischen all dem Morden. Der Krieg macht in Wirklichkeit ebensowenig Eindruck auf die Frau wie auf die Natur; er zerstört weniger als man denkt.«[16] Der Maler Kirchner hat diesen Krieg radikaler empfunden: als den rabiaten Zerstörer des Lebens und seines »Ichs«. Mit Berlin, dem »Moloch« der Zerstörung, aber hatte der Maler seit 1915 schon gebrochen. Kirchners Hymnus und Abschied, wie ihn auch Alfred Lichtenstein besungen hat: »O du Berlin, du bunter Stein, du Biest. / Du wirfst mich mit Laternen wie mit Kletten. / Ach, wenn man nachts durch deine Lichter fließt / Den Weibern nach, den seidenen, den fetten. – So taumelnd wird man von den Augenspielen. / Den Himmel süßt der kleine Mondbonbon. / Wenn schon die Tage auf die Türme fielen. / Glüht noch der Kopf, ein roter Lampion. – Bald muß ich dich verlassen, mein Berlin. / Muß wieder in die öden Städte ziehn. / Bald werde ich auf fernen Hügeln sitzen. / In dicke Wälder deinen Namen ritzen. / – Leb wohl,

Ernst Ludwig Kirchner · Selbstbildnis im Morphiumrausch · 1917

Ernst Ludwig Kirchner · Kämpfe (Qualen und Liebe) 1915 / Aus der Illustrationsfolge zu »Peter Schlemihls wundersame Geschichte« · 1915 · Kat.Nr. 25

Berlin, mit deinen frechen Feuern. / Lebt wohl, ihr Straßen voll von Abenteuern. / Wer hat wie ich von eurem Schmerz gewußt. / Kaschemmen, ihr, ich drück euch an die Brust. ... Du, mein Berlin, du Opiumrausch, du Luder. / Nur wer die Sehnsucht kennt, weiß, was ich leide.«[17]

Ernst Ludwig Kirchner hatte seine Haßliebe »Berlin« bis auf den Grund erlebt und durchlitten, diesen Januskopf aus anregend pulsierender Erlebnisquelle und existenzbedrohendem, kaltem Ort der kaiserlichen Reichshauptstadt. Der Künstler über sich selbst: »Kirchner hat sowohl das Was wie das Wie seiner Malerei in Berlin in jeder Weise entwickelt und vertieft.«

Auf der Suche nach dem verlorenen Schatten

Ausgelöst durch den Kriegsausbruch und Militärdienst entstehen 1915 in Berlin die Farbholzschnitte zu Adelbert von Chamissos *Peter Schlemihls wundersamer Geschichte* (S. 92–95), einer der Höhepunkte in Kirchners druckgraphischem Œuvre und der Buchillustration zum deutschen Expressionismus. Kirchner sieht sich darin identisch mit einer tragischen Figur, die mit dem Verkauf ihres Schattens auch ihre Identität und ihren Körper verlor. Als Rekrut in Halle an der Saale fühlt sich Kirchner »schattenlos«: »die Aufgabe des eigenen Willens im Militärdienst ist für mich der Verlust des Schattens, der Verlust der Eigenart des Einzelnen, äußerlich in die Maskerade der Uniform gebettet.« Eine Gratwanderung am Rande des Todes in der äußersten Situation der Einsamkeit, jetzt scheinbar durch den in Holz geschnittenen Fluch gebannt. *Kämpfe* – Kirchner im kantigen Selbstbildnis als Repräsentant der »geistigen Wache der Welt«, dem drohenden Schicksal der Selbst-Auslöschung gefaßt ins Auge sehend und den Menschen ein Bild ihres Schicksals gebend, »ohne sie zu incommodieren«. In einem Brief vom 19. Juli 1919 an Gustav Schiefler schreibt Kirchner: »Die Geschichte des Schlemihl ist, wenn man sie aller romantischen Verbrämung entkleidet, eigentlich die Geschichte eines Verfolgungswahnsinnigen, das heißt des Menschen, der durch irgendein Ereignis mit einem Ruck sich seiner unendlichen Kleinheit bewußt wird und zugleich aber die Mittel erkennt, wodurch die Welt im allgemeinen sich über diese Erkenntnis hinwegtäuscht.«[18] Für Kirchner gibt es aus dieser Verstrickung des »Ich« mit der grausamen Realität des Weltkrieges nur einen Ausweg um zu überleben, sich und sein Werk zu retten: die Flucht in den Rausch, die Hypochondrie, die Krankheit und das Irrenhaus. Alles nur Menschenmögliche dafür zu tun, um nur nicht »in einem kapitalistischen Krieg als »›Held‹ zu fallen.« Dem Werff Rönne des Gottfried Benn verwandt, vollzieht sich für Kirchner die Selbst-Erfahrung im Angesichte des Grauens der Zeit: »Ich tauge für die schwere militärische Arbeit doch nicht mehr und will in einigen Tagen ins Sanatorium gehen, um meine Nerven und Lunge zu heilen. Ich bin halb wahnsinnig geworden und körperlich menschliche Gefühle sind mir auch heute noch fremd. ... Der Krieg reißt immer mehr ein. Man sieht fast nur noch Masken, keine Gesichter mehr, es wäre gut und nötig, daß bald ein Ende käme.«[19]

Im Jahre 1917 vom Alptraum erneuter Einberufung und als Opfer der »systematischen Totmachung« bedroht, wähnt sich der Zeichner in der Grenzsituation zwischen Leben und Tod. Quälende Verzweiflung hat die Architektur seines visionären *Selbstbildnisses* zerklüftet. Halluzinatorisch sieht sich Kirchner im Spiegel, überwach im Morphiumrausch. Das tragische Scheitern eines Künstlerlebens schien hier schon vollendet. Doch die innere Festigkeit des verlorenen »Ich« behauptet sich gegen die Aushöhlung des Leiblichen. Der Trotz eines Gezeichneten gegenüber den unsichtbaren Gewalten! Doch Kirchner weiß aus Erfahrung: Nur der, der sich verliert, der findet sich! Halb gelähmt, ließ sich Kirchner mit seiner Lebensgefährtin Erna Schilling bald darauf im Dorfe Frauenkirch bei Davos nieder. – Eine Flucht in die Einsamkeit der Schweizer Berge? Oder gar Exil, Emigration? Der Maler hatte keine andere Wahl mehr.

Das einschneidende Erlebnis des Krieges wird jetzt verklärt als »Naturereignis« wie ein »Unwetter«, das kommt und vergeht. Hier in der Natur fand er die Harmonie mit seiner Umwelt, die Utopie vom verlorenen Paradies der frühen Jahre in Dresden, Moritzburg und an der See wieder.

Ernst Ludwig Kirchner · Große Straßenszene · 1926

Berlin im Rückspiegel

1917 – am 8. Mai übersiedelt Ernst Ludwig Kirchner endgültig von Berlin nach Frauenkirch bei Davos, im Januar 1919 läßt er sich von Erna Schilling, die das Atelier in Berlin weiterhin betreut, die Druckerpresse und die kostbaren Teppiche nachschicken. Der Maler klagt über die »Öde und Einsamkeit und die Stumpfheit der Schweizer«, so daß seine Sehnsucht nach Berlin täglich größer wird. Doch vergebens der Ratschlag Henry van de Veldes, Kirchner möge »doch wieder ins moderne Leben« zurückkehren. Das Gefühl verlorener Erotik kommt auf, als Erna Schilling ihm erzählt, in Berlin liefen jetzt die Frauen »mehr als halbnackt« herum. Das Berliner Atelier muß wegen der Mietkosten in den ersten Monaten des Jahres 1922 endgültig aufgegeben werden, der Rest der Bilder trifft in Frauenkirch ein, komischerweise wurde auch ein Flügel gesandt, der provisorisch in der Küche des Bauernhauses »In den Lärchen«[20] aufgestellt wird. Nach dem Besuch der Kirchner-Retrospektive im November 1923 bei Cassirer schreibt Curt Glaser im »Berliner Börsen-Courier«: »So erlebte Kirchner die Großstadt in den Jahren, die er in Berlin verbrachte. Die Straße, das Café, das Tingeltangel, die typischen Erscheinungsformen großstädtischen Lebens fanden in ihm den unerreichten Interpreten, der mit dem Zauberstab der Poesie das tägliche Dasein verklärte. ... So hatte Kirchner das Bild der Großstadt aus der Tiefe des Erlebens neu geschaffen.« Kirchner selbst schätzt seine »Berliner Straßenbilder«, wie er sie nannte, als den Höhepunkt jener Zeit und tat alles dafür, daß die besten davon,

Berlin bei Nacht: Potsdamer Platz

trotz mancher Querelen mit den Galeristen und Direktoren von der Noblesse eines Ludwig Justi, in die namhaftesten Museen wie das Kronprinzen-Palais der Nationalgalerie und in die Privatsammlungen Deutschlands gelangen. Nach neun Jahren hält sich Kirchner zum Jahreswechsel 1925/26 für einige Wochen in Deutschland auf. »Habe ich Heimat? Nein, Outsider hier, Outsider da, kein Mensch will mich haben. Allein, allein mit der Kunst«, Kirchners anhaltende Mythisierung vom einsamen, verkannten Künstler. Larmoyante Selbst-Stilisierung, die auch das Klagelied über den Geldmangel einschließt, der Seitenhieb auf das kulturlose Berlin sitzt: »Ich habe auch nie danach gestrebt, Berlin-W. zu gefallen.« Für einige Tage wieder in der Stadt, wohnt er hier bei seinem Bruder Walter in Grünau. Er besucht Max Liebermann, mit dem er als einer der wenigen Expressionisten seit Jahren schon in gutem Einvernehmen steht und dessen Portrait er aus der Erinnerung malt. Die im Café gezeichnete Skizze mit den Passanten vor dem »Haus Vaterland« am Potsdamer Platz verrät Kirchners ungebrochene Frische des Zeichnens vor dem Motiv, während die Gemälde mit Berliner Motiven von 1926/27 durchweg aus dem Gedächtnis im Davoser Atelier entstehen. Der »modernisierte« Bildbegriff war an die Stelle des vertieften Erlebnisses und der Psychologie getreten, der forcierte Impetus von Krise und Konflikt der Jahre 1911 bis 1917 längst für Kirchners Malerei verloren. Eingefroren sind die Berlinsujets der 1920er Jahre in flächig dekorativer Plattitüde und schematischem Figurenumriß: »Ich bin, weiss Gott, alles andere nur kein Expressionist.« Der Maler hatte jetzt endgültig all das verloren, was seine Dresdener und Berliner Jahre definierte: die spannende Einheit aus Erregung und Intellekt.

Im Januar 1932 reist Kirchner, jetzt Mitglied der Preußischen Akademie der Künste, ein letztes Mal nach Berlin, um die von einer Operation genesene Erna Schilling abzuholen. Schlußpunkt auch des Kapitels »Kirchner und Berlin«: »Es war ganz lustig, aber ermüdend, mal wieder, durch Berlin zu gehen. Viel Neues gibt es ja dort nicht, und wir sahen, daß wir nichts versäumt haben in all den Jahren.«[21]

1 Ernst Ludwig Kirchner: *Lebensgeschichte, 1937*, zitiert nach: *Ernst Ludwig Kirchner 1880–1938* Ausst.Kat. Nationalgalerie Berlin, Berlin 1979/80, S. 47.
2 Ders., S. 47.
3 Brief von Ernst Ludwig Kirchner an Luise Schiefler vom 17.10.1911, in: *Ernst Ludwig Kirchner. Gustav Schiefler. Briefwechsel 1910–1935/38. Mit Briefen von und an Luise Schiefler und Erna Kirchner sowie weiteren Dokumenten aus Schieflers Korrespondenz-Ablage*, bearbeitet von Wolfgang Henze mit Annemarie Dube-Heynig und Magdalena Kraemer-Noble, Stuttgart/Zürich 1990, S. 46.
4 Brief von Ernst Ludwig Kirchner an Luise Schiefler vom 28.2.1912, wie Anm. 3, S. 57.
5 Brief von Eberhard Grisebach an Helene Spengler, vom 13.2.1914, in: *Maler des Expressionismus im Briefwechsel mit Eberhard Grisebach*, hrsg. von Lothar Grisebach, Hamburg 1962, S. 40f.
6 Vgl. Gerd Presler: *Ernst Ludwig Kirchner. Die Skizzenbücher. »Ekstase des ersten Sehens«. Monographie und Werkverzeichnis*, Karlsruhe/Davos 1996.
7 Zitiert nach: *Die Berliner Moderne 1885–1914*, hrsg. von Jürgen Schutte und Peter Sprengel, Stuttgart 1987, S. 125.
8 Vgl. Lucius Grisebach: *Kirchners »Hieroglyphe«*, in: *Ernst Ludwig Kirchner. Aquarelle und Zeichnungen. Die Sammlung Karlheinz Gabler*, Ausst.Kat. Brücke-Museum Berlin, Berlin 1999, S. 31–39.
9 Zitiert nach: Karlheinz Gabler: *Ernst Ludwig Kirchner*, Ausst.Kat. Kunstverein für die Rheinlande und Westfalen, Düsseldorf 1960, unpaginiert.
10 Alfred Döblin: *Jungfräulichkeit und Prostitution* (1912), zitiert nach: Alfred Döblin: *Kleine Schriften*, Olten 1985, S. 123.
11 Vgl. Alexander Dückers, in: *Das Berliner Kupferstichkabinett. Ein Handbuch zur Sammlung*, hrsg. von Alexander Dückers, Berlin 1994, S. 445.
12 Max Beckmann (1909), zitiert nach: Martina Padberg: *Großstadtbild und Großstadtmetaphorik in der Malerei. Vorstufen und Entfaltung 1870–1918*, Münster 1995, S. 98.
13 Kasimir Edschmid: *Über den dichterischen Expressionismus*, in Kasimir Edschmid: *Über den Expressionismus in der Literatur und die neue Dichtung*, Berlin 1919, S. 56.
14 George Grosz: *Ein kleines Ja und ein großes Nein*, Hamburg 1955, S. 98.
15 Zitiert nach: *Ernst Ludwig Kirchner. Meisterwerke der Druckgraphik*, Ausst.Kat. Brücke-Museum Berlin, Berlin 1990, S. 184.
16 Harry Graf Kessler: *Tagebuch-Eintrag 25. Dez. 1917. Dienstag. BERLIN.* Zitiert nach dem Auszug des in Vorbereitung befindlichen Kessler-Projektes der Tagebücher. Deutsches Literaturarchiv Marbach a.N..
17 Alfred Lichtenstein: *Gesänge an Berlin*, zitiert nach: *Über die großen Städte. Gedichte 1885–1967*, Berlin-Weimar 1968, S. 44.
18 Brief von Ernst Ludwig Kirchner an Gustav Schiefler vom 28.12.1919, wie Anm. 3, S. 136.
19 Brief von Ernst Ludwig Kirchner an Gustav Schiefler vom 9.12.1915, wie Anm. 3, S. 72.
20 Mitteilung von Eberhard W. Kornfeld, Bern.
21 Brief von Ernst Ludwig Kirchner an Gustav Schiefler, vom 12.1.1932, wie Anm. 3, S. 667f.

Ernst Ludwig Kirchner · Straßenbahn und Eisenbahn (Blick aus Kirchners Atelier) · 1914 · Kat.Nr. 26

Ernst Ludwig Kirchner · Selbstbildnis · 1914 · Kat.Nr. 27

Ernst Ludwig Kirchner
Rückenakt mit Spiegel
1912
Kat.Nr. 28

Ernst Ludwig Kirchner · Nollendorfplatz · 1912 · Kat.Nr. 29

Ernst Ludwig Kirchner · Otto Mueller mit Pfeife · 1913 · Kat.Nr. 30

Ernst Ludwig Kirchner · Akte im Atelier (Drei Modelle) · 1912 · Kat.Nr. 31

Ernst Ludwig Kirchner
Belle-Alliance-Platz in Berlin · 1914
Kat.Nr. 32

Belle-Alliance-Platz · 1905

Ernst Ludwig Kirchner
Rotes Elisabethufer, Berlin · 1912
Kat.Nr. 33

Luisenstädtischer Kanal und Engel-Becken · 1926

Ernst Ludwig Kirchner · Zwei Frauen am Waschbecken (Erna und Gerda Schilling) · 1913 · Kat.Nr. 34

Ernst Ludwig Kirchner · Kranke Frau; Dame mit Hut; Portrait Erna Schilling · 1913 · Kat.Nr. 35

Ernst Ludwig Kirchner · Titelblatt aus der Illustrationsfolge zu »Peter Schlemihls wundersame Geschichte« · 1915 · Kat.Nr. 36

Ernst Ludwig Kirchner · Schlemihls Begegnung mit dem Schatten · 1915
Aus der Illustrationsfolge zu »Peters Schlemihls wundersame Geschichte« · Kat.Nr. 37

Ernst Ludwig Kirchner · Begegnung Schlemihls mit dem Grauen Männlein auf der Straße · 1915
Aus der Illustrationsfolge zu »Peters Schlemihls wundersame Geschichte« · Kat.Nr. 38

Ernst Ludwig Kirchner · Die Geliebte · 1915
Aus der Illustrationsfolge zu »Peters Schlemihls wundersame Geschichte« · Kat.Nr. 39

Die ›Brücke‹ in Berlin

Katharina Henkel

Die Reichshauptstadt Berlin mit ihrem pulsierenden Kunstleben, ihrem kulturellen Angebot, ihren vielschichtigen aktiven Künstlergruppierungen und Literaturzirkeln übte auf die jungen, avantgardistischen Künstler der »Brücke« eine ungeheure Anziehungskraft aus. Hier war das Zentrum der Avantgarde, denn hier hatte sich durch das Engagement Paul Cassirers, Max Liebermanns und Hugo von Tschudis der französische und dann auch der deutsche Impressionismus durchsetzen können. Die »Brücke«-Künstler, die sich als Vorreiter einer neuen Ausdruckskunst und als Hoffnungsträger einer verunsicherten Generation verstanden, sahen hier nun die Chance, ein breiteres und anspruchsvolleres Publikum zu erreichen und damit ihre Kunst etablieren und verkaufen zu können. Mit dem Älterwerden der Mitglieder der durch Liebermann 1898 gegründeten »Berliner Secession« kam es 1910 zu Spannungen. Die Zurückweisung des Gemäldes *Pfingsten* von Emil Nolde sowie aller anderen Bilder junger Künstler durch die Jury führte zur Gründung der »Neuen Secession«, in der sich jetzt die wirklich jungen und innovativen Künstler, auch die der »Brücke« zusammenfanden. Zunächst hofften die »Brücke«-Künstler mit ihrem Kollektivstil, dem enormen Konkurrenzkampf innerhalb der Berliner Künstlerschaft standhalten zu können, mußten sich jedoch eingestehen, daß eine künstlerische Durchsetzung nur der erringen konnte, der einen persönlichen, eigenständigen Stil entwickelt hatte. Bereits 1912, ein Jahr nach der Übersiedelung vom beschaulich-ruhigen Dresden nach Berlin, setzte tatsächlich die erwünschte künstlerische Anerkennung ein. Als Gruppe und Solisten wurden sie von Galeristen und Künstlerverbänden zu den bedeutenden deutschen Ausstellungen eingeladen und erlangten damit den herbeigesehnten Durchbruch. Das Ausstellungsparkett reichte von Berlin über Hamburg, München, Bremen und Köln bis in die USA. Galeristen wie Herwarth Walden und Fritz Gurlitt in Berlin, Hans Goltz in München, die Galerie »Commeter« in Hamburg protegierten die Künstler, während sie gleichzeitig mit Werken in der Ausstellung des »Sonderbundes Westdeutscher Kunstfreunde und Künstler« in Köln und des »Deutschen Künstlerbundes« in Bremen sowie der berühmten »Armory-Show« in mehreren Städten der USA vertreten waren. Wie Ernst Gosebruch bei einem Besuch der einzelnen Künstler konstatierte, änderten sich mit dem Erfolg jedoch kaum die Lebensumstände: »Die grenzenlose Dürftigkeit dieser Dachquartiere fiel ja dem Eintretenden nicht so ins Auge, ... Aber dem teilnehmenden Freundesblick entging doch nicht, daß hinter dem bunten Schein ... jede Erleichterung, jede Bequemlichkeit unserer Wohnkultur fehlte, ...«

Eingedenk der vielfältigen Inspirationsquellen reagierten die »Brücke«-Künstler Ernst Ludwig Kirchner, Erich Heckel, Karl Schmidt-Rottluff, Otto Mueller und Max Pechstein jeweils unterschiedlich auf das Erlebnis Großstadt. Antagonistisch zum hektischen, lärmenden Chaos der Großstadt dienten während der Sommermonate Aufenthalte auf dem Land und an der See. Allein oder zu zweit suchte man an Seen und auf Inseln die paradiesisch ursprüngliche Natur und ein Dasein in Einklang mit Natur und künstlerischem Schaffen. Gemeinschaftliche Arbeitsausflüge von 1909 bis 1911 an die nahe bei Dresden gelegenen Moritzburger Teiche wurden nun jedoch nicht mehr unternommen.

Kirchner war bereits sehr früh egozentrisch auf sich und seine Rolle im Kunstleben seiner Zeit bezogen und mußte sich infolgedessen aus der Gruppe lösen, da sie seine persönliche Entwicklung zu stark beeinträchtigte. In seinem Bildkosmos fand das großstädtische Leben am heftigsten Eingang. Sein nervöser, sensibler Geist reagierte prononcierter und eindrücklicher als der der Freunde. Er fand seine Themen in der Hektik und Anonymität der Metropole, in ihrem Straßenleben und ihren Stadtlandschaften. Hier entwickelte er seinen sogenannten »Berliner Stil«. Der von Vincent van Gogh und Henri Matisse beeinflußte Malstil der Dresdener Jahre weicht nun einem nervösen, spitzen Pinselstrich. Waren zuvor Farbflächen dekorativ und flächenbezogen nebeneinandergesetzt, sind sie nun miteinander verzahnt und verschränkt, gezackt und gefächert. War der Pinselduktus sichtbar ausmodelliert, ist er nun kraftvoll rhythmisiert und kurviert. Die farbenfrohe, leuchtende Buntheit der Palette seiner Dresdener »Brücke«-Zeit gab er zugunsten einer reduzierten Auswahl an Farben auf. Grau und vor allem Blau- und Grüntöne beherrschen nun seine Werke. Kirchners Beschäftigung mit Berlin mündete in Stadtansichten abseits der repräsentativen Architekturen und Straßenzüge. Er fand seine Motive in den modernen Großstadtarterien wie Kanälen, Brücken und Hochbahnen und in Plätzen, umgeben von Mietskasernen. Das eigentliche Thema des Künstlers ist die Entseelung des Individuums im Getriebe der Großstadt. Die durch Großstadtarchitekturen gekennzeichneten Stadtlandschaften wie *Nollendorfplatz* (S. 85) oder *Rotes Elisabethufer, Berlin* (S. 89) prägt eine unwirkliche, von Menschen relegierte unterkühlte Atmosphäre, die die Bedrohung durch den Ersten Weltkrieg unterschwellig andeutet. Wie die Stadtansichten den Menschen ausschließen, so wird der Großstadtmensch in Kirchners Straßenszenen aus seinem architektonischen Umfeld herausgelöst dargestellt. Topographische Hinweise werden auf das Notwendigste reduziert, die Konzentration gilt der psychologisierenden Beschreibung des Modells in der fiebrigen Metropole Berlin. Das in gedämpfter, kränklich-bleicher Tonigkeit gehaltene Portrait seiner Lebensgefährtin *Erna Schilling* (S. 91), die als Frauentypus immer wieder in seinen Werken jener Jahre auftaucht, entspricht weniger einem individuellen Bildnis als vielmehr einer Metapher des ausgezehrten, nervös leidenden und durch die Hektik der Stadt getriebenen Großstadtmenschen. Sein persönliches Empfinden eines hilflosen Getrieben- und Ausgeliefertseins sowie die Einsamkeit des entfremdeten Menschen spiegelt sich in ihrem Portrait wider.

Erich Heckels Œuvre dominiert das Thema der landschaftlichen Idylle und das Menschenbild. Auf zahlreichen Reisen fand er immer wieder neue Motive und so verwundert es nicht, daß die Stadt auch nach seinem Umzug nach Berlin wenig Einfluß auf sein Schaffen genommen hat. Heckel ist der am eindringlichsten zur Empfindsamkeit und Schwermut neigende Künstler der Gemeinschaft und so ändert sich mit dem Umzug und den damit einhergehenden Eindrücken der Klang seiner Bilder. Er war im Herbst 1911 von Dresden nach Berlin gezogen und übernahm das Atelier von Otto Mueller in der Mommsenstraße 60. Die Großstadt muß wie ein Schock auf ihn gewirkt haben. Die Anonymität und Feindlichkeit der neuen Umgebung vermag er nicht, mit seinen in Dresden gelebten Idealen in Einklang zu bringen. Jene, die Welt mittels der Symbiose von Kunst und Leben verändern zu können, konnten den neuen Erfahrungen nicht standhalten. Gemäß dieser Erkenntnisse treten entscheidende Änderungen in der formalen Gestaltung wie im Kolorit seiner Werke auf. Der Pinselstrich wird schwerer, die Farbigkeit schlägt von ausdrucksstarken Komplementärfarben zu einer verhaltenen, erdigen Farbpalette um. Feste, dunkelkantige Konturen umschließen die Figuren. Tragische Gestalten voller Schwermut lösen die ungetrübte Heiterkeit ausstrahlenden Landschaften ab. Im Januar 1914 schrieb Heckel an Walter Kaesbach: »Wir müssen jenseits der Erkenntnisse wieder Wärme und Heimat finden. Ich sehe diese Schwäche an meinen Arbeiten und bin unzufriedener als je«. Sein Pessimismus und das Leiden um den Menschen überträgt sich auch in seine Landschaften. Das städtelandschaftliche Gemälde *Gasanstalt am Luisenufer* von 1912 (S. 108) offenbart einen nicht ganz so monotonen und abweisenden Eindruck wie die kompositionell vergleichbaren Stadtbilder Kirchners. Die trutzige Kanalmauer erscheint in leuchtend warmen Farben und kontrastiert mit der öden Architektur der Gasanstalt und der Backsteinbauten. Die idyllisch anmutende Stimmung wird zwar lediglich durch einen einsamen, vom Wind gebogenen Baum belebt, doch gehen hier Technik und Natur keinen Widerspruch zueinander ein.

Der mit dem Umzug verbundene Einschnitt führte zu einer Psychologisierung und Vergeistigung seines Menschenbildes. In die Menschendarstellungen übertrug Heckel den in der christlichen Ethik wurzelnden und durch Fjodor Dostojewski gesteigerten Gedanken des »stellvertretenden« Leidens am vehementesten. Die menschliche Figur wird nicht mehr als Individuum verstanden, sondern als Stellvertreter übergeordneter Zustände. Seine Bilder entwickeln sich zu symbolträchtigen Gleichnissen über die Preisgabe des Menschen an etwas Übermächtiges und die Lektüre Jean Pauls nährt den Glauben an die Unabwendbarkeit des Schicksals zusätzlich. Seiner Ideale und Utopien beraubt, finden sich ab 1912 entsprechend verstärkt Motive von Leidenden, Kranken, Gequälten und Toten mit kantigen, verhärteten Gesichtszügen, überproportional ausformulierten Köpfen und überlängt-ausgemergelten Gliedmaßen, die zum Spiegel eines tragischen Lebensgefühls werden.

Karl Schmidt-Rottluff zog als letzter der Gruppe nach Berlin. Während Kirchner und Heckel sich auf inhaltliche Fragestellungen und eine zeitbezogene Thematik konzentrieren, findet das Thema des städtischen Lebens kaum Eingang in Schmidt-Rottluffs Schaffen. Innerhalb der Gruppe zählt sein Werk zu jedem Zeitpunkt zum Unverwechselbarsten und Eigenständigsten. Über den Kontakt zur Berliner Bohème fand Schmidt-Rottluff einschneidende Inspirationen, die sich in der Bereitschaft zu gewagter formulierten Bildlösungen manifestierten. Besonders geprägt durch Bilder des italienischen Futurismus und des französischen Kubismus sowie Einflüsse der afrikanischen Plastik stößt der Künstler nun zur Abstrahierung seiner Motive vor. Ließen festgefügte, farbige Flächen und strukturierte Liniengerüste kaum noch Raum für das Freisetzen von Emotionen, entstehen nun Zeugnisse, die die Figurenoberfläche in kubische Formen und geometrische Flächen zerlegen. Dynamische Kraftlinien und energiegeladene Lichtbündel durchkreuzen das Bildgeschehen. Ein Bildnis der Dichterin Else Lasker-Schüler, die kurzzeitig mit Herwarth Walden, dem Förderer expressionistischer Literatur und Kunst, verheiratet war, gilt als eines der richtungsweisendsten Werke jener kurzen Schaffensperiode. Die an die Farbigkeit des Futurismus angelehnte *Lesende (Else Lasker-Schüler)*, 1912 (S. 103), wird von Kräftebahnen umgeben und durchzogen. Die neu gefundene Bildordnung transferiert der Künstler in nachfolgende Werke, in denen der Farbauftrag der Form untergeordnet und diese kantig aufgebrochen und verzerrt wird. Veränderung findet im Wechsel der Farbigkeit statt: Zuvor kräftig, kontrastreich weicht sie nun gleich einer herannahenden Bedrohung dem dunklen Kolorit, das den Dargestellten einen tristen, melancholischen Zug verleiht. Formen und Kolorit vermitteln kaum die Impression einer entspannten und durch Zuversicht geprägten Weltanschauung. Konsequenterweise verdunkelt sich mit dem Ausbruch des Weltkrieges die Farbpalette abermals.

Im Œuvre Otto Muellers kommt das großstädtische Leben selbst nach der Übersiedelung 1908 nach Berlin nicht vor. Sein Interesse galt ausschließlich dem Akt, der unverändert ruhig, grazil und schlank harmonisch in die Natur einkomponiert ist. Selbst durch die späteren Kriegserlebnisse als Soldat ist weder in der Thematik, im Formalen noch in der Tonigkeit ein Wandel oder gar eine melancholische Resonanz nachzuspüren. Das erst um 1921 entstandene

Paar in der Kaschemme (S. 107) mag hierbei eine Ausnahme bilden, da es in einer, für Mueller erstaunlichen Farbigkeit von Rot-Grün-Kontrasten und in einem ebenso ungewöhnlichen Hell-Dunkel-Kontrast gehalten ist. Die geometrische Konstruktion dominiert, Diagonalen bestimmen den Bildaufbau, setzen die Figuren voneinander ab und beziehen sie zugleich aufeinander, ohne sie miteinander zu verbinden.

Max Pechsteins Umzug 1908 nach Berlin unterlag vorwiegend karrieristischen Erwägungen. Die neue Umgebung übte kaum einen künstlerischen Reiz auf ihn aus. Sich von seinem akademisch geprägten Hintergrund zu lösen, erwies sich als problematisch, wenngleich ihm dieser eine bereits sehr frühe und auch anhaltende künstlerische Anerkennung einbrachte: »Max Pechstein mit seiner Frische und dem Charme seiner Persönlichkeit war allen voran, Liebkind der Presse und triumphierend in Erfolgen.« (Emil Nolde) Pechsteins Ziel war das Streben nach Schönheit in Farbe und Rhythmus, um die farbige Idee der Wirklichkeitsdinge aufzufangen. Der perspektivisch aufgebaute Raum und die anatomisch korrekte Darstellung der Formen durchbrach er in nur wenigen Ausnahmen. Lediglich die während der Sommermonate entstandenen Werke demonstrieren den befruchtenden Einfluß der befreundeten Maler. Wenngleich die »Brücke« auch nach ihrer sukzessiven Übersiedelung nach Berlin weiterhin als Gruppe in die Öffentlichkeit trat, entwickelten sich die verschiedenen Temperamente doch zusehends voneinander fort, so daß es nach Unstimmigkeiten über die zu subjektiv von Kirchner verfaßte »Brücke«-Chronik nach achtjährigem Bestehen 1913 zum Bruch kam.

Als »versöhnlichen Rückblick« auf die gemeinsame Zeit malte Kirchner zwischen 1926 und 1927 das Gemälde *Eine Künstlergruppe*, das die Mitglieder der »Brücke« – allerdings ohne Pechstein – zeigt. Heckel als der Organisator der Gemeinschaft ist in der Mitte plaziert und wird rechts von Schmidt-Rottluff, links von Kirchner flankiert, der die »Brücke«-Chronik in den Händen hält, während Mueller in sich gekehrt im Vordergrund sitzt. Das Bild ist aber auch ein Denkmal für die verlorene Künstlergemeinschaft in den Dresdener und Berliner Jahren, an der Kirchner, trotz aller Tiraden, mehr hing, als er je zugab.

Max Pechstein · Doppelbildnis · 1910 · Kat.Nr. 40

Max Pechstein · Russisches Ballett · 1909 · Kat.Nr. 41

Karl Schmidt-Rottluff · Häuser am Kanal · 1912 · Kat.Nr. 42

Karl Schmidt-Rottluff · Lesende (Else Lasker-Schüler) · 1912 · Kat.Nr. 43

Karl Schmidt-Rottluff · Weinstube · 1913 · Kat.Nr. 44

Karl Schmidt-Rottluff · Mädchen vor Spiegel · 1915 · Kat.Nr. 45

Ernst Ludwig Kirchner · Akte am Strandwald (Drei Akte unter Bäumen) · 1913 · Kat.Nr. 46

Otto Mueller · Paar in der Kaschemme · um 1921/22 · Kat.Nr. 47

Erich Heckel · Gasanstalt am Luisenufer · 1912 · Kat.Nr. 48

Erich Heckel · Leidendes Mädchen · 1914 · Kat.Nr. 49

Erich Heckel · Das Irrenhaus (Der Irre) · 1914 · Kat.Nr. 50

Erich Heckel · Barbierstube (Beim Friseur) · 1913 · Kat.Nr. 51

Berlin – Zwischen Tag und Nacht

Marion Hoock

Als Paradies und Höllenreich beschreibt der naturalistische Dichter Julius Hart 1885 Berlin und bringt damit das ambivalente Verhältnis vieler Einwohner zur Metropole zum Ausdruck, die zwar vielfältige Möglichkeiten des modernen Lebens bot, jedoch durch das explosionsartige Bevölkerungswachstum auch als Bedrohung empfunden wurde. Berlin, mit knapp 300.000 Einwohnern um die Mitte des 19. Jahrhunderts, entwickelte sich binnen weniger Jahrzehnte zur Millionenstadt und damit zu einer der drei größten Städte Europas neben Paris und London. Zahlreiche durch die Industrialisierung entstandene Arbeitsplätze zogen die arbeitssuchende Bevölkerung des Umlandes an. Als neue Hauptstadt des 1871 gegründeten Deutschen Reiches entwickelte sich Berlin zum politischen wie wirtschaftlichen Zentrum.

Das Stadtbild befand sich durch die rasanten technischen Entwicklungen und die Zunahme der Bevölkerung in permanenter Veränderung. Durch unzählige neue Mietskasernen wurde die Stadt immer unüberschaubarer und anonymer. Dies regte seit den 1890er Jahren die modernen Maler an, sich in einer gänzlich neuen, geradezu revolutionären Weise mit der Stadt zu befassen; die Großstadtbilder der Expressionisten sollten dabei einen Höhepunkt bilden.

Bereits Mitte des 19. Jahrhunderts hielten traditionell akademisch malende Künstler wie Eduard Gaertner den Wandel der Stadt insofern fest, als daß sie in vedutenhaften, idyllischen Ansichten des historischen Berlins die vom Abriß bedrohten Altbauten darstellten. Diese wie auch spätere Gemälde, die den konservativen Geschmack der adligen und großbürgerlichen Auftraggeber bedienten, intendierten keinesfalls Kritik an der Stadterneuerung. Vielmehr beschworen sie ein idealisiertes – paradiesisches – Leben in der Großstadt, das konträr zu den sich wandelnden Lebensverhältnissen stand. Hans Herrmann betonte in seinem 1894 entstandenen Gemälde *Potsdamer Platz* (S. 39), noch ganz dieser Tradition verpflichtet, eine friedliche, harmonische Atmosphäre, indem er eine der legendenumwobenen Blumenverkäuferinnen in den Mittelpunkt rückte.

Die einzige Ausnahme der Maler dieser traditionellen Stadtbilder um 1850 bildete Adolph Menzel, der bereits seit 1846 alltägliche Großstadtsituationen und die profane Umgebung – wie zum Beispiel eine Baustelle – unverklärt zum Bildgegenstand erhob. Diese Werke werden jedoch erst um 1900 publik, da Menzel die Gemälde als Studien bewertete und im Atelier behielt.

Parallel zu den dominierenden akademischen Malern setzten sich in den 1880er Jahren erstmals Künstler in subjektiver und kritischer Weise mit der Stadt auseinander. Sie folgten naturalistischen Schriftstellern wie Gerhart Hauptmann und Arno Holz, die in ihren Schriften die Auswirkungen von Industrie und Massenzivilisation auf die Menschen thematisierten. Die bildenden Künstler, allen voran Max Klinger, gaben die herrschenden Lebensbedingungen in der Großstadt – extreme Wohnverhältnisse und soziale Verelendung – meist graphisch und ungeschönt wieder. Hans Baluschek, der sich seit 1893 mit dem Arbeitermilieu Berlins beschäftigte, zeigte in einem seiner wenigen Ölgemälde, *Berliner Rummelplatz*, 1914 (S. 120), nicht den grauen Alltag der Arbeiter, sondern eine der seltenen Möglichkeiten, diesen hinter sich zu lassen. Nach Feierabend zieht es Bürger wie Proletarier auf den Jahrmarkt, der von Licht und Musik erfüllt ist. Hierin erweist sich die Gleichzeitigkeit des Ungleichartigen, im selben Jahr malte Ernst Ludwig Kirchner seinen *Potsdamer Platz*.

Offizielle Anerkennung fanden die sozialkritischen Werke im Kunstkanon Berlins Ende des 19. Jahrhunderts nicht: Kaiser Wilhelm II. klassifizierte sie 1901 abschätzig als »Rinnsteinkunst«. Auch eine weitere, gleichzeitig aufkommende Malweise stieß auf Ablehnung: Als Lesser Ury 1889/90 erstmals seine in impressionistischer Manier ausgeführten nächtlichen Straßenszenen ausstellte, löste er Empörung aus. Ury hielt die hektische Stimmung der verkehrsreichen Straßen fest, wobei der Eindruck flirrenden Lichtes die unablässige Bewegung und die vielfachen Sinneseindrücke im Straßenverkehr widerspiegelt. In der *Berliner Straßenszene (Leipziger Platz)* von 1889 (S. 116) setzte Ury Farben nur sparsam ein, statt dessen ließ er mit starken Hell-Dunkel-Kontrasten Reflexionen in der regennassen Straße leuchtend aufscheinen. Das Publikum der Ausstellung 1889/90 erkannte in diesem modernen Farbauftrag nur »eine Reihe von weißen Klexen auf einem schwarzen Farbenragout«.

Lesser Ury betrachtete die Stadt nicht unter sozialkritischen Gesichtspunkten, sondern vielmehr als malerisches Motiv, ähnlich wie die französischen Impressionisten, deren Werke er 1881 und 1883 in Paris kennengelernt hatte. Maler wie Claude Monet, Edgar Degas und Auguste Renoir, sonst eher an der freien Natur interessiert, setzten sich als Begründer der modernen Stadtbilder seit 1870 mit den visuellen Reizen der Großstadt auseinander. Sie waren fasziniert von Bewegung, Tempo und den daraus resultierenden Licht- und Farbverhältnissen.

In Deutschland beschäftigte sich ähnlich intensiv nur Lesser Ury mit der Stadt, während die Vertreter des deutschen Impressionismus, Max Liebermann, Lovis Corinth und Max Slevogt, ländliche Motive bevorzugten: Slevogt zum Beispiel die Godramsteiner Landschaft, Corinth und Liebermann die Umgebung ihrer Wohnsitze. Auch wenn Liebermanns Atelier den Blick auf die »Linden« eröffnete, gab der Maler nur selten die Sicht auf die Großstadt wieder. Nicht nur bei ihm lag das künstlerische Interesse primär auf der Wiedergabe von Licht- und Farbspiel. Sofern die Stadt als Motiv diese Vorlage gab, wurde auch sie zum Thema: Slevogt behandelte in seinen einzigen Stadtbildern *Unter den Linden* und *Einzug Unter den Linden* (S. 123), beide am 17. Juni 1913 entstanden, Licht und Schatten sowie die Bewegung von Bäumen und Fahnen mit besonderer Sorgfalt. Auch Corinths spätes Werk *Berlin Unter den Linden* von 1922 (S. 118) hält einen kurzen Augenblick fest, der die vibrierende Atmosphäre der Großstadt mit raschem, lockerem Farbauftrag einfängt.

Als Edvard Munchs Gemälde *Leichenwagen auf dem Potsdamer Platz* (S. 115) 1904 entstand, hatte sich der Maler, dessen Ausstellung im »Verein Bildender Künstler« 1892 einen Skandal verursachte und ihn schlagartig bekannt gemacht hatte, nicht nur in Berlin etabliert. In nur wenigen Jahren hatte sich auf dem Berliner Kunstmarkt die moderne Malerei durchgesetzt, und die Metropole löste München als führendes Zentrum der künstlerischen Avantgarde ab.

Nicht einmal zehn Jahre nach Hans Herrmanns Idylle zeigt Edvard Munch den Potsdamer Platz in radikaler Abwendung von akademischer oder impressionistischer Auffassung. Auch bei ihm bilden Blumenverkäuferinnen den Mittelpunkt des Bildes, die Aufmerksamkeit gilt jedoch dem Leichenwagen hinter ihnen, der in Kontrast zu aller Farbigkeit steht. Der Tod hält Einzug in den belebten Platz und wird Bestandteil des Lebens – als solcher wenig beachtet von den geschäftig umherlaufenden Menschen. Munch konfrontiert das blühende, junge Leben der Frau mit Kinderwagen und der Blumenverkäuferinnen mit dem allgegenwärtig drohenden Tod.

In diesem farbig bunten, symbolistischen Werk kündigt sich eine Entwicklung des Stadtbildes an, die um 1911 von den Expressionisten fortgesetzt wird, unter ihnen besonders von den sogenannten Pathetikern: Gewalt und Tod brechen in die Stadt ein, das vermeintliche Paradies kehrt sich zur Hölle.

Im Jahr 1914, in dem Ernst Ludwig Kirchner den *Potdamer Platz* malt, werden in der ersten Ausstellung der »Freien Secession« Hans Baluscheks *Berliner Rummelplatz* und Max Beckmanns Gemälde *Die Straße* (S. 125) gezeigt. Beckmann beschnitt sein ursprünglich dreimal so großes Werk 1928 an der rechten Seite, wodurch der verbliebene Ausschnitt, auf dem der Künstler sich mit Frau und Kind inmitten von Passanten wiedergibt, dicht und gedrängt erscheint. In diesem wie anderen frühen Straßenbildern des Malers scheint auch nachts die Menschenflut nicht abzunehmen, das Treiben in der überlaufenden Stadt wird ähnlich wie in Lesser Urys Gemälden spürbar.

Zuflucht vor dem mitunter höllischen Straßenleben fand der Stadtmensch im Café, das ihn abschirmt und einen eigenen Kosmos darstellt. Nicht erst die Expressionisten, sondern bereits die französischen Impressionisten, wie auch Lesser Ury und Leo von König zogen sich in diese intimeren Räume zurück. Hier fand das Leben vor allem nachts seine Fortsetzung und übte ganz eigene atmosphärische Reize – malerisch wie thematisch – auf die Maler aus. Leo von König charakterisierte diesen Mikrokosmos in seinem Gemälde *Bohème-Café* von 1909 (S. 119) in der Tradition französischer Maler als Treffpunkt der Künstler und Bohémiens, aber auch als Ort der Anbahnung von Freier und Prostituierter. Auch Emil Nolde inspirierte der Café-Besuch und der Anblick »impotente[r] Asphaltlöwen und hektische[r] Halbweltdamen, in ihren elegant verwegenen Roben, getragen wie von Königinnen«. Nicht nur auf ihn, der aus dem ländlichen Seebüll kam, übte das nächtliche Großstadtleben, changierend zwischen Himmel und Hölle, eine besondere Faszination aus.

Jenseits der täglichen Hektik auf der Straße zeigen sich im Café allabendlich andere Gesichter Berlins: scheinbar grenzenlose Möglichkeiten des Amüsements und der Freizügigkeit ebenso wie Melancholie und Elend des Einsamen in der Menschenmenge.

Edvard Munch · Leichenwagen auf dem Potsdamer Platz · 1902 · Kat.Nr. 52

Lesser Ury · Berliner Straßenszene (Leipziger Straße) · 1889 · Kat.Nr. 53

Hans Herrmann · Der Potsdamer Platz · 1894 · Kat.Nr. 54

Lovis Corinth · Berlin, Unter den Linden · 1922 · Kat.Nr. 55

Leo von König · Im Bohème-Café · 1909 · Kat.Nr. 56

Hans Baluschek · Berliner Rummelplatz · 1914 · Kat.Nr. 57

Curt Herrmann · Der Savignyplatz mit Stadtbahnbrücke · um 1911/12 · Kat.Nr. 58

Max Liebermann · Straßenszene am Brandenburger Tor · 1916 · Kat.Nr. 59

Max Slevogt · Einzug (Unter den Linden) · 1913 · Kat.Nr. 60

Max Beckmann · Im Auto · 1914 · Kat.Nr. 61

Max Beckmann
Die Straße
1914
Kat.Nr. 62

Emil Nolde · Slowenen · 1911 · Kat.Nr. 63

Emil Nolde · Am Weintisch · 1911 · Kat.Nr. 64

Luxus, Mode, Unsittlichkeit

Sherwin Simmons

In einem Artikel über die zweite Ausstellung der »Freien Secession« in Berlin am 5. Februar 1916 sagte Curt Glaser voraus, daß die beiden von Ernst Ludwig Kirchner ausgestellten Gemälde eine ihnen angemessene Umgebung finden würden, auch wenn sie sich von den meisten anderen Staffeleibildern unterschieden: »Ein modernes Kaffeehaus, ein Theatervorraum, der nicht mehr antike Mythologien oder Allegorien einer mißverstandenen Geschichte als Wandbilder begehrte, fände hier die symbolhaften Darstellungen des Lebens unserer Zeit.«[1] Wie die gegenwärtige Ausstellung zeigt, hat das Gemälde *Potsdamer Platz* (S. 39), eines der besagten Bilder, seine Stelle im öffentlichen Raum gefunden und gilt heute als eine »symbolhafte Darstellung« des Berliner Lebens in den Monaten vor dem Ersten Weltkrieg. Für uns verkörpern Kirchners Straßenbilder die neuen charakteristischen Merkmale des Großstadtlebens und der Erfahrung der Moderne, die mit Berlins Aufstieg zur Metropole einhergingen – Merkmale, die aufregend und verlockend wirkten, aber zugleich auch viele traditionelle Werte zu bedrohen schienen. Einen Monat vor der Eröffnung der »Freien Secession« hielt Rudolf Eucken, Philosophieprofessor an der Universität Jena, an der Berliner Universität eine Vorlesung, in der er die neue Liebe zum Luxus als eine der Ursachen für das Aufeinanderprallen verschiedener Wertvorstellungen bezeichnete. Ein Zeitungsartikel faßte seine Ansichten folgendermaßen zusammen: »Vor dem Kriege – versicherte Eucken – schien die Gefahr eines derartigen Abstieges auch dem deutschen Volke zu drohen. Eine wankende Moral, ein sinnloser Luxus und der Trunk hätten uns unfrei gemacht. Doch der Krieg habe uns vor eine neue Moral gestellt und gezeigt, daß im deutschen Volke noch die alte, große Kraft lebt.«[2] Eucken glaubte, daß der Krieg den Deutschen die Gelegenheit böte, den neuen Verlockungen sinnlichen Vergnügens zu entsagen, und zu einem kollektiven Gefühl der Pflichterfüllung zurückzufinden.

Sein Argument, die Moral im Deutschland der Vorkriegszeit sei bedroht gewesen, bezieht sich auf eine Debatte über den Luxus, die durch einige Intellektuelle ausgelöst worden war, denen die möglichen Konsequenzen des zunehmenden wirtschaftlichen Konsums in Deutschland Sorgen bereiteten. Alexander Elster, ein Kollege Euckens von der Universität Jena, trug selbst zu dieser Debatte bei und verfaßte 1913 eine scharfsichtige Rezension über ihre zentralen Texte.[3] Darin bezeichnete er Werner Sombarts Buch »Luxus und Kapitalismus« als einen wichtigen Beitrag jüngeren Datums. Sombart deutete die Rolle des Luxus für die Entfaltung des Kapitalismus neu und zog eine Parallele zwischen Tizians Aktbildern und der Verherrlichung der Kurtisane einerseits und dem Aufblühen des Kapitalismus im sechzehnten Jahrhundert andererseits. Er war der Meinung, daß eine »rein hedonistisch-ästhetische Auffassung vom Weibe« dem Luxus und dem Wirtschaftswachstum Vorschub geleistet habe, da die Kurtisanen andere Frauen durch Kunst, Mode und eine Erotik des Konsums beeinflußt hätten.[4] Dieses Muster, so Sombarts These, setze sich bis in die Gegenwart fort, in der »alle Tollheiten der Mode und des Luxus, der Pracht und der Verschwendung zuerst von den Maitressen durchprobiert werden, ehe sie in abgetönter Färbung von den Damen der Gesellschaft aufgenommen werden«.[5] Wie andere an dieser Debatte beteiligte Stimmen konstatierte auch Sombart einen Zusammenhang zwischen Luxus, Mode, Sexualität und dem zunehmenden Sittenverfall – Ansichten, in denen die Sorge um den Verfall der Werte der Mittelschicht in einer zunehmend urbaneren und konsumorientierten Gesellschaft zum Ausdruck kam. Es scheint sinnvoll, Kirchners künstlerische Tätigkeit in Berlin im Kontext dieser Debatte über Luxus, Mode und Unsittlichkeit zu sehen. Aufgrund seiner Ausstellung im Jenaer Kunstverein 1914 war Kirchner in engeren Kontakt zu den dortigen akademischen Kreisen getreten. Dies soll nicht heißen, daß die intellektuelle Debatte seine Kunst unmittelbar »beeinflußt« habe, sondern nur, daß es hinsichtlich des Bemühens, auf den gesellschaftlichen Wandel zu reagieren, eine gewisse Affinität zwischen Kunst und Theorie gab. Die Auseinandersetzung über den Luxus beschränkte sich nicht auf akademische Kreise, sondern manifestierte sich auch in öffentlichen Diskussionen und Presseberichten über aktuelle Ereignisse. Diese, auf breiter Front ausgetragene Kontroverse und insbesondere die Debatte über Kunst und Unsittlichkeit, die um 1913 in Berlin aufkam und in deren Mittelpunkt die Schaufenster standen, dürfte Kirchners Interesse geweckt und ihm dabei geholfen haben, einen Rahmen für das zu finden, was er auf den Straßen sah und was ihn ansprach.[6]

Erste Hinweise auf den zunehmenden Luxus und sexuelle Anspielungen in Berliner Schaufenstern datieren vom Sommer 1913. Hans Ostwald beschrieb später die Veränderung, die in den Straßen vor sich ging: »Die Schaufenster bekamen ein neues Gesicht: üppige Schlafgemächer, Miedergeschäfte, Strumpfauslagen, Stiefel- und Schuhläden wurden eine Apotheose fraulicher Reize und ließen die

Robert L. Leonard · »Der Raub der Sabinerinnen« ist nicht von Schönthan sondern von Jagow · 1914

Phantasie des Berliners und der Berlinerin nicht mehr in ihrer früher so genügsamen Ruhe. ... Die erotische Wirkung der aus Friseurfenstern wirkenden wohlfrisierten Venusbüste mit wächsernem Dekolleté war abgelöst durch eine Adoration des schönen, seidenbestrumpften Frauenbeines«.[7]
Am Jahresende widmete ein Kulturkritiker einen Artikel den »Corsetfreuden«, die in den Schaufenstern der Geschäfte auf der Tauentzienstraße zu bewundern waren. Die Schaufensterpuppen waren nicht mehr einfach nur nebeneinander aufgereiht, sondern »veritable Kunstwerke, von wahnsinnigstem Luxus, von einer kolossalen Eleganz und einer enormen Komik«.[8] Männliche Flaneure, die sich von den Schaufenstern angezogen fühlten, beunruhigten den Verfasser weniger als die Frauen, die möglicherweise vergaßen, wie ungesund das Korsett sei, und sich der »undelikaten Sucht« hingaben, »die Geheimnisse und Intimitäten des Toilettengemachs hinter jeder Scheibe gemein zu machen«. Im Dezember begann die Polizei unter der Leitung ihres Präsidenten von Jagow gegen Ladenbesitzer vorzugehen, zunächst gegen den Eigentümer eines Korsettgeschäftes in der Tauentzienstraße, dann gegen Friseure. Über die Entfernung der wächsernen Schaufensterpuppen und Büsten aus den Auslagen wurde in der Tagespresse ausführlich berichtet. Satirezeitschriften machten sich darüber lustig, zum Beispiel in einer Zeichnung Robert L. Leonards, und Werbeprofis begannen, sich von der Gepflogenheit ihrer Branche, Sex zur Verkaufsförderung einzusetzen, zu distanzieren und rieten den Ladenbesitzern, alles Sinnliche zu vermeiden, da dies bei schöner Kunst, die im Museum einem gebildeten Publikum präsentiert würde, angemessen sei, aber nicht in der Werbung, die sich an die Massen wende.[9] Dieses Argument ähnelte dem, mit dem Kunst- und Buchhändler strafrechtlich verfolgt wurden, weil sie Postkarten mit Aktfotos in ihren Schaufenstern ausstellten. Im Laufe des Jahres 1913 begann die Berliner Polizei dann sogar damit, hochwertige Kunstdrucke von Gemälden Rubens', Tizians und anderer Künstler zu beschlagnahmen, und leistete dadurch Befürchtungen Vorschub, daß diese Reproduktionen als obszön eingestuft werden könnten und die Polizei dem Drängen von Sittenverbänden nachgeben und die Zensurmaßnahmen auf die Kunstwerke selbst ausdehnen könnte.[10]
Es ist nicht bekannt, wann genau Kirchner mit der Arbeit an seiner Serie Berliner Straßenbilder begann. Mehrere Gemälde sind auf Ende 1913 datiert, nachdem er den Sommer dieses Jahres auf Fehmarn verbracht hatte und danach zu seiner ersten Einzelausstellung nach Hagen gefahren war. Sicher aber ist, daß sie nach der Auflösung der Künstlergruppe »Die Brücke« in den Jahren 1912–13 entstanden, als sich ein neuer Freundeskreis um Kirchner bildete, zu dem einige Maler, mehrere Damen aus dem Berliner Vergnügungsviertel sowie einige Schriftsteller zählten, die für expressionistische Zeitschriften arbeiteten. Kirchners Lebenswandel wurde unsteter, sein Alkoholkonsum – erst Rum, dann Absinth – stieg. Werner Gothein, ein mit ihm befreundeter Maler, der am »MUIM«-Institut studiert hatte, erinnerte sich 1960, daß die »Straßenbilder größtenteils im Februar, März und April 1914 entstanden«[11] seien. Es gibt deutliche Hinweise darauf, daß Kirchner sich im Dezember 1913 mit den Themen Sexualität, Prostitution und Zensur durch die Polizei beschäftigte. In einem Brief an Gustav Schiefler erwähnte der Künstler, daß er gerade eine Reihe mit kleinen erotischen Lithographien fertigstelle und außerdem an Holzschnitt-Illustrationen für »Komtess Mizzi« arbeite, einem Einakter Alfred Döblins über Freudenmädchen in einem Bordell.[12] Döblin hatte das Stück zwar bereits 1909 verfaßt, bemühte sich aber nun verstärkt um seine Publikation; möglicherweise war dies eine Reaktion auf die aktuelle Debatte, denn das Stück enthält Hinweise auf einen neuen Polizeipräsidenten, der die Moralvorstellungen einer konservativen politischen Partei in der Gesellschaft durchsetzen will.[13] Da das »MUIM«-Institut im Winter 1911–12 von der Polizei durchsucht wurde und Kirchner erotische Druckgraphiken angefertigt hatte, lag dieses Thema dem Künstler nahe.[14]
Im Winter 1913–14 entfesselten Zeitungen und Zeitschriften eine Debatte über die moralischen Folgen der Werbung mit Sex und das Thema des künstlerischen Aktes, die kurze Zeit später vom Reichstag und Abgeordnetenhaus aufgegriffen wurde. Konservative verteidigten die Beschlagnahme von Aktdarstellungen in Schaufenstern und wehrten sich gegen den Vorwurf, daß die Befürworter der Zensurmaßnahmen prüde Reaktionäre seien, die jede Form von Nacktheit in der Kunst ablehnten. Ein konservativer Politiker bekundete seine Verehrung für die klassischen Akte, die er während seiner Promotion

Willibald Krain · Sitten-Kontrolle · 1914

im Fach Archäologie studiert habe, und vertrat die These, daß deren »reine, edle, wirklich keusche Nacktheit« von einer Öffentlichkeit, die Sexualität nur auf Postkarten-Reproduktionen sähe, verletzt würde.[15] Dieses Argument lief darauf hinaus, daß die Polizei lediglich die Herabwürdigung des idealen Aktes durch den Pöbel verhindere. Die Liberalen hingegen empfanden die polizeilichen Maßnahmen als eine Bedrohung der Kunst und eine unnötige Behinderung der Rolle, die Aktdarstellungen bei der ästhetischen und moralischen Erziehung weiter Bevölkerungskreise spielen könnten. Eine Zeichnung in der Zeitschrift »Jugend« mit dem Titel »Sitten-Kontrolle«, die das »Fräulein ›Unsittlichkeit‹ und die Dirne ›Kunst‹« darstellt, die von einem Polizisten kontrolliert werden, machte sich über die zwanghafte Verknüpfung von Kunst und Prostitution lustig, die die Debatte über die Unsittlichkeit über weite Strecken beherrschte. Sobald die ideale Nackte infolge der massenhaften Reproduktion und Distribution das Heiligtum des Museums verließ, wurde sie zu einer Prostituierten, die von der Polizei überwacht werden mußte.

Im Februar entwickelte sich die Gesetzgebungsdebatte zu einem regelrechten Kulturkampf, der viele an die vorausgegangene Auseinandersetzung um die Lex Heinze erinnerte.[16] Eine politische Koalition unterstützte und verabschiedete im Abgeordnetenhaus eine Resolution, in der die Regierung aufgefordert wurde, alle möglichen rechtlichen Maßnahmen zu ergreifen, um die Ausbreitung des Lasters in der Großstadt zu verhindern und die Jugend vor seinem unheilvollen Einfluß zu bewahren.[17] Der Reichstag beschloß daraufhin Nachbesserungen zur Handelsgesetzgebung, welche die öffentliche Zurschaustellung von Gegenständen regelten, die der Moral junger Menschen abträglich sein mochten, und den Betrieb von Vergnügungsbars entlang der Friedrichstraße, die als Zentren der Prostitution galten, untersagten.[18] In der Debatte wurden höchst unterschiedliche Bilder von Berlin gezeichnet. Konservative, die hofften, sich mit Hilfe kultureller Themen ein politisches Standbein in den urbanen Regionen verschaffen zu können, stellten die Stadt als gottlosen Sündenpfuhl dar, der traditionelle preußische Werte untergrabe, während die Gegner der neuen Gesetze die städtische Unterhaltungsbranche als mehr oder weniger unproblematischen Bestandteil des modernen Großstadtlebens empfanden. Man machte sich über die »Hüter der Sittlichkeit« lustig, indem man sie als »Provinzonkel«, bezeichnete – eine Anspielung auf die Mitglieder des Bundes der Landwirte, der im Verlauf der Sittlichkeitsdebatte in Berlin tagte.[19] Berichte über eine Zunahme der Kundschaft in den Vergnügungsbars entlang der Friedrichstraße während der Landwirtschaftswoche und die folgenden Verse mit dem Titel »Friedrichstraße« porträtierten die Mitglieder des Bundes als scheinheilig und verklemmt: »›Es heftet sich an meinen Sohlen / Das fruchtbare Geschlecht der Nacht‹ / Der Bündler sagt es nur verstohlen / Weil es ihm doch Vergnügen macht.«[20] Die »Unsittlichkeit« der Friedrichstraße war auch Gegenstand einer Zeichnung Walter Triers, die sich auf die Ecke Friedrichstraße / Behrenstraße

Walter Trier · Berlin, die sittlichste Stadt · 1914

bezieht. Triers Zeichnung erschien in einer Sonderausgabe der »Lustigen Blätter«, in der die humorvollen Beiträge zu einem Plakatwettbewerb des Zentralen Berliner Tourismusbüros veröffentlicht wurden. Der Text des Plakates »Berlin – Die sittlichste Stadt« ist ebenso grell wie die lärmende Werbung, die mit der Gegend um die Kaiserpassage assoziiert wurde, doch die ironische Unterschrift – »Im stillen Gäßchen« – straft die Aussage Lügen. Unter dem Text erscheint ein stereotypes Bild der Prostitution auf der Friedrichstraße, »eine unendliche Kette von sich anbietenden, jungen und alten, geputzten und ungeputzten Mädchen«, wie es Hans Ostwald, ein zeitgenössischer Chronist des Berliner Lasterlebens, erstaunten Besuchern aus der Provinz erklärte.[21] Die affektierte Beflissenheit, die Trier in seiner Zeichnung den Frauen verlieh, bezieht sich auf die Bemühungen der Moralreformer, während der gezackte Pfeil, der die »Letzten Azteken« in der Passage »Panoptikum« mit den Frauen verbindet, einen Zusammenhang zwischen Damenmode und Primitivität behauptet, wie er sich in der Boulevardpresse häufig fand. Trier suggerierte eine Wildheit auf den Straßen, die sich durch die Sittlichkeitsverbände nicht bezähmen ließ und Teil des Spektakels war, das die Touristen in die Metropole lockte.

Kirchners Bild *Friedrichstraße, Berlin* (S. 77) mit seiner »unendlichen Kette« von Männern, die in diagonaler Richtung zu den beiden Frauen neben dem Straßenschild herabsteigen, weist mehrere Elemente auf, die das populäre Bild der Straße als »wichtigster Prostituiertenmarkt«[22] der Stadt hervorheben. Doch während Trier dem Geschehen auf der Straße ironisch-distanziert gegenübersteht, erinnert Kirchners malerischer Ansatz eher an Ostwalds Beschreibung von Fremden, »die erstaunt sind über die prall über den Hüften sitzenden Kleider, über die vorgeschnürten Brüste, über die halb gezeigte blendende Unterwäsche, über die anlockenden Gesichter unter den verwegen aufgesetzten, oft so überladenen kleinen Hüten, unter deren einer Seite grelle Blumen hervorquellen. Manch Blick bleibt auf den bloßen Armen haften, manch anderer folgt einem glitzernden, engen Gürtel und zierlichen Stiefeletten.«[23] Umrahmt vom Bogen des Gebäudes treten die Frauen mit einer schwungvollen Bewegung der Körper, die an Models auf einem Laufsteg erinnern, nach vorn, während ihre Augen das Publikum taxieren. Zusätzliche Dynamik verleiht ihnen eine Reihe von Männern, deren serialisierter Schritt sowohl an den italienischen Futurismus wie an Darstellungen von Massenwaren denken läßt. Sich wiederholende Farbstriche unterstreichen diese Bewegung, verleihen dem Schauspiel einen elektrischen Glanz und lenken den Blick auf Details wie etwa die auf die Hüfte gepreßte Hand, durch welche die Figur in den Vordergrund des Bildes rückt.

Rosalyn Deutsche hat dieses Licht als ein wichtiges ikonographisches Merkmal identifiziert und gezeigt, daß das Schaufenster in den Straßenbildern als »Emblem zur Ware gewordener Sexualität« fungiert.[24] 1920 hob Kirchner das Schaufenster in einem Kommentar zu einer Skizze für sein 1913 entstandenes Bild *Die Straße* (S. 45) besonders hervor: »Einen Vorgang im flimmernden Licht der elektrischen Bogenlampen führt die Zeichnung der Passanten vor dem Korsettladen vor. Die absolute Gleichwertigkeit aller Erscheinungen des Sichtbaren für das Bild wird hier deutlich. Feine und starke Striche charakterisieren das streifige Licht und bilden gleichzeitig die Gestalten der beiden Frauen, die Puppe im Schaufenster, die übrigen Passanten. Das Ganze sieht aus, wie ein in einem Zuge gezogenes Netz, und doch erscheinen die Figuren klar charakterisiert, die dünne spitznäsige Frau im Profil neben der volleren im Federhut, der am Schaufenster stehende Bummler. Das Blatt lebt rhythmisch in den Strichen.«[25] Kirchner betonte also die Fähigkeit der Zeichnung, in einem Geflecht aus Mode, Werbung und Prostitution die Wechselbeziehung zwischen Frauen, Schaufensterpuppe und männlichem Passanten festzuhalten. Diese Beziehung blieb für *Die Straße* relevant, denn obwohl die Gliederpuppe auf dem Gemälde nicht mehr erscheint, ist es dennoch das Schaufenster, dessen Auslagen männliche wie weibliche Blicke anziehen und dessen spiegelnde Oberfläche als Relais im Netzwerk dieser Blicke fungiert.

Mode, Werbung und Prostitution bildeten nicht nur in der Unsittlichkeitsdebatte die Schlüsselbegriffe, sondern auch bei der Auseinandersetzung um den Luxus. Die restriktive Haltung Sombarts gegenüber der Mode in »Luxus und Kapitalismus« war charakteristisch für die ganze Debatte und fand in Norbert Sterns Publikation »Mode und Kultur« einen noch schärferen Ausdruck. Auch wenn das Buch erst 1915 abgeschlossen und veröffentlicht wurde, beschreibt es die noch aus der Vorkriegszeit herrührenden Sorgen über den Einfluß der Pariser Mode auf Deutschland. Obwohl der Verfasser die tatsächlichen Kleidungsstücke als »auf Kokotten zugeschnitten, von Kokotten lanciert, den Kokotten übrigens vortrefflich zu Figur und Charakter passend« beschrieb, beunruhigte ihn weniger diese Garderobe als das »Bild der Dirne«, mit den in Zeitungen, in Satire und Mode-Magazinen, aber auch auf der Straße für modische Kleidung geworben wurde: »Die Prostituierte ist es, die sich, nur mit einem Korsett bekleidet, im hellerleuchteten Schaufenster den Blicken der Vorübergehenden darbietet.«[26] Solche Bilder, so meinte er, regten junge Mädchen an, die »mit sehnsüchtigen Augen vor den Auslagen der Luxus- und Modegeschäfte«[27] stehen. Ähnliche Sorgen kamen im »Tauentzien-Bummel« zur Sprache, einem Zeitungsartikel, in dem es hieß, die Schaufenster in der Tauentzienstraße schürten eine sexuell aufgeladene Atmosphäre, der den neuen Berliner Typus der »Tauentzien-Mädchen« hervorbringe. Darunter verstand man junge Frauen, die unter dem Einfluß des Luxus und »verantwortungsloser Agitatorinnen« eine sexuelle Freiheit praktizierten, die bis dahin die Halbwelt von der »anständigen« Gesellschaft unterschieden hatte, doch inzwischen etwas Alltägliches geworden war. Der Autor beschrieb dieses Phänomen als eine »gewaltige Veränderung unserer Sitten« und erklärte: »Das einfache, häuslich erzogene Mädchen, das einst mit dem Evangelium durchs Leben lief, einen Mann glücklich zu machen, kann man anderswo finden – auch wohl in Berlin –, aber nicht mehr hier.«[28]

Alexander Elster hingegen distanzierte sich in seinen Artikeln von der widerwilligen Akzeptanz der wirtschaftlichen Notwendigkeit der Mode zugunsten einer positiveren Bestimmung ihrer Rolle in der

Ernst Ludwig Kirchner · Korsettladen · 1913/14

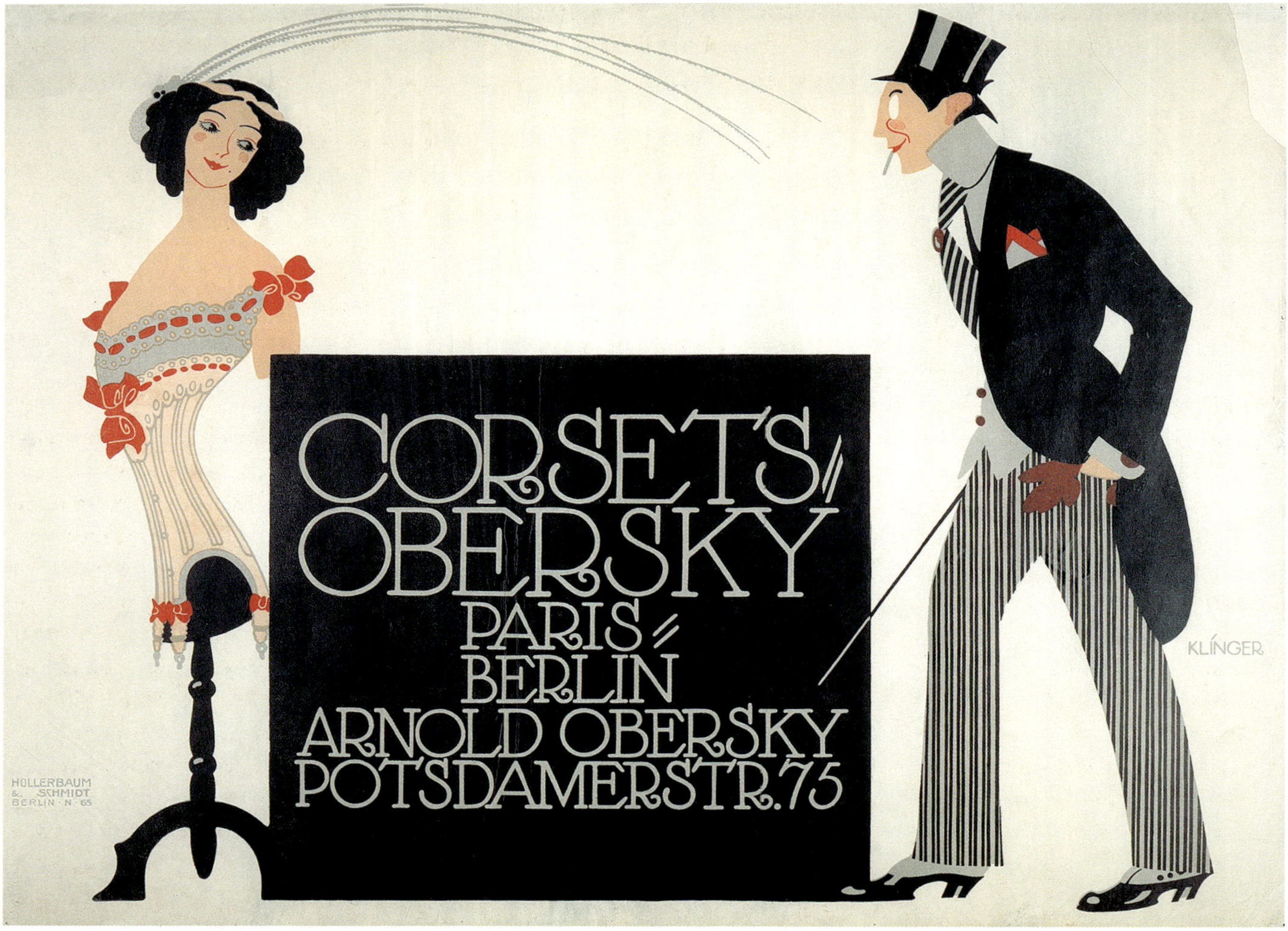

Julius Klinger · Corsets Obersky · 1912 · Kat.Nr. 65

modernen Gesellschaft. Im Rückgriff auf Simmels und Sombarts Analyse der erotischen Grundlage der Mode schrieb er: »So wird sie zum Anwalt der unbewußten Sehnsucht und zur Trägerin eines Symbols, das – wie alle Symbole des tiefinnerlichsten Seelenlebens – Reiz und Zauber in Fülle ausströmen und jedem Teil der Kleidung Bedeutung und Wert verleihen.«[29] Er deutete die überwiegend moralische Kritik an der Mode in Deutschland als das Ergebnis sexueller Verdrängung und meinte, daß alle Versuche, die Erotik der Mode zu kontrollieren und der Funktion den Vorrang vor der Phantasie einzuräumen, zum Scheitern verurteilt sei.[30]

Es ist nicht bekannt, ob Kirchner Elster aufgrund seiner engen Beziehungen zu Jenaer Kunstkreisen kennenlernte. Doch in seinen Werken zeigt sich immer wieder, daß er die zeitgenössische Debatte über Kunst, Mode und Unsittlichkeit zur Kenntnis nahm. Er wußte also mit Sicherheit von den damals aktuellen Kontroversen um die Schaufenster und Gliederpuppen im Korsett, denn viele seine Bilder beziehen sich unmittelbar auf diese Debatten. In Gemälden und Druckgraphiken aus den Jahren 1913–14 zeigte er die Beine hinter Röcken mit Schlitz und die Körper unter durchsichtigen Blusen. 1919 bemerkte Kirchner, daß eine sitzende Figur in einer Lithographie von 1914 eine Prostituierte darstelle, die im Sommer auf dem Kurfürstendamm auf Kunden warte. Er erläuterte, daß ihr Oberkörper ungewöhnlich aussähe, weil »die modernen Stickereiblusen ... oft so raffiniert gemacht [waren], daß man von weitem einen nackten Körper zu sehen meinte«.[31] In den Jahren 1913–14 wurde ein solcher Stil in der Presse als anzüglich bezeichnet und in Satiremagazinen karikiert. Auch die mit üppigen Stickereien verzierten Schleier, die Kirchner in den Jahren 1913–15 häufig malte, wurden als ein Pariser Exzeß der Lächerlichkeit preisgegeben.[32]

In zwei Straßenbildern Kirchners, vor allem im *Potsdamer Platz*, mit der schwarzgewandeten Frau auf der linken Seite, spielen Schleier eine besondere Rolle. Die Veränderung dieses Kleides gegenüber dem, das noch auf den Skizzen für das Gemälde zu sehen ist, könnte dadurch veranlaßt worden sein, daß bald nach Kriegsbeginn die Zahl der Witwen zunahm und eine intensive Werbung für Trauerkleidung einsetzte. Im September 1914 wurden im Stadtrat Beschwerden über eine zehn Meter hohe Werbefläche laut, die sich neben einem Bekleidungsfachgeschäft in der Nähe des Potsdamer Platzes befand und eine Frau in Trauerkleidung zeigte.[33] Der öffentlich zur Schau gestellte Profit, den die Branche aus der individuel-

len und nationalen Trauer schlug, wurde als beleidigender Ausdruck des Kommerzdenkens gewertet. »Der Kunstwart« berichtete, daß ein Offizier derart empört über die Werbeanzeigen für attraktive Trauerkleidung war, daß er die Frauen aufforderte, sie nicht zu tragen, weil es unschicklich sei, mit Mode für Frauen, die einen geliebten Menschen an der Front verloren hätten, zum Vergnügen anzuregen und Prostituierte sich seit Kriegsausbruch in solche Gewänder hüllten.[34]
Die Frau links in Kirchners Bild *Potsdamer Platz* trägt ein elegantes Kleid und von der Krempe ihres modischen, mit Federn geschmückten Hutes hängt ein Trauerschleier mit einer dichten Bordüre am unteren Ende herab. Die durch die doppelte Assoziation des Schleiers mit dem Tod und der Prostitution erzeugte »frisson« wird noch zusätzlich gesteigert durch die Isolierung der Frauen auf einer Verkehrsinsel, die zur Verhinderung von Unfällen im rasch zunehmenden Berliner Straßenverkehr erforderlich geworden waren. Kirchner bediente sich dieser Motive in seinen Tusch- und Pastellzeichnungen, bei denen es sich um eine Zwischenform zwischen Skizzen, die auf der Straße angefertigt wurden, und fertigen Gemälden und Druckgraphiken handelte. Wenngleich der Künstler in seinen Skizzen versuchte, der Geschichte zu entkommen, indem er das Triebhafte kultivierte, kehrte sie in den Gemälden und Druckgraphiken, bei denen es sich um durchkalkulierte Kompositionen handelte, die im Atelier zusammen mit Motiven aus der zeitgenössischen Debatte um Kunst, Luxus und Unsittlichkeit in einem neuen Licht erschienen, wieder. Eines der auffälligsten Motive des Bildes *Friedrichstraße* ist ein windspielartiger Hund, der mit emporgestrecktem Gesäß herumstolziert. Durch die Straßen streunende und in den Rinnsteinen herumschnüffelnde Hunde finden sich in zahlreichen Zeichnungen und Druckgraphiken dieser Serie. Auch das freie Herumlaufen der Hunde war 1914 ein Thema, da eine Polizeiverordnung kurz zuvor festgelegt hatte, daß Hunde auf der Straße angeleint sein und einen Maulkorb tragen müßten. Als diese Verordnung Anfang März widerrufen werden mußte, empfanden viele dies als einen kleinen Sieg über die zunehmend repressive Politik des Polizeipräsidenten von Jagow.[35] Krains Zeichnung in »Jugend«, auf der ein Hund, eine Prostituierte und ein künstlerischer Akt vom selben Leinenzwang-Gesetz gemaßregelt werden, zeigt auch, auf welche Weise die liberale Presse verschiedene Elemente der Sittlichkeitsdebatte miteinander verband.
Wie die Berliner Kunstwelt und Kirchners neue Anhänger in den akademischen Kreisen Jenas die Straßenbilder aufnahmen oder ob sie einen Zusammenhang mit der Debatte über Luxus und Mode sahen, ist nicht bekannt. Nur wenige Ausstellungsbesprechungen oder -briefe beziehen sich unmittelbar auf die Bilder; aber wir wissen, daß sich auch Kirchner für kurze Zeit an der zunehmenden Verwendung von Kunst für Werbezwecke beteiligte.[36] Irene Eucken, die Frau des Philosophieprofessors, die ein Stickereigeschäft in Jena betrieb, bat Kirchner darum, einen Katalog mit ihren Kreationen für eine Modenschau in Bremen zu illustrieren. Im September 1916 schuf er in seinem Berliner Atelier drei Holzschnitte, von denen einer mit einer Wachsbüste und einem Hund an die Straßenbilder erinnert. Doch anders als das Windspiel in der *Friedrichstraße*, dessen Gang die Entfesselung des Instinktes inszeniert, scheint der Hund auf dem Holzschnitt, der unterwürfig seine Pfote hebt, völlig unter Kontrolle zu sein. Die Büste wiederum erinnert entfernt an die Form und das Inkarnat eines Körpers, der hinsichtlich seiner Details und seines Gewichts an die durch üppige Accessoires gekennzeichnete Mode Frau Euckens denken läßt. Doch Kirchner war weder mit der Qualität der Drucke noch mit der unzureichenden Entlohnung für ein Projekt zufrieden, zu dessen Annahme er sich wohl im Hinblick auf einen wichtigen Gönner verpflichtet gefühlt hatte.
Kirchners Empfindungen gegenüber seinen Förderern in Jena dürften so schillernd und widersprüchlich gewesen sein, wie deren Einstellungen ihm und seiner Kunst gegenüber. Rudolf Euckens Vortrag an der Berliner Universität am 8. Januar 1916 etwa wurde vom »Verein gegen den Mißbrauch geistiger Getränke« finanziert. Euckens Kritik am Alkoholismus als Symptom eines umfassenderen moralischen und ethischen Verfalls scheint im Widerspruch zu seinem Kontakt zu dem Maler zu stehen, der sich selbst in *Der Trinker* (S. 141) im Zustand alkoholbedingten Stupors und körperlichen Zerfalls porträtierte. Die Lösung dieses Rätsels birgt ein späterer Kommentar Kirchners: »Für mich ist der freiheitliche Geist des Hauses Eucken, der nur die eine Forderung kennt, dass der Mann mit innerster Seele in dem Ringen lebt, die er vertritt, eine schönste Erinnerung.«[37]
Karl Theodor Bluth, ein Dichter und bei Eucken promovierender Student, der 1916 mit Kirchner in Jena und Berlin zusammenlebte, trug zur Entstehung eines Kirchnerbildes bei, demzufolge der Künstler die Spannungen des Zeitalters in seiner Existenz vereinte, mit ihren Folgen kämpfte und an ihnen litt. In seinem Gedicht »Hymnus E. L. Kirchner«, das 1920 in einem Ausstellungskatalog publiziert wurde, bezeichnete Bluth den Künstler als »Märtyrer« und »Dämon«. Er entdeckte diese beiden Eigenschaften vor allem in *Der Trinker*, einem Bild, das er als »das Gesicht einer dämonischen Halluzination«[38] beschrieben und später gekauft hatte. Eine Strophe des Gedichtes bezieht sich auf das Bild: »Blickst in die Runde, mit hölzernen Armen gelassen / Führst du zu Lippen die seltsame Schale und trinkst / Eisigen Wermut und gletschernden Rausch im Vergessen / Nickst mit den Augen und zwinkerst verwegen und blinkst.« Aus diesem Rausch erwächst die Einsicht, von der es in der nächsten Strophe heißt: »Fügender Lichtgott! Du weißt nun die leiseren Leiden. / Stürzt in Gesichter und zeichnest Tragödien mit Licht. / Zärtliche Farben chinesisch erstrahlender Seiden / Schimmern wie Blauaug, in schmerzlichem Innesein schlicht.«[39] Persönliches Leiden öffnete den Blick des Malers für die Wirklichkeit des Luxus in einer sich wandelnden Gesellschaft – diese Auffassung vertrat Kirchner auch in einem Brief an Henry van de Velde von 1919: »Ich habe mich von der ganzen inneren Art dieser Gattungen während meines 7jährigen Berliner Aufenthalts genügend durchdringen lassen, um sie von Grund aus zu kennen und verlassen zu können.«[40]

Übersetzung aus dem Englischen: Nikolaus G. Schneider

Pelzkonfektion/Schneiderkleider · Werbeanzeige · um 1914

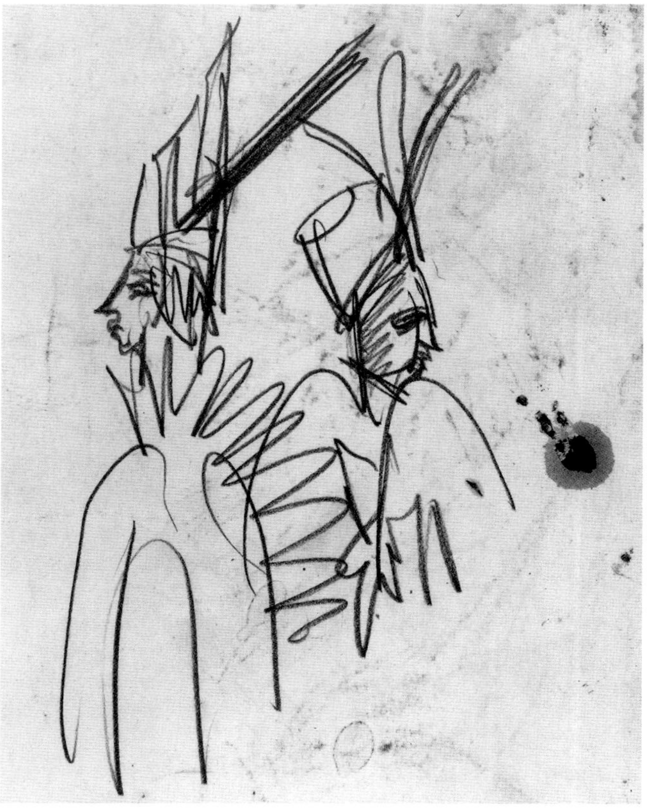

Ernst Ludwig Kirchner · Kokotten · 1914/15 · Aus dem Skizzenbuch 40/21

1 Curt Glaser: *Die zweite Ausstellung der Freien Secession in Berlin*, in: *Kunstchronik*, 27, 1916, Heft 21, S. 203.
2 *Professor Eucken über die ethischen Aufgaben der Gegenwart*, in: *Berliner Tageblatt*, 9. Januar 1916.
3 Alexander Elster: *Wirtschaft und Mode*, in: *Jahrbücher für Nationalökonomie und Statistik* 46, August 1913, Heft 2, S. 172–203.
4 Werner Sombart: *Luxus und Kapitalismus*, München 1913, S. 56.
5 Wie Anm 4, S. 69.
6 Sherwin Simmons: *Ernst Ludwig Kirchner's Streetwalkers: Art, Luxury, and Immorality in Berlin 1913–16*, in: *Art Bulletin* 83, 2000, Heft 1, S. 117–148.
7 Hans Ostwald: *Das galante Berlin*, Berlin 1928, S. 222.
8 Peter Paul Schmitt: *Corsettfreuden*, in: *Die Schaubühne* 9, 1913, Heft 49, S. 1200f.
9 Lothar Brieger: *Nacktheit und Reklame*, in: *Seidels Reklame* 2, 1914, Heft 2, S. 51f.
10 *Die Künstler gegen die Polizei*, in: *Berliner Tageblatt*, 23. Dezember 1913 sowie Fritz Stahl: *Die nackte Kunst im Abgeordnetenhaus*, in: *Berliner Tageblatt*, 6. Februar 1914.
11 Donald E Gordon: *Ernst Ludwig Kirchner*, Cambridge, Mass. 1968, S. 92–96.
12 Brief von Ernst Ludwig Kirchner an Gustav Schiefler vom 19.12.1913, in: *Ernst Ludwig Kirchner. Gustav Schiefler. Briefwechsel 1910–1935/38. Mit Briefen von und an Luise Schiefler und Erna Kirchner sowie weiteren Dokumenten aus Schieflers Korrespondenz-Ablage*, bearbeitet von Wolfgang Henze mit Annemarie Dube-Heynig und Magdalena Kraemer-Noble, Stuttgart/Zürich 1990, S. 66f.
13 Alfred Döblin: *Drama – Hörspiel – Film*, Olten/Freiburg im Breisgau 1983, S. 32–61, 545–561, 593–601.
14 Roland März: *Expressionisten. Die expressionistische Avantgarde in Deutschland 1905–1920*, Ausst.Kat. Nationalgalerie und Kupferstichkabinett Berlin, Berlin 1986, S. 103f. sowie Anm. 6, S. 122f.
15 *Deutscher Reichstag*, in: *Neue Preußische Zeitung*, 19. Februar 1914.
16 *Abgeordnetenhaus – Der Justizetat*, in: *Berliner Tageblatt*, 7. Februar 1914 sowie *Eine neue Lex Heinze?*, in: *Vossische Zeitung*, 16. Februar 1914.
17 *Aus den Parlamenten – Abgeordnetenhaus – Schutz der Jugendlichen, Bekämpfung der Unsittlichkeit*, in: *Neue Preußische Zeitung*, 12. Februar 1914.
18 *Die Bekämpfung der Schundliteratur durch das Gesetz*, in: *Neue Preußische Zeitung*, 19. Februar 1914.
19 *Das unsittliche Berlin*, in: *Vorwärts*, 10. Februar 1914 sowie *Die Sittlichen*, in: *Vorwärts*, 23. Februar 1914.
20 *Friedrichstraße*, in: *Ulk* 43, 1914, Heft 7, S. 2.
21 Hans Ostwald: *Prostitutionsmärkte*, in: *Das Berliner Dirnentum* 6, Leipzig 1910, S. 13.
22 Wie Anm. 21, S. 9.
23 Wie Anm. 21, S. 13.
24 Rosalyn Deutsche: *Alienation in Berlin. Kirchner's Street Scenes*, in: *Art in America* 71, 1983, Heft 1, S. 65–72.
25 Louis de Marsalle (E. L. Kirchner): *Zeichnungen von E.L. Kirchner*, in: *Genius* 2, 1920, Heft 2, S. 219.
26 Norbert Stern: *Mode und Kultur* 2, Dresden 1915, S. 109–111.
27 Wie Anm. 26, S. 112.
28 *Tauentzien-Bummel*, in: *Kölnische Zeitung*, 25. Mai 1914.
29 Alexander Elster: *Über den Zauber der Mode*, in: *Der Mode-Zauber* 1, 1913, Heft 2, S. 16.
30 Alexander Elster: *Deutsche Mode*, in: *Kunstgewerbeblatt* 27, 1914, Heft 3, S. 48.
31 Brief von Ernst Ludwig Kirchner an Gustav Schiefler vom 30.4.1919, wie Anm. 12, S. 125.
32 Baronin v. Marly: *Die Mode der Verhüllung*, in: *Zeit im Bild* 11, 1913, Heft 51, S. 3494 sowie *Mode Extravaganzen*, in: *Berliner Lokal-Anzeiger*, 15. September 1913.
33 *Die Reklame der Beerdigunganstalten und Trauermagazine*, in: *Seidels Reklame* 2, 1914, Heft 10, S. 403–414.
34 *Keine »Trauerkostüme«*, in: *Der Kunstwart* 27, 1914, Heft 24, S. 378.
35 *Hundefreiheit*, in: *Vossische Zeitung*, 2. März 1914.
36 Wie Anm. 6, S. 137–140 und Sherwin Simmons: *Expressionism in the Discourse of Fashion*, in: *Fashion/Theory* 4, 2000, Heft 1, S. 1–40.
37 Brief von Ernst Ludwig Kirchner an Irene Eucken vom 5.2.1920, zitiert nach Volker Wahl: *Von Jena nach Davos. Stationen eines Künstlerlebens*, in: *Ernst Ludwig Kirchner. Von Jena nach Davos*, Ausst.Kat. Stadtmuseum Göhre, Jena 1993, S. 29.
38 Karl Theodor Bluth: *Ausstellung im Jenenser Kunstverein*, in: *Jenaische Zeitung*, 2. März 1917, S. 2. wie Anm. 37, S. 117.
39 *Ausstellung von graphischen Arbeiten von E. L. Kirchner*, Ausst.Kat. Galerie Ludwig Schames, Frankfurt/M. 1920, S. 9–20., wie Anm. 37, S. 115.
40 Kirchner an Henry van de Velde, Frauenkirch vom 5.7.1919, zitiert nach: *Briefe an Nele und Henry van de Velde*, München 1961, S. 100.

Ernst Ludwig Kirchner · Dame mit Hund · 1916 / Seite aus dem Katalog »Irene Eucken«

Ein ›Alter Meister‹ der Selbstinszenierung?

Christian Saehrendt

Ernst Ludwig Kirchner hat nicht nur ein umfangreiches malerisches und graphisches Werk geschaffen, sondern sich ebenso intensiv mit der zeitgenössischen Rezeption seiner Kunst befaßt. In hunderten von Briefen äußerte er sich über seine Lebenssituation und seine Kunstauffassung. Die zahlreichen Briefwechsel und Schriften zum eigenen Werk sowie die häufigen Interventionen bei Kunstkritikern, Verlegern und der Fachpresse machen deutlich, daß er an einer umfassenden Kontrolle seines Gesamtbildes interessiert war. Biographische Ereignisse und Gemäldesignaturen datierte er bisweilen vor, um die unbedingte Autonomie seines künstlerischen Werdeganges zu beweisen. Schließlich wählte er sogar das Pseudonym »Louis de Marsalle«, um Kunstkritiken über sich in die Fachblätter zu lancieren. Während diese Aktivitäten in der älteren Fachliteratur häufig als kleinliches und unkünstlerisches Verhalten abgewertet und als Widerspruch zu einer »genialen Künstlerpersönlichkeit« empfunden wurden, kommt eine Analyse aus heutigem Blickwinkel zu einem positiveren Urteil. Denn Kirchner verkörpert durchaus einen modernen Künstlertypus, der die Mechanismen von Kunstkritik und Publizistik kannte, und für sich zu nutzen verstand.

Darüber hinaus sind Kirchners Briefwechsel und Schriften eine Fundgrube für eine Kunstgeschichtsschreibung, die ihre Scheuklappen abstreift und die Gebiete der Soziologie, Psychologie und Zeitgeschichte mit einbezieht. Auf diese Weise ist es möglich, den Prozeß von Kirchners Identitätsfindung nachzuzeichnen, und seine Persönlichkeit in die historischen Zusammenhänge seiner Zeit einzubetten.

Doch warum wurden die schriftlichen Interventionen Kirchners im damaligen Kunstbetrieb bislang so negativ betrachtet? Offenbar wurde sein Wunsch, sich im zeitgenössischen Kunstbetrieb zu positionieren, indem er sich bemühte, die Wirkung von Werk und Person zu kontrollieren, als unkünstlerisch empfunden. Donald E. Gordon betrachtete diese Aktivitäten Kirchners 1968 als »ungewöhnlich« und »nachteilhaft«[1], Anton Henze nannte sie 1980 »Kirchners Geheimwaffen«[2], Lucius Grisebach sprach 1995 von der »verlorenen Unschuld« des Künstlers[3]. Doch in jüngster Zeit widmet sich die Kunstgeschichte aufmerksamer und vielschichtiger diesem Phänomen. Neben Kirchners Selbstportraits rückten seine »Techniken der Selbstinszenierung« in den Mittelpunkt des wissenschaftlichen Interesses.[4] Auch befaßten sich einige kunsthistorische Magisterarbeiten und Dissertationen der letzten Jahre mit seinen »Selbstinszenierungen als Genie«, so daß man hier fast von einem wissenschaftlichen Modethema sprechen kann.[5]

Doch besteht bei einer Neuinterpretation Kirchners als ein moderner, medienorientierter Künstler die Gefahr, das strategische, kühl kalkulierende Element in seiner Biographie überzubewerten. Hier scheint die Gegenwart mit ihrem übermächtigen Drang, sowohl Leben, als auch Kunstproduktion zu inszenieren und zu simulieren, der Kunstgeschichtsschreibung einen Streich zu spielen. Ebenso abwegig erscheint die Interpretation, Kirchners Einflußnahme auf Kritik und Rezeption sei der verzweifelte Versuch eines psychisch Kranken, sich selbst zu therapieren, vom berüchtigten Interesse der Psychiatrie an »Fällen« wie dem Kirchners ganz zu schweigen.

Bei der Lektüre der älteren Literatur entsteht der Eindruck, daß Kirchners mehrgleisige »Öffentlichkeitsarbeit« auch deshalb despektierlich als »Geheimwaffe« bezeichnet wurde, weil hier ein Künstler die Sphäre des Bildnerischen verlassen hatte und die Interpretationshoheit der Kunstkritiker mißachtete. Dabei klingt noch das alte Diktum nach: »Künstler, rede nicht – bilde!«. Demnach wurde der Künstler als schöpferisches Naturphänomen oder sozial randständiges Genie betrachtet, das erst noch von akademischen Experten und Hohepriestern der Feuilletons zum Sprechen gebracht werden muß.

Dagegen kann Kirchner heute auf der Basis seiner Techniken der Selbstdarstellung als moderner Künstlertypus betrachtet werden. Er war ein Künstler, der sich selbst vermarktete, seine Bildrechte wahrte, *sich* in der Fachpresse informierte und in künstlerischen Diskursen zu orientieren versuchte. In seiner Kunst, besonders im Spätwerk, war schon die Rezeptionsebene miteinbezogen: Kunstwerk und Kunstkritik sind hier schon eine Synthese eingegangen. Dabei war Kirchner hinsichtlich seiner schriftlichen Interventionen kein Pionier, sondern folgte lediglich dem wachsenden öffentlichen Interesse an authentischen Künstleraussagen, ablesbar an der Zahl und Qualität der nach 1900 erschienenen Künstlerbücher, Kunstzeitschriften und Publikationen von »Künstlerbriefen« und »Künstlerbekenntnissen«. Der Wunsch, am unverfälschten Kunstempfinden des rastlos schaffenden und genialisch umwehten Künstlers teilzuhaben, wuchs in dem Maße, in dem die Komplexität und Technisierung von Kulturwelt und Alltag voranschritt.

Manöver der Identitätsfindung – Techniken der Selbstinszenierung

Kirchner schrieb Artikel in Zeitungen und Zeitschriften über sein Werk, manche davon unter dem Pseudonym »Louis de Marsalle«. Schon die Wahl dieses französischen Pseudonyms sagt viel aus. Auch zahlreiche andere Äußerungen aus Briefen und dem »Davoser Tagebuch« belegen: Kirchner hat sich als Repräsentant einer spezifisch »Deutschen Kunst« empfunden. Sein zentrales Motiv ist das Engagement für eine eigenständige, deutsche Moderne, deren Rang endlich auch von Paris, der überragenden Kunstmetropole, anerkannt werden müsse. Kirchner wurde, besonders zu Zeiten der Weimarer Republik, ein durchaus bekannter Künstler, dessen Werke zu stattlichen Preisen gehandelt und von zahlreichen Museen angekauft wurden. Die Kunstkritik war stark an ihm interessiert. Die wichtigsten Feuilletons berichteten über seine Ausstellungen, der eigensinnige Herausgeber des modernistischen »Kunstblattes«, Paul Westheim, bemühte sich ausdauernd und rücksichtsvoll um ihn, schließlich erschienen mehrere, teils luxuriös gestaltete Monographien über ihn.

Die Briefwechsel Kirchners mit den Kunsthistorikern und Verlegern, die Bücher und Kataloge über ihn herausbrachten, zeugen von seiner Entschlossenheit, Texte und Bildauswahl weitgehend zu bestimmen. Kirchner akzeptierte kein unabhängiges Urteil selbst wohlgesonnener Kritiker, er erwartete von Kunsthistorikern und Journalisten, daß sie in enger Abstimmung mit ihm agierten und setzte sogar entsprechende Verträge auf. Vor dem Hintergrund einer konsensuellen, vertraglich fixierten Zusammenarbeit geht der Begriff der »Zensur«, der bislang häufig für Kirchners Verhalten benutzt wurde, fehl. Viele Briefe Kirchners berichten von seinen Auseinandersetzungen, die er mit Journalisten und Verlegern um die Reproduktionsrechte seiner Werke führte. Dabei forderte er, er sei stets um eine Reproduktionsgenehmigung zu ersuchen, und grundsätzlich werde ein Honorar fällig. Um diese, aus heutiger Sicht selbstverständlichen Forderungen, mußte er nach Kräften ringen.

Kirchner arbeitete seinen Lebenslauf und seinen stilistischen Werdegang um, indem er Arbeiten und Ereignisse vordatierte und Bilder manipulativ »restaurierte«. Während Donald E. Gordon diese Fehldatierungen als Anzeichen »einer seit längerem anhaltenden gestörten geistigen Verfassung« deutete, muß man heute eher von einem systematischen und kalkulierten Vorgehen Kirchners sprechen. Dabei konnte ein durchaus autosuggestives Moment hinzutreten, denn Kirchner datierte seine Arbeiten offenbar erst beim Verkauf und kann bei einigen Werken selbst geglaubt haben, sie seien schon zu einem früheren Zeitpunkt entstanden. In Davos überarbeitete er zwischen 1919 und 1926 einige beschädigte Gemälde aus der Berliner und Dresdener Zeit, er paßte sie nachträglich dem Davoser Stil an. Damit erschwerte er kommenden Generationen von Kunsthistorikern nicht nur die Arbeit, vielmehr versuchte er, Einflüsse anderer Künstler auf sein Werk zu negieren, und seinem Werk eine größere Stringenz ohne Sackgassen und Irrwege zuzuweisen. Er simulierte eine geradlinige und zielstrebige Entwicklung seines Werkes, das, nach seiner Auffassung, im Davoser Spätwerk gipfelte. In seinem künstlerischen Schaffen war schon eine Positionierung in der Kunstgeschichte miteinbegriffen. Kirchner wünschte sich sein Werk als historisch bedeutsam. Während er andere Künstler wie seine ehemaligen »Brücke«-Kollegen und seine späteren Schweizer Schüler permanent des geistigen Diebstahls verdächtigte, versuchte er, den Einfluß zeitgenössischer Künstler wie Henri Matisse und Edvard Munch auf sein Werk zu leugnen, um sich als autonomen Künstler darzustellen.

Kirchner äußerte sich in Briefen umfassend und über Jahre hinweg zu seiner Lebenssituation und zu seinen persönlichen Gedanken. Als autobiographische Quellen dienen heute der erhaltene Teil seiner Korrespondenz mit Freunden, Künstlern, Sammlern, Verlegern und seiner Frau Erna, das »Davoser Tagebuch«, persönliche Aufzeichnungen in den Skizzenbüchern und seine Selbstportraits. Allerdings sind Kirchners briefliche Äußerungen nie ganz »persönlich«, immer hatte er seinen angestrebten kunsthistorischen Rang vor Augen. Seine persönlichen Briefe waren gleichzeitig oft »amtliche« Dokumente der Selbstdarstellung.

Während Kirchner in vielen Äußerungen über sich selbst größte Sorgfalt walten ließ, ist unklar, welchen legendenbildenden Wert er Briefen und Tagebuchaufzeichnungen beimaß. Zumindest von den Briefen mußte er annehmen, daß sie der Öffentlichkeit und Nachwelt zugänglich gemacht würden. Diese Quellen weisen eine Vielzahl von Äußerungen auf, die ihn heute in einem unvorteilhaften Licht erscheinen lassen: Die zahlreichen abwertenden Äußerungen über seine Frau, die maßlosen Verdächtigungen anderer Künstler, antisemitische Ausfälle und die erschreckend ambivalente Haltung zum NS-Regime müssen vor dem Hintergrund der Frage diskutiert werden, warum der geschichtsbewußte Kirchner seine Tagebücher und Briefe nicht stärker stilisierte. Kirchner lieferte kaum Anhaltspunkte, was ihm das Schreiben bedeutete, und wie die Adressaten mit den Briefen umgehen sollten. Nur in einem Fall bat er seinen Sammler Carl Hagemann, Briefe für die Nachwelt aufzubewahren.

Der jugendbewegte Bohémien

»Jeder gehört zu uns, der unmittelbar und unverfälscht wiedergibt, was ihn zum Schaffen drängt.«

Bei den eingangs geschilderten Aktivitäten Kirchners zur Selbstinszenierung fällt auf, daß sie sich erst in Davos voll entfalteten. Aus der Distanz Graubündens reflektierte Kirchner Leben und Werk. Er versuchte, den Ortswechsel mit einem qualitativen Sprung im künstlerischen Schaffen zu verbinden und seinen kunsthistorischen Rang zu definieren. Der Ortswechsel ging auch mit einem Wechsel der Künstleridentität einher. Die Ereignisse infolge des Ersten Weltkrieges hatten das gesellschaftsferne Künstlerdasein des Bohémien zum Relikt einer vergangenen Epoche gemacht. In den Zwanziger Jahren trat der sozial und politisch engagierte Künstler auf den Plan. Selbst bei politisch inaktiven Künstlern ist eine Hinwendung zum Proletarischen, zum Volkstümlichen und zur handwerklichen Einfachheit erkennbar, die sich im stilistischen Wandel zum »Neuen Naturalismus«, und zur »Neuen Sachlichkeit« niederschlug. Kirchner vollzog diese Wende in seinen ersten Davoser Jahren ebenfalls,

Ernst Ludwig Kirchner · Der Trinker · 1914/15

wobei ein antibürgerliches Element seines Selbstbildes konstant blieb.

Schon in der Berliner Zeit lassen sich deutliche Ansätze einer Selbstinszenierung erkennen, noch ganz im Stil der großstädtischen Vorkriegsbohème. Während aus Kirchners Textproduktion, besonders aus seiner Korrespondenz, nur wenige Hinweise auf eine entsprechende Selbstdarstellungsstrategie hervorgehen, liefern seine Selbstportraits und die Photographien seines Ateliers deutlichere Belege für seinen inszenatorischen Impuls.

Kirchners früheste Publikationen entstanden im Zusammenhang mit der Künstlergruppe »Brücke«. Er verfaßte 1906 das Gründungsmanifest und 1913 für eine Jahresmappe der »Brücke« die »Chronik« sowie die beiden kürzeren Texte »Über die Malerei« und »Über die Graphik«. Das Gründungsmanifest der »Brücke« formulierte Kirchner ganz im Pathos der Jugendbewegung: »Mit dem Glauben an Entwicklung, an eine neue Generation der Schaffenden wie Genießenden, rufen wir alle Jugend zusammen. Und als Jugend, die die Zukunft trägt, wollen wir uns Arm- und Lebensfreiheit gegenüber den älteren, wohlangesessenen Kräften verschaffen. Jeder gehört zu uns, der unmittelbar und unverfälscht wiedergibt, was ihn zum Schaffen drängt.« Diese programmatische Programmlosigkeit fordert Jugendlichkeit und Echtheit des künstlerischen Ausdrucks, es umarmt eine ganze Generation im Glauben an sich selbst. Die dringlich postulierte Notwendigkeit einer organisierten »Jugendbewegung« mutet heute, im Zeichen eines grassierenden Jugendlichkeitswahns, merkwürdig an – gerade vor dem Hintergrund, daß die Initiative zur Gründung einer Jugendbewegung à la »Wandervogel« von erwachsenen Pädagogen ausging. Doch der Schwung dieser Bewegung richtete sich damals gegen gesellschaftliche Konventionen, die in Kunst und Alltag stets das Althergebrachte, das Gesetzte und die saturierte Borniertheit zu erstrebenswerten Normen machten. Während heute Pensionären und Greisen demonstrative Jugendlichkeit angeraten wird, versuchten am Anfang des Jahrhunderts junge Berufsanfänger möglichst alt und erfahren zu wirken. Sie simulierten mit Bärten, Bierbäuchen und Mensurnarben gelebtes Leben, um ernster genommen zu werden. Das diffuse Aufbegehren gegen diese Saturiertheit teilten viele Künstler, Intellektuelle und »Wandervögel«, es politisierte sich zunehmend und mündete in die Kriegsbegeisterung von 1914. Der Krieg erschien, im Sinne des darwinistischen Zeitgeistes, auch als ersehntes Medium des Generationswechsels. Diese Hoffnung der Jugend erfüllte sich nicht. Während die jüngeren Jahrgänge in den Materialschlachten ausgelöscht wurden, stabilisierten sich die älteren Saturierten in ihren Machtpositionen. Auch für die künstlerische Entwicklung erhoffte man einen radikalen Schub durch den Krieg. Nicht nur futuristische Gewaltphantasten, auch zurückhaltende Eigenbrötler wie Karl Schmidt-Rottluff, glaubten, daß der Krieg, der alles Vergangene wegfege, ihn endlich befähige, nur noch »möglichst Starkes zu schaffen«. Von Kirchner sind solche Äußerungen nicht überliefert, doch seine anhaltende Überzeugung, er sei Anwalt und Vertreter einer »jungen Kunst« und die spätere Zusammenarbeit mit weit jüngeren Künstlern in der Schweiz verweisen auf seine lebenslange Prägung durch die Ideen der Jugendbewegung.

Während das Gründungsmanifest der »Brücke« unter den Gruppenmitgliedern unumstritten blieb, bildete Kirchners »Chronik der Brücke« aus dem Jahr 1913 den Anlaß zur Auflösung der Gruppe. Die umstrittenen Passagen lauteten: »... in Kirchners Atelier kam man zum Arbeiten zusammen. ... Kirchner brachte den Holzschnitt aus Süddeutschland mit. ... Heckel schnitzte wieder Holzfiguren, Kirchner bereicherte diese Technik in den seinen durch die Bemalung. ... Kirchner stattete seine Räume mit Wandmalereien und Batiks aus, an denen Heckel mitarbeitete. ... Kirchner fand in Dresden den Handdruck der Lithographie ...« Kirchner hatte in diesem Text seinen Standpunkt festgehalten, er habe die Gruppe um entscheidende künstlerische Techniken wie den Holzschnitt, den Handdruck der Lithographie, die »geschlossene Komposition« und die Entdeckung der außereuropäischen Kunst bereichert. Indirekt formulierte er seinen Anspruch, selbständigster und erfindungsreichster Künstler der Gruppe zu sein. Heute ist kaum noch nachvollziehbar, warum Kirchners Chronik die »Brücke« sprengen konnte. Auch waren die Reaktionen seiner Kollegen recht verhalten. So informierte Erich Heckel umgehend das Schweizer »Brücke«-Mitglied, Cuno Amiet, über den Bruch: »Es haben sich Differenzen gezeigt, die die Veröffentlichung der Chronik verhindern und uns zur Auflösung der Gruppe Brücke bestimmen«. An den Kunsthistoriker Alfred Hentzen schrieb Heckel 1931 ebenso diplomatisch: »Dieser [Text Kirchners] entsprach weder Karl Schmidt-Rottluffs, noch Otto Muellers und meiner Sicht der Tatsachen und unserer, das Programmatische ablehnenden Auffassung. Auch Max Pechstein bemerkte in seinen »Erinnerungen« lakonisch: »Das unerbittliche Berlin zwang jeden von uns, sich auf eigenen Wegen durchzuschlagen.«[6]

Weitere auffällige Gedanken in Kirchners »Brücke«-Chronik, die auch später immer wieder in seinen Schriften auftauchten, kreisten um die Bindung an die mittelalterliche Kunst deutscher Meister und um die Unabhängigkeit von zeitgenössischen Strömungen wie dem Futurismus und Kubismus. Sie führten auf Kirchners Sendungsbewußtsein als autonomen »Erneuerer der deutschen Kunst« zu.

«Es ist schrecklich ordinär hier ...« – Kirchner in Berlin

Nachdem Kirchner im Herbst 1911 nach Berlin gezogen war, äußerte er in den Briefen des Frühjahrs 1912 an seine Hamburger Mäzene Luise und Gustav Schiefler zunächst einen Widerwillen gegen seine neue Umgebung: »Es ist schrecklich ordinär hier. Ich sehe, daß eine feine Kultur in diesen Verhältnissen nicht geschaffen werden kann und möchte fort, sobald ich diese große Baisse überstanden habe ...«[7] In einem anderen Brief heißt es: »Der Existenzkampf ist sehr hart hier, aber die Möglichkeiten auch größer«.[8] Kirchner war noch unsicher, ob er überhaupt in Berlin bleiben sollte: »Ich werde vermutlich nach Cöln gehen, um dort eine freundlichere Heimstätte unserer Kunst zu suchen ...«[9] Er erwog sogar, nach Paris zu gehen, kam jedoch später nie mehr darauf zu sprechen, möglicherweise

Ernst Ludwig Kirchner · Erna Kirchner (Schilling) und Ernst Ludwig Kirchner im Atelier · um 1912/13 · Kat.Nr. 66

wollte er nicht als Nachahmer seines Rivalen Max Pechstein gelten, der sich unlängst in Paris aufgehalten hatte. Kirchners erste Monate in Berlin sind in seinen schriftlichen Äußerungen und in seinem Werk schwer faßbar. Bald fand er Anschluß an künstlerische und literarische Kreise um Herwarth Waldens Zeitschrift »Der Sturm«, er lernte Dichter und Schriftsteller wie Simon Guttmann und den Nervenarzt Alfred Döblin kennen, die er neben anderen auch portraitierte. Die »Brücke«-Künstler machten über Guttmann die Bekanntschaft von Kurt Hiller, Erwin Loewenson und Jacob van Hoddis, die sich im 1909 gegründeten »Neuen Club« trafen. Die Gruppen planten die Herausgabe einer gemeinsamen künstlerischen Zeitschrift, »Neopathos«, die allerdings infolge des Kriegsausbruches nicht mehr erscheinen konnte. Über Kirchners gesellschaftliches Leben ist außer der Freundschaft mit Erna und Gerda Schilling relativ wenig bekannt, laut späterer Selbsteinschätzung, die von der stattlichen Zahl von Caféhausskizzen bestätigt wird, habe er in den Cafés nächtelang fleißig gezeichnet, statt zu zechen. Auch ist heute schwer abzuschätzen, ob er in seinem Atelier häufig Besuche empfing oder eher zurückgezogen dort arbeitete. Seine Atelierphotographien mit Gästen deuten eher darauf hin, daß er nur ausgewählte und wenige Gäste dort begrüßte. Merkwürdig erscheint auch, daß Kirchner bei Waldens Ausstellung der jungen Expressionisten im März 1913 nicht beteiligt war, obwohl der »Sturm« schon mehrfach Holzschnitte Kirchners gedruckt hatte. Er begründete es gegenüber den Schieflers wie folgt: »... von mir sollten auch Sachen hin, leider kann ich nichts schicken, da Brücke im April bei Gurlitt ausstellt und der Kunsthändler es so kurz vorher nicht zuläßt.«[10]

«Neger im Frack« und »Hottentotten im Oberhemd« Kirchners Exotismus

Kirchner lud 1912 seine Hamburger Förderer in sein neues Atelier in der Durlacher Straße ein: »Mein hiesiges Lokal ist etwas mehr der Konvention angepaßt als das Dresdner ...«[11] Dies erscheint als glatte Untertreibung, denn Photographien zeigen sein Atelier als hochgradig unkonventionellen, höhlenartigen Raum, in dem jedes Detail gestaltet ist. Es wirkt wie eine Insel der Bohème, auf der sich Kirchner, seine Frau Erna, Besucher, Artisten und

Modelle tummeln. Es überwiegt eine heitere Stimmung: Die nackt Tanzenden und die Stimmung dieser »Opiumhöhle« wirken heute, als habe sich Kirchners Bildwelt in die Realität übertragen. Die Aufnahme des Wilmersdorfer Ateliers in der Durlacher Straße, sein erstes Berliner Atelier, das er im Oktober 1911 bezog, zeigt Kirchner um 1912 mit Erna im Gespräch, inmitten eines exotischen Ambientes. Afrikanisch wirkende Holzskulpturen stehen im Raum, das Paar ruht auf Kissen auf dem Boden, ein japanischer Schirm überwölbt beide. Eine Aufnahme von 1914/1915 des neuen Ateliers in der Steglitzer Körnerstraße, hier wohnte Kirchner seit Oktober 1913, zeigt ihn mit Erna und seinem Schüler Werner Gothein. Auch hier ist der gesamte Raum gestaltet: Bilder, Wandbehänge, Tischdecken lassen kaum einen Fleck im Raum ohne Ornament. Das Atelier wirkt heute als sorgfältig gestalteter Bühnenraum, in dem Kirchner seine künstlerische Tätigkeit monologisch ausführte. Die Gestaltung des Raumschmucks und der Möbel im adaptierten japanischen und afrikanischen Stil ist als Symbolik zu begreifen, sie schafft Chiffren für eine exotisch-primitive Aura, mit der Kirchner seine eigene Kunst zu umgeben versuchte. Die wilde Farbigkeit und die allgegenwärtigen stilisierten Kopulationsszenen verweisen auf Kirchners Wunsch, seine Kunst mit Hilfe eines außereuropäischen Formenschatzes zu vitalisieren und damit einen klaren antibürgerlichen Akzent gegen die Welt der »Philister« zu setzen. Folgerichtig tauchen die farbigen Muster und skulpturalen Beigaben als Zitate in seinen Gemälden wieder auf: Die Selbstportraits in bunten, exotischen Gewändern, die Hintergrundgestaltungen und Dekormuster bilden einen Rahmen im Bild, der auf Kirchners kulturelle Orientierung hindeutet.
Der expressionistische Primitivismus in Kirchners Künstlergeneration richtete sich zum einen gegen die wachsende Entfremdung innerhalb der technisierten und rationalisierten Gesellschaft, zum anderen drückte er ein ästhetisches Verlangen nach einer Reduktion der Formen aus. Schon um 1905 begannen sich französische Avantgardisten, für die ethnologischen Sammlungen zu interessieren und umgaben sich in ihren Ateliers mit afrikanischen Masken und Statuen. Im Drang zur Primitivität artikulierte sich die Sehnsucht der Bohème nach einer, die Bürgerlichkeit sprengenden sexuellen Natürlichkeit. Diese Sehnsucht vereinte sich mit dem ungeduldigen Suchen nach unverbrauchten Gestaltungsprinzipien. Durch Einfachheit und gesteigerte Plastizität versuchte man, zu einer neuen künstlerischen Ausdrucksstärke zu kommen. Folgerichtig erkannte die konservative Kunstkritik die Provokation und reagierte mit den bekannten Entgleisungen in rassistischen und psychiatrischen Termini, wie sie in der Überschrift angedeutet wurden.
Die ethnologisch inspirierte Primitivität als Doppelchiffre für befreite Lebenslust und avantgardistisches Stilbewußtsein prägte die Bildgestaltung der »Brücke«-Künstler, deren Portraits mit ihren eckigen Nasen, aufgestülpten Lippen und spitzen Kinns an afrikanische Masken erinnern. Noch deutlicher kommt diese Tendenz in den Holzschnitten zur Geltung, wo das kantig-grobe und gestische Moment dominiert. Auch in der Kunstkritik kursierten »Primitivitätstheorien«, das Interesse am exotischen wie am pathologischen Primitivismus kam in Publikationen wie Carl Einsteins »Negerplastik« von 1915 oder Hans Prinzhorns »Bildnerei der Geisteskranken« von 1922 zum Ausdruck. Kirchner besaß beide Werke.

Kirchner als Absinthtrinker

»... kein für die Allgemeinheit verständliches und förderndes Bild«

Beispielhaft ist in diesem Zusammenhang das Werk *Der Trinker* (S. 141), 1914/15, das schon auf die existenzielle Krise der Jahre 1916 und 1917 hinführt. Kirchner kauft es 1921 seinem ersten Besitzer wieder ab, nachdem dieser das Bild als Leihgabe der Staatsgalerie München überlassen wollte. Mit der Begründung, die in der Überschrift zitiert wird, spricht sich Kirchner für den Verbleib des Bildes in einer Privatsammlung aus. Gemalt im Winter 1914 vor seiner Einberufung, kontrastiert seine deprimierende und ausweglose Schilderung des Trinkerdaseins mit der grellen Farbigkeit und exotischen Wirkung, die von Kirchners Kleidung ausgeht. Der ostasiatisch anmutende Aufzug und die fremdartigen Muster am Bildrand charakterisieren den Künstler als Außenseiter, dessen clownartige Buntheit der lederartigen Farbe des ausgezehrten Gesichtes entgegensteht – ein tragikomischer Effekt, der von dem giftgrünen »Schierlingsbecher« auf dem Tisch unterstützt wird. Die extreme Aufsicht läßt den Tisch zudem als Heiligenschein wirken, wodurch das traurige Künstlerschicksal noch einmal mythologisch überhöht wird. Das Selbstportrait wirkt auch deshalb so dicht und ausdrucksstark, weil in ihm mehrere frühere Selbstportraits synthetisiert wurden. Im *Selbstbildnis* von 1913 posiert Kirchner an der Staffelei. Die müden Augen, die ungesund grünliche Gesichtsfarbe und die herabhängende Zigarette zeugen von Übernächtigung und Drogenmißbrauch. Im *Selbstbildnis mit Mädchen* von 1914 (S. 194) kombiniert er die grünliche Gesichtsfarbe mit kantigeren Formen und fügt als Attribut einen bunten Hausrock hinzu. In einem früheren Selbstportrait, der farbigen Kreidezeichnung *Selbstbildnis mit Modell* von 1910, nimmt dieser bunt gemusterter Rock, der an einen Kimono erinnert, die ganze Bildmitte ein, Kirchners Kopf an den oberen Bildrand drängend. Der Rote Faden in dieser Reihe von Selbstportraits, die im Bild des *Trinkers* gipfeln, ist jedoch eine kleine aquarellierte Zeichnung, die Kirchner vor 1908 nach einem japanischer Holzschnitt angefertigt hatte. Sie zeigt eine Heiligenfigur im fernöstlichen Gewand mit großem Heiligenschein. Diese Zeichnung muß für Kirchner eine große Bedeutung gehabt haben, er hat sie in allen drei Ateliers seiner Dresdener und Berliner Zeit an zentraler Stelle aufgehängt, wie die Atelierphotographien zeigen. Bei einer, besonders inszeniert wirkenden Aufnahme, sieht man die Zeichnung direkt zwischen den Köpfen von Erna und Kirchner hängen. Unter dem Heiligenbildnis unterhalten sich beide, scheinbar ungezwungen auf Kissen liegend. Susanne Thesing wies nach, daß Gewand und Gestus der Heiligenfigur im *Trinker* übernommen wurden und interpretierte sogar die in extremer Aufsicht dargestellte Tischplatte als großen Nimbus in der Bildmitte.[12] Demnach inszeniert sich Kirchner im *Trinker* als isoliertes, entrücktes Wesen, umgeben von der Aura fernöstlicher Spiritualität.

Gegenüber diesem beziehungsreichen und farbschillernden, durch und durch inszenierten Selbstzeugnis wirken Kirchners photographische Portraits geradezu verhalten. Gekleidet im obligaten schwarzen Anzug, mal mit Hut, mal mit Moustache, doch stets mit Zigarette, bewegt sich Kirchner im Rahmen der damaligen Kleidungskonventionen, so 1910 im Doppelportrait mit Doris Große, seiner Dresdener Freundin, wie auch auf den Photographien von Hertwig-Brendel von 1912/13. In einem Gruppenbild von Künstlern, die 1912 bei der Ausstellung des Kölner Künstlersonderbundes beteiligt waren, harmoniert Kirchner mit dem allgemeinen uniformen Erscheinungsbild der schwarzen Anzüge, »Vatermörder«-Kragen, Hüte und Gehstöcke. Exaltierte Künstlerattribute wie Samtjacke, Barett oder Spitzbart sind bei Kirchner nicht zu finden. Er sucht, trotz seines künstlerischen Selbstbewußtseins, die Seriösität des bürgerlichen Anzugs.

Kirchner als Soldat
»E. L. Kirchner Neo-Expressionist. Führer der neuesten Richtung z.Zt. im Felde«

Die oben genannte rückseitige Beschriftung von Portraitaufnahmen Kirchners gibt heute Anlaß zum Rätseln. Während sich die Bilder leicht erschließen – sie zeigen den selbstbewußten Künstler im schwarzen Anzug und mit Zigarette im Jahre 1912 oder 1913 – könnte die spätere Betitelung in Kirchners Handschrift als Zeichen deuten, er habe sein Soldatendasein mit einem gewissen Stolz begonnen. Frank Whitford vermutete hier Ironie, da sich Kirchner, besonders in späteren Jahren, immer gegen die Etikettierung als Expressionist wehrte.[13] Doch zeigen weitere photographische Selbstportraits aus dem Jahre 1914 Kirchner in Uniform, nach der Einberufung zu seiner selbstgewählten Einheit. Er stellt sich als stolzer Soldat im Atelier dar. Zu seiner Meldung als Freiwilliger schreibt er 1914 an Gustav Schiefler: »Mein Militärverhältnis ist leider ungedienter Landsturm. 80. So habe ich immer die ungewisse Aussicht, einberufen zu werden. ... Ihr Sohn diente wohl gerade, es ist doch immer schöner, mit unseren Elitetruppen zu ziehen, als dann als Landsturmkrüppel irgendwo Schützengräben zu bauen. Diese Leute sind wunderbar freie Menschen, wenn sie zurückkommen. Ich sah neulich ein paar, die den Siegeszug durch Belgien mitgemacht hatten, wie große Kinder.«[14] Kirchner ist zunächst mit seiner Waffengattung zufrieden: »Ich bin bei der Musterung zur Feldartillerie gekommen, eine schöne, mir interessante Waffe.«[15] Die Uniform mit Pickelhaube steht im krassen Gegensatz zu Kirchners bisherigen Atelieraufnahmen. Eine Aufnahme ist im Bereich des Gesichts verwackelt. Ob damit eine Absicht Kirchners zum Ausdruck kommt, sich als bewußt unsoldatischen Künstler darzustellen, dessen Leben und Werk in schärfstem Widerspruch zum Kriegsgeschehen zu sehen ist, erscheint jedoch zweifelhaft. Wahrscheinlicher ist die Annahme, daß er, wie viele andere Künstler und Intellektuelle, durchaus stolz auf die neue soldatische Existenz war, aber im Laufe der Grundausbildung Angst vor dem Einsatz bekam und einen Widerwillen gegen die militärischen Abläufe ausprägte. Kirchner mußte sich wie sein Zeitgenosse Oskar Schlemmer gefühlt haben, der im Krieg notierte: »Erst ganz Soldat. Gefühl als Teil des Ganzen. Hochgefühl beim Ausmarsch. Selbstbewußtsein gegenüber den Zurückbleibenden. Beschützer. Ausgesandter Held. Draußen, infolge der Strapazen, Materie gegen den Geist. Apathische Ergebenheit ins Schicksal ...« Bald fühlt auch Kirchner den lähmenden Druck des Krieges.

»Wie die Kokotten, die man einst malte, so ist man jetzt selbst ... hingewischt, beim nächsten Male weg.«
Kirchners Todesangst

Die Angst vor dem Fronteinsatz verbirgt sich hinter den sprachlichen Chiffren von »Nervosität« und »Körperschwäche«, die seine folgenden Briefe und Krankenakten dominieren. Nach seiner vorläufigen Entlassung aus dem Dienst schreibt er den Schieflers: »Ich tauge für die schwere militärische Arbeit doch nicht mehr ...«[16], und: »Der Militärdienst, so interessant und ehrenvoll er ist, interessant wenigstens am Anfang, verlangt mehr körperliche Kräfte, als ich heute noch besitze ...«[17]
Der Umschwung im Erleben des Soldatendaseins kommt auch in Kirchners *Selbstbildnis als Soldat* (S. 177) aus dem Jahre 1915 zum Ausdruck: Von Stolz ist nichts mehr zu spüren, vielmehr dominiert die Angst vor dem Verlust der künstlerischen Fähigkeit, und damit vor dem Verlust des Lebens selbst. Kirchner posiert erneut als Soldat im Atelier, er hat die Uniform und Regimentsbezeichnung korrekt wiedergegeben. Doch die abgehackte rechte Hand und der leere Blick symbolisieren Todesangst und Todesahnung. Selbst die Muse Erna im Hintergrund, die Kirchners Selbstdarstellungen zeitlebens begleitete, scheint diesmal unerreichbar.
Auch der im Herbst 1915 entstandene Holzschnittzyklus zu Adelbert von Chamissos Novelle »Peter Schlemihls wundersame Geschichte« (S. 92–95) enthält starke autobiographische Bezüge, die auf Kirchners Militärerlebnisse hindeuten. Die Bildfolge, die Kirchner später als »Geschichte eines Verfolgungswahnsinnigen« beschreiben wird, umfaßt auch ein Einsamkeitsmotiv *Schlemihl in der Einsamkeit des Zimmers,* das wiederum auf das Selbstbildnis als *Trinker* verweist.

»Gerti, das perverse Ding, wo magst Du wohl heute sein?«
Fehldiagnose Syphilis

Kirchner definiert seinen Krankheitszustand mehrgleisig, um sicher zu gehen, unter keinen Umständen mehr eingezogen zu werden. Zwischenzeitlich bringt er selbst die Diagnose einer progressiven Paralyse, der Spätfolge einer Syphilisinfektion, ins Gespräch. Dies berichtet Kirchners Freund Botho Graef im Dezember 1916 nach einem Besuch im Charlottenburger Sanatorium Dr. Edel. Daher drohe Kirchner, so Graef im Brief an Eberhard Grisebach, ein »nietzscheanisches Schicksal«. Diese Diagnose erscheint nicht abwegig, hatte doch Kirchner 1913 mit Gerda Schilling verkehrt, ohne von ihrer Syphilisinfektion zu wissen. Die »Brücke«-Maler hatten den Kontakt zu ihr abgebrochen, nachdem ihre Erkrankung bekannt geworden war. Noch Jahre später, in Davos, erinnert sich

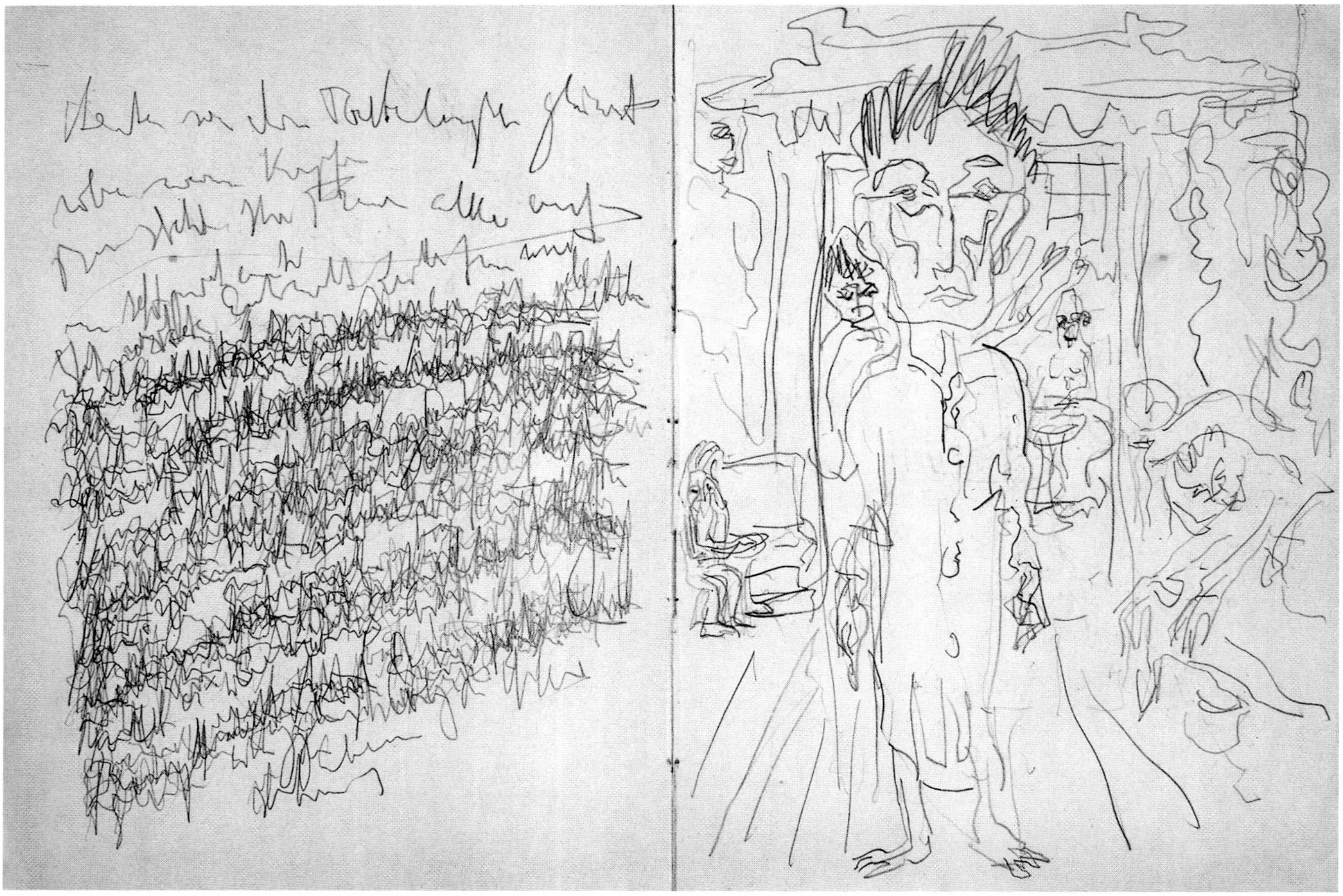

Ernst Ludwig Kirchner · Selbstportrait in Kreuzlingen · 1917

Kirchner an sie, wie in der Überschrift zitiert wird. Indes starb Gerda Schilling 1924 in einer Irrenanstalt in Neuruppin an den Spätfolgen der Krankheit. Doch Kirchner war nicht angesteckt worden, seine eigentlichen Krankheitsursachen waren die mehrfache Drogenabhängigkeit und die Angst vor dem Krieg. Möglicherweise wollte er verhindern, daß ein Entzug des starken Schlafmittels Veronal und anderer Medikamente noch während des Krieges durchgeführt würde, denn damit bestand die Gefahr der Wiedereinberufung. Erst in der sicheren Schweiz sollte der Entzug vorgenommen werden. Bis zur Ausreise mußte Kirchner seinen bedenklichen Zustand mit allen Mitteln aufrechterhalten.

»Die schwere Nervenkrise« – Fluchtweg Neurasthenie

Nach der Entlassung aus dem Dienst äußert sich Kirchner in zahlreichen Briefen über seinen Zustand, er gebraucht Beschreibungen und Begriffe wie »nervenkrank«, »halbtot von geistigen und körperlichen Qualen«, »Nervenschwäche«, »Nervenkrise«, »unerträglicher Druck auf dem Gehirn«. Er beschreibt in Briefen an seine Förderer Karl Ernst Osthaus und Carl Hagemann aus dem Sanatorium seinen Zustand diffus als Krankheit, die vom Gehirn ausgehe und mittels der Nerven Lähmungen der Glieder hervorrufe. Man müsse »das Gehirn wieder in Ordnung bringen«, den »dummen Kopf«, um die »Zeiten der Besinnungslosigkeit«, die »Ohnmachtsanfälle« und damit die »schwere Nervenkrise« zu besiegen. Zwischenzeitlich verlangt er laut Erna seine Entlassung aus dem Charlottenburger Sanatorium Dr. Edel, man hielte ihn dort gegen seinen Willen fest, der Aufenthalt in den Sanatorien koste nur »Nerven« und es sei »kein Platz für einen Künstler«.

In diesen Krankheitsbeschreibungen eine bewußte Strategie der Selbstinszenierung zu sehen, greift zu kurz. Zwar gehörte zu Kirchners Krankheitsgeschichte ein Element der Simulation, genauer formuliert: eine mehr oder weniger bewußte Selbstverschuldung der Erkrankung, die mit Fällen der Selbstverletzung vergleichbar ist. Aber im Laufe dieser durch Nahrungsentzug, Drogenkonsum und psychischer Labilität evozierten Krankheit war ein Zustand entstanden, in dem bewußte Simulation nicht mehr möglich war. Drogenkonsum, Nervosität, Angstzustände und die Klinikatmosphäre in den Sanatorien hatten Kirchner autosuggestiv zum Kranken gemacht, der sich totkrank fühlte und, im Rahmen massiver psychosomatischer Erscheinungen, auch objektiv krank war.

Die Todesangst vor dem Fronteinsatz war unter den damaligen gesellschaftlichen Bedingungen ein Tabu. Sie konnte sich nur in Form »objektiver« Krankheiten von Körper und Nervensystem artikulieren: Nur in diesem Fall war sie entschuldbar und bot die Gelegenheit zu einem »ehrenvollen Rückzug«. Allerdings bot das Krank-

Ernst Ludwig Kirchner · Werner Gothein, seine Freundin, Ernst Ludwig Kirchner und Erna Kirchner (Schilling) im Atelier · um 1914/15 · Kat.Nr. 67

heitsbild der Neurasthenie, das in der Vorkriegszeit im Deutschen Reich zum anerkannten Leiden avanciert war, einen Ausweg vor der Front. »Kriegshysteriker« und »Kriegszitterer« galten im deutschen Heer als Risikofaktoren, die man ungern an die Front zurückschickte, da man Nervosität für ansteckend hielt: »Selbst im Krieg behielt die deutsche Nervositätslehre einen Rest von jener sanften und humanen Tendenz, die ihr von ihrem Ursprung her innewohnte« resümiert Joachim Radkau in seinem Werk »Das Zeitalter der Nervosität«.[18] Kirchner wählte diesen Ausweg, auch wenn er damit in den folgenden Jahren gewisse Schuldgefühle verband und einen »Ersatzdienst« plante, wie er Schiefler mitteilte: »... ich will ein kleines Buch mit Reden über meine Bilder ... herausgeben, um dem deutschen Volke zu zeigen, daß ich, wenn auch nicht mit Waffen, so doch menschlich und künstlerisch etwas geben möchte ...«[19] Noch während des Krieges bemühte sich Kirchner um kriegsbedingte künstlerische Aufträge, die ihm einen Fronteinsatz ersparen konnten, bis er sich unfreiwillig-freiwillig zum dauerhaften Patientendasein als »Nervenkranker« entschloß und dieses in Zeichnungen wie *Selbstbildnis im Sanatorium Kreuzlingen*, *Selbstbildnis im Morphiumrausch* (S. 78) und *Kopf des Kranken* dokumentiert. Werke, die den Beginn seiner Davoser Schaffensperiode markieren.

1 Donald E. Gordon: *E. L. Kirchner. Mit einem kritischen Verzeichnis sämtlicher Gemälde*, München 1968, S. 26.
2 Anton Henze: *E. L. Kirchner. Leben und Werk*, Stuttgart/Zürich 1980, S. 68.
3 Lucius Grisebach: *Kirchner*, Köln 1995, S. 175.
4 Vgl.: *E. L. Kirchners Selbstbildnisse*, Ausst.-Kat. Kirchner Museum Davos, Davos 1997.
5 Siehe dazu beispielhaft: Andrea Madesta: *Alle Kunst ist symbolisch. E. L. Kirchners Selbstinszenierung als moderner Künstler*, Phil. Diss. Freie Universität Berlin 1998.
6 *Max Pechstein. Erinnerungen*, hrsg. von Leopold Reidemeister, Wiesbaden 1960, S. 13.
7 Brief von Ernst Ludwig Kirchner an Luise Schiefler vom 28.2.1912, in: *Ernst Ludwig Kirchner. Gustav Schiefler. Briefwechsel 1910–1935/38. Mit Briefen von und an Luise Schiefler und Erna Kirchner sowie weiteren Dokumenten aus Schieflers Korrespondenz-Ablage*, bearbeitet von Wolfgang Henze mit Annemarie Dube-Heynig und Magdalena Kraemer-Noble, Stuttgart/Zürich 1990, S. 57.
8 Brief von Ernst Ludwig Kirchner an Gustav Schiefler undat. (Juni/Juli 1912), ders., S. 59.
9 Brief von Ernst Ludwig Kirchner an Luise Schiefler undat. (März 1912), ders., S. 58.
10 Ebenda.
11 Susanne Thesing: *E. L. Kirchners Selbstbildnis »Der Trinker«*, in: *Ich und die Stadt*, Ausst.-Kat. Berlinische Galerie, Berlin 1984, S. 256f.
12 Frank Whitford: *Kirchner und das Kunsturteil*, in: *E. L. Kirchner. 1880–1938*, Ausst.Kat. Nationalgalerie Berlin, Berlin 1979, S. 45.
13 Brief von Ernst Ludwig Kirchner an Gustav Schiefler vom 28.12.1914, wie Anm. 7, S. 68.
14 Brief von Ernst Ludwig Kirchner an Gustav Schiefler vom 29.4.1915, wie Anm. 7, S. 71.
15 Brief von Ernst Ludwig Kirchner an Gustav Schiefler vom 9.12.1915, wie Anm. 7, S. 72.
16 Brief von Ernst Ludwig Kirchner an Gustav Schiefler vom 15.12.1915, wie Anm. 7, S. 73.
17 Joachim Radkau: *Das Zeitalter der Nervosität. Deutschland zwischen Bismarck und Hitler*, München 1998.
19 Brief von Ernst Ludwig Kirchner an Gustav Schiefler vom 14.10.1916, wie Anm. 7, S. 81.

Kirchner, Lehmbruck und die Skulptur

Fritz Jacobi

René Schickele konstatierte 1920 in einem Rückblick auf die Jahre um 1914: »Es war die gute alte Zeit. Noch war die Grammatik keine Scherbenküche ... Lehmbruck und Kirchner arbeiteten hart vor sich hin, ohne daß jemand Aufhebens von ihnen gemacht hätte, Meidner verkaufte in Jahren kein Bild.«[1] Warum hier Wilhelm Lehmbruck und Ernst Ludwig Kirchner, die beiden großen Protagonisten des deutschen Expressionismus, gleichermaßen charakterisiert und in einem Atemzuge genannt werden, wissen wir nicht. Immerhin – selbst dieser knappe Satz deutet daraufhin – muß es zwischen den fast gleichaltrigen Künstlern, die seit 1914 bzw. 1911 in Berlin arbeiteten, sich auch nach außen mitteilende Gemeinsamkeiten gegeben haben.

Sie stammten aus unterschiedlichen sozialen Verhältnissen – Lehmbruck aus einer Bergarbeiterfamilie im Ruhrgebiet, Kirchner war ältester Sohn eines Ingenieurs und Chemikers in der Papierindustrie – und sie waren auch auf sehr verschiedenen Wegen zur Kunst gekommen. Lehmbruck hatte eine lange akademische Ausbildung in Düsseldorf absolviert[2], während Kirchner – der diplomierte Architekt – sich im wesentlichen autodidaktisch das entsprechende Rüstzeug angeeignet hatte. Ferner ist interessant, daß der kontaktfreudige Kirchner über Deutschland und die Schweiz hinaus keine Reisen unternahm, während der zurückhaltende Lehmbruck mehrfach Italien besuchte und schließlich 1910 in Paris, im Kreis der europäischen Moderne, seinen Arbeitsort fand. Bei Ausbruch des Krieges, der beide Künstler seelisch schwer erschütterte, mußte er Frankreich verlassen. Beide, der Bildhauer und der Maler-Bildhauer, kannten sich persönlich spätestens seit der Eröffnung der Kölner »Sonderbund-Ausstellung« am 25. Mai 1912.[3] Die inzwischen berühmt gewordene Photographie der dort versammelten Vorstandsmitglieder und Künstler zeigt beide unmittelbar nebeneinander an der rechten Seite – Kirchner sitzend, Lehmbruck ganz außen stehend. Obwohl beide in Berlin nicht weit voneinander entfernt wohnten und als Mitglieder der Berliner »Freien Secession« angehörten, gibt es keine Hinweise auf einen engeren Kontakt – sieht man einmal von einigen gemeinsamen Kegelabenden in Schmargendorf ab, die als Künstlertreffs von August Gaul und Heinrich Zille organisiert worden waren.[4] Das lag auch nicht in der Natur beider Künstler. Beide waren ausgeprägte, eigenwillige Persönlichkeiten, Einzelgänger, die mit sich selbst, ihrem intensiven Schaffensdrang und den Notwendigkeiten des Daseins genügend zu tun hatten, als daß sie die Nähe anderer zu sehr gesucht hätten. Und wenn es zu engeren Beziehungen kam, dann waren es meist Menschen, die wohl ähnlich gelagerte Auffassungen hatten, aber mit ihrer anderen Mentalität einen Ausgleich boten oder hilfreich und unterstützend die praktischen Kunstbelange beförderten.

Kirchner und Lehmbruck waren sich bei aller Unterschiedlichkeit ihres Wesens, ihrer sozialen Bindungen und ihres künstlerischen Ausdrucks in zentralen Momenten ihres Charakters und ihres Kunstwollens zu sehr verwandt, so daß sich allein aufgrund dieser jeweiligen Eigenständigkeit eine weitergehende Gemeinsamkeit ausschloß. Beide brauchten und suchten die Distanz, die ihnen die Entfaltung ihrer Intentionen ermöglichte; für beide ist belegt, daß das Ringen um die künstlerische Form ihre ganze Kraft beanspruchte. Beide lebten gleichsam mit dem »inneren« Auftrag – und fühlten sich dazu auch berufen –, der (deutschen) Kunst neue Dimensionen zu erschließen. Trotz aller Selbstzweifel, die beide in unterschiedlicher Form auch begleiteten, waren sie – getragen von einer Zeit des Auf- und Umbruchs – von ihrer Vision überzeugt und haben sich ganz, fast leidenschaftlich, in deren Dienst gestellt, um Kunst und Leben mit neuen Wertvorstellungen zu versehen. Und darin erkannten sich beide als Gleichgesinnte.

Auch wenn nicht bekannt ist, wie Lehmbruck zu Kirchners Arbeiten stand, so ist doch anzunehmen, daß er darin trotz der ganz anderen Kunstsprache deren existentielle Ursprünglichkeit und ihre bedingungslos unmittelbare Formverwandlung gespürt und geachtet haben müßte. Andererseits aber wissen wir durch einen Brief Kirchners vom 22. Januar 1920 an Anita Lehmbruck, Witwe des im März 1919 freiwillig aus dem Leben geschiedenen Künstlers, um die Wertschätzung, die Kirchner Lehmbrucks Arbeiten entgegenbrachte. Da dieser Brief bisher nicht veröffentlicht wurde und er über die Beziehung zu Lehmbruck hinaus auch etwas über Kirchners Wesensart mitteilt, soll er hier in voller Länge wiedergegeben werden:

»Frauenkirch, d. 22 Jan 20 / Sehr geehrte Frau Lehmbruck, ich erhielt Ihr freundliches Schreiben von neulich und danke Ihnen für Ihr Interesse an meinen Arbeiten. Ich vermute, Sie sahen die graphischen Arbeiten bei Schames, die dieser zusammen mit den Plastiken Ihres Mannes ausstellen wollte. Ich bin gern bereit Ihnen [das] ein[e] oder das andere Blatt zu geben, soweit sie noch in meinem Besitz sind. Es sind bei den Frankfurter Blättern viele, die ich nur noch in diesem einen Exemplar habe. Es wäre daher gut, wenn Sie

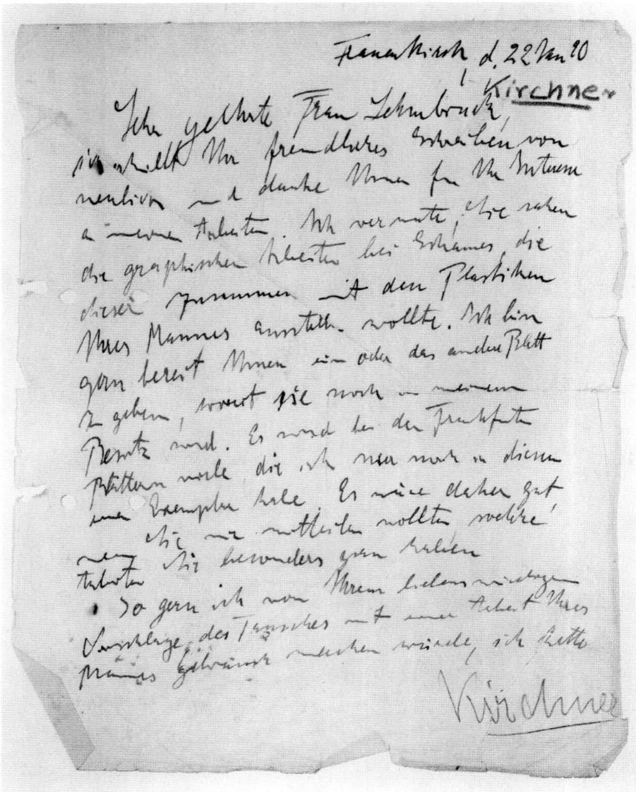

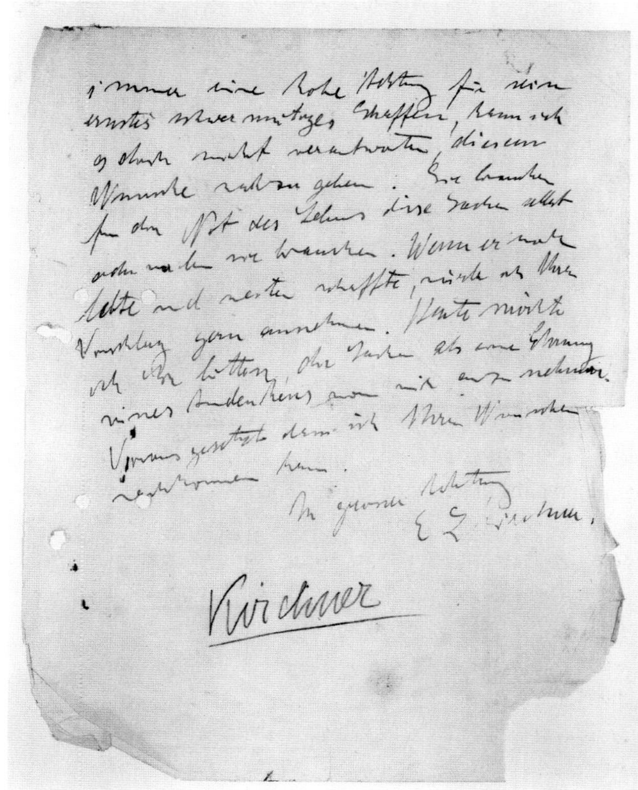

Brief von Ernst Ludwig Kirchner an Anita Lehmbruck · 22.1.1920

mir mitteilen wollten, welche Arbeiten Sie besonders gern haben. So gern ich von Ihrem liebenswürdigen Vorschlage des Tausches mit einer Arbeit Ihres Mannes Gebrauch machen würde, ich hatte immer eine hohe Achtung für sein ernstes schwermütiges Schaffen, kann ich es doch nicht verantworten, diesem Wunsche nachzugeben. Sie brauchen für die Not des Lebens diese Sachen selbst oder werden sie brauchen. Wenn er noch lebte und weiter schaffte, würde ich Ihren Vorschlag gern annehmen. Heute möchte ich Sie bitten, die Sachen als eine Ehrung seines Andenkens von mir anzunehmen. Vorausgesetzt dass ich Ihren Wünschen nachkommen kann. In grosser Achtung E. L. Kirchner«.[5]

Eine vergleichende Betrachtung beider Künstler ist naturgemäß schwierig, weil ihre Handschrift zu unterschiedlich ausgeprägt ist und sie auch durch ihre jeweilige Hauptbeschäftigung – für Kirchner die spirituelle Fläche, für Lehmbruck die körperliche Realität – in abweichende Richtungen gelenkt wurde. Wohl kommen beide aus der linienbetonten Stilkunst, aber die Konsequenzen, die beide für sich daraus ableiteten, waren verschieden, ja gegensätzlich: Kirchner tendierte immer stärker zu einer spitzen, aggressiven und aufgliedernden Form, er suchte den Widerstand und die unmittelbare Begegnung. Lehmbruck hingegen brauchte die prinzipiell gerundete, den Körper umfassende und ergreifende Gestaltgebung. Er fand sich zumeist selbst im Gegenüber und entwickelte vieles aus der Abgeschiedenheit seiner Vorstellungswelt heraus. Dessen ungeachtet scheint es aber doch über die generelle expressionistische Weltanschauung hinaus Bezugspunkte gegeben zu haben, die auf ein verwandtes »Urbild« schließen lassen. Die starke Hinwendung zum Tanz, der für beide eine Rolle spielte, ist ein solch verbindendes Grundmoment.[6] Aus solchen Ähnlichkeiten erwächst teilweise eine unübersehbare Nähe ihrer konkreten Gestaltintentionen. Im folgenden sollen einige dieser konträren oder identischen Positionen und Bezüge streiflichtartig berührt werden.

Paul Westheim schrieb 1919 in seiner kurz nach dem frühen Freitod des Bildhauers erschienenen Lehmbruck-Biographie: »Lehmbruck hatte die Naivität des heutigen Künstlers. Eines Künstlers – mag er nun Munch oder Hodler, Picasso oder Kirchner heißen –, vor dessen Augen die Kunstschätze aller Völker und Zeiten ausgebreitet liegen, der die Pflicht hat, sich bekannt zu machen mit dem, was Großes und Einziges in langen Zeiten vor ihm entstanden ist und schließlich dcch keiner anderen Autorität als der Wahlverwandtschaft seines Instinktes vertrauen kann. Er schreitet hindurch durch diese Fülle, nicht unbeteiligt und erst recht nicht unberührt, um dann aber doch, wenn es in ihm zum Schaffen kommt, fast alles wie nie ergriffen und nie gewesen von sich entgleiten zu fühlen. Eine eigenartige Situation, die sehr schwer zu erklären ist. Es ist gleichsam ein Zurücksinken in einen Zustand der Primitivität, nachdem man von den reifsten Früchten der Kultur genossen hat.«[7]

In dieser in gewissem Sinne noch vom expressionistischen Geist erfüllten Interpretation des modernen Künstlers, der dem Selbsthelfertyp des »Sturm und Drang« nahesteht, werden – und das sicherlich mit Bedacht – Lehmbruck und Kirchner in eine Reihe gestellt. Der Zeitgenosse Westheim kannte beide noch: Mit Lehmbruck war er befreundet gewesen, und mit Kirchner, von dem er 1916 in der Frankfurter Galerie »Schames« ein Gemälde erwarb[8], hatte er als Herausgeber des »Kunstblattes« mehrfach schriftlichen Kontakt, um ihn zu Stellungnahmen in aktuellen Kunstfragen zu bewegen. Deshalb ist es bemerkenswert, daß Westheim zwischen beiden Künstlern tieferliegende, prinzipielle Gemeinsamkeiten erkennt, die sie trotz der offensichtlichen unterschiedlichen Stilausprägungen miteinander verbindet.

Denn beide waren natürlich – besonders, wenn man ihre Skulpturen vergleicht – ausgesprochene Antipoden innerhalb der deutschen expressionistischen Skulptur[9]: Auf der einen Seite Lehmbruck, der Geistkünstler, der seine überschlankten, in den Raum ausgreifenden Figuren behutsam abwägend in Ton und Zement aufbaut und sein Credo mit den Worten formulierte: »Skulptur ist das Wesen der Dinge, das Wesen der Natur, das, was ewig menschlich ist.«[10] Auf der anderen Seite Kirchner, der Künstler der vitalen Leiblichkeit, der seine verspannten, gestisch aufgeladenen Körper robust und direkt aus dem Holzblock herausschlägt und sie als »unmittelbar geboren ... aus der Anschauung des heutigen Lebens« begreift.[11]

Lehmbruck sucht nach Zeichen der Überhöhung, nach »Anschauungsformeln«, die gewissermaßen eine Welthaltung umschließen »voller Intensität, nichts leer, voller Wärme, voller Tiefe«[12], während Kirchner in der Verdichtung des Körperausdrucks eine sinnliche Intensität findet, die Reaktionen aus der Diesseitigkeit heraus veranschaulicht. Seine Plastiken, so Kirchner selbst, »bedeuten etwas, man kann sich bei ihnen etwas denken, ohne daß sie deshalb literarisch wären.«[13]

Es gibt einen weiteren gravierenden Unterschied, der für die vergleichende Betrachtung grundlegende Bedeutung hat – er betrifft den Kontext, in dem das plastische Werk innerhalb des Gesamtœuvres beider Künstler jeweils anzusiedeln ist: Für Lehmbruck, den Bildhauer, stand trotz einer intensiven Beschäftigung mit Malerei und Graphik[14] die Skulptur immer ganz eindeutig im Zentrum seines Schaffens. Ihr galt sein vornehmliches Interesse, sie war es, in der letztlich alle anderen Bemühungen und Auseinandersetzungen gipfelten. Lehmbruck war durch und durch ein Körpergestalter, der gleichsam sein ganzes Wesen in die strengen und dennoch so plastisch-sensibel durchpulsten Leibgebilde hineingab. Paul Westheims Schilderung eines Atelierbesuches läßt diese ungeheure Intensität Lehmbrucks sehr anschaulich werden: »Einmal – es war in besseren Zeiten noch in Paris – überraschte ich ihn im Atelier vor einem Akt, den ich lange schon, Jahre schon kannte. Er war bereits ausgestellt, bereits angekauft. Jetzt stand das Modell da mit kleinen Tonflecken besät, als ob die Röteln gerade zum Ausbruch gekommen wären. Lehmbruck hatte gefunden, daß es doch noch Stellen daran gäbe, die man richtiger machen könne. Und es läßt ihm keine Ruhe, er knetet wieder und wieder an dem Werk herum, er ist versessen auf äußerste Vollkommenheit. So war es immer bei ihm. Mit dem Gießer unternimmt er oft die waghalsigsten Experimente, zerschneidet die Formen einer mehrfach schon gegossenen Figur, nimmt einen Beinansatz hinweg, der ihm zu massig aus der Fläche herauszudrängen scheint, beseitigt die Arme, womöglich auch den Kopf, um zu einem Torso von vollendetem Ebenmaß zu gelangen. Bei den Diskussionen im Atelier, selbst den wenigen, an denen er lebhaften Anteil zu nehmen schien, greift er plötzlich zu einem Bröckchen Ton, fängt an, an irgendeiner vor langem entstandenen Figur, an einem Bein, einem Arm, einer Brust zu kneten, zu feilen und zu vollenden. Es scheint, als ob seine Figuren ihn, wo immer er sich auch befindet, umständen, als ob alles, was noch unerlöst in ihnen sein könnte, ihren Schöpfer mit unablässiger Qual verfolgte. Er ist immer bei ihnen, mehr als bei der Familie, bei den Freunden und Bekannten.«[15]

Für Kirchner, den Maler, hingegen hatte die Plastik von Anfang an eine andere Bedeutung. Sie entwickelte sich aus dem Streben des Künstlers heraus, seine Atelier- und Wohnumgebung im Sinne eines Gesamtkunstwerkes und auch in Anlehnung an die bewunderten archaischen Kulturen gestalterisch zu verwandeln. Seine spätere Beschreibung dieser frühen Zeit läßt diese Grundverankerung seiner plastischen Arbeiten deutlich werden: »Der Weg der Entwicklung in diesen Dingen des äußeren Lebens, von der ersten applizierten Decke im ersten Dresdener Atelierzimmer bis zum vollendeten harmonischen Raum in den Berliner Ateliers der einzelnen, ist eine ununterbrochene logische Steigerung, die Hand in Hand ging mit der malerischen Entwicklung der Bilder und Graphik und Plastik. Die erste Schale, die geschnitzt wurde, weil man keine einem gefallende zu kaufen bekam, brachte die plastische Form in die flächige Form des Bildes und so wurde die persönliche Form durch die verschiedenen Techniken durchgeknetet bis zum letzten Strich. Die Liebe, die der Maler dem Mädchen entgegenbrachte, die sein Gefährte und Helfer war, ging über auf die geschnitzte Figur, veredelte sich [über] die Umgebung [in] das Bild und vermittelte wiederum die besondere Stuhl- oder Tischform aus der Lebensgewohnheit des menschlichen Vorbildes. Das war der Weg des Kunstschaffens am einfachen Beispiel. Das ist die Kunstanschauung der ›Brücke‹.«[16]

Diese unmittelbare Verbindung von freier und angewandter Kunst, die Kirchner an allen seinen Lebensstationen intensiv entwickelte, ist die Ausgangsebene für seine Plastik. Sie ist der durchaus selbständige Teil eines für ihn notwendigen »Rahmenprogrammes«. Im Laufe der Zeit erweitert sich diese Funktion der Plastik; sie wird für ihn zu einem »Katalysator«, der ihm hilft, seine Formintentionen zu klären. »Die Zusammenarbeit mit der Plastik wird mir immer wertvoller,« schreibt er 1914, »sie erleichtert mir die Übersetzung der räumlichen Vorstellungen in die große Fläche, wie sie mir früher die große geschlossene Form finden half.«[17] Schon 1911 hatte er in einem Brief an Gustav Schiefler auf die Bedeutung der Skulptur für sein malerisches und zeichnerisches Schaffen hingewiesen: »Das Ahornholz, das wir von Ihnen haben, läßt sich richtig gut bearbeiten, es ist so kurz in der Faser und im ganzen völlig homogen. Man kommt in Versuchung, es zu polieren. Ich habe eine sitzende Figur mit Schale auf dem Kopf gemacht und arbeite jetzt an einer ste-

Ernst Ludwig Kirchner · Zwei Skulpturen vor Gemälden (rechts: *Tänzerin*, 1912; links: *Stehende*, 1912)

henden in Tanzstellung. Es ist so gut für das Malen und Zeichnen, Figuren zu machen, es gibt der Zeichnung Geschlossenheit und es ist ein sinnlicher Genuß, wenn Schlag für Schlag mehr die Figur aus dem Stamm herauswächst. In jedem Stamm steckt eine Figur, man braucht sie nur herauszuschälen.«[18]

Auch wenn Kirchner später auf einer gleichberechtigten Stellung seiner Plastik bestand, so bestätigt er doch indirekt diese Durchdringung der beiden Gattungen: »Die Anfänge seiner Plastik sind gleichzeitig mit denen seiner Malerei, reichen also bis 1900 zurück. Beide Gestaltungswege gingen so nahe nebeneinander her und ergänzten sich so, daß oft dasselbe Problem in Malerei wie in Plastik behandelt wird. Es kommen oft in Stilleben und Interieurs Figuren vor, die Kirchner vorher plastisch formte. So goß er die Form von einer Gestaltungsweise in die andere um, bis er die ausdruckskräftigste Lösung fand.«[19] Für Kirchner blieb die Malerei der Mittelpunkt seiner Arbeit, aber es ist unverkennbar, daß die plastische Bindung und Reduktion straffend auf seine bildnerischen Formverzweigungen einwirkte. Das Ergebnis sind Formen, die Kirchner als »Hieroglyphen« bezeichnete[20], eine Mischung aus körperlicher und linear-skripturaler Zeichenfindung, die bedeutungshafte und abstrakte Momente synthetisch ineinanderkoppelt und damit zu einem neuen Ausdrucksträger wird.

Die Gegensätze zwischen diesen beiden Künstlern sind beträchtlich, aber es gibt auch übergreifende Gemeinsamkeiten, die nicht nur die Grundeinstellungen tangieren, wie sie bei Westheim angesprochen worden sind und wie sie sich in einer Reihe fast ähnlich formulierter »Glaubensbekenntnisse« bei beiden finden. So faßt Lehmbruck seine große Hoffnung in die Worte: »Ich glaube, daß wir wieder einer wirklich großen Kunst entgegengehen, und daß wir bald den Ausdruck unserer Zeit finden in einem monumentalen, zeitgemäßen Stil.«[21]

Fast gleichlautende Äußerungen von Kirchner, der immer wieder Gleichgesinnte und Schüler – wie etwa die Bildhauer Hermann Scherer und Albert Müller – um sich gesammelt hat, um einer neuen Kunst zum Durchbruch zu verhelfen, könnten dem an die Seite gestellt werden. Und umgekehrt treffen wir auch bei Lehmbruck auf Entsprechungen zu jener gleichsam poetischen Definition, mit der Kirchner für sich das Wesen der Kunst zu umfangen sucht: »Dreifach ist das große Geheimnis der Kunst: Traum, Leben und erkennende Liebe. Der Traum gibt die Vision, die Vision bringt das Erlebnis, das durch den liebenden Geist zum Werk sich gestaltet. Ich weiß, daß es überall dasselbe ist, das Geheimnis des sinnlichen Reizes und das Betasten eines Körpers und Bilden eines Körpers aus Holz und Stein.«[22]

Beide sind von diesen aufbrechenden, allumfassenden Strömungen jener Zeit erfaßt, die von Namen wie Friedrich Nietzsche, Henri Bergson oder Sigmund Freud flankiert und in der lebendigen Verheißungen auf Veränderung zu einem wesentlichen Animator der neuen Kunstbewegung werden. Es ist eine Art sakrale Diesseitigkeit, die – gestützt auf ein anderes Natur- und Lebensverständnis – Geist und Seele des Menschen, vor allem aber des Künstlers, mit intensiver Kreativität durchdringt und erfüllt.

Kirchner und Lehmbruck sind ganz einbezogen in diese Vision der Avantgarde und der Expressionisten, zu der sie sehr konkret mit neuen Gestaltzeichen beitragen. In diesem künstlerisch-ästhetischen Bereich der realen Werkausformung finden sich einige wesentliche Gemeinsamkeiten, die an zwei Beispielen näher erläutert werden sollen – an Kirchners Holzskulptur *Stehende* (S. 161), die 1912 am Beginn seiner Berliner Jahre entstand, und an Lehmbrucks überlebensgroßer Bronze *Emporsteigender Jüngling* von 1913 (S. 158), der nach der *Knienden* von 1911 sein zweites großes Hauptwerk der Pariser Zeit geworden ist.

Die Figur der *Stehenden*, für die sehr wahrscheinlich Kirchners neue Lebensgefährtin, die Tänzerin Erna Schilling, das Modell war, zeigt einen weiblichen Akt, dessen Gebärden den Körper verschließen und in eine eigenwillige Drehbewegung zu versetzen scheinen. Diese Figur wirkt wie eingebunden in den »Kokon« eines Ovals, das die gerundeten Formen des Oberkörpers und der breit ausladenden Beckenpartie, aber auch die aus der Bindung herausdrängenden Formen des wuchtigen, zur Seite geneigten Kopfes, der gewinkelten Arme und der übereinander gekreuzten Beine mit den auskragenden Füßen förmlich zu umschließen versucht. Das aber gelingt nur bedingt, da die Kontrapunktik der Formverläufe zu stark entwickelt ist und die betonte Verselbständigung der Teilstücke zu permanenten »Brechungen« des Gesamtgefüges führt.

Ernst Ludwig Kirchner · Stehende (Details) · 1912

Kirchner behandelt diese Figur wie eine Gliederpuppe. Die markanten Einkerbungen und Abgrenzungen an der Hals- und Rückenpartie, an den Arm-, Hand-, Knie- und Fußgelenken und selbst im Schambereich verdeutlichen eine bewußte Segmentierung, die wesentlich dazu beiträgt, die Naturform mit Hilfe dieser Verfremdung ein Stück aus ihren realen Bezügen zu lösen und ins künstlerische Zeichen zu verwandeln. So entsteht eine wechselvolle Spannung zwischen dem statisch wirkenden Körperrumpf, der aufgrund seiner Plastizität Ruhe vermittelt, und der potentiellen Mobilität der Gliedmaßen, die mit ihrer staksigen Ungelenkigkeit die Figur in eine eigenartige Erregung versetzen. Man hat den Eindruck, als ob diese Gestalt aus dem Boden erwachsen sei und angespannt einen Standort ertaste. Der starre, offene Blick der Gesichtsmaske, die Schutzgebärde der über der Scham ausgebreiteten Hände und die fast artistisch bemühte Schrittbewegung zeugen von einer naiven Ursprünglichkeit, die aber mit Zügen eines versonnenen Für-Sich-Seins und einer schicksalsergebenen Melancholie verbunden ist. So entsteht ein Ausdruck von Entrückung – ein Moment, das für Kirchner zunehmend an Bedeutung gewann.

Die *Stehende* verkörpert in ihrer verhangenen Vitalität eine Haltung, die zugleich Erstarrung und Bewegung, ein Sich-Schließen und ein Sich-Öffnen oder auch – zusammengefaßt – Verinnerlichung und Entäußerung in sich vereint. Der Widerstreit von Sinnlichkeit und »Mechanik«, von körperlich erfüllter und zeichenhaft gestraffter Form, der Kirchners skulpturales Schaffen von Anfang an begleitet, erfährt um 1911/12 eine stilistische Wandlung. Waren seine Figuren vorher von einer archaischen Statik und Blockhaftigkeit geprägt, so beginnen nun – auch unter dem Einfluß der Kunst seines Freundes Otto Mueller und der von Kirchner so bewunderten indischen Ajantafiguren – Drehbewegungen des Körpers und die Verjüngung der Gliedmaßen eine stärker dominierende Rolle zu spielen.[23] Das gilt auch schon für die kurz zuvor entstandene, in Teilpartien farbig gefaßte *Liegende*[24] (S. 160), die – wenn auch in etwas massiverer Form – die Drehung noch deutlicher ausformt und mit dem gespannt aufgerichteten Haupt diesen Ausdruck von Erwartung und Entrückung besonders anschaulich werden läßt. Die grundlegende Dualität von unmittelbarem Naturbezug und formelhafter Vereinfachung, die Kirchners Werk bestimmt, gewinnt in seinen Skulpturen eine gesammelte intensive Dramatik, weil der plastische Körper diese gegenläufigen Spannungen in sich selbst auszutragen hat.

Das Prinzip archaischer Strukturen, verschiedene Körperteile mit zeichenhafter Eigenbedeutung auszustatten und sie durch die große Gesamtform wieder miteinander zu verspannen, wird auch für ihn zur verbindlichen Gestaltungsform. Kirchner bestätigt diese Suche nach einer Verankerung in der formbindenden Kraft elementarer Körper, wenn er feststellt: »Kirchners Plastik schafft mit einfachen Grundformen, Zylinder, Kegel, Eiform und Kugel hauptsächlich, Kubus, Oblong kommen mehr indirekt als Kompositionsformen vor. Dabei entstehen diese einfachen Formen nicht aus mathematischer Spekulation, sondern aus dem Triebe nach Monumentalität. Kirchner will und bildet Menschen und Wesen, keine wesenlosen Kunstformen.«[25] Was zunächst wie eine kubistische Formauffassung klingt, charakterisiert tatsächlich sein Streben nach der umschließenden großen Form. Denn seine »Menschen und Wesen« sind zumeist ausgesprochen gestisch angelegte Figuren, die wohl vom Ganzen her noch auf ihre ursprüngliche Umfassung verweisen, im Detail aber ein bewegtes, fast additiv zusammengefügtes Formenspiel entfalten.

Im Gegensatz zu Kirchners kompakt gebündelter Formverspannung setzt Lehmbruck in seinem *Emporsteigenden Jüngling*, der trotz der ins Visionäre gesteigerten Gestaltverschlankung selbstbildnishafte Züge trägt, ganz auf die klare Selbständigkeit der hoch aufragenden Gesamtfigur und der einzelnen, fast schmerzhaft ausgespannten Gliederteile. Die linearen Verstrebungen dieser plastischen Tektonik öffnen sich gegenüber dem Raum, der die Gestalt fast aus ihren Verankerungen hebt und das Gefühl einer wie freigewordenen körperlichen Materialität auslöst. Die Betrachtung fließt in das Sinnen dieses »Denkers« über, dessen konzentrierte Anspannung von der aufstrebenden Kraft der Körperenergien so durchdrungen wird, daß sich eine permanente potentielle Bewegung des Aufsteigens und Herabsinkens einstellt. Diese Skulptur, die mit Recht zu den bedeutendsten deutschen Bildhauerwerken des 20. Jahrhunderts zählt, entfaltet die suggestive Ausstrahlung einer zur Empfindung geronnenen Materie. Der Körper ist zum hoheitsvollen Zeichen menschlich-geistiger Ganzheit geworden. Die spürbar bleibende nervige Lebendigkeit des Körperlichen verbindet sich mit dem stämmigen, schweigenden Wachstum der Natur. Auch dieser männliche Akt wurzelt im Boden, aber sein Stand ist trotz der jeweils nur punktuell erscheinenden Gründung eindeutig verortet. Lehmbrucks berühmte Forderung ist in dieser Figur eindrucksvoll zur plastischen Anschauung gebracht: »Daher muß eine gute Skulptur wie eine gute Komposition gestaltet werden, wie ein Gebäude, wo Maß gegen Maß spricht, daher kann man auch nicht das Detail negieren, sondern das Detail ist das kleine Maß für das große«.[26]

Diese konstruktive Brechung des Organischen, die einhergeht mit der Spannung von kubisch gestraffter Form, sensitiver plastischer Modellierung und realistischer Detailbehandlung, führt auch in anderen Werken Lehmbrucks wie dem *Gestürzten* (S. 159) von 1915/16 oder dem *Kopf eines Denkers* von 1918 zu sinnbildhaften Zeichenformationen, die eine elementare Schwere und Schicksalshaftigkeit verkörpern.

Obwohl Welten zwischen Kirchners *Stehender* und Lehmbrucks *Emporsteigenden Jüngling* liegen, gibt es doch auch überraschenderweise eine Reihe von ähnlichen Grundmomenten: Auch Lehmbrucks Figur wirkt trotz der monumentalen Übersteigerung wie eine extrem gelängte Gliederpuppe. Nicht nur die betonte Eigenständigkeit der Details, sondern ebenso deren winkelförmigen Verläufe und die fast starre Durchgängigkeit des linearen Gerüstes führen auch bei dieser Arbeit zum Eindruck des »Mechanischen«, das in den Widerstreit zur festen, aber sinnlich bleibenden Körperlichkeit tritt. Der leicht nach vorn geneigte Kopf, der – eigentlich zu klein für

Ernst Ludwig Kirchner · Stehende (Detail) · 1912

diese Körpergröße – nicht zuletzt durch die Aufsockelung auf dem säulenartigen Halsgefäß eine eigenartige Gewichtung erfährt, vermittelt das Empfinden einer problematischen Abgeschiedenheit. Der Konflikt von Entrückung und Erwartung, von bewußtem Für-Sich-Sein-Wollen und suchender Melancholie, also von gedankenschwerer Verinnerlichung und ausgreifender Entäußerung prägt auch diese so scheinbar erhaben über den Dingen aufgestellte Gestalt. Die schützend vor den Oberkörper gelegten Arme, die fragende Geste der rechten Hand oder das überweitete Ausgreifen des linken Beines, das den Körperrumpf zeitweilig wie einen in den Raum gestellten Torso erscheinen läßt, tragen zusätzlich zur beklemmend-fragilen Wirkung dieser wie aus Zwischenwelten erschienenen Figur bei.

Das alles vollzieht sich in ganz anderen Formen als bei Kirchner, aber dennoch treffen wir – unter dem Aspekt der Tiefenstruktur – auf verwandte Sinneszustände, die sich als sehr ähnlich gelagerte Grundstimmungen dem Betrachter mitteilen. Innerhalb dieses Spektrums lassen sich dann wieder Differenzierungen vornehmen und man könnte etwas vereinfacht formulieren: Bei Lehmbruck zieht sich der geistig-bewegte Mensch aktiv in das Innere zurück, bei Kirchner aber ist es der seelisch-beunruhigte Mensch, der sich passiv dem Äußeren stellt. Beide jedoch sind von Erregung, innerer Spannung und überwacher und sensibel registrierender Aufmerksamkeit geprägt – Gemeinsamkeiten, die nicht zuletzt in ihrer verwandten Persönlichkeitsstruktur begründet liegen. Paul Westheim begreift einfühlend das Wesen von Wilhelm Lehmbruck, wenn er schreibt: »Wenn es je einen Künstler von scheuer Schweigsamkeit gab, einen, der bestrebt und auch begabt war, tiefste Ergriffenheit zu sublimieren in das rein Geistige der Form, so war es Lehmbruck. Aber Lehmbruck war nicht nur Gestalter, er war ebenso sehr Mensch und im Grunde seines Wesens, aus dem all sein Gestalten kam, durchweht vom zutiefst Menschlichen.«[27]

Und Will Grohmann charakterisiert Ernst Ludwig Kirchner mit den Worten: »Der Mensch Kirchner war nicht anders als der Künstler, Vorstellung und Wirklichkeit hielten sich bei ihm die Waage, manchmal setzte er sich über die Realitäten der Welt hinweg und stieß in Bezirke vor, in die zu folgen nicht immer leicht war. ›Die religiöse Sinnlichkeit der Kunst ist doch ein Naturtrieb‹, diese Briefstelle erhellt das Niveau auch des Menschen, bei dem Intelligenz und Instinkt zusammenwirkten. Schöpferische Persönlichkeiten sind immer widerspruchsvoll, und bei Kirchner waren der Antinomien viele. Es gab Augenblicke, in denen alles Problematische von ihm abfiel und in denen er gütig und weise war, erhaben über Leben und Tod. Er sprach nicht über diese Dinge, ein gewisse Scheu hielt ihn zurück, aber aus seinen Worten war herauszuhören, was er meinte. Schöpferisch war Kirchner immer ...«[28]

Ernst Ludwig Kirchner · Stehende · 1912

1 René Schickele, in: *Die Weißen Blätter*, August 1920, S. 338f., in: Dietrich Schubert: *Die Kunst Lehmbrucks*, Worms 1981, S. 256.

2 Vgl. *Wilhelm Lehmbruck*, hrsg. von Martina Rudloff und Dietrich Schubert, Ausst.Kat. Gerhard Marcks-Stiftung Bremen, Georg-Kolbe-Museum Berlin, Wilhelm Lehmbruch Museum Duisburg und Städtische Kunsthalle Mannheim, Bremen 2000, sowie Dietrich Schubert: *Wilhelm Lehmbruck – Catalogue Raisonné der Skulpturen 1898–1919*, Worms 2001.

3 »Die Internationale Kunstausstellung des Sonderbundes Westdeutscher Kunstfreunde und Künstler zu Cöln« fand vom 25. Mai bis 30. September 1912 in der Städtischen Ausstellungshalle am Aachener Tor statt. Der erste Vorsitzende im Vorstand war Karl Ernst Osthaus. »Richard Reiche, Museumsdirektor in Barmen und geschäftsführender Vorsitzender, nannte im Vorwort des Katalogs die Zielsetzungen dieser bahnbrechenden Ausstellung der Moderne. Sie wollte ›... einen Überblick über den Stand der jüngsten Bewegung in der Malerei geben ..., einen Überblick über jene Bewegung, die man als Expressionismus bezeichnet hat‹.« Margarita C. Lahusen: *Wilhelm Lehmbruck. Gemälde und großformatige Zeichnungen*, München 1997, S. 100.
Neben den Vätern der Moderne Vincent van Gogh, Paul Cézanne und Paul Gauguin waren u. a. Werke von Pablo Picasso, Georges Braque, Robert Delaunay, Henri Matisse, Edvard Munch, Ferdinand Hodler und den Malern der »Brücke« und des »Blauen Reiter« zu sehen. Das Photo entstand in dem Raum, wo Werke von van Gogh und auch die *Kniende* von Lehmbruck ausgestellt waren. Neben Kirchner und Lehmbruck gehören auch Erich Heckel, Jan Thorn-Prikker und Alfred Flechtheim zu dieser dort versammelten Gruppe.

4 Im Beitrag über August Gaul heißt es: »Paul Cassirer ist aufgeschlossen genug, meist an den monatlichen Kegelabenden teilzunehmen, die von August Gaul mit Hilfe Heinrich Zilles, der die Einladungen verschickt, veranstaltet werden. Man trifft sich in einem Schmargendorfer Gartenlokal, Mecklenburger-Ecke Binger-Straße. Obwohl vom großen Publikum unbeachtet, sind diese Kegelgesellschaften für das Berliner Kunstleben wichtiger als viele öffentliche Ereignisse. Man ist hier offenherzig, hat offene Ohren für gerechte Wünsche. Leo von König, Georg Kolbe kommen öfter, Max Beckmann, Hans Purrmann, Ernst Ludwig Kirchner, Wilhelm Lehmbruck, Waldemar Rösler und Artur Degner hin und wieder.« Waldemar Grzimek: *Deutsche Bildhauer des zwanzigsten Jahrhunderts*, München 1969, S. 50.
Im Beitrag über Wilhelm Lehmbruck steht: »Durch August Gaul kommt Lehmbruck zu den Schmargendorfer Kegelabenden, wo er den gehbehinderten Ernst Ludwig Kirchner als einen der eifrigsten Spieler wiedertrifft.«, ders., S. 124.

5 Wilhelm Lehmbruck-Nachlaß Berlin, verwaltet durch Dr. Christoph Lehmbruck.
Auf diesen hier erstmals veröffentlichten Brief wies zuerst Dietrich Schubert hin, der einen Brief von Anita Lehmbruck an Wolf Przygode vom 25. Juli 1920 abdruckte, in dem sie auf diesen Antwortbrief Kirchners eingeht. Sie schreibt u. a.: »Herrn Kirchner persönlich kenne ich nicht. Ich erzählte Ihnen nur letzthin, daß ich von Kirchner einen schönen ausführlichen Brief erhalten habe – er behandelte das Schaffen der beiden Künstler, vor allem seine Wertschätzung zu dem Werke meines Mannes.« Wie Anm. 1, S. 276f. Den Nachforschungen von Roland März ist es zu danken, daß dieser Brief ausfindig gemacht wurde.

6 Während das große Interesse von Kirchner am Tanz durch zahlreiche Bild- und Schriftdokumente belegt ist – am bekanntesten ist der Besuch der Tänzerin Nina Hard in Frauenkirch 1921 und der Besuch Kirchners bei Mary Wigman 1926 in Dresden –, war bei Lehmbruck diese Hinwendung sicherlich stärker eingebunden in seine Studien des bewegten Körpers. Außer einer Zeichnung, die den Titel *Tanz* (1912) trägt, sind weitere so betitelte Arbeiten nicht bekannt, aber die fließenden Körperhaltungen einer Reihe seiner Skulpturen und seiner Arbeiten auf Papier lassen durchaus auf eine solche Hinwendung schließen.

7 Paul Westheim: *Wilhelm Lehmbruck*, Potsdam 1919 (1922), S. 16.

8 Paul Westheim erwarb eines der bedeutenden Straßenbilder Kirchners: *Zwei Frauen auf der Straße*, 1914.

9 Vgl. *Skulptur des Expressionismus*, hrsg. von Stephanie Barron, Ausst.Kat. Josef-Haubrich-Kunsthalle Köln, München 1984. Anita Beloubek-Hammer unternimmt in ihrer Arbeit: *Die Skulptur des Expressionismus und ihr geistiges Umfeld*. Phil. Diss. Berlin 1996 (Druck in Vorbereitung) den interessanten Versuch, die expressionistischen Bildhauer nach zwei Grundhaltungen zu unterscheiden, die sie als »Vitalisten« und »Metaphysiker« charakterisiert: »Die ganz diesseits gerichtete, vitalistische Phalanx mit den »Sturm«-Bildhauern, mit Max Belling und den Künstlern der »Brücke« betrachtete das Leben als Ganzheit, als Zusammengehörigkeit von Materiellem und Ideellem, Objekt und Subjekt. ... Dieser ungebrochen vitalistischen Daseinsbejahung stand eine Phalanx »metaphysischer Figuren« gegenüber, deren Schöpfer ein problematisches Verhältnis zur Sinnenwelt besaßen. Lehmbruck und Barlach waren die bedeutendsten Exponenten dieser vor allen die figurativen Bildhauer betreffenden Richtung«, in: Anita Beloubek-Hammer: *»was wir Expressionisten suchen...« – Wilhelm Lehmbruck und der Expressionismus*, wie Anm. 2, S. 135f.

10 Wilhelm Lehmbruck, in: *Wilhelm Lehmbruck (1881–1919). Plastik – Malerei – Graphik – aus den Sammlungen des Wilhelm-Lehmbruck-Museums der Stadt Duisburg*. Ausst.Kat. Museen der Stadt Gotha; Nationalgalerie der Staatlichen Museen zu Berlin (Ost); Museen der bildenden Künste Leipzig, Duisburg 1987, S. 145.

11 Louis de Marsalle (Pseudonym Ernst Ludwig Kirchners): *Über die plastischen Arbeiten von E. L. Kirchner (1925)*, wie Anm. 9, S. 216.

12 Wie Anm. 10, S. 145.

13 Wie Anm. 11, S. 218.

14 Wie Anm. 1.

15 Wie Anm. 7, S. 10f.

16 Ernst Ludwig Kirchner vom 6. März 1923, in: Lothar Grisebach: *Ernst Ludwig Kirchners Davoser Tagebuch. Eine Darstellung des Malers und eine Sammlung seiner Schriften*. Neuausgabe durchgesehen von Lucius Grisebach, Ostfildern bei Stuttgart 1997, S. 67.

17 *Ernst Ludwig Kirchner*, in: Neue Nationalgalerie Berlin, München 1996, S. 22. Brief von Ernst Ludwig Kirchner an Gustav Schiefler vom 28.12.1914, in: Donald E. Gordon: *Ernst Ludwig Kirchner*, München 1968, S. 21.

18 Brief von Ernst Ludwig Kirchner an Gustav Schiefler vom 27. 6.1911, wie Anm. 9, S. 109.

19 Wie Anm. 11.

20 Dieser Begriff taucht bei Kirchner wiederholt auf und charakterisiert eine Form, die sowohl mit den oft nicht entschüsselbaren Zeichen der Völkerkunde als auch mit einer Art neuer »visionärer« Gestaltelemente zu tun hat, und die zum verknappten Sinnbild gegenwärtigen Lebens werden sollte. So stellt Kirchner beispielsweise fest: »Kirchner kam auf diesem Wege zur Erkenntnis, daß eine aus intensivem Naturstudium mit Hilfe der Phantasie erzeugte Neuform viel stärker und eindringlicher wirkte als die naturalistische Wiedergabe. Er fand so die Hieroglyphe und bereicherte damit unsere Moderne um ein wichtiges Ausdrucksmittel ...«, wie Anm. 9, S. 216.

21 Wie Anm. 10, S. 146.

22 Ernst Ludwig Kirchner 1919, in: *Ernst Ludwig Kirchner 1880–1938*, Ausst.Kat. Nationalgalerie Staatliche Museen Preußischer Kulturbesitz Berlin; Haus der Kunst München; Museum Ludwig in der Kunsthalle Köln und Kunsthaus Zürich, Berlin 1979, S. 79.

23 Der sogenannte Ajanta-Komplex umfaßt indische Wandmalereien und Felsreliefs in den etwa dreißig Höhlen von Ajanta, die in der Gupta-Zeit im 4./5. Jahrhundert entstanden sind. Diese religiösen und erotischen Schilderungen aus dem Leben und dem Umkreis Buddhas wurden Kirchner durch das Buch von John Griffiths: *The Paintings in the Buddhist Cave-Temples of Ajanta, Khandesh, India*, London 1896 (I) und 1897 (II) bekannt und haben ihn sehr fasziniert.

24 Vgl. Heiner Protzmann: *Arkadischer Akt. Ernst Ludwig Kirchners Holzskulptur »Liegende« von 1911/12*, in: Patrimonia 109, Staatliche Kunstsammlungen Dresden, Skulpturensammlung, Kulturstiftung der Länder, Dresden 1995.

25 Wie Anm. 11.

26 Wie Anm. 10.

27 Wie Anm. 7, S. 46.

28 Will Grohmann: *E. L. Kirchner*, Stuttgart 1958, S. 78.

Wilhelm Lehmbruck · Emporsteigender Jüngling · 1913 · Kat.Nr. 68

Wilhelm Lehmbruck · Der Gestürzte · 1915/16 · Kat.Nr. 69

Ernst Ludwig Kirchner · Liegende · 1911/12 · Kat.Nr. 70

Ernst Ludwig Kirchner · Stehende · 1912 · Kat.Nr. 71

Kirchner – Berlin und die neue Literatur

Katrin Wiethege

Zeitschriften, Clubs, Verlage

»Wenn [den Zuhörern] auch vieles an dieser Lyrik befremdlich und nicht immer ganz verständlich war, so fühlten sie doch, daß in dem Pathos der Verse oder Prosa, die zwischen den Bildern von Oskar Kokoschka und Wassily Kandinsky, Max Pechstein und Franz Marc oder Paul Klee hier vorgetragen wurden, der Ausdruck eines neuen Lebensgefühls sich darstellte, das in die Zukunft wies und geistige Kräfte aktivieren sollte.«[1] Diese Erinnerung an Vortragsabende des Sommers 1911 charakterisiert eine Besonderheit der Jahre 1910 bis zum Ausbruch des Ersten Weltkrieges 1914: ein außergewöhnliches Miteinander der Künstler und Dichter zur Zeit des Frühexpressionismus. Freundschaften und gegenseitigen Anregungen entsprang ein übergreifendes Schaffen, neue Kombinationen des künstlerischen Wirkens entstanden: Dichter malten, Maler dichteten und waren vielfach mit Wortbeiträgen in Zeitschriften vertreten, Maler porträtierten Dichter, Dichter zeichneten Maler oder umrissen das Wesen ihrer Künstlerfreunde mit dem Wort. Davon zeugen die Zeitschriften und Buchpublikationen dieser Zeit, denen die Herausgeber mit der Aufnahme von Graphik ein neues Gesicht gaben. Berühmt gewordenes Beispiel sind die »Lyrischen Flugblätter« des Berliner Verlegers und Schriftstellers Alfred Richard Meyer. In dieser 1907 gegründeten Publikationsreihe traten zahlreiche frühexpressionistische Autoren erstmals an die Öffentlichkeit, und viele dieser broschierten Hefte zu sechzehn Seiten waren mit ausgewählten Titelzeichnungen ausgestattet. So begleiten zum Beispiel Ludwig Meidners Zeichnungen Gottfried Benns Heft »Söhne. Neue Gedichte« (1913) oder Paul Zechs Gedichtsammlung »Das schwarze Revier« (1913), eine Portraitzeichnung Carlo Carràs steht den »Futuristischen Dichtungen« Filippo Tomaso Marinettis voran (1912), und die Dichterin Else Lasker-Schüler schuf selbst für die zweite Auflage ihrer »Hebräischen Balladen« das Titelbild (1914). Von diesem neuartigen Miteinander zeugen auch zahlreiche Portraitzeichnungen und Gemälde, wie das von Karl Schmidt-Rottluff *Lesende (Else Lasker-Schüler)* von 1912[2] (S. 103) oder Ernst Ludwig Kirchners eindringliches Portrait von *Alfred Döblin*, 1912.

Die wichtigsten Foren für dieses Zusammenwirken der Künste waren die beiden revolutionären, expressionistischen Zeitschriften »Der Sturm. Wochenschrift für Kultur und Künste«[3], gegründet 1910 und herausgegeben von Herwarth Walden und – politischer ausgerichtet – »Die Aktion. Wochenschrift für freiheitliche Politik und Literatur«[4], herausgegeben von Franz Pfemfert. Pfemfert war zuvor Schriftleiter der Wochenschrift »Der Demokrat« und gab insbesondere den jungen expressionistischen Lyrikern die Möglichkeit erster Veröffentlichungen. Als er nach einem Disput mit dem Herausgeber im Februar 1911 ausschied und kurz darauf »Die Aktion« gründete, konnte er Mitarbeiter und Autoren des »Demokraten« für seine neue Zeitschrift gewinnen. »Der Sturm« und »Die Aktion« öffneten beide ihre Blätter der bildenden Kunst. Seit 1913 nahm »Die Aktion« eine stärkere Illustrierung durch Holzschnitte und Zeichnungen vor, meist auf den Titelseiten, für die Zeitschrift »Der Sturm« war das Zusammenführen der Künste von Beginn an Programm. Bereits seit der Nummer 8 wurden Zeichnungen, Reproduktionen, Holz- und Linolschnitte zunächst auf den Titelseiten aufgenommen, später auch als Illustrationen zu den Beiträgen. Der Wiener Maler Oskar Kokoschka war der erste Künstler, dessen Zeichnungen im »Sturm« abgebildet wurden. Walden hatte Kokoschka 1910 nach Berlin geholt, bis 1911 blieb er ein enger Mitarbeiter des »Sturm« und prägte als Redakteur und als Maler entscheidend dessen Erscheinungsbild. Seine Portraitserie »Menschenköpfe« ab der Nummer 12 des ersten Jahrgangs (1910) erfaßte, beginnend mit Karl Kraus, die wichtigsten Künstler des Expressionismus. Als Kampfblätter für die künstlerische Avantgarde boten »Der Sturm« und »Die Aktion« der jungen Lyrik, Prosa, Malerei und Musik ein einflußreiches Forum und dokumentieren noch heute anschaulich das in Stil und Gehalt gleichgerichtete und sich ergänzende Zusammenwirken. Text- und Bildbeiträge wurden thematisch aufeinander abgestimmt, um ein ausdrucksvolles Zusammenspiel der Künste zu erreichen. Eine der schönsten und bekanntesten Ausgaben ist die des »Sturm« vom September 1912 (Nr. 125/126): Der Holzschnitt *Versöhnung* von Franz Marc steht als fast ganzseitige Titelabbildung dem Gedicht Else Lasker-Schülers mit demselben Titel voran, Bildmetaphern und Bildmotive entsprechen einander in gegenseitiger Bereicherung. Diese gemeinsame Veröffentlichung von Gedicht und Holzschnitt war der Beginn einer Freundschaft zweier Gleichgesinnter in ihrem Wunsch, die Alltagswelt durch Kunst zu transzendieren und in eine andere, idealere Welt zu gelangen. Materialisiert hat sich diese zauberhafte Begegnung von Dichtung und Malerei in den Postkarten Franz Marcs an Else Lasker-Schüler und deren darauf antwortenden, zunächst in der »Aktion« veröffentlichten »Briefen an den blauen Reiter Franz Marc«.[5]

Mit ihrem Umzug nach Berlin im Herbst des Jahres 1911 katapultierten sich die »Brücke«-Maler aus der Beschaulichkeit und Überschaubarkeit Dresdens in die aggressive Lebendigkeit der Großstadt Berlin und ihrem für sie neuartig offensiven kulturellen Leben. Weder Ernst Ludwig Kirchner noch Erich Heckel, Karl Schmidt-Rottluff oder Max Pechstein wurden Künstler der »Sturm«-Galerie, die 1912 der Zeitschrift angegliedert wurde. Sie beteiligten sich jedoch an einigen vom »Sturm« organisierten Ausstellungen, so der in der »Sturm«-Galerie gezeigten Schau »Der Blaue Reiter« und an der »Internationalen Sonderbund-Ausstellung« 1912 in Köln.

mfang acht Seiten — Einzelbezug 15 Pfennig

DER STURM

WOCHENSCHRIFT FÜR KULTUR UND DIE KÜNSTE

Redaktion und Verlag: Berlin-Halensee, Katharinenstrasse 5 Fernsprecher Amt Pfalzburg 3524 / Anzeigen-Annahme durch den Verlag und sämtliche Annoncenbureaus

Herausgeber und Schriftleiter: HERWARTH WALDEN

Vierteljahresbezug 1,25 Mark / Halbjahresbezug 2,50 Mark / Jahresbezug 5,— Mark / bei freier Zustellung / Insertionspreis für die fünfgespaltene Nonpareillezeile 60 Pfennig

RGANG 1911 — BERLIN AUGUST 1911 — NUMMER 71

nhalt: TRUST: Die Kunst in Kneipe und Heim / Die hehre Kneipe / Der Attrappenmeyer / OTTO STOESSL: Der Skeptiker / HJOLMAR DERBERG: Aus der Vergessenheit / J. A.: VOM TAGE: Der hingerissene Zahnarzt / Der Segen des Dürren / Von einer andern Auszeichnung / as Aussergewöhnliche und das Typische / Doch es ist ein Trost / E. L. KIRCHNER: Variéte / Sommer Holzschnitte

Variéte Zeichnung von E. L. Kirchner

Ernst Ludwig Kirchner · Variéte/ Titelseite »Der Sturm« · August 1911

Die Beziehung Ernst Ludwig Kirchners zum »Sturm« belegt die Veröffentlichung von zehn Holzschnitten und Zeichnungen als Originalgraphik bis Juni 1912. Bereits am 29. April 1911, ein halbes Jahr vor seinem Umzug nach Berlin, erschien in der Nummer 61 mit *Panamagirls* Kirchners erste Zeichnung, gefolgt von Heckels *Das schwarze Tuch* in der Nummer 63 und Schmidt-Rottluffs *Mädchen* in der Nummer 73. Vermutlich hatte Pechstein diese Verbindung geknüpft. Kirchner bezog sein erstes Atelier in der Durlacherstraße 14, wo auch Pechstein wohnte, der schon 1908 nach Berlin gegangen war. Pechstein ist auch der erste der »Brücke«-Künstler, dessen Graphiken in vier Nummern im Januar und Februar 1911 im »Sturm« erschienen.

Ernst Ludwig Kirchner · Alfred Döblin · 1912/13

Kirchner und Döblin

Eine sehr persönliche Beziehung Kirchners zum »Sturm« bildet die Person Alfred Döblins, der zu den Mitbegründern der Zeitschrift und zu den wichtigsten Mitarbeitern bis 1915 zählte. Döblin, in seinem ordentlichen Beruf Facharzt für Nervenkrankheiten, hatte im Oktober 1911 eine Kassenpraxis in der Blücherstraße eröffnet. Schon als Schüler begann Döblin, seine schriftstellerischen Fähigkeiten zu erproben. Novellen aus dieser Zeit wurden seit 1910 im »Sturm« veröffentlicht, so 1912 »Der schwarze Vorhang«, eine Erzählung, die Döblin bereits 1903 geschrieben hatte. Auch mit Rezensionen und zahlreichen Beiträgen zu ästhetischen Fragen meldete sich Döblin im »Sturm« zu Wort. Im ersten Jahrgang erschienen die »Gespräche mit Kalypso über die Musik«, in denen sich Döblin für die Ästhetik einer unpersönlichen, unromantischen Musik aussprach, die nicht mehr Ausdruck von Gefühlen sein, sondern ein eigenes Reich darstellen sollte. Im März 1913 schrieb er im »Sturm« (Nr. 150/151) einen »Offenen Brief an F. T. Marinetti«, in dem er eine weniger dogmatische, phantasievollere Revolution der Literatur und statt futuristischer Abstraktion unbedingte Nähe zum Leben forderte.
Kirchner und Döblin lernten sich 1912 über Herwarth Walden kennen. Als Döblin am 23. Januar 1912 seine Lebensgefährtin Erna Reiss he ratete, waren Walden und Döblins Bruder die Trauzeugen. Von den zahlreichen Freundschaftsbesuchen Döblins in Kirchners Atelier in der Durlacherstraße 14 in Berlin-Wilmersdorf 1912/13 und später auch in der Körnerstraße 45 in Steglitz zeugen vor allem das Gemälde *Portrait Dr. Alfred Döblin*, zehn Zeichnungen sowie eine Lithographie. Kirchner nahm auch eine Portraitaufnahme von Döblin im Atelier auf, bei der dieser »leider ein wenig gewackelt«

Ernst Ludwig Kirchner · Kopf Dr. Döblin · 1912 · Kat.Nr. 72

Ernst Ludwig Kirchner · Titelblatt zu Alfred Döblins »Das Stiftsfräulein und der Tod« · 1913
Kat.Nr. 73

hatte.[6] Eine übermalte Photographie, möglicherweise während der Arbeit am Portraitgemälde entstanden, schickte Kirchner aus Davos an Döblin als Dank für dessen Fürsorge, die dieser Erna Schilling im Winter 1931/32 während eines Krankenhausaufenthaltes in Berlin zukommen ließ.

In ihren Gesprächen, so darf man vermuten, beschäftigten sie sich intensiv mit den in Berlin täglich aktuellen Themen des Existenzkampfes in der Großstadt, der Polarität der Geschlechter und – ein für den Nervenarzt wichtiges Thema – des verstörenden Unbewußten. 1912 gab Döblin in seinem Text »Jungfräulichkeit und Prostitution« eine Interpretation der Kokotte, in der er Körper und Gewerbe mit distanzierter Sachlichkeit beschreibt: »Die Kokotte hat Sexualorgane ohne Sexualität. ... Die Sexualorgane sind Betriebswerkzeuge. Die Kokotte, ein Impresario der Liebe. Asexuell schauspielert sie Sexualbeziehungen. Sie, anscheinend mit vielen Beziehungen, hat keine.«[7] Eine unbarmherzige Diagnose, die in Kirchners Interpretation der Figur der Kokotte eingeflossen sein wird.

Eine Gemeinsamkeit in ihrer Auffassung von der Eigengesetzlichkeit der Kunst jenseits empirischer Kausalität und in ihrer Bildsprache führte über die Portraits des Menschen Döblin zu einer intensiven Beschäftigung Kirchners mit dem Dichter Döblin. Zum ersten Mal illustriert Ernst Ludwig Kirchner literarische Werke: 1913 erschien unter der Titelnovelle »Die Ermordung einer Butterblume und andere Erzählungen« Döblins erster Sammelband.[8] Kennzeichnend für diese Erzählungen, die überwiegend um das moderne großstädtische Leben kreisen, sind bereits expressionistische Stilmittel wie Raffung des Handlungsstranges, montagehafte Reihung von Bildern und Verzicht auf deren kausale Verknüpfung, die Aufhebung einer klaren Trennung von Vision und realem Leben, wenn sich auch Döblin hier erst von der Sentimentalität, den Figuren und der preziösen Sprachmusik der neuromantischen Décadence zu lösen beginnt.[9] In diesem Erzählungsband ist die Novelle »Das Stiftsfräulein und der Tod« aufgenommen, zu der Kirchner fünf Holzschnitte schuf. Erzählung und Holzschnitte wurden als selbständiges Werk in der oben erwähnten Reihe »Lyrische Flugblätter« bereits im November 1913 veröffentlicht.

Neben dem Titelholzschnitt, auf dem die Protagonisten, das Stiftsfräulein und ein gespenstartig personifizierter Tod, den Titel rahmen, greifen die vier Holzschnitte Sequenzen der Novelle auf: *Das Stiftsfräulein am Nähtisch*, *Das Stiftsfräulein am See*, *Stiftsfräulein im Garten*, *Sterbendes Fräulein*. In kräftiger Kontrastierung heller und dunkler Flächen bei starker Konturierung der Figuren, Bäume und anderer Gegenstände arbeitet Kirchner in der Holzschnittechnik die Einsamkeit und das Bedrohtsein des Stiftsfräuleins heraus. Auffällig sind in der Staffelung der Figuren die Nähe des Bildes *Stiftsfräulein im Garten* zu Holzschnitten des *Potsdamer Platzes* (S. 36) und des Bildes *Stiftsfräulein am See* zu gleichzeitigen Holzschnitten der unbekümmerten Sommeraufenthalte auf Fehmarn, wenngleich auf diesem Blatt eine von rechts sich ins Bild schiebende dunkle Wolkenformation eine gänzlich andere Stimmung schafft. Atmosphärisch dicht erzählen die Holzschnitte auch unabhängig vom Text den Handlungsverlauf in seinen wichtigsten Stationen und setzen vor allem die Stimmung des von Beginn an Aussichtslosen ins Bild: »... da wußte sie auf einmal, daß sie bald sterben werde«, endet gleich der erste Absatz der Erzählung.

Ebenfalls in der Technik des Holzschnittes schuf Kirchner kurz darauf drei Blätter zu dem nie aufgeführten und unveröffentlichten Einakter Döblins »Komtess Mizzi«[10], 1913, eine »Bordellgeschichte«, wie Kirchner am 19. Dezember 1913 an Gustav Schiefler schrieb.[11] In ungeschützter Frontalität eröffnet das Blatt »Bordellszene« die Reihe. Aus einer Gruppe schwarz gekleideter Herren ragt in Kreuzigungshaltung hilflos der weiße Körper einer Frau hervor, dunkel drohend befrackt die Männer auch auf dem letzten Blatt »Polizeirat«. Allein das mittlere Blatt zeigt in beinahe vegetabiler spitzformiger Auflösung die »Frauenunterhaltung im Bordell«. Grisebach vermutet, daß Kirchner durch die Illustrationen zu »Komtess Mizzi« erst zu der Gestaltung der Straßenbilder angeregt wurde[12], auf denen das Motiv der Kokotten, bedrängt und bedrohlich zugleich, bildbeherrschend wird.

Kirchner und Döblin blieben bis in die frühen dreißiger Jahre freundschaftlich verbunden, Davos und Berlin mit der Preußischen Akademie der Künste waren Orte ihrer Wiederbegegnungen, nachdem Kirchner 1931 Mitglied der Akademie geworden war, und Döblin im Februar/März 1932 bei einer Vortragsreise durch die Schweiz auch Kirchner in Davos besucht hatte.

Den Kontakt zwischen Döblin und Kirchner vermittelte zudem Wilhelm Simon Guttmann (häufig auch Ghuttmann), der sowohl mit den Künstlern der »Brücke« befreundet war, sie in ihren Ateliers besuchte, als auch die jungen expressionistischen Dichter förderte und sich bei Zeitschriften und Verlagen für sie einsetzte.
Simon Guttmann wurde nach dem Studium der Kunstgeschichte im November 1909 Mitglied des »Neuen Club«, der im März desselben Jahres von Kurt Hiller, Erwin Loewenson und Jacob van Hoddis gegründet worden war. In dessen 1910 eröffneten und von der Presse viel beachteten »Neopathetischen Cabaret für Abenteurer des Geistes«[13] trugen die jungen expressionistischen Dichter wie Jacob van Hoddis, Georg Heym, Else Lasker-Schüler oder Ernst Blass ihre Dichtungen selbstbewußt einem staunenden, dabei zustimmenden wie ablehnenden Publikum vor. Auch der neunzehnjährige Guttmann trat dort seit 1911 mit eigenen Texten und Dichtungen anderer, zum Beispiel Gedichten Georg Heyms, auf.
»Der Neue Club (Dichter und Denker jüngster Generation) veranstaltet allmonatlich seinen ›Cabaret‹-Abend. In dem dichtgedrängten Saal irgend eines Cafés, bald hell, bald verdunkelt, lauschen 250 Personen, Studenten, Bohémiens, Schauspieler, Maler, Schriftsteller ..., grotesk in Farben und zarten Seiden, lauschen, lachen, klatschen, zischen, werden hinausbefördert ... Die Kerle haben Mut. Man muß wissen, es ist kein Cabaret im gewöhnlichen Sinn, nicht für jeden. Statt des obligaten Klaviergeklimpers zu schleimigen Zoten kann man plötzlich eine kritisch-psychologische Lustbarkeit hören oder eine Anfrage an das Schicksal oder die ungenierte Ermordung einer Berühmtheit ... Das Interessanteste an den Darbietungen war für mich, das Gemeinsame und Neue dieses jungen Kreises festzustellen. Alle ohne Ausnahme wählten ihre Stoffe aus der Gegenwart. Meist ist es die große Stadt, die sie mit Heroismus oder Humor, aber immer groß sehen. Alle haben eine erstaunlich vollkommene Technik. ... Und ... sie genieren sich nicht; es liegt etwas Freies, Freigewordenes in ihrer Atmosphäre.«[14] Zeugnisse von einer Teilnahme der »Brücke«-Künstler an diesen turbulenten Lesungen, die spektakuläre Auftritte eher mieden, gibt es nicht, man kann jedoch vermuten, daß es Begegnungen durch die Zusammenarbeit bei den Zeitschriften oder private Treffen zwischen ihnen und den Dichtern gab.

Ernst Ludwig Kirchner · Portrait des Dichters Guttmann · 1911

1911 stellte Guttmann den Kontakt zwischen den Künstlern der »Brücke« und dem »Neuen Club« her. Verbunden war Guttmann im besonderen mit Kirchner in der Zeit 1912/13. Eine bereits 1911 geschaffene Bleistiftzeichnung *Junger Dichter (Simon Guttmann)* umreißt mit wenigen Strichen das Aristokratische seiner Erscheinung. Das schmale Gesicht Guttmanns, dem der feingliedrige Körper und die elegante Kleidung entsprechen, hielt Kirchner 1912/13 in dem *Portrait des Dichters Guttmann* fest. Die Eleganz, die Kirchner fasziniert haben mag, akzentuiert er durch einen japanischen Fächer im Hintergrund und verleiht ihr dadurch exotische Zartheit. Es existieren noch eine weitere Zeichnung und ein Holzschnitt des agilen Schriftstellers. Auch die Portraits von Erich Heckel (1913) und Ludwig Meidner (1912) dokumentieren die Freundschaft Guttmanns zu den »Brücke«-Künstlern. Für Heckels damalige Lebensgefährtin, die Tänzerin Sidi Riha, schrieb Guttmann eine Pantomime »The merry Puck«, die Heckel wiederum in den Holzschnitt umsetzte.[15] Auch mit Schmidt-Rottluff, der auf Anregung Guttmanns hin die Kopfleiste des Programms für den 8. Abend des »Neopathetischen Cabaret« im Dezember 1911 und für den 9. Abend am 3. April 1912 schuf, war Guttmann freundschaftlich verbunden. Während der Kontakt Guttmanns zu Schmidt-Rottluff und Heckel auch nach dem Krieg weiter bestand, brach die Freundschaft zu Kirchner nach dessen Übersiedelung 1917 in die Schweiz ab.

Kirchner und Heym

Guttmann war es auch, der den jungen expressionistischen Dichter Georg Heym im April 1910 in den »Neuen Club« einführte. Neben seinen vielen Aktivitäten als Dichter, Journalist und Förderer plante Guttmann, ein neues fortschrittliches Theater, eine »Neue Bühne« zu gründen, und warb im »Berliner Tageblatt« vom 19. März 1910 um neue Dichter. Auf diese Meldung hin schickte Heym sein Stück »Atalanta« ein, das Guttmann noch ablehnte. Begeistert aber von der Sprachkraft seiner Gedichte, die ihm Heym bei einem Besuch vortrug, entstand eine Freundschaft, die für die Dichtung Heyms von großer Wichtigkeit wurde. Guttmann, dem Heym unter wenigen zutraute, daß dieser ihn »einmal ganz« verstehen werde[16], setzte sich für ihn bei Zeitschriften und Verlagen ein. So veröffentlichte auf seine Anregung hin der »Demokrat«[17], der unter Franz Pfemfert eine enge Zusammenarbeit mit den Mitgliedern des »Neuen Club« aufgebaut hatte, Gedichte von Heym, der Verleger Ernst Rowohlt, der durch diese Publikation auf Heym aufmerksam wurde, gab 1911 dessen Gedichte »Der ewige Tag« heraus. Anläßlich des Erscheinens dieses Gedichtbandes veranstaltete das »Neopathetische Cabaret« am 15. Mai 1911 einen nur Heym gewidmeten Vortragsabend, an dem dieser selbst aus seinen Gedichten las. Zudem war Guttmann maßgeblich an der Veröffentlichung des Nachlasses und der Zusammenstellung des Gedichtbandes »Umbra vitae« beteiligt, nachdem Heym im Februar 1912 beim Schlittschuhlaufen auf der Havel ertrunken war.[18] Nach Heyms Tod wurden die Veranstaltungen des »Neopathetischen Cabaret« abgesetzt, ein Gedenkabend für Georg Heym, für dessen Programm wieder Schmidt-Rottluff die Kopfleiste schnitt, beschloß am 3. April 1912 die wirkungsvolle, der neuen Lyrik aufgeschlossene und sie fördernde Programmreihe.

Zunächst hatte Wilhelm Simon Guttmann geplant, die Nachlaßausgabe »Umbra vitae« mit Bildbeigaben der »Brücke«-Künstler auszustatten. Erst zehn Jahre später wurde diese Idee von Kurt Wolff, der 1912 den Ernst Rowohlt Verlag übernommen hatte, wieder aufgegriffen. Von Hans Mardersteig, seinem Berater, war er auf Kirchners Holzschnitte zu »Umbra vitae« aufmerksam gemacht worden. Kirchner war mit der Dichtung Heyms schon lange wohl vertraut, denn Guttmann hatte Kirchner schon 1910 ein Exemplar der Gedichte Heyms »Der ewige Tag« geschenkt. In Davos hatte sich Kirchner eindringlich mit den Gedichten des Bandes »Umbra vitae« beschäftigt und »in seinen Mußestunden schon seit Jahren zu eigener Freude Heyms Umbra vitae illustriert«.[19] Mit 47 Holzschnitten Kirchners und dem von ihm gestalteten Vorsatzpapier, Titelbild und zweifarbigen Holzschnitt für den Einband des Buches erschien 1924 Heyms »Umbra vitae«, das eines der geschlossensten und bedeutendsten Werke expressionistischer Buchillustration ist. Es wurde von Kirchner selbst sorgfältig in seiner Drucklegung betreut. Den ersten zehn, in Leder gebundenen, auf Japanbütten gedruckten und vom Künstler signierten Exemplaren der Vorzugsausgabe wurde eine Kaltnadelradierung Kirchners mit dem Portrait Georg Heyms beigegeben. Kirchner hatte dieses Portrait auf der Grundlage einer Photographie von Heym aus dem Jahr 1905 geschaffen, das außergewöhnlich die Ambivalenz des Charakters Heyms, ein Gegeneinander aus Sensibilität, Melancholie, mutloser Niedergeschlagenheit und Enthusiasmus und Selbstbewußtsein, erfaßt. Bildbeherrschend sind die großen Augen mit den dunklen Pupillen, deren Blick von nahezu hypnotischer Eindringlichkeit ist.

Kirchner hatte mit den Holzschnitten zu »Umbra vitae« im September 1919 in Davos begonnen, während er noch unter einer schweren Krankheit litt, die meisten der Holzschnitte entstanden 1922. Er war in der Weise vorgegangen, daß er »die alte Ausgabe hernahm und jeweils unter den einzelnen Gedichten, die nie die Seite voll ausfüllen, einen kleinen Holzschnitt eingefügt hat, der dann den freigebliebenen Satzspiegel bis zur Seitenzahl ausfüllt«.[20] Die Holzschnitte haben aus diesem Grund unterschiedliche Formate. Mal fast textseitengroß, mal nur als schmale Vignetten oder Randleisten umspielen sie die Gedichte und ordnen sich graphisch deren Verlauf unter. Auf Kirchners Vorschlag hin wurden die Gedichte auf die Mittelachse gesetzt, um »künstlerisch die absolute Lösung der Verbindung von Bild und Text« zu erreichen.[21] Die gemeinsam gefundene Blockschrift vervollständigt graphisch das Miteinander der Verszeilen und der Bilder. Ein Gedicht des Bandes »Alle Landschaften haben« hat Kirchner zudem in einen Schriftholzschnitt übersetzt.

Die Analogität der Metaphernsprache der Dichter und der Bildfindungen der Maler im Frühexpressionismus ist vielfach Gegenstand philologischer und kunsttheoretischer Untersuchungen gewesen und, damals in den Rezensionen schon erkannt, heute eine unbestrittene Tatsache.[22] Die Gleichartigkeit ihrer Formensprache stellte Kirchner vor ein besonderes Problem: Auf der einen Seite wird ihn die ihm vertraute starke Bildlichkeit der Gedichte überaus angeregt haben, auf der anderen Seite mußte er, um wörtliche Übersetzungen zu meiden, zu anderen Bildlösungen gelangen.

Karl Schmidt-Rottluff · Programm-Titelholzschnitt · 1911

Das Charakteristische der Gedichte Heyms ist die Fülle der Bilder, deren Zusammenschau kein realistisches Bild vermittelt, sondern eine neue visionär geschaute Wirklichkeit. Kirchner, der seine Illustrationen möglichst frei gestalten wollte – er selbst begriff sie als »freie Illustrationen ..., wie die begleitende Melodie zu einem Gesang«[23] –, näherte sich einem Gedicht, indem er ein in seiner bildlichen Vorstellung besonderes Motiv herausgriff und bildnerisch umsetzte. So zum Beispiel die Form des Mondes in »Spitzköpfig kommt er«, die »großen Wagen ... über Brücken« in »Die Städte« oder »Die Locke der Qual« in »Judas«. Selten, wie in »Der sterbende Faun«, wird das Gedicht im Ganzen umgesetzt, allerdings ist hier die Voraussetzung einer alle Strophen durchziehenden einheitlichen Bild- und Raumvorstellung gegeben.

Die Holzschnitte Kirchners verfolgen keine interpretatorische Absicht, »wichtiger ist ihnen, die musikalische Gesamtschwingung eines jeden Gedichtes in Schwingung der Linien, Flächen und Gestalten umzusetzen«.[24] Gestaltete Kirchner die Stimmung und Aussage des Gedichtes mit eigenen, im Gedicht nicht erscheinenden Bildmotiven, wie »Verfluchung der Städte V« oder »Die Höfe luden uns ein«, schlägt er einen helleren Ton an. Gelungen ist auch in diesen Fällen die Umsetzung von Aufruhr und Düsternis, von Leere und Hilflosigkeit der Gedichte in einer so ausdrucksstarken Weise, weil Kirchners Bildwelt und Weltempfinden der Metaphern-

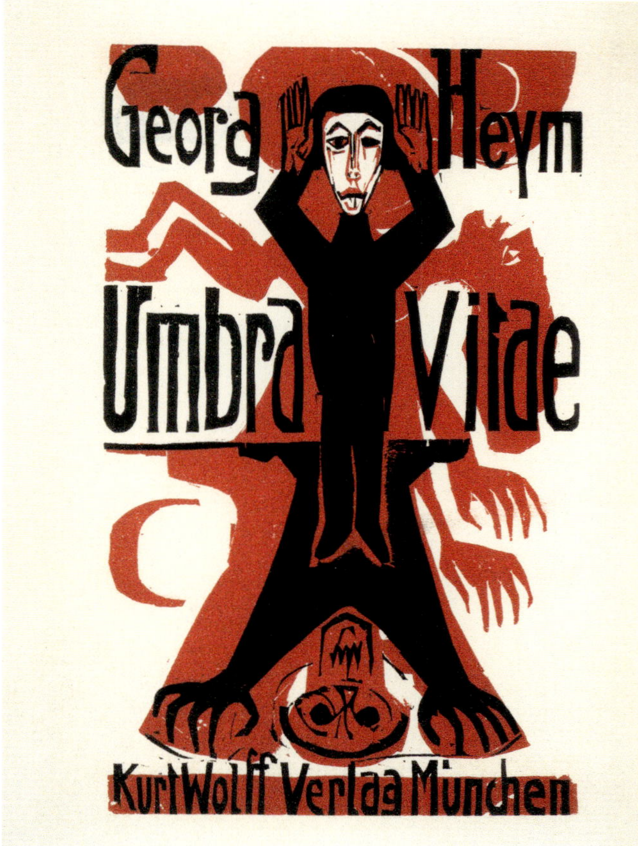

Ernst Ludwig Kirchner · Titelblatt zu Georg Heym »Umbra Vitae« · 1924

sprache Heyms und dessen Welterleben so nah verwandt waren. Entstanden ist, auch wenn sie zu Lebzeiten vermutlich nicht zusammengekommen sind, eine »der schönsten künstlerisch gestalteten Gedichtbände, die in der ersten Hälfte des zwanzigsten Jahrhunderts in Deutschland erschienen sind«.[25]

1 Claire Jung: *Erinnerung an Georg Heym und seine Freunde*, in: *Expressionismus. Aufzeichnungen und Erinnerungen der Zeitgenossen*, hrsg. von Paul Raabe, Freiburg i. Br. 1965, S. 45.

2 Bereits im Januar 1912 (Nr. 95) wurde eine Zeichnung der Dichterin im »Sturm« veröffentlicht mit dem Titel *Der Prinz von Theben*, die Else Lasker-Schüler später als Illustration für ihren ebenfalls 1912 herausgegebenen Roman »Mein Herz« auswählte. Zur Beziehung Elke Lasker-Schülers und Karl Schmidt-Rottluffs siehe Hermann Gerlinger: *Schmidt-Rottluff und »Der Prinz von Theben«*, in: *Schmidt-Rottluff. Retrospektive*, hrsg. von Gunther Thiem und Armin Zweite, Ausst.Kat. Kunsthalle Bremen; Städtische Galerie im Lehnbachhaus, München 1989, S. 49–52.

3 Ab Jahrgang 4: Halbmonatsschrift, ab Jahrgang 8: Monatsschrift Jahrgang 1–21, Berlin, Verlag Der Sturm 1910–1932.

4 Ab 1912, Nr. 14: Wochenschrift für Politik, Literatur und Kunst. Jahrgang 1–22, Berlin, Verlag der Wochenschrift Die Aktion 1911–1932.

5 Siehe dazu: Franz Marc/Else Lasker-Schüler: *»Der Blaue Reiter präsentiert Eurer Hoheit sein Blaues Pferd«. Karten und Briefe*, hrsg. und kommentiert von Peter-Klaus Schuster, München 1987.

6 Brief von Ernst Ludwig Kirchner an Alfred Döblin vom 30.3.1932 aus Davos, in: *Alfred Döblin 1878–1978*, Ausst.Kat. Deutsches Literaturarchiv im Schiller-Nationalmuseum Marbach a.N., Marbach 2. Aufl. 1978, S. 119.

7 Alfred Döblin: *Jungfräulichkeit und Prostitution*, in: *Der Sturm*, 3. Jg., September 1912, Nr. 125/26, S. 142.

8 Herausgegeben bei Georg Müller: München und Leipzig. Erscheint Mitte November 1912 mit der Jahresangabe 1913. Zum größten Teil wurden diese Erzählungen in den Jahren 1910 und 1911 bereits im »Sturm« veröffentlicht.
Der erste Beitrag Döblins im »Sturm« ist die Erzählung »Die Tänzerin und der Leib« (Der Sturm 1, Nr. 2, 10.3.1910), die später in den Band »Die Ermordung der Butterblume und andere Erzählungen« aufgenommen wurde. Zumindest zwei Erzählungen Döblins, »Die Segelfahrt« (Der Sturm 2, 1911, Nr. 69) und »Der Dritte« (Der Sturm 2, 1911, Nr. 77) wurden gemeinsam mit Holzschnitten Ernst Ludwig Kirchners abgedruckt, ohne daß es zu diesem Zeitpunkt bereits einen persönlichen Kontakt gegeben hat. 1920 illustriert Kirchner noch einmal in der Reihe der »Lyrischen Flugblätter« den Umschlag von Curt Corrinths Erzählung »Die Leichenschändung. Ein Spiel vom wollüstigen Tod«.

9 Erst 1920 erreicht Döblin eine monumentale Epik, in der er 1929 mit dem Roman »Berlin Alexanderplatz«, in dem er einerseits in naturalistisch-sachlicher Beschreibung aus unterschiedlichen Erzählperspektiven, andererseits expressionistisch-dynamisch, montagehaft und »entschlossen lyrisch« (Döblin) zum meisterhaften Darsteller der Vieldimensionalität des modernen Großstadtlebens wurde

10 Erstmals veröffentlicht in: Alfred Döblin: *Drama – Hörspiel – Film*, Olten 1983, S. 32–61.

11 Brief von Ernst Ludwig Kirchner an Gustav Schiefler vom 19.12.1913, in: *Ernst Ludwig Kirchner. Gustav Schiefler. Briefwechsel 1910–1935/38. Mit Briefen von und an Luise Schiefler und Erna Kirchner sowie weiteren Dokumenten aus Schieflers Korrespondenz-Ablage*, bearbeitet von Wolfgang Henze mit Annemarie Dube-Heynig und Magdalena Kraemer-Noble, Stuttgart/Zürich 1990, S. 66.

12 Lucius Grisebach, in: *Ernst Ludwig Kirchner Von Jena nach Davos*, Ausst.Kat. Jenaer Kunstverein und Städtische Museen Jena, Leipzig 1993, S. 52.

13 Während des Semesters fand jeden Monat ein Vortragsabend statt, nach der Spaltung des »Neuen Club« im Februar 1911, Kurt Hiller schied mit anderen nach Differenzen aus und gründete das literarische Cabaret »Gnu«, wurden im November 1911 die Cabaret-Abende wieder aufgenommen

14 Dr. E.T. Tuchmann (?): *Im Neopathetischen Cabaret*, in: *Der Demokrat 2*, Nr. 52 (21.12.1910), S. 3.

15 Zu *The merry Puck/Sidi Riha* und *Pantomime von WS. Guttmann/Getanzt von Sidi Riha* siehe: *Erich Heckel und sein Kreis. Dokumente*, Stuttgart 1983, S. 77 und 94.

16 *Georg Heym Dichtungen und Schriften. Gesamtausgabe*, hrsg. von Karl Ludwig Schneider, Bd. 3: *Tagebücher, Träume, Briefe*, München 2. Aufl. 1979, S. 142.

17 »Mache für mich Propaganda und verteile den Demokraten in der Stadtbahn«, notiert Heym am 5.12.1910 stolz in seinem Tagebuch. Wie Anm. 1, S. 153.
In beinah jeder Nummer des »Demokrat« erschienen fortan Gedichte Heyms. Pfemfert wie auch Walden waren häufige Besucher des »Neopathetischen Cabaret«.

18 Möglicherweise war das Recht auf die Nachlaßherausgabe von Guttmann fingiert, vgl. *Georg Heym 1887–1912*, Ausst.Kat. Staats- und Universitätsbibliothek Carl-von-Ossietzky, Hamburg; Staatsbibliothek Preußischer Kulturbesitz Berlin, Berlin 1988, Nr. 21, S. 160ff.
Guttmann beteiligte dann die Freunde des »Neuen Clubs« an der Herausgeberschaft und setzte mit David Baumgardt, Jacob van Hoddis, Robert Jentzsch und Erwin Loewenson einen Herausgeberstab zusammen, der, philologisch aus heutiger Sicht nicht immer korrekt, eine beachtliche Arbeit bei der Herausgabe der Gedichte unter dem Titel »Umbra vitae« leistete.

19 Brief von Hans Mardersteig an Kurt Wolff vom 27.2.1922, in: *Kurt Wolff. Briefwechsel eines Verlegers. 1911–1963*, hrsg. von Bernhard Zeller und Ellen Otten, Fankfurt/M. 1966, S. 391.

20 Ders., S. 391.

21 Ders., S. 393.

22 Siehe z.B.: Lothar Lang: *Expressionistische Buchillustrationen in Deutschland 1907–1927*, Luzern/Frankfurt a. M. 1975; Stephan von Wiese: *Graphik des Expressionismus*, Stuttgart 1976; Wolfram Gabler: *Ernst Ludwig Kirchner als Illustrator*, Phil. Diss. Freie Universität Berlin 1988.

23 Brief von Ernst Ludwig Kirchner an Nele van de Velde vom 14.10.1919, in: *E. L. Kirchner: Briefe an Nele und Henry van de Velde*, München 1961, S. 23.

24 Georg Schmidt, in: *Das Werk 12*, 1925, S. 241.

25 Nachwort zu Georg Heym: *Umbra vitae*, München 1924, S. 11.

Der Tod für die Idee
Die Expressionisten und der Krieg

Katharina Henkel

»Zu den Waffen! Jedes Schwanken, jedes Zögern wäre Verrat am Vaterlande. Um Sein oder Nichtsein unseres Reiches handelt es sich. Um Sein oder Nichtsein deutscher Macht und deutschen Wesens.«[1]
Ein aus heutiger Sicht unverständliches Phänomen ist die Euphorie, die einen großen Teil der Bevölkerung bei den Worten von Kaiser Wilhelm II. am 6. August 1914 wie ein Fieber ergriff. Bemerkenswert ist auch die Begeisterung, die seitens der Künstler und Intellektuellen diesem Geschehen entgegengebracht wurde, liegt doch die Vermutung nahe, daß gerade die Künstler, und hier allen voran die Expressionisten, der Politik der imperialistischen Regierung und dem Chauvinismus des Bürgertums nicht nur kritisch, sondern ablehnend hätten gegenüberstehen müssen. »Nun ist es so weit. Krieg. Masslose Begeisterung unter den Leuten – und in mir. Wir waren schon dicht am Feinde. Haben schon Tote.«[2]
Das gesellschaftliche und kulturelle Leben im wilhelminischen Deutschland nach 1900 war jedoch insgesamt von heftigen Widersprüchen und nicht minderen Problemen gekennzeichnet, die teils zeitbedingt waren, teils in der Vergangenheit ihre Ursache fanden. Zuvor verbindliche Werte hatten an Gültigkeit verloren, Sinnverlust und religiöse Bezugslosigkeit traten ein. Friedrich Nietzsches These »Gott ist tot« zeigte verzögert Wirkung und führte zu Verunsicherung, soziale Gefüge gerieten ins Wanken, Utopien zerrannen, Regression kündigte sich an und Stagnation stellte sich ein. Mit Paukenschlägen und Fanfaren trat die wilhelminische Ära ihr letztes Wegstück an. Viele vernahmen deutlich die Signale, doch das Gros ließ sich in seiner Selbstzufriedenheit täuschen, beruhigen und blenden durch verheißungsvollen Wohlstand, bedingt durch technischen Fortschritt. Die Entwicklung zur Verdinglichung führte bei manchem zur Suche nach Ausgleich und mündete in vergebliche Fluchtversuche in die Esoterik, Phantasie und in den Traum von einer höheren, erhabeneren Welt. Die Epoche war voller, sich ständig verschärfender Ambivalenzen: technischer Fortschritt und stolze Posen, heldenmütiges Militär und saturiertes Bürgertum, pompösaufgebauschte Paraden und blasierte Selbstdarstellung, konträr dazu Angst und Verlust der Ideale, Todessehnsucht, Endzeit- und Aufbruchstimmung. Für die schreibende und malende junge Avantgarde wurde die beunruhigende kulturelle und gesellschaftliche Entwicklung unerträglich. Sie reagierte unmittelbar, gewaltig und expressiv.
Das bevorstehende Unheil ahnend, teils herbeisehnend, wurde der Ausbruch des Krieges mit mehr oder minder frenetischem Jubel auch von den jungen Expressionisten begrüßt, die sich freiwillig für den Kriegsdienst meldeten. Nur wenige vermochten, sich dieser mitreißenden Welle zu entziehen. Diese von Euphorie Ergriffenen stimmten zwar nicht in den nationalistisch geprägten Heldengesang ein, der von allen Seiten her jede widersprechende Stimme übertönte, sondern hegten vielmehr die Hoffnung, daß dieser Krieg die von ihnen als unerträglich empfundene dumpfe, erstickende Atmosphäre einer überkommenen Welt reinigen möge. Die jubelnde Begeisterung Anfang August 1914 basierte vornehmlich auf dem Gedanken, daß aus den zerstörerischen Kräften des Krieges und seinen Hinterlassenschaften eine neue, und daraus resultierend, eine bessere Gesellschaft erwüchse. Wenn junge Soldaten gemeinschaftlich für eine große Sache kämpften, erschien es logisch, daß damit die Überwindung aller traditionellen bürgerlichen Klassenschranken einherginge. »Die Volksgemeinschaft hat sich erhoben über die Kasten und Stände. Ihre Kraft hat gesiegt, ihre Kraft wächst von Stunde zu Stunde.«[3] Der Wunsch nach Ausbruch aus den alltäglichen Fesseln, Abenteuerlust, das Ausloten der persönlichen Grenze und die verblendete Verherrlichung war Motivation und Rechtfertigung genug, sich auf dieses Schreckenserlebnis einzulassen. Irrtümlicherweise entpuppte sich die Illusion eines kurzen, radikalen und einschneidenden, weil heilenden Ereignisses zu einem vier Jahre währenden Grauen und Entsetzen, das eine Spur blutigen Gemetzels und Abertausender Gefallener hinterließ.
Den enthusiastischen Äußerungen wird nach den ersten erschütternden Erfahrungen an der Front die Ernüchterung folgen. Der anfänglich erfolgreiche und zügige Vormarsch der deutschen Truppen kam schließlich doch zum Stehen. In den folgenden Monaten und Jahren sollte es an der West- und Ostfront zu unendlich zermürbenden, langen und blutigen Stellungskriegen, gesteigert durch den Einsatz weitreichender Waffen und Geschütze sowie von Giftgas kommen. Wie so oft wurde in ausdauernden Kämpfen ganz verbissen um nur einige Meter Erde gekämpft, die kurz gewonnen auch schon wieder als verloren galten. »Ich habe alle Sensationen des Krieges satt. ... Bei dem Wort Krieg sehe ich nur Unerquickliches, zerplatzte Bäuche, wimmernde Verwundete, weinende Kinder vor brennenden Häusern und brutale Kanonenschläge, die ganze Kolonnen zerfleischen. ... In diesen Tagen ist mir der Krieg ein Greuel geworden.«[4] Die Menschenverluste an den Fronten wurden immer größer, die neu Einberufenen immer jünger. Die erfolgreiche Elitetruppe deutscher Jagdflieger, zu Nachfahren der Ritter hochstili-

Max Beckmann · Die Kriegserklärung · 1914 · Kat.Nr. 74

Verkündung des Zustands drohender Gefahr in Berlin · 31.7.1914

siert, erwirkte in der des Kampfes müden Soldatenschaft und Bevölkerung ein kurzes psychologisches Hoch. Ende April 1918 begannen die letzten – vergeblichen – deutschen Offensiven. In diesem letzten Kriegsjahr stehen von rund 17 Millionen männlichen Deutschen etwa 8 Millionen zwischen 15 und 60 Jahren im Dienst der kaiserlichen Streitkräfte. Am Ende werden 2 Millionen ihr Leben für das Vaterland gelassen haben.

Franz Marc gilt als einer der wenigen, der an der Überzeugung der reinigenden Kraft des Krieges und an den Sieg des Geistes festhielt. Der Irrglauben vom »großen Blutopfer« und vom Krieg der »erfrischt und befreit« verklärte seine Sicht auf die Realität. Wie andere expressionistische Künstler und Dichter fiel auch er der bestialischen Vernichtungsmaschine zum Opfer. In den ersten Kriegsjahren ließen August Macke, wie auch die Schriftsteller Alfred Lichtenstein, Ernst Stadler, August Stramm und viele andere ihr Leben. Dem grausamen Erwachen folgte Trauer, Resignation und seelische Zerrüttetheit. Wilhelm Lehmbruck und Georg Trakl setzten ihrem Leben selbst ein Ende, Jacob van Hoddis wurde schizophren. Max Beckmann gehörte zu jenen Künstlern, die zunächst glaubten, der Krieg könne ihnen neue, unverbrauchte Motive für die Kunst liefern: »Draußen das wunderbar große Geräusch der Schlacht. Ich ging hinaus durch Scharen verwundeter und maroder Soldaten, die vom Schlachtfeld kamen, und hörte diese eigenartig schaurige, großartige Musik. ... Ich möchte, ich könnte dieses Geräusch malen.«[5] Er konnte dem psychischen Druck des Stellungskrieges dann doch nicht standhalten. Ludwig Meidner und Ernst Ludwig Kirchner büßten einen Teil ihrer Schaffenskraft ein. Für Otto Dix, Max Beckmann und George Grosz wurde der schöpferische Schaffensakt das Mittel zur Bewältigung des über sie hereingebrochenen Traumas Krieg.

Die Nebenerscheinungen des Krieges bekam auch, und allen voran, die Zivilbevölkerung der Großstädte zunehmend zu spüren. Produktion und Versorgung konzentrierten sich ganz und gar auf die Heere, was zwangsläufig eine Lebensmittelknappheit in den Städten bedeutete, die, durch die englische Seeblockade noch verschärft, zu Hunger und existentieller Not führte. Fleisch wurde bald zum Fremdwort, Milch rationiert und der »Steckrübenwinter« zum geflügelten Wort – die Armenküchen florierten. Die Situation im Berlin von 1917 wurde von Richard Huelsenbeck besonders plastisch beschrieben: »Berlin bot einen sehr dunklen Aspekt. In Berlin hatte man soeben einen Winter überstanden, wo man im Begriff war, Brot aus Stroh zu backen. Im Mittelpunkt des deutschen Interesses stand die Kohlrübe, die man als Torte, Hasenbraten und Malzbier vorgesetzt bekam, es begann die wilde skrupellose Schiebung, jede moralische Hemmung fiel. ... Die Typen mit den deformierten Köpfen und eingefallenen Brustkästen, die Rachitiker des Körpers und des Geistes bekamen die Oberhand .... Dabei ging der offizielle Hokuspokus des Krieges weiter, die Militärzüge brachten Fuhren frischen Menschen- und Schweinefleisches an die Front, und jener große Verbrecher und Heuchler Guillaume II. hielt unentwegt Reden an sein Volk. Es war eine Zeit der passiven Resistenz, des kaum beginnenden Zweifels an den Wahrheiten des Patriotismus und der Monarchie, der Gereiztheit, die darauf lauerte, in die Fäuste zu fahren – eine Zeit der Schwüle und des Jammers.«[6] Die Werke von George Grosz aus jenen Jahren sollten die prägnantesten Zeitzeugen der Metropole Berlin werden.

Wie Franz Marc und viele andere, ergründete auch Max Beckmann nicht die Ursache dieses von Menschen gemachten Krieges. Beckmann hatte sich im August 1914 zwar freiwillig, aber für den Sanitätsdienst gemeldet und war zunächst in Ostpreußen statio-

Wachsoldaten vor dem Brandenburger Tor · um 1905

Kriegsfreiwillige · Herbst 1914

niert, bis er im Februar 1915 an die belgische Westfront nach Ostende, Ypern und Lille versetzt wurde. Am 28. April 1915 kommt Beckmann das erste Mal mit der Front in Berührung. Seine Motivation basierte nicht auf der Begeisterung für den Kampf der Völker oder den Großen Krieg, sondern auf persönlicher Neu- und Erlebnisgier nach einem außergewöhnlichen Geschehen, das dem ereignislosen Leben einen Wandel bringen sollte. Dementsprechend entstehen viele Zeichnungen, die das Erlebte festhalten, wenngleich er die Wirklichkeit des Krieges zunächst überging. Der Sanitätsdienst ließ ihm ausreichend Zeit, ausgiebig zu zeichnen. Seine Begeisterung über die enorme Kraft des Krieges dokumentieren viele seiner Briefe. »... Ah, diese Weite und unheimlich schöne Tiefe! Scharen von Menschen ›Soldaten‹ zogen fortwährend nach dem Zentrum dieser Melodie, der Entscheidung ihres Lebens entgegen.«[7] Im Krieg also entscheidet sich das Leben des Menschen, soll hier seinen Sinn finden, wobei der Mensch wohl kaum noch selbst Entscheidungsträger ist. Der Mensch soll durch den Krieg Teil eines sinnvollen Ganzen werden. Beckmann hatte noch nicht ausreichend Leid und Tod gesehen, denn noch konnte er Kampf und Krieg mit Sinngebung gleichsetzen. Nur wenige Monate später sollte sich diese Haltung ändern. Die Motive seiner Zeichnungen sind zwangsläufig unmittelbar an das Kriegsgeschehen gekoppelt: Köpfe von Kranken und Toten, Operations-, Lazarett- und Leichenhausszenen, unter Beschuß geratene Häuser und Städte. Seine Arbeiten sind jedoch nicht als Dokumentation eines festzuhaltenden Zustandes zu begreifen, vielmehr war er bestrebt, das Erlebte in Kunst umzusetzen. Das Kriegsgeschehen faßte er als wahnsinniges Erlebnis auf, das festgehalten und gesichert werden mußte. »Ich will das alles innerlich verarbeiten, um dann nachher ganz frei die Dinge fast zeitlos machen zu können: diese aus dem Grabe blickende schwarze Menschenmiene und die schweigenden Toten, die mir entgegenkommen, sind düstere Grüße der Ewigkeit, und als solche will ich sie später malen.«[8]
Bereits im April 1915 wird ihm die Überflüssigkeit des Massensterbens deutlich. Resignation spricht hinsichtlich eines Angriffes auf feindliche Stellungen aus seinen Worten: »Es handelt sich um irgendeine Revanche, da der Gegner uns irgendetwas, eine Höhe genommen hat. In Wirklichkeit handelt es sich darum, die schon so kurze Lebenszeit einiger hundert Menschen endgültig zu regeln.«[9]

Gefallener Soldat · August 1917

Beckmann steht nun dem Kampf, der Zerstörung und dem Tod distanziert gegenüber und vermag darin nicht mehr die sinnvollen Formen des großen Lebenskreislaufes zu sehen. Sein eigenes Leben war zudem auch mehrmals in Gefahr. Während eines Soldatenbegräbnisses an der Front im Mai 1915 explodierten nur wenige Meter vom Sanitätstrupp entfernt mehrere Granaten. Unmittelbar auf dieses Erlebnis ist die Entstehung des Blattes *Die Granate* (S. 183) zurückzuführen. Dieses Motiv entsprang dem zentralen Kriegsgeschehen und wurde auch von Otto Dix, George Grosz und Ludwig Meidner festgehalten. Beckmann strebte hier nach einer Sichtbarmachung des barbarischen Geschehens im Kanonenbeschuß in dem halbdunklen Unterstand halbentkleidete, blutüberströmte Männer, denen die weißen Verbände angelegt wurden. Groß und schmerzlich im Ausdruck. Neue Vorstellungen von Geißelungen Christi. ... Inzwischen hatte wohl der Feind die Ansammlung von Menschen bemerkt, und die Granaten der schweren englischen Geschütze kamen immer näher bei uns zu krepieren. Inmitten dieser zerrissenen Menschenreste stand ich nun jeden Augenblick gegenwärtig, zu ihnen zu gehören.«[10] Mit seinen Radierungen stellte sich Beckmann auf die Seite der Künstler, die den Krieg in seiner ernüchternden Realität und seinem Grauen ungeschönt und eindrücklich festhielten. Den physischen und psychischen Be-

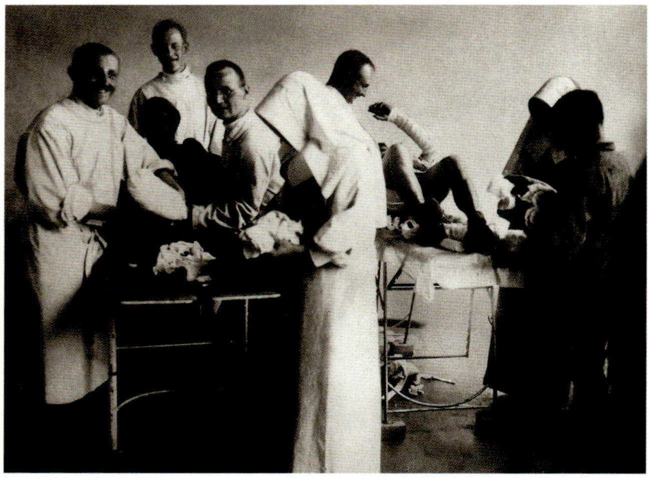

Lazarett, im Operationssaal

Max Beckmann · Das Leichenhaus · 1915 · Kat.Nr. 75

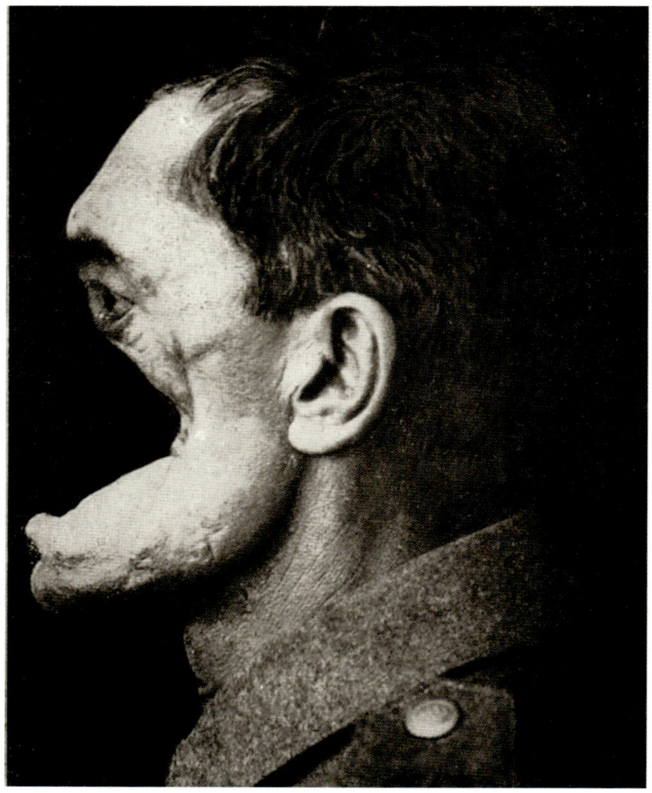

Soldat mit Kriegsverletzung

Schützengräben, des Schreckens, der Panik und des Todes im Artilleriefeuer. »Nun habe ich fürs erste Mal genug bekommen ... Es war ein wirklicher Höllenlärm. Die Luft war angefüllt mit dem schrillen Pfeifen des Schrapnells und dem wüsten Dröhnen der schweren Geschütze. Man brachte andauernd Verwundete. Einige Vergiftete wälzten sich in wilden Zuckungen ... Fabelhafte Sachen sah ich. In

lastungen, die ihm im Lazarett-Alltag widerfahren, wird er bald nicht mehr gewachsen sein. »Unten im Lazarett lagen viele Verwundete der letzten Tage. Einer ... lag im Sterben, mit einer riesigen Kopfbinde, die schon wieder dunkel von Blut, trotzdem sie vor einer halben Stunde erneuert war. Noch ein junges, ganz feines Gesicht. Er stöhnte schwer in seiner Bewußtlosigkeit ...[11] In seine Radierung *Das Leichenhaus* fließen neben der eigenen, nüchtern analysierten Wirklichkeit auch Motive der christlichen Ikonographie mit ein. So erinnert der mittlere Leichnam an Andrea Mantegnas toten Christus. Der Tote im *Leichenhaus* wird durch die Abdeckung des Kopfes entindividualisiert, der Tod ist das überflüssige Resultat eines Ereignisses. Christus Tod in Beckmanns *Kreuzabnahme* von 1917 (S. 191) steht für den kollektiven Vorwurf, das Ende jeglicher

Vitalität. Die leidverzerrten Gesichter der Figuren, die überzogene Komposition des Dreiecks, die überlängt verdrehten Extremitäten, die Christus' Stigmata erst sichtbar machen, erwecken den Eindruck einer gestellten Szene, die zum Sinnbild wird.[12]
Umgeben von Tod und Leid überlebte Beckmann als zeichnender Künstler, litt unter Anfällen von Melancholie, Angstzuständen und Depressionen und vertiefte sich in das Neue Testament und Friedrich Nietzsches »Zarathustra«. Insofern erstaunt auch kaum sein Überlebenswille – für die Kunst. »... ich muß leben und ich will leben. ... ich würde mich durch sämtliche Kloaken der Welt, durch sämtliche Erniedrigungen und Schändungen hindurchwinden, um zu malen. Ich muß das. Bis auf den letzten Tropfen muß alles, was an Formvorstellung in mir ist, raus aus mir, dann wird es mir ein Genuss sein, diese verfluchte Quälerei loszuwerden.«[13] Hieraus wird die innere Seelen-Verwandtschaft zu Nietzsches vitalistischem Begriff der Kunst als »Die große Ermöglicherin des Lebens, die große Verführerin zum Leben, [die] größte Stimulans des Lebens« deutlich.[14]
Beckmann suchte in seiner Kunst die Steigerung vom Besonderen zum Allgemeinen, die Ineinanderschiebung des real Erlebten mit dem subjektiv-innerlich Erschauten und stellte seine Motive zwischen sich und die Wirklichkeit. Von Faszination und Begeisterung erfaßt, malte er Ereignisse des grausamen Alltags, die ihn im wirklichen Leben anekelten und abschreckten. Er zielte dabei nach der Synthese aus Abbild und symbolischer Gestaltung. Es wird auf thematisch spezielle Hinweise oder auf konkrete Zeitereignisse verzichtet.[15] Nach dem Krieg 1919 entstand die zehn Lithographien umfassende Mappe *Die Hölle*. Ihr sechstes Blatt *Die Nacht* (S. 266) zeigt überdeutlich grausam die Gewalt, die Menschen anderen Menschen zufügen können, wobei Beckmann auch hier das Besondere zum Allgemeinen kehrt. Das Blatt vereint in sich die Gewalt, die Beckmann zu seiner Zeit – während des Krieges – erlebte, aber auch die Gewalt generell, die im Vergangenen geschah und im Zukünftigen geschehen wird.
Im Sommer 1915 brach Beckmann physisch und psychisch zusammen und wurde in einen ruhigeren Frontbereich versetzt. 1917 wurde er endgültig aus dem Sanitätsdienst entlassen. Zwar äußerte er 1918 »Der Krieg geht ja nun seinem traurigen Ende zu. Er hat nichts von meiner Idee über das Leben geändert, er hat sie nur bestätigt«, doch hatten die Kriegserlebnisse und seine Folgen seine Seele beschädigt.

Zwischen 1915 und 1918 durchlief Otto Dix einen unglaublichen Weg als Soldat, den er überlebte. Nach intensiver Ausbildung wurde er 1915 an der Westfront in der französischen Champagne eingesetzt, überlebte dort die Herbstschlacht und die Stellungskämpfe im Winter, bei der fast 600.000 Soldaten ihr Leben ließen. Im November wurde er zum Unteroffizier ernannt, erhielt das Eiserne Kreuz II, erlebte die bestialischen Schlachten an der Somme, die weitere 470.000 Menschen aus dem Leben rissen, die Stellungskämpfe in Nordfrankreich, lag im November 1917 in den Schützengräben Rußlands und im Februar 1918 in Flandern. Im August 1918 wurde er am Hals verwundet, absolvierte jedoch kurz darauf eine Flieger-Ausbildung. Im Dezember 1918 wurde er entlassen.
Was ihn zu diesem psychischen und physischen Kräftemarathon getrieben hat, beschreibt er mit eigenen Worten: »Der Krieg war eine scheußliche Sache, aber trotzdem etwas Gewaltiges. Das durfte ich auf keinen Fall versäumen. Man muß den Menschen in diesem entfesselten Zustand gesehen haben, um etwas über den Menschen zu wissen. ... Alle Untiefen des Lebens muß ich selbst erleben, deswegen gehe ich in den Krieg, und deswegen habe ich mich auch freiwillig gemeldet.«[16] Kaum ein anderes Werk verdeutlicht diesen entfesselten Zustand besser als das *Selbstbildnis als Soldat* von 1914 (S. 177). In heftig aggressivem Rot offenbart sich hier ein brutaler, glatzköpfiger Typ, der mit seinem kräftigen Stiernacken, dem skeptischen Blick unter wulstigen Brauen, fleischigem Mund einem in die Enge getriebenen Tier gleicht, das den Eindruck von Wildheit und Grausamkeit vermittelt.
Sein Glaube an die Macht des Lebens und Tötens, des Aufbauens und Einreißens, Werdens und Vergehens, das zum Lebenskampf des Menschen gehört, findet seine Wurzeln in der Lehre Nietzsches. Wie Beckmann hatte auch Dix die Bibel und Nietzsches »Fröhliche Wissenschaft« als Wegbegleiter in die Ungewißheit mitgenommen. Als ein »nietzscheanisches Bild« läßt sich das *Selbstbildnis als Mars* (S. 189) deuten, das Dix in einem »... historisch allegorischen Bildnis als Kriegsgott Mars [darstellt]. Von Nietzsche kommt die Vorstellung des grausamen dionysischen Prinzips von Chaos, Zerstörung, Neuwerdung und die Idee des tanzenden Sterns. Zarathustra sprach: man muß noch Chaos in sich haben, um einen Stern gebären zu können.«[17] Das Selbstbildnis ist der Inbegriff des Chaos'. Zerstückelung und Metamorphose sind das Prinzip des Bildaufbaus. Zersplitterung, Bewegung und Rotation, Stilmittel des italienischen Futurismus, sind die das Bild beherrschenden Elemente. Die Welt ist in ihre Einzelteile zerstückelt, das daraus erwachsende Chaos bildet die Voraussetzung, um sie in anderer, neuer Kombination neu zu schöpfen. Die tanzenden Sterne des Zarathustra rotieren und sprühen, erhöhen und erweitern die wilde Sinnlichkeit zu einem geistigen, weltbewegenden Prinzip.[18]
Während der Gefechtspausen entstanden zwischen 1915 und 1918 rund 600 Zeichnungen, von denen nur wenige in das Bild des »Anti-Kriegs-Dix« fallen, da sie das Grauen außen vor lassen, keine verstümmelten, zerfetzten Leichen zeigen. Die Zeichnungen jener Jahre sind mit einem sich überschneidenden, zersplitterten, ineinander verzahnten Liniengeflecht überzogen, aus dem kubistisch-futuristische, expressive Gegenstände und Landschaften erwachsen. In der Zeichnung *Finale* (S. 188) ragen aus einem kubistisch aufgefächerten Feld Köpfe und Hände von Menschen heraus, die sich flehenden Blickes einer Sonne zuwenden. Nicht Kämpfende, Schwerverletzte oder Sterbende werden hier gezeigt, sondern nackte Menschen in wogendem Erdreich, die im Anblick der Sonne auf Erlösung und Auferstehung hoffen. Die Assoziation eines bühnenartigen Aufbaus der Szene liegt durch wolkengleiche Vorhänge nahe – Vorhänge für das Finale der großen Weltbühne. Nicht zu

deuten ist, ob sich die Sonne über die Menschen erhebt, oder ob sie dem apokalyptischen Untergang entgegen zieht.
Dix verschloß also zunächst die Realität, die vor seinem geistigen Auge stand, und bannte die über Jahre verdichtete Summe der erschütternden Bilder des Erlebten erst nach Kriegsende auf die Leinwand und das Papier wie in der Radierfolge *Der Krieg* von 1924.[19] In seinen Radierungen offenbart Dix in aller Deutlichkeit, wie die zerstörerische Kraft und Wirklichkeit des Krieges, das Leben und Sterben der Soldaten aussah.
Auch die »neugeordnete« Landschaft, die das Motiv für ein enormes Konvolut an Zeichnungen bildete, trägt Narben der Gewalt. »Voll elementarer Wucht sind die Granattrichter innerhalb Dörfern. Alles in der Umgebung scheint der Dynamik dieser gewaltigen symmetrischen Trichter zu unterliegen. Es sind die Augenhöhlen der Erde, was drum herum kreiselt, sind irre schmerzlich phantastische Linien. Häuser sind das nicht mehr, niemand glaubt das im Ernst. Es sind Lebewesen von besonderer Art mit eigenen Gesetzen und Lebensbedingungen. Es sind lauter Löcher mit Steinen herum, oder lauter Skelette. Es ist eine eigene, seltene Schönheit, die hier redet.«[20] Riesige Granattrichter gleichen aufgerissenen Wunden, der *Schützengraben*, 1917 (S. 187) zerreißt und spaltet die Erde brutal auseinander. Die durch Menschenhand verletzte, verstümmelte Natur stimmt sich jedoch versöhnlich und erlaubt Gras und Blumen, wieder an ihren Erdkanten zu wachsen.
Ernüchterung und Verbitterung trat auch bei Dix nach dem Krieg ein, die erhoffte Veränderung war nicht eingetreten, Nietzsches Lehre hatte sich nicht bewahrheitet. Das Ende war Zerstörung. Nicht die Gesellschaft und die Moral waren durch den Krieg verändert worden, sondern der Mensch, das Individuum. Stilistisch und formal verändert sich der Dixsche Expressionismus ins Veristische, das die Genauigkeit des Details erforderte.

Wilhelm Lehmbruck weilte bei Kriegsausbruch in Paris, das er umgehend verließ. 1915 wurde er zum Sanitätsdienst in einem Berliner Lazarett einberufen. Während der Kriegsjahre entstanden nur wenige Skulpturen, 1916 *Der Gestürzte* (S. 159). Die kompakte, gerundete Körperform weist kaum eine Oberflächenstruktur auf, und auch die Physiognomie scheint verloren. Was bleibt, ist kraftvolle Dramatik im Ausdruck. Der gestürzte, gebrochene Mensch kriecht ermattet auf allen Vieren. Er unterliegt zwar nicht dem Selbstmitleid aber der Selbstaufgabe. Aufrecht wird er nicht mehr durch das Leben schreiten. Eingedenk seiner ursprünglichen Bezeichnung *Sterbender Krieger* erscheint die geschwächte Figur wie ein Bindeglied zwischen Leben und Tod, »halb zog es ihn, halb sank er hin«. All die schrecklichen Kriegserlebnisse Lehmbrucks und die Trauer über den Tod so vieler Menschen und Freunde fließen in die Figur, deren Sturz echt und endgültig erscheint, mit ein. So versteht sich die Skulptur als Symbol für das Drama ihrer Entstehungszeit, darüber hinaus aber auch als zeitlich ungebundenes Denkmal für die Opfer aller Kriege. Die Assoziation der Figuration als eine Brücke liegt nahe, die Neuerung im Gestaltungsprinzip ist jedoch die Verräumlichung. Die Figur umklammert, gleich einem Gefäß, ihren inwendigen Freiraum, womit Lehmbruck eine neue Stilistik des Expressionismus gelingt. 1916 wurde Lehmbruck wegen Schwerhörigkeit aus dem Dienst entlassen. 1917 traten die ersten Depressionen auf, 1919 setzte er seinem Leben selbst ein Ende.

Wenn zwar nicht so begeistert wie seine Malerkollegen August Macke und Franz Marc, meldete sich jedoch auch George Grosz im November 1914 freiwillig zum Kriegsdienst, um exakt sechs Monate später aus diesem wegen gesundheitlicher Gründe als dienstunbrauchbar entlassen zu werden. Doch dieses halbe Jahr war prägend genug, um aus Grosz einen der vehementesten Gegner und Hasser des Militärs zu formen. Im Januar 1917 folgte abermals die Einberufung, doch sein Widerwillen war so groß und »... meine Nerven gingen entzwei, ehe ich dieses Mal noch Front, verweste Leichen und stechenden Draht sah«[21], daß er nur einen Tag nach seiner Ankunft in das Lazarett Guben eingeliefert wurde, um wenige Wochen später in eine Nervenheilanstalt überführt zu werden. Im April schied er endgültig aus dem Militärdienst aus. Mit der Rückkehr nach Berlin verschärfte sich sein Pessimismus und besonders sein Haß gegen den Menschen. Das Gesehene erfüllte ihn mit Abscheu und Menschenverachtung: »Mein Haß konzentrierte sich auf die, die mich [zum Krieg] zwingen wollten. Den Krieg betrachte ich als eine ins Ungeheuerliche ausgeartete Erscheinungsform des üblichen Kampfes um Besitz.«[22]
Das Kunst-Schaffen wurde zum Mittel der Kompensation von Haß und Wut. »Für mich war meine »Kunst« damals eine Art Ventil – ein Ventil, daß den angestauten heißen Dampf entweichen ließ.«[23] Was zu Papier gebracht wurde, war »... das Lächerliche und Groteske der mich umgebenden Welt geschäftiger, todeswütiger kleiner Ameisen«.[24] Die Zeichnungen aus dem Krieg zeigen zunächst expressionistisch ausgeformte aber teilnahmslose Landschaften, die erst im Laufe der Zeit zu Wiedergaben des Leidens werden. In Arbeiten der Jahre 1916 bis 1918 befaßte er sich mit dem Thema Zirkus und Varieté, Mord und Verbrechen, Krieg und Großstadt. Letztere lassen die Faszination an der Metropole mit ihrer abenteuerlichen Fülle an Erlebbaren auferstehen. Die Großstadt als eine aus den Fugen geratene Welt. Raubmord, Diebstahl, Schlägerei und Vergewaltigung, Feuerbrand, Rebellion und Trunkenheit werden zum irritierten Reflex auf eine morsche Welt, die sich in der Großstadt immer als erstes und am deutlichsten widerspiegelt. Die gewöhnlichen Verbrechen ließ Grosz durch ihre Ballung zur Reflexion des großen Kriegsverbrechens werden. Seine hervorstechendsten Werke zum Thema Großstadt sind die Gemälde *Metropolis* von 1916/17 (S. 193) und *Widmung an Oskar Panizza* von 1917/18. Beiden wohnt eine ausgeprägte Aggressivität inne, die sich jedoch nicht an offen dargestellten Gewaltszenen festmachen läßt, sondern durch ihre rot glühende Farbigkeit und immense Bewegung evoziert wird. Auch die Architektur kann der ekstatisch bewegten und mitreißenden Dynamik keinen Einhalt gebieten. Der tosende Lärm des Gewühls ist förmlich zu vernehmen. Durch eine endlose Straßenflucht wogt

Ernst Ludwig Kirchner · Selbstbildnis als Soldat · 1915

flächendeckend eine Masse aus sich überschneidenden Figuren, aufgesplittert angeordnet. In beiden Werken überrollen Kutschen, Autos, Leichenwagen und Straßenbahnen Menschenknäule. Taumelnde Richtungslosigkeit kennzeichnet das Gewirr der sich kreuzenden, querenden, wegdrängenden, stoßenden Einzelkämpfer, deren Gesichter abstoßend und brutal zu tierischen Fratzen mutieren. Das Großstadtbild *Widmung an Oskar Panizza* versteht sich nicht nur als Ehrung an den Schriftsteller und Arzt Panizza oder als dadaistische Glorifizierung des Irrsinns im Großstadtleben, sondern als Anklage gegen die Gesellschaft und ihre Auswüchse. Die Grundhaltung der Gesellschaft und ihre gesellschaftlichen Zusammenhänge sowie die Einstellung des Einzelnen wird aufgedeckt. Grosz offenbart, macht aufmerksam, und davon bleibt selbst die Architektur mit ihren gläsernen Fassaden nicht verschont. Ein mit Orden bestückter Alter schwingt in kindischem Militarismus den Säbel, pathetisch hebt der mondgesichtige Geistliche sein Kreuz in die Höhe, das Herdentierverhalten ist dem hammelköpfigen Angestellten eigen, während bereits unter dem Sarg des Schnaps trinkenden Todes das Getier der Unterwelt à la Hieronymus Bosch dem Licht entgegen strebt. Äußeres entlarvt und führt Inneres vor Augen.[25]

Ernst Ludwig Kirchners persönliche Erfahrungen jener Kriegsjahre bilden im Vergleich zu den vorher Beschriebenen eine Ausnahme. Der Künstler zerbrach zwar seelisch und körperlich an den Auswirkungen des Krieges, doch dieser Zusammenbruch beruhte ausschließlich auf der Angst vor dem großen Unbekannten und nicht, wie bei Beckmann, Dix, Lehmbruck und Grosz auf Kriegserfahrungen an der Front, denn die bekam Kirchner am eigenen Leibe nie zu spüren.

George Grosz · Widmung an Oskar Panizza · 1917/18

Im Sommer 1914 weilte Kirchner zusammen mit seiner Lebensgefährtin Erna Schilling auf der Ostseeinsel Fehmarn. Mit Kriegsausbruch am 1. August brach das Paar überstürzt nach Berlin auf, da die Insel fortan als militärische Sperrzone galt. Auf der Rückreise wurde das Paar im Zuge der allgemein um sich greifenden Spionageangst der Agententätigkeit beschuldigt und festgenommen und erst nach Feststellung ihrer Identität durften sie weiterreisen. »Als wir von Fehmarn herunterfuhren, wurde ich natürlich ein paar Mal als verdächtiger Russe verhaftet.«[26]
In jener Lebensphase entstand das *Selbstbildnis mit Mädchen* (S. 194), Erna Schilling an seiner Seite. Die Arbeit spiegelt die zunehmenden Ängste, denen sich der Künstler und Mensch angesichts des Kriegsausbruches und seiner drohenden Einberufung zu Militärdienst und Fronteinsatz ausgesetzt fühlt, wider. »Mein Militärverhältnis ist leider ungedienter Landsturm. 80. So habe ich immer die ungewisse Aussicht, einberufen zu werden. In Berlin ist jetzt bis [Jahrgang] 89 eingezogen worden.«[27] Der seine Existenz bedrohende Krieg forcierte die ohnehin schon unterschwellig vorhandene seelische Krise. Erheblich ausdrucksstärker ist noch das Bildnis *Der Trinker, Selbstbildnis* (S. 141), das wohl in der ersten Jahreshälfte 1915 entstand. Kirchners Kriegssituation und existentielle Bedrohung durch den Krieg und seine Folgen kann kaum klarer zum Ausdruck kommen. Die Gestalt eines einsamen Ausgeschlossenen mit ausgemergelt, erstarrtem Gesicht scheint sich aus Verzweiflung nur noch dem giftgrünen Absinth hingeben zu wollen.[28]
1915 meldete sich der fünfunddreißigjährige Kirchner freiwillig zum Militärdienst. Wie viele verband er damit die Hoffnung, die Waffengattung wählen zu können. »Ich bin bei der Musterung zur Feldartillerie gekommen, eine schöne, mir interessante Waffe. Ich warte nun auf Einberufung, beim Militär muß man immer warten.«[29] Dies wird aber wohl nur ein Grund gewesen sein. Die im selben Jahr entstandene Holzschnittfolge zu Adelbert von Chamissos 1814 erschienenem *Peter Schlemihls wundersame Geschichte* (S. 92–95) offenbart einen weiteren Aspekt der Motivation sich freiwillig zu melden. Wie Schlemihl seinen Schatten aus Sehnsucht nach Reichtum verkauft, so hatte sich auch der Künstler, in der Hoffnung auf Erneuerung, an den Krieg und seine Vollstrecker verkauft. Im Juli 1915 wurde Kirchner Rekrut in der Ersatzabteilung des berittenen Mansfelder Feldartillerieregiments Nr. 75 in Halle an der Saale, wo er seine Grundausbildung absolvierte. Während dieser Zeit war Kirchner vermutlich für einen Kurzurlaub in Berlin, wo neben einer Reihe Photographien, die ihn als Artilleriesoldat in Uniform zeigen, vermutlich auch das *Selbstbildnis als Soldat* entstand. Das maskenhafte Portrait mit seinen leeren Augen spiegelt nicht nur seine panische Kriegsangst eindringlich wider. Der rechte Armstumpf mit abgeschossener Hand weist auf die enorme Verlustangst seines

Ernst Ludwig Kirchner · Der Rote Turm in Halle · 1915

wichtigsten Werkinstrumentes, mit dem sein künstlerisches Schaffen auf das Engste verbunden ist, hin, während der Frauenakt, einst Muse und ständiges Motiv zugleich an Inspiration und Anziehungskraft verloren hat.

Noch während der Grundwehrzeit zeigte sich, daß sein über die Jahre durch Entbehrungen geschwächter Körper den Anforderungen des Militäralltags nicht gewachsen war. Mentale Erkrankungen traten in Erscheinung, hervorgerufen durch die eingeforderte Disziplin, die Unterordnung und den militärischen Drill sowie die Einschränkung der persönlichen Freiheit und der Angst vor dem Fronteinsatz. Der auf ihn ausgeübte Druck klaffte mit den in der »Brücke«-Gemeinschaft gelebten Idealen zu stark auseinander. Glücklicherweise war Kirchner in Halle auf Oberleutnant Hans Fehr getroffen, der zuvor als Rechtsprofessor an der Universität in Jena tätig und zudem passives Mitglied der »Brücke« war. »Eines Morgens erschien auf dem Reitplatz ein Soldat, dem man von weitem ansah, daß man ihn nie in eine Uniform hätte stecken sollen. Er ging auf den Oberleutnant zu, schlug unbeholfen die Hacken zusammen und meldete sich an ... [und sagte:] ›Aber ich werde nie ein guter Krieger werden. Ich weiß, wenn ich an die Front komme, werde ich sofort totgeschossen.‹«[30] Hans Fehr, der Mitleid verspürte und für Kirchner Verständnis aufbrachte, konnte erwirken, daß der Künstler bereits im September, nach nur zwei Monaten Dienstzeit, wegen Lungenaffektion und Schwäche bis zum 29. Oktober vorläufig aus dem Kriegsdienst entlassen wurde. »Man sah, wie schwer er litt. Er war blaß und magerte zusehends ab. Jeder mußte es bemerken ..., der Zusammenbruch mußte früher oder später kommen.«[31] Es wurde jedoch die Bedingung gestellt, daß Kirchner sich in Behandlung zu begeben habe. Nachdem keinerlei Besserung eintrat, konnte Hans Fehr erreichen, daß Kirchner ab Anfang November bis zu seiner möglichen Gesundung dienstuntauglich erklärt wurde. »Ich bin momentan vom Militär entlassen und will ein Sanatorium aufsuchen, um mich zu regenerieren. Ich fühle mich halbtot von geistigen und körperlichen Qualen. Dabei hat man die Aussicht, bald wieder eingezogen zu werden.«[32]

Ein weiteres, auf die Zeit in Halle zurückzuführendes Werk, ist *Der Rote Turm in Halle*. Der Marktplatz der Stadt mit der Marienkirche im Hintergrund und dem freistehenden Glocken-Turm mit rotem Backsteinunterbau ist in nächtlich unterkühltes Blau getaucht. Gleich roten Blutströmen winden sich zwei Straßen von vorn nach hinten durch das Bild, die den Turm trapezförmig umschließen. Perspektivisch verzerrt, entsteht das Bild eines weiten, menschenleeren Platzes, den der bedrohlich dunkle Turm dominiert und dem selbst die Häuserfronten weichen. Die dem Bild innewohnende Kälte, durch eine aufziehende monströse Wolke im Bildhintergrund noch verstärkt, versinnbildlicht die Vereinsamung und Entseelung, die der Künstler während jener Zeit empfunden hat. Auch *Das Soldatenbad* (S. 195) verdeutlicht die permanente künstlerische Auseinandersetzung mit seiner Soldatenzeit. Die Situation wirkt durch ihre bedrängende Atmosphäre bedrückend. Entindividualisierte nackte, dürre Männer stehen dicht beisammen in einem Duschraum, der so eng erscheint, daß die uniformierte Aufsicht an die Wand gedrückt wird.

Bereits in der zweiten Dezemberhälfte reiste Kirchner in das Sanatorium Dr. Oscar Kohnstamm nach Königstein im Taunus, wo er etwa bis zum 20. Januar 1916 blieb. Während des Aufenthaltes bis Ende Januar 1916, erhielt er, wohl aus therapeutischen Gründen, den Auftrag zur Ausmalung der Decke des Speisesaales. Die Entwürfe entstanden in Berlin, wohin er für mehrere Wochen zurückgekehrt war. Vom 20. März bis etwa zum 18. April nahm Kirchner die Kur in Königstein dann wieder auf. Abermals kehrte der Künstler nach Berlin zurück, wo er, nun für das Brunnenhaus, einen neuen Entwurf für den zuvor abgelehnten anfertigte. Sein behandelnder Arzt Dr. Kohnstamm stellte nach diesem zweiten Aufenthalt fest: »... Bei Herrn Kirchner handelt es sich abgesehen von einer allgemeinen Schwäche seiner Konstitution, um einen nervösen Erregungszustand, bei dem Schlaflosigkeit und Mißbrauch von Schlafmitteln im Vordergrund stehen. Seine Erregung wird ständig unterhalten durch die Erinnerung an die Militärzeit und das was damit zusammenhängt. Er hat die Absicht, im Juni zu uns zurückzukehren ...[33] Anfang Juni reist er zum letzten Mal nach Königstein, wo nun bis Juli die fünf Fresken, mit Szenen lebensgroßer badender Menschen am Fehmarnstrand entstanden.

Im Königsteiner Sanatorium begab sich Kirchner während des ersten Halbjahres 1916 drei Mal, jeweils für mehrere Wochen, in

Behandlung. Die Diagnose seines Arztes lautete überhöhter Nikotin- und Alkoholkonsum sowie exzessive Einnahme des Schlafmittels Veronal. Eine Odyssee der Sanatoriumsaufenthalte wird diesem ersten folgen.

Zurück in Berlin, begab sich Kirchner bereits Anfang Dezember freiwillig in das Nervensanatorium Dr. Edel in Berlin-Charlottenburg. Botho Graef besuchte ihn dort und berichtete an Gustav Schiefler: »Er war sehr, sehr matt und schwach, aber ganz ruhig und vollkommen klar. Ich habe immer noch keine definitive Nachricht ... Ob die Diagnose auf Paralyse unzweifelhaft ist, ob eine alte Syphilis zugrunde liegt oder nicht. ... Wenn er nur, wie einige glauben, an chronischem Veronalismus leidet, so wäre ja noch ein Schimmer von Hoffnung.[34] Kirchners Familie erwirkte die frühzeitige Entlassung, weil sie ihn nicht in der »Irrenanstalt« wissen wollte.

Zu Beginn des Jahres 1917 reiste Kirchner durch die Initiative Eberhard Grisebachs und dessen Schwiegermutter Helene Spengler, Frau des Lungenarztes Dr. Luzius Spengler, nach Davos, wo er am 19. Januar eintrifft und bis zum 4./5. Februar in der Pension Wijers wohnte. »Er liegt zu Bett und ißt vorläufig gar nichts, nur starken Kaffee und etwas Obst, ... Seine klanglose verlorene Art zu reden beeindruckt mich sehr. Mit [Dr. Spengler] ist er vorläufig noch unzufrieden, da er ihm kein Veronal gibt, das sie ihm im Taunus-Sanatorium unverantwortlicherweise angewöhnt haben.«[35] Nach nur zwei Wochen verließ er Davos, um zurück in Berlin, sich wieder dem Abusus von Veronal hinzugeben, so daß er in taumelndem Zustand fast überfahren wurde. Als er vom Tod seines Freundes und Mentors Botho Graef erfuhr, verschlimmerte sich die seelische Krise abermals. Hinzu kam die Angst, durch eine etwaige Genesung, zum Militärdienst zurückbeordert zu werden. Am 8. Mai traf Kirchner zum zweiten Mal in Davos ein. Dr. Luzius Spengler, ärztlicher Leiter des Sanatoriums Schatzalp, behandelte ihn dort abermals. Der Arzt bestätigte nicht nur die Veronalsucht, sondern diagnostizierte zugleich die Abhängigkeit von Morphium, welches ihm offensichtlich während einer seiner Sanatoriumsaufenthalte in Deutschland verabreicht wurde. Narkotika und Alkohol wurden ihm fortan entzogen. Auf eigenen Wunsch zog Kirchner Mitte Juni für zwei Monate, zusammen mit der aus Berlin mitgereisten Pflegeschwester Hedwig, in die Rüeschhütte auf der Stafelalp oberhalb von Frauenkirch. Sein Gesundheitszustand war äußerst schlecht. »... Ich bin völlig erschlafft und herunter mit den Nerven ... Ein paar Berge sehe ich vom Bett aus ...[36] Der Künstler ist bettlägerig und leidet unter einer Nervenlähmung, die eine Bewegungslosigkeit seiner Beine hervorruft. Auch die Hände kann er fast nicht mehr gebrauchen. »... Es geht mir nicht gut, und ich muß wegen Bewegungslosigkeit meiner Hände und Beine in strengste ärztliche Behandlung.«[37] Es entstanden dennoch Gemälde, graphische Arbeiten und Zeichnungen.

So wie die Kokotten, Straßenszenen und Stadtlandschaften die Werke der Berliner Zeit und die Soldaten die Arbeiten der Zeit in Halle beherrschten, so waren es in Davos nun die Gebirgslandschaften und ihre Bewohner, denen sich Kirchner in seinem künstlerischen Schaffen zuwandte.

Der Erste Weltkrieg, der am 11. November 1918 offiziell zu Ende war, hinterließ eine traurige Bilanz: nahezu 10 Millionen Gefallene, 21 Millionen Verwundete sowie Inflation, Arbeitslosigkeit und Elend. Statt neu erstarkt und geschaffen wie »Phönix aus der Asche« emporzusteigen, befand sich Deutschland in einem unermeßlichen Zustand der Erschöpfung, Niedergeschmettertheit und Orientierungslosigkeit.

Nach Kriegsende ging die expressionistische Bewegung mit der jüngeren »zweiten Generation« der um 1890 Geborenen neue, politisch ausgerichtete Wege. Der Gruppe der Expressionisten standen zwar die Bilder von Krieg und Elend noch vor Augen, doch suchte keiner nach einer Erklärung der Geschehnisse. Beeindruckt von der russischen Oktoberrevolution 1917, bekannten sich viele unter ihnen nun zum Sozialismus und der allumfassenden Brüderlichkeit, träumten von der Wandlung, die den Menschen vom Schlechten zum Guten bringen würde. »Worauf es morgen ankommt, was mir und anderen nottut, das ist ein fanatischer, inbrünstiger Naturalismus, eine glutvoll männliche und unbeirrte Wahrhaftigkeit. Wir haben die große Gesichte geschaffen – wie können wir das anders als mit den Formen der sichtbaren Welt!«[38] Deutlich verhaltener reagierte Max Beckmann: »Vielleicht wird auch durch verringerte Geschäftstüchtigkeit, vielleicht sogar, was ich kaum zu hoffen wage, durch ein stärkeres kommunistisches Prinzip, die Liebe zu den Dingen und ihrer selbst willen größer werden, und nur darin sehe ich eine Möglichkeit, wieder zu einem großen, allgemeinen Stilgefühl zu kommen.«[39]

Wenngleich die Ideologie der expressionistische Bewegung gescheitert war, hatte sie einen maßgeblichen Anteil am Durchbruch der Moderne. Mit ihrem Bemühen um das Festhalten innerer Befindlichkeiten, verhalf sie der Kunst und Literatur zu neuen Ausdrucksmöglichkeiten. In zwei Jahrzehnten hat die verhältnismäßig kleine Gruppe an Künstlern und Literaten mit ausdauerndem, gewaltigem Aufward an geistigen und psychischen Kräften einen epochalen Umbruch vollzogen. Dessen bis zum äußersten gesteigerte gestalterische Intensität fand mit dem Ende des Ersten Weltkrieges und dem Anbruch der Weimarer Republik ein rasches Ende. »Wir gehen wohl einer schweren Zeit entgegen. ... Wir müssen teilnehmen an dem großen Elend, das kommen wird. Unser Herz und unsere Nerven müssen wir preisgeben dem schaurigen Schmerzensgeschrei der armen getäuschten Menschen. Gerade jetzt müssen wir uns den Menschen so nah wie möglich stellen. Das ist das einzige, was unsere eigentlich recht überflüssige und selbstsüchtige Existenz einigermaßen motivieren kann. Daß wir den Menschen ein Bild ihres Schicksals geben, und das kann man nur, wenn man sie liebt. ... Aus einer gedankenlosen Imitation des Sichtbaren, aus einer schwächlich archaistischen Entartung in leeren Dekorationen und aus einer falschen und sentimentalen Geschwulstmystik heraus werden wir jetzt hoffentlich zu der transzendenten Sachlichkeit kommen, die aus einer tiefen Liebe zur Natur und den Menschen hervorgehen kann.«[40]

1 Uwe M. Schneede: *George Grosz. Der Künstler in seiner Gesellschaft*, Köln 1975, S. 23.
2 Feldpostkarte von Ernst Wilhelm Lotz an Ludwig Meidner vom 7.8.1914, in: *Expressionismus. Literatur und Kunst 1910–1923*, hrsg. von Bernhard Zeller, Ausst.Kat. Deutsches Literaturarchiv im Schiller-Nationalmuseum Marbach a.N., München 1960, S. 110.
3 Alfred Döblin: *Es ist Zeit*, zitiert nach: Angela Jurkat: *Apokalypse – Endzeitstimmung in der Kunst und Literatur des Expressionismus*, Phil. Diss. Universität Bonn 1993, S. 139.
4 Ernst Wilhelm Lotz: *Prosaversuche und Feldpostbriefe*, wie Anm. 3, S. 140.
5 Brief von Max Beckmann an Minna Beckmann-Tube vom 11.10.1914, in: Max Beckmann: *Briefe*, hrsg. von Klaus Gallwitz, Uwe M. Schneede und Stephan von Wiese unter Mitarbeit von Barbara Golz, 3 Bände, München/Zürich. Hier: Band 1. 1899–1925, bearbeitet von Uwe M. Schneede, S. 100.
6 Wie Anm. 1, S. 40.
7 Wie Anm. 5, S. 100.
8 Brief von Max Beckmann an Minna Beckmann-Tube vom 1.5.1915, wie Anm. 5, S. 124.
9 Brief von Max Beckmann an Minna Beckmann-Tube vom 18.4.1915, wie Anm. 5, S. 118.
10 Brief von Max Beckmann an Minna Beckmann-Tube vom 4.5.1915, wie Anm. 5, S. 126ff.
11 Brief von Max Beckmann an Minna Beckmann-Tube vom 20.4.1915, wie Anm. 5, S. 119.
12 *Max Beckmann. Retrospektive*, hrsg. von Carla Schulz-Hoffmann und Judith C. Weiss, Ausst.Kat. München und Berlin, München 1984, S. 203.
13 Brief von Max Beckmann an Minna Beckmann-Tube vom 20.4.1915, wie Anm. 5, S. 121.
14 Dietrich Schubert: *Max Beckmann. Auferstehung und Erscheinung der Toten*, Worms 1985, S. 57.
15 Ders., S. 70f.
16 Otto Dix: *Gespräch über Kunst, Religion, Krieg, 1963*, zitiert nach: Diether Schmidt: *Otto Dix im Selbstbildnis*, Berlin (Ost) 1978, S. 237.
17 Dietrich Schubert: *Otto Dix*, Reinbek 1980, S. 24.
18 Mathias Eberle: *Der Weltkrieg und die Künstler der Weimarer Republik. Dix, Grosz, Beckmann, Schlemmer*, Stuttgart/Zürich 1989, S. 32.
19 Interessanterweise dokumentiert sich diese Tatsache auch in den Titeln seiner Blätter. Tragen die Blätter aus der Kriegszeit allgemein gefaßte Titel wie *Handgemenge*, 1917 oder *Trümmerstätte*, 1915/16, enthalten die Radierungen der o.g. Folge detaillierte Angaben zum Geschehen, zu Zeit und Ort.
20 Otto Dix: *Feldpostkarten, Anfang 1916*, Kunstgalerie Gera, D/Z 13, 14.
21 Brief von George Grosz an Otto Schmalhausen vom 15.3.1917, in: Hans Hess: *George Grosz*, Dresden 1982, S. 46.
22 George Grosz: *Abwicklung*, in: *Das Kunstblatt*, 8/2, 1924, S. 36.
23 George Grosz: *Ein kleines Ja und ein großes Nein*, Hamburg 1955, S. 113.
24 Ders., S. 114.
25 Hans-Jürgen Buderer: *Neue Sachlichkeit. Bilder auf der Suche nach der Wirklichkeit. Figurative Malerei der zwanziger Jahre*, hrsg. von Manfred Fath, Ausst.Kat. Kunsthalle Mannheim, München/New York, 1994, S. 77ff.
26 Brief von Ernst Ludwig Kirchner an Gustav Schiefler vom 28.12.1914, in: *Ernst Ludwig Kirchner. Gustav Schiefler. Briefwechsel 1910–1935/38. Mit Briefen von und an Luise Schiefler und Erna Kirchner sowie weiteren Dokumenten aus Schieflers Korrespondenz-Ablage*, bearbeitet von Wolfgang Henze mit Annemarie Dube-Heynig und Magdalena Kraemer-Noble, Stuttgart/Zürich 1990, S. 70.
27 Ders., S. 69.
28 In der Tat sollen Kirchners nervöse Angstzustände zum erhöhten Konsum von Absinth geführt haben – laut Erna Schilling rund einem Liter täglich.
29 Brief von Ernst Ludwig Kirchner an Gustav Schiefler vom 29.4.1915, wie Anm. 26, S. 71.
30 Hans Fehr, zitiert nach: Lucius Grisebach: *Ernst Ludwig Kirchner. 1880–1938*, Köln 1999, S. 128.
31 Ebenda.
32 Brief von Ernst Ludwig Kirchner an Karl Ernst Osthaus vom 7.12.1915, zitiert nach: Hans Bollinger und Georg Reinhardt: *Ernst Ludwig Kirchner 1880–1938. Eine biographische Text-Bild-Dokumentation*, in: *Ernst Ludwig Kirchner 1880–1938*, Ausst.Kat. Nationalgalerie Berlin; Haus der Kunst München; Museum Ludwig in der Kunsthalle Köln und Kunsthaus Zürich, Berlin 1979 S. 70.
33 Brief von Oskar Kohnstamm an Karl Ernst Osthaus vom 23.4.1916, wie Anm. 30, S. 71.
34 Brief von Botho Graef an Gustav Schiefler vom 17.12.1916, wie Anm. 26, S. 84.
35 Helene Spengler, wie Anm. 30, S. 146.
36 Brief von Ernst Ludwig Kirchner an Gustav Schiefler vom 14.7.1917, wie Anm. 26, S. 92.
37 Brief von Ernst Ludwig Kirchner an Gustav Schiefler vom 2.9.1917, wie Anm. 26, S. 93. Die Vermutung, daß es sich um psychosomatische Krankheitserscheinungen handelte, liegt auf der Hand.
38 Ludwig Meidner: *An alle Künstler, Dichter, Musiker*, zitiert nach: Roland März: *Realismus und Sachlichkeit. Aspekte deutscher Kunst 1919–1933*, Ausst.Kat. Nationalgalerie Berlin, Berlin (Ost) 1974, S. 171.
39 Max Beckmann: *Bekenntnis*, wie Anm. 38, S. 169.
40 Ebenda.

Max Beckmann · Weinende Frau · 1914 · Kat.Nr. 76

Max Beckmann · Die Granate · 1915 · Kat.Nr. 77

Otto Dix · Handgemenge · 1917 · Kat.Nr. 78

Otto Dix · Selbstbildnis als Soldat · 1914 · Kat.Nr. 79

Otto Dix · Krieger mit Pfeife · 1918 · Kat.Nr. 80

Otto Dix · Landschaft (Schützengraben) · um 1917 · Kat.Nr. 81

Otto Dix · Verwundete am Abend   Finale · 1917 · Kat.Nr. 82

Otto Dix · Selbstbildnis als Mars · 1915 · Kat.Nr. 83

Wilhelm Lehmbruck · Pieta · 1916 · Kat.Nr. 84

Max Beckmann · Kreuzabnahme · 1917 · Kat.Nr. 85

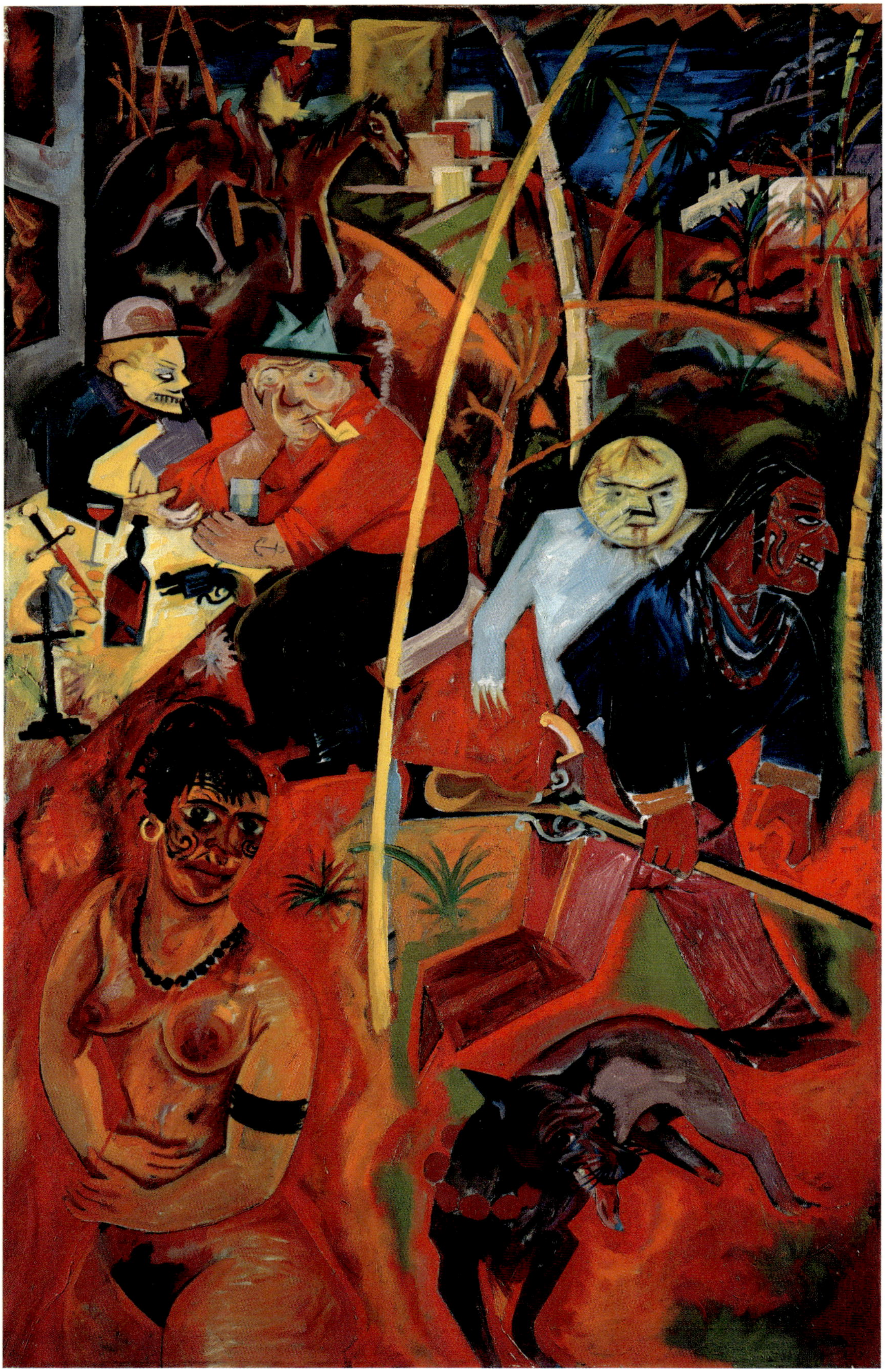

George Grosz · Wildwest · 1916 · Kat.Nr. 86

George Grosz · Metropolis (Blick auf Metropolis) · 1916/17 · Kat.Nr. 87

Ernst Ludwig Kirchner · Selbstbildnis mit Mädchen · 1914 · Kat.Nr. 88

Ernst Ludwig Kirchner · Das Soldatenbad · 1915 · Kat.Nr. 89

Kirchners Berliner Jahre 1911 bis 1917

Katharina Henkel

1911 Im Januar ist Ernst Ludwig Kirchner zu Besuch in Berlin, wo er Otto Mueller und Max Pechstein aufsucht. Durch die Anregung Pechsteins nimmt Kirchner Kontakt zu Herwarth Walden, Gründer der Berliner Galerie »Der Sturm« und Herausgeber der gleichnamigen Zeitschrift auf. In der Zeitschrift wird im April des Jahres eine Zeichnung Kirchners reproduziert. Vom Juli bis zum März 1912 folgen der Publizierung dieser in regelmäßiger Folge zehn Holzschnitte. In diesem Jahr tritt er als Mitglied in den »Sonderbund westdeutscher Kunstfreunde und Künstler« ein, nachdem er 1910 in der Düsseldorfer Sommerausstellung des »Sonderbundes« mit zwei Gemälden vertreten war.

Am ersten Oktober lebt Kirchner noch in Dresden, gibt in der Folgezeit jedoch seinen dortigen Wohnsitz auf, um seinen beiden Künstlerkollegen Pechstein und Mueller nach Berlin zu folgen. Mit der Übersiedelung in die Metropole ist der Künstler dem aktuellen und internationalen Kunstgeschehen näher und ihm eröffnet sich eine neue Themenwelt. Noch im Oktober bezieht er sein erstes Berliner Atelier im dritten Stock der Durlacher Straße 14, Berlin-Wilmersdorf. Zusammen mit Pechstein, der eine Atelierwohnung im selben Haus bewohnt, gründet er dort im zweiten Stockwerk eine Zeichenschule. Aus dem von Kirchner entworfenen Plakat gehen folgende Informationen hervor: »MUIM-Institut. Moderner Unterricht in Malerei, Graphik, Plastik, Teppich-, Glas-, Metall-Arbeit. Malerei in Verbindung mit Architektur. Unterricht mit neuen Mitteln auf neue Art. Skizzieren nach dem Leben, verbunden mit Komposition. Unterricht im Institut oder Atelier des Einzelnen. Institut tagsüber zur Verfügung. Im Sommer Freilichtakt an der See. Fördernde Korrektur aus der Eigenart des Einzelnen heraus«. Jeweils Montag und Samstag von zwölf bis dreizehn Uhr erteilen beide Künstler für eine monatliche Gebühr von 60 Mark Unterricht. Mit der Gründung des Institutes verknüpft sich die Hoffnung, eine begabte und junge Künstlerschaft heranzuziehen. Zwei der heute noch in der Literatur nachweisbaren Schüler sind Werner Gothein und Hans Gewecke.

Im Laufe des Dezembers ziehen auch Erich Heckel und Karl Schmidt-Rottluff nach Berlin. Im selben Jahr entsteht die sechste Jahresmappe der »Brücke«.

Wilhelm Simon Guttmann, Schriftsteller und Gründer der Literaturzeitschrift »Neue Weltbühne«, stellt den Kontakt zum Literatenclub »Neuer Club« her. Der Zirkel, dem unter anderen auch Georg Heym, Kurt Hiller, Erwin Loewenson, Jacob van Hoddis und Carl Einstein zugehören, veranstaltet seit 1910 im »Neopathetischen Cabaret« öffentliche Vorträge und Rezitationsabende. Kirchner und die »Brücke« beteiligten sich zum Jahresende an der von Georg Tappert initiierten vierten Ausstellung der »Neuen Secession«, – an der auch die »Neue Künstlervereinigung München« (Franz Marc u. a.) und Maler der Pariser und Prager Moderne teilnahmen.

1912 In der ersten Hälfte des Jahres ist eine besonders rege Ausstellungsbeteiligung der am 7.6.1905 von Ernst Ludwig Kirchner, Fritz Bleyl, Erich Heckel und Karl Schmidt-Rottluff gegründeten Dresdener Künstlergemeinschaft »Die Brücke« zu verzeichnen, die die Gruppe nie zuvor und auch nie wieder danach erreicht.

Vom 1. Februar bis 31. März nimmt die Gruppe an der Ausstellung des »Deutschen Künstlerbundes« in der Bremer Kunsthalle teil. Im Februar werden die Mitglieder zu der zweiten Ausstellung der Münchner Künstlergruppe »Der Blaue Reiter« in der Galerie von Hans Goltz eingeladen. Kirchner ist in München mit graphischen Blättern vertreten. Es folgt vom 12. März bis April die Beteiligung an der »Ersten Ausstellung. Der Blaue Reiter, Franz Flaum, Oskar Kokoschka, Expressionisten« in Herwarth Waldens Berliner Galerie »Der Sturm«. Im April findet die wohl wirkungsvollste »Brücke«-Ausstellung im Berliner Kunstsalon von Fritz Gurlitt in der Potsdamerstraße 113 statt, die anschließend im September in der Galerie »Commeter« in Hamburg gezeigt wird. Mitte Mai erscheint das Epoche machende Buch »Der Blaue Reiter« von Wassily Kandinsky und Franz Marc. Darin enthalten sind auch künstlerische Beiträge von Kirchner, Heckel und Mueller. Pechstein und Schmidt-Rottluff sind nicht vertreten.

Kirchner setzt sich mit den Werken der italienischen Futuristen, die in der Galerie »Der Sturm« vom 12. April bis zum 31. Mai ausgestellt werden, auseinander. Die Arbeiten beeindrucken ihn, und er erkennt Parallelen zu seinen eigenen künstlerischen Zielen.

Es kommt zur ersten Begegnung zwischen Kirchner und dem Dichter und Nervenarzt Alfred Döblin, der im selben Jahr nach Berlin zieht. Die Freundschaft zu Alfred Döblin manifestiert sich in einer Reihe von vorbereitenden Zeichnungen und Studien für ein gemaltes Portrait des Dichter-Arztes.

Das für die Künstler der »Brücke« wohl einschneidendste Ereignis

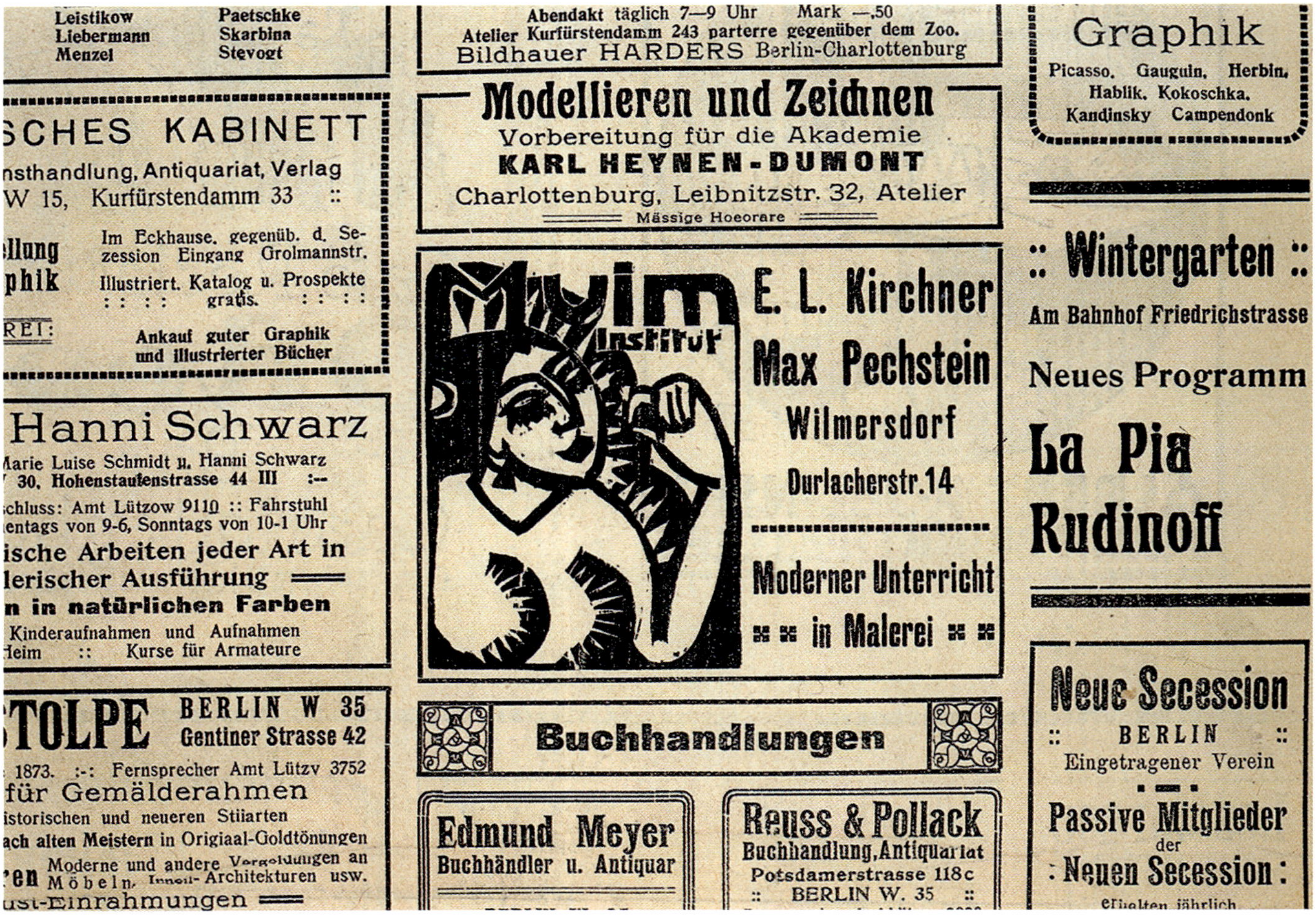
Leistikow Paetschke
Liebermann Skarbina
Menzel Stevogt

SCHES KABINETT
nsthandlung, Antiquariat, Verlag
W 15, Kurfürstendamm 33 ::
llung Im Eckhause, gegenüb. d. Sezession Eingang Grolmannstr.
phik Illustriert. Katalog u. Prospekte : : : : gratis. : : : :
REI: Ankauf guter Graphik und illustrierter Bücher

Hanni Schwarz
Marie Luise Schmidt u. Hanni Schwarz
30, Hohenstaufenstrasse 44 III :--
schluss: Amt Lützow 9110 :: Fahrstuhl
entags von 9-6, Sonntags von 10-1 Uhr
ische Arbeiten jeder Art in
lerischer Ausführung
n in natürlichen Farben
Kinderaufnahmen und Aufnahmen
Heim :: Kurse für Armateure

STOLPE BERLIN W 35
Gentiner Strasse 42
1873. :-: Fernsprecher Amt Lützv 3752
für Gemälderahmen
istorischen und neueren Stilarten
ach alten Meistern in Origiaal-Goldtönungen
Moderne und andere Vergoldungen an Möbeln, Innen-Architekturen usw.
ust-Einrahmungen

Abendakt täglich 7—9 Uhr Mark —.50
Atelier Kurfürstendamm 243 parterre gegenüber dem Zoo.
Bildhauer HARDERS Berlin-Charlottenburg

Modellieren und Zeichnen
Vorbereitung für die Akademie
KARL HEYNEN-DUMONT
Charlottenburg, Leibnitzstr. 32, Atelier
Mässige Honorare

Muim Institut
E. L. Kirchner
Max Pechstein
Wilmersdorf
Durlacherstr. 14
Moderner Unterricht
in Malerei

Buchhandlungen

Edmund Meyer
Buchhändler u. Antiquar

Reuss & Pollack
Buchhandlung, Antiquariat
Potsdamerstrasse 118c
:: BERLIN W. 35 ::

Graphik
Picasso, Gauguin, Herbin,
Hablik, Kokoschka,
Kandinsky Campendonk

:: Wintergarten ::
Am Bahnhof Friedrichstrasse
Neues Programm
La Pia
Rudinoff

Neue Secession
:: BERLIN ::
Eingetragener Verein
Passive Mitglieder
der
: Neuen Secession :
erhalten jährlich

Ernst Ludwig Kirchner · Anzeige des MUIM-Institutes in einer Zeitung · 1911

des Jahres ist die abermalige Einladung zur Internationalen Kunstausstellung des »Sonderbundes Westdeutscher Kunstfreunde und Künstler«, die vom 25. Mai bis zum 30. September in Köln stattfindet. Mit der Möglichkeit, sich auf dieser Ebene zu präsentieren, sind Kirchner und die »Brücke«-Künstler offiziell in die internationale Kunstelite Europas aufgenommen. Zusammen mit Heckel übernimmt Kirchner den Großauftrag zur Gestaltung der »Sonderbundkapelle«, eine Auszeichnung, die die errungene Position der Künstler unterstreicht. In direkter Nachbarschaft zu den Kirchenfenstern Jan Thorn-Prikkers, malt Kirchner für die dreizehn Meter hohe Apsis eine vier Meter große Madonna auf eine Jutebespannung – sie bleibt sein einziges religiöses Motiv. Sechs Entwürfe für Wunderdarstellungen des Alten und Neuen Testaments werden auf Wunsch der Geistlichen in Ornamentik umgestaltet. Durch die Behandlung des Materials, das vielmehr gebeizt oder gebatikt als bemalt ist, gewinnen die Darstellungen an Tiefe und Pracht. Während der Ausstellung begegnet er Edvard Munch mit Sympathie, dem vor Ort eine Sonderausstellung gewidmet ist.

Seitens seiner Malerkollegen erhält Kirchner den Auftrag, eine »Chronik der Brücke« zu verfassen und herauszugeben.

Auf der Suche nach einer geeigneten Begleitung für den Aufenthalt auf Fehmarn, lernt Kirchner im Sommer des Jahres 1912 die Berlinerinnen Erna Schilling (1884–1945) und ihre Schwester Gerda (1883–1923) in einem Lokal kennen. Die Schwestern treten dort als Nachtklubtänzerinnen auf. Erna wird in diesem Sommer die Lebenspartnerin bis zu seinem Tod 1938.

Vom 26. Juni bis 5. September, wohl im Anschluß an den Aufenthalt in Köln, weilt Kirchner zum zweiten Mal, zusammen mit Erna und Gerda Schilling, auf der Insel Fehmarn. Sie wohnen im Haus des Leuchtturmwärters von Staberhuk nahe des Ortes Burg, der sich an der Südostspitze der Insel befindet. In Begleitung seiner Freundin Sidi Riha besucht Heckel das Trio während des Sommers für kurze Zeit. Wie während der Dresdener Jahre an den Moritzburger Seen verfolgt der Künstler auch hier das Studium des nackten Menschen in der freien Natur. Seine Figuren werden nun straffer, elastischer und beschwingt. Nach seinem künstlerischen Verständnis entsteht hier eines der Hauptwerke dieser Zeit, das Gemälde *Ins Meer Schreitende*.

Während des Sommers läuft im Museum-Folkwang in Hagen die Ausstellung »Plastik Malerei Graphik«, zu der Kirchner Zeichnungen schickt. Von August bis September zeigt die Hamburger Galerie »Commeter« zahlreiche Gemälde und Blätter der »Brücke«-Künstler

Ausstellung der Künstlergruppe »Brücke« in der Galerie von Fritz Gurlitt, Berlin · April 1912

und auch in Prag werden zwischen September und November Werke der Künstlergemeinschaft präsentiert.

Waren bereits im Frühjahr 1911 die ersten Zeichen eines neuen Stiles zu vermerken, die durch eine Phase intensivster Beschäftigung mit außereuropäischer Kunst eingeleitet wurde, findet Kirchner jedoch erst gegen Ende des Jahres 1912 zu seinem so genannten »Berliner Stil«. Basierend auf der Auseinandersetzung mit Zeugnissen außereuropäischer Kunst, kennzeichnen den voll entwickelten neuen Stil Rundheit in der Proportion, schattengleiche Umrißlinien und Schraffuren, spitze Formgebungen sowie weiche Kontraste zwischen nebeneinanderliegenden Farben. Noch im selben Jahr werden die Körperformen der Figuren jedoch schmaler, ein Phänomen, das Kirchner auf den Körperwuchs der beiden Schwestern Gerda und Erna Schilling zurückführt.

In der zweiten Jahreshälfte beginnt Kirchner mit einer Gemäldeserie, die Berliner Stadtansichten darstellt. Durch die Bekanntschaft mit den Berliner Großstadtdichtern angeregt, entstehen Werke mit Ausschnitten der modernen Metropole. Ergänzend zu den Stadtlandschaften schafft er Bilder mit Tänzerinnen, Varieté- und Zirkusdarstellungen; vor allem das Motiv der Bordellszenen findet Eingang in sein Themenrepertoire. Die Stadtszenen nehmen fortan einen großen Raum des Œuvres ein: Es entstehen Hauptwerke wie *Rotes Elisabethufer, Berlin, Straße am Stadtpark Schöneberg* und *Nollendorfplatz*, die ein vibrierender und nervöser Duktus kennzeichnet. Mit den Themen des modernen Großstadtlebens gewinnt sein Werk eine neue Qualität, während seine künstlerische Entwicklung weiterhin stringent verläuft.

Kirchner setzt sich zudem erneut mit der Darstellung des weiblichen Aktes auseinander. Ausschlaggebend ist nicht allein der Kontakt zu den jungen Berliner Dichterkreisen, sondern ebenso das allgegenwärtige Angebot des nächtlichen Amüsierbetriebes, die Konfrontation mit der Prostitution. Der Akt bis dahin, etwa während seines Fehmarnaufenthaltes, in der freien Natur beobachtet und festgehalten, wird nun in einen neuen Bildzusammenhang gesetzt. In Verbindung mit einer männlichen, bekleideten Figur wird das Motiv zur Darstellung einer Kokotte mit ihrem Freier.

Im Herbst wird das Institut »Moderner Unterricht in Malerei« aufgrund mangelnden Schülerzuspruches aufgelöst. Möglicherweise spielen dabei aber auch die sich bereits zu Beginn des Jahres abzeichnenden Spannungen mit Pechstein eine Rolle.

Pechstein wird aus der Künstlergemeinschaft »Die Brücke« ausgeschlossen. Als einziger »Brücke«-Künstler wird er zur Teilnahme an

ÜBER DIE MALEREI

Die Malerei ist die Kunst, die auf der Fläche ein sinnliches Erlebnis darstellt. Das Mittel der Malerei ist die Farbe als Fläche und Linie. Der Maler gestaltet die sinnliche Konzeption seines Erlebnisses zum Werk. Durch stete Übung weiss er seine Mittel anzuwenden. Es gibt keine festen Regeln dafür. Die Gesetze für das einzelne Werk bilden sich bei der Arbeit aus der Persönlichkeit des Schaffenden, aus der Art der Technik und der Aufgabe. Man kann die Gesetze aus dem fertigen Werk ablesen, aber nie kann man auf Gesetzen und Vorwurf ein Werk aufbauen. Die sinnliche Lust am Gesehenen ist der Ursprung aller bildenden Kunst von Anfang an. In der heutigen Zeit übernimmt die Photographie die exakte Darstellung. Die davon frei gewordene Malerei bekommt ihre ursprüngliche Bewegungsfreiheit zurück. Die instinktive Steigerung der Form im sinnlichen Erlebnis wird impulsiv auf die Fläche übertragen. Das technische Hilfsmittel der Perspektive wird zu einem Mittel der Komposition. Durch die restlose Umsetzung des Erlebnisses in die Arbeit entsteht das Kunstwerk.

E. L. Kirchner.

Ernst Ludwig Kirchner · Titelholzschnitt der Chronik KG Brücke · 1913 · Kat.Nr. 90
Ernst Ludwig Kirchner · Über die Malerei · 1913/Druckblatt aus der Chronik KG Brücke

der Ausstellung der »Neuen Secession« eingeladen und nimmt, ohne die Zustimmung seiner Kollegen, daran teil.
Den Abschluß des Jahres der »Brücke«-Künstler bildet die »Erste Gesamt-Ausstellung« in der Münchner Galerie »Neue Kunst« von Hans Goltz, wo jedoch vorwiegend Werke der Künstler des »Blauen Reiters« zu sehen sind.

1913 Mit dem Umzug aller »Brücke«-Mitglieder von Dresden nach Berlin, löst sich der Zusammenhalt innerhalb der Gruppe verhältnismäßig schnell. Als stilistisch relativ einheitliche Künstlergruppe haben die Künstler in Berlin nur geringe Chancen auf Anerkennung und Fortkommen. Jeder Einzelne muß hier zwangsläufig seinen eigenen, neuen Weg finden und so divergiert die Gruppe zusehens. Am 27. Mai kommt es zur Auflösung der Künstlergemeinschaft aufgrund eines Konfliktes: Kirchner, Herausgeber der »Chronik KG Brücke«, verfaßte die Textpassagen so subjektiv, daß der Eindruck entsteht, er habe seit Gründungsdatum als alleiniger Initiator der Gemeinschaft und Schöpfer sämtlicher Gedanken und Ideen fungiert. Die Mitglieder traten daher im höchsten Maße empört aus der Gemeinschaft aus.
Werke der »Brücke«-Mitglieder und auch drei Gemälde Kirchners werden im Frühjahr in der 26. Ausstellung der »Berliner Secession« präsentiert. Ferner schickt Hans Goltz ein Ölgemälde Kirchners zur berühmten »Armory Show«, die in New York vom 17. Februar bis zum 15. März, in Chicago vom 24. März bis zum 15. April und in Boston vom 28. April bis zum 18. Mai zu sehen ist. Parallel dazu wird von April bis Mai eine seiner Holzskulpturen in Budapest ausgestellt. Vom 4. Mai bis zum 30. September sind fünf seiner Werke in der Mannheimer Kunsthalle in der Ausstellung des »Deutschen Künstlerbundes« zu sehen. Zeitgleich ist der Maler mit einem Werk auf der LIA »Die Figurenmalerei und Bildnerei der letzten 30 Jahre« von Mai bis Oktober in Leipzig vertreten.
Im Sommer reist Kirchner von Mitte Juni bis Ende September zum dritten Mal auf die Ostseeinsel Fehmarn, wohin ihn Erna Schilling und die beiden ehemaligen MUIM-Schüler Werner Gothein und Hans Gewecke begleiten. Auch der Maler Mueller stößt mit seiner Frau Maschka zu der Gruppe hinzu. Während der Sommermonate entsteht Kirchners erstes Selbstbildnis mit Erna, das *Turmzimmer.*
Eine weitere Ausstellungsbeteiligung für die Künstler der »Brücke«, zusammen mit der Künstlergruppe »Der Blaue Reiter«, ergibt sich von August bis September in der »II. Gesamt-Ausstellung« in der Galerie von Hans Goltz in München, wo Kirchner mit dreizehn Gemälden und einigen graphischen Blättern vertreten ist.
Das Gemälde *Sich kämmender Akt* greift das bereits 1912 angedeutete neue Figurenideal des Künstlers auf, die Linienführung spitzt sich jedoch weiter zu. Das Gemälde leitet unmittelbar in die Serie der »Straßenszenen« über und findet sich modifiziert in nachfolgenden Werken wieder. Der weibliche Akt – auch in Kombination mit einem Freier – wird nun aus der Intimität des Interieurs hinaus auf die öffentliche Straße gestellt.

Im Herbst, zurückgekehrt nach Berlin, schafft Kirchner die ersten Gemälde mit modisch gekleideten Kokotten auf der Straße, die ihn als Thema bis 1915 in Bann ziehen werden. In dieser kurzen Zeit entsteht nicht einmal ein Dutzend Gemälde zu diesem Motiv, aber äußerst qualitätvolle Arbeiten, die zu den Wichtigsten seines Gesamtœuvres zählen. Am Anfang dieser Serie steht das Gemälde *Fünf Frauen auf der Straße*, dem die *Berliner Straßenszene* und *Die Straße* sowie etliche Zeichnungen folgen.

Vom 20. September bis zum 1. Dezember werden die italienischen Futuristen ein zweites Mal in der Ausstellung des »Ersten Deutschen Herbstsalons« in der Galerie »Der Sturm« präsentiert. Es ist denkbar, daß er dort entscheidende Impulse, etwa die für die Futuristen typische Reihung eines Motivs, erfährt, was zu einer stilistischen und ikonographischen Veränderung seines Werkes führt. Das Gemälde *Friedrichstraße, Berlin*, das im nächsten Jahr entstehen soll, vermittelt die Anwendung dieses Stilmittels besonders deutlich.

Im Oktober bezieht der Künstler zusammen mit Erna Schilling eine neue Atelierwohnung, die über die ganze Etage des Dachgeschosses in der Körnerstraße 45, Berlin-Steglitz, verläuft. Freunde erschrecken über die Armut und Einfachheit der Behausung, werden jedoch von der künstlerischen Atmosphäre eingefangen, denn auch hier sind die Wände farbig gehalten und mit Werken bestückt, Vorhänge sind bemalt oder gebatikt und auch die selbstgeschnitzten Möbel sind mitgezogen. Objekte und Gegenstände aus Afrika und

Stadtplan des Bezirkes Berlin-Steglitz

Ernst Ludwig Kirchner · Hugo Biallowons und Erna Schilling im Atelier · 1915 · Kat.Nr 91

Asien ergänzen das Wohnambiente. Erna Schilling fertigt nach Kirchners Entwürfen Stickereien an.
Der Umzug in die unmittelbare Nähe einer Bahnstrecke bewirkt eine zunehmende Auseinandersetzung mit den Arterien der modernen Großstadt, was sich in Werken mit Themen der urbanen Landschaft, durchzogen von Eisenbahntrassen und -brücken, niederschlägt.
In diesem Zeitraum entstehen auch vier Holzschnittillustrationen nebst Titelblatt zu Alfred Döblins Novelle »Das Stiftsfräulein und der Tod«, die bereits im Jahr darauf vom Berliner Verlag Alfred Richard Meyer publiziert wird. Ferner schneidet er drei weitere Holzschnitte zu dem Drama »Komtess Mizzi«, das aus der Feder desselben Autors stammt.
Im Oktober findet Kirchners erste Einzelausstellung statt, die von Karl Ernst Osthaus, Gründer und Leiter des Museums-Folkwang in Hagen angeregt und vermittelt, eben dort stattfindet. Eine weitere Präsentationsebene bietet ihm die Berliner Galerie von Fritz Gurlitt.

1914 Den Ausstellungsauftakt des neuen Jahres macht Dresden. Ernst Arnold zeigt in seiner Galerie mit der Exposition »Die Neue Malerei« einen Überblick der expressionistischen Malerei der Künstlergruppen »Die Brücke« und »Der Blaue Reiter«. In der Wanderausstellung »Der Blaue Reiter« mit den Stationen Helsingfors, Trondheim und Göteborg sind Arbeiten Kirchners und Pechsteins von Februar bis Juli zu sehen.
Auf Einladung von Eberhard Grisebach findet von Februar bis März eine weitere große Einzelausstellung im Jenaer Kunstverein statt. Die Bekanntschaft mit dem gleichaltrigen Philosophen, der Universitätsprofessor und Leiter des Jenaer Kunstvereines ist, wird sich über die Jahre vertiefen. Ferner trifft Kirchner in Jena auf einen kleinen Zirkel aufgeschlossener Professoren und Assistenten. Zu Botho Graef, Professor für Archäologie und Kunstgeschichte, verbindet ihn seit der ersten Zusammenkunft eine enge Freundschaft, er lernt dessen Freund Hugo Biallowons kennen sowie das Ehepaar Eucken, den Dichter Karl Theodor Bluth und den Biologieprofessor Julius Schaxel. Botho Graef, einer der wichtigsten Fürsprecher junger, innovativer Kunst und späterer Förderer Kirchners, hält am 15. Februar den Eröffnungsvortrag.
Das Frühjahr verbringt der Künstler in Berlin. Zwischen Februar und April entstehen mehrere Gemälde mit Straßenszenen. Das Thema der Kokotte auf der Straße findet sich im Gemälde *Friedrichstraße, Berlin* oder in der farbigen Kreidezeichnung *Rote Kokotte*. Der Farbauftrag gestaltet sich als aufgefächerte, an Vogelgefieder erinnernde, dichte Pinselstrichfolge, die die Gesamtfläche füllt.
Für das Gemälde *Potsdamer Platz* beginnt Kirchner zwei große Vorzeichnungen – die eine in farbiger Kreide, die andere in Kohle. Das Gemälde wird den Höhepunkt seines Könnens manifestieren und zugleich die Ikone des deutschen Großstadtexpressionismus verkörpern.
Zwischen dem 14. und 28. März findet in Tokio im Hibiya Kunstmuseum die Ausstellung »Holzschnitt« statt, in der der Künstler mit zwei Blättern vertreten ist. Von April bis September stellt Kirchner auf der ersten Ausstellung der »Freien Secession« erstmalig ein Gemälde mit dem Titel *Straßenbild* öffentlich aus. In Malmö werden vom 15. Mai bis zum 4. Oktober in der »Baltischen Ausstellung« drei Werke Kirchners präsentiert, unter anderen auch hier eine *Straßenszene*.
Kirchner reist nach Köln, wo im Mai die Teilnahme an der Kölner »Werkbund-Ausstellung« folgt. Dort erhält er den Auftrag zur Ausstattung der Ausstellungskoje des Kölner Tabakhändlers Josef Feinhals mit Wandbildern. »Die Kunst im Tabakgewerbe« stellt er mittels aufgenähter Stoffiguren rauchender Indianer und Pioniere dar. Im selben Monat besucht Botho Graef den Künstler in seinem Berliner Atelier. In der »Sommerschau 1914« der Münchner Galerie »Neue Kunst« von Hans Goltz ist Kirchner mit zwei Gemälden vertreten.
Zusammen mit Erna Schilling verbringt Kirchner den Sommer letztmalig auf Fehmarn. Der Kriegsausbruch am 1. August 1914 läßt das Paar, obgleich der Künstler aufgrund einer schweren Knieverletzung motorisch eingeschränkt ist, überstürzt nach Berlin zurückkehren, da die Insel fortan als militärische Sperrzone gilt. Die Abreise fällt Kirchner, ob der äußerst fruchtbaren und produktiven Wirkung des Fehmarnsommers, sehr schwer. Auf der Rückreise wird das Paar im Zuge der allgemein um sich greifenden Spionageangst der Agententätigkeit beschuldigt und festgenommen. Erst nach Feststellung ihrer Identität wird ihnen die Weiterreise genehmigt.
Neben den bereits erwähnten Werken entstehen Selbstportraits wie *Selbstbildnis mit Mädchen* und *Selbstbildnis mit Zigarette*. Die wichtigen Arbeiten jenes Sujets spiegeln die zunehmenden Ängste, denen sich der Künstler und Mensch angesichts des Kriegsausbruches und seiner drohenden Einberufung zu Militärdienst und Fronteinsatz ausgesetzt fühlt, wider. Die nervösen Angstzustände führen zum erhöhten Konsum von Absinth – laut Erna Schilling rund einem Liter täglich.

1915 Am Anfang des Jahres besucht Karl Ernst Osthaus, der Leiter des Hagener Museums-Folkwang, Kirchner in Berlin.
Der Künstler meldet sich fünfunddreißigjährig »unfreiwillig freiwillig«, in der Hoffnung, die Waffengattung wählen zu können, als Soldat zum Militärdienst. Im Juli wird er Rekrut in der Ersatzabteilung des berittenen Mansfelder Feldartillerieregiments 75 in Halle an der Saale. Er lernt reiten, doch bleibt er, trotz der Liebe zu dem ihm anvertrauten Tier, ein unbeholfener Reiter. Sein über die Jahre durch Entbehrungen geschwächter Körper ist den Anforderungen des Militäralltags nicht gewachsen. Aufgrund seines mentalen Krankenbildes, evoziert durch eingeforderte Disziplin, Unterordnung und militärischen Drill sowie Einschränkung der persönlichen Freiheit und Angst vor dem Fronteinsatz, wird er bereits im September nach nur zwei Monaten Dienstzeit vorläufig, und zwar unter der Bedingung, daß er sich in Behandlung gibt, bis zum 29. Oktober aus dem Kriegsdienst entlassen. Sein Reitlehrer Professor Hans Fehr, passives Mitglied der »Brücke«, betreut ihn. Nachdem keinerlei Besserung eintritt, kann er erwirken, daß Kirchner ab Anfang Novem-

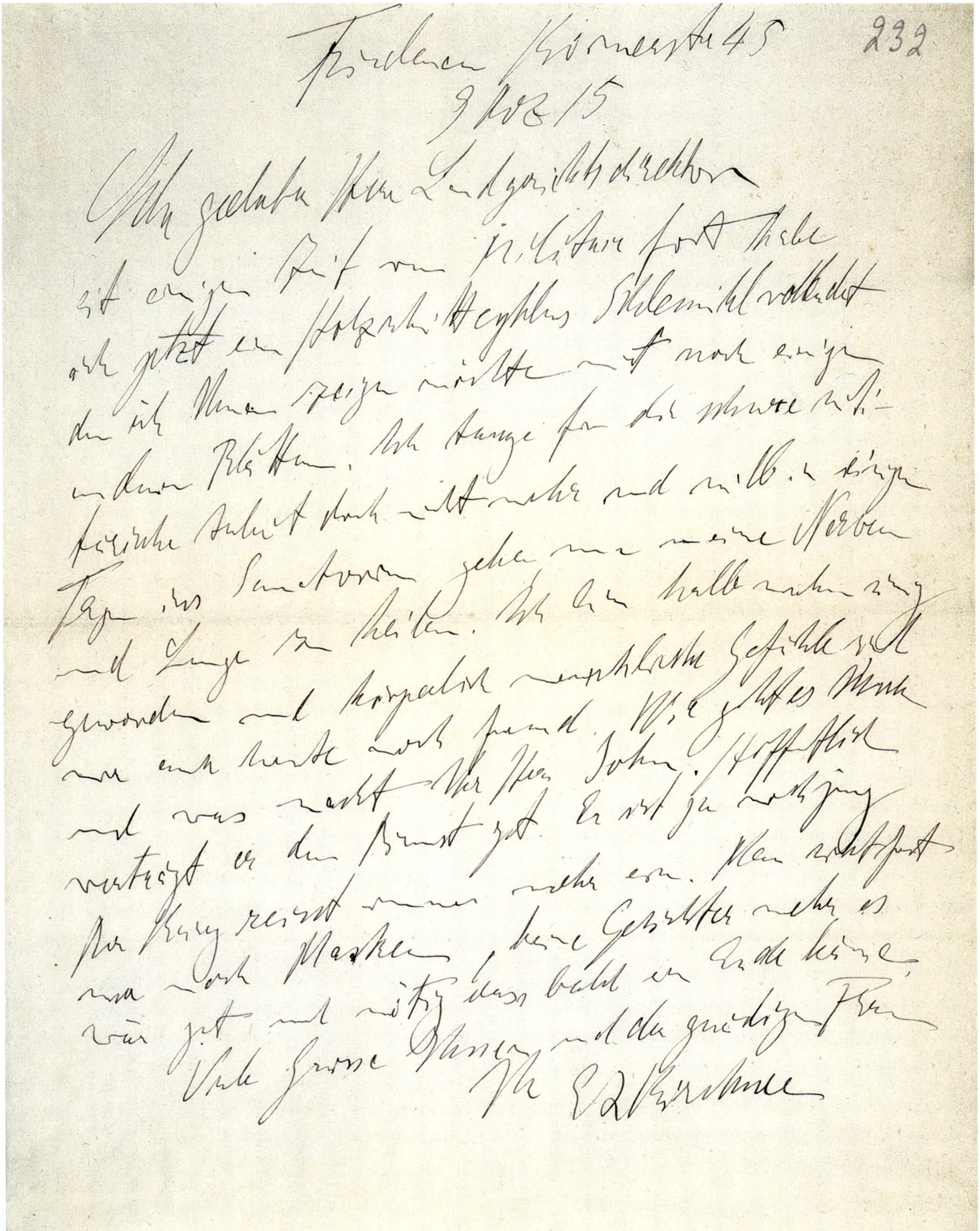

Dresden Körnerstr. 45 232
9 Nov 15

Sehr geehrter Herr Landgerichtsdirektor
seit einigen Brief von [illegible] habe
ich jetzt einen Holzschnittcyclus Schlemihl vollendet
den ich Ihnen zeigen möchte mit noch einigen
anderen Blättern. Ich fange für die schwere mili-
tärische Arbeit doch nicht mehr und will in einigen
Tagen ins Sanatorium gehen um meine Nerven
und Lunge zu heilen. Ich bin halb wahnsinnig
geworden und körperlich [illegible] Gefühle voll
[illegible] Wie geht es Ihnen
[illegible] Herr Sohn. Hoffentlich
[illegible] Es ist ja noch jung
[illegible] Man sieht fast
der Krieg reisst immer mehr ein.
nur noch Masken, keine Gesichter mehr, es
wär gut und nötig dass bald ein Ende käme.
Viele grosse [illegible] und der gnädigen Frau
Ihr E L Kirchner

Eine Seite eines Briefes von Ernst Ludwig Kirchner an Gustav Schiefler · 1915

ber bis zu seiner möglichen Gesundung dienstuntauglich erklärt wird.
In der zweiten Dezemberhälfte reist Kirchner zur psychischen Genesung in das Sanatorium Dr. Oscar Kohnstamm nach Königstein im Taunus, wo er bis etwa 20. Januar 1916 bleiben wird. Trotz der temporalen Einschränkung durch den Kriegsdienst und der psychischen Beeinträchtigung durch seine Erkrankung, arbeitet er an großformatigen Gemälden.
Die Auseinandersetzung mit dem Krieg, seine Erfahrung als Rekrut und die existentielle Verzweiflung des Künstlers kulminieren in den Selbstbildnissen dieses Jahres: *Der Trinker*, *Selbstbildnis als Soldat* und im *Soldatenbad*. Im Laufe des Jahres entstehen ferner Werke, die das Thema seines Gemäldes *Potsdamer Platz* aufgreifen: *Frauen auf der Straße*, *Kokotte auf der Straße*. Ferner schneidet er die sieben Blätter umfassende Holzschnittfolge zu Adelbert von Chamissos 1814 erschienenem »Peter Schlemihls wundersame Geschichte« – die Geschichte eines Mannes, der seinen Schatten verkauft. Es entstehen jedoch auch Gemälde wie das Triptychon *Badende Frauen*.
Dr. Carl Hagemann, Direktor der I.G. Farben, wird in diesem Jahr ein wichtiger Sammler seiner Werke.

1916 Am Anfang des Jahres zeigt die Hamburger Galerie »Commeter« zwanzig Blätter Kirchners.
Bis zum Sommer folgen mehrere Aufenthalte Kirchners im Sanatorium Dr. Oscar Kohnstamm in Königstein im Taunus. Während dieser Genesungskuren beschreibt sich der Künstler unter den sich ganz anders fühlenden Patienten als furchtbar einsam, sehr nervös und »tot«. Zur Zeit des ersten Aufenthaltes, von Mitte Dezember 1915 bis Ende Januar 1916, wird ihm, wohl aus therapeutischen Gründen, von Dr. Kohnstamm der Auftrag zur Ausmalung der Decke des Speisesaales angetragen. Kirchner kehrt für mehrere Wochen nach Berlin zurück, wo er Entwürfe anfertigt. Nach einer Wurstvergiftung und zwei Ohnmachtsanfällen, infolge der weiterhin bestehenden Nervenschwäche, nimmt er nach dem 20. März bis etwa zum 18. April die Kur in Königstein wieder auf. Sein Konzept für den Speisesaal stößt sowohl in der Ärzteschaft wie auch bei den Patienten auf wenig Zustimmung und so einigt man sich schließlich auf einen weniger stark frequentierten Raum – das Treppenhaus im Brunnenhaus. Erneut kehrt der Künstler nach Berlin zurück, wo er einen neuen Entwurf anfertigt. Anfang Juni begibt er sich abermals in das Sanatorium. Die Kosten dieses letzten Aufenthaltes übernimmt vermutlich Karl Ernst Osthaus, wenngleich der Betrag offiziell durch Dr. Ernst Gosebruch vom Museum in Essen aus der »Kriegshilfe für bildende Künstler« entnommen wird, die während des Krieges von der »Freien Secession« zur Unterstützung notleidender Künstler ins Leben gerufen wurde. Kirchners zweites Gestaltungskonzept für das Brunnenhaus stößt nun auf Akzeptanz. Im Juni und Juli arbeitet er sechs Wochen an den fünf Fresken, die, separiert durch risalitartige Halbsäulen, Szenen lebensgroßer badender Menschen am Fehmarnstrand zeigen. Ferner entstehen zahlreiche Zeichnungen und an die zwanzig Gemälde, die er, teilweise noch unvollendet, am 15. Juli mit nach Berlin zurücknimmt. Eine entscheidende Besserung seines Gesundheitszustandes tritt durch die drei Sanatoriumsaufenthalte und die Therapie von Dr. Kohnstamm nicht ein. Die Diagnose seines Arztes lautet überhöhter Nikotin- und Alkoholkonsum sowie exzessive Einnahme des Schlafmittels Veronal.
Wahrscheinlich reist er bereits um den 24. Juli weiter nach Halle, um dort bei Botho Graef bis Anfang August zu bleiben. Er kehrt bald nach Berlin zurück, um sich dann Anfang September abermals zum Freund Botho Graef, nun nach Jena, zu begeben. Im November ist er dort wieder zu Gast. Für Irene Euckens Modeausstellung, die in Bremen stattfinden soll, gestaltet er das Konzept eines Kataloges, der mit Holzschnitten ausgestattet ist. Sein Gesundheitszustand bleibt währenddessen nahezu unverändert.
Durch die Vermittlung Graefs findet im Oktober eine Einzelausstellung im »Kunstsalon Ludwig Schames« in Frankfurt/M. statt. Bei deren Eröffnung am 8. Oktober spricht Graef die einführenden Worte.
Freiwillig begibt sich Kirchner Anfang Dezember in das Nervensanatorium Dr. Edel in Berlin-Charlottenburg. Ob seine Lähmungserscheinungen durch eine frühere Syphilis oder durch chronischen Veronalmißbrauch bedingt sind, läßt sich durch den behandelnden Arzt nicht eindeutig feststellen. Obwohl der Künstler dort die Chance gehabt hätte, von seiner Abhängigkeit geheilt zu werden, erwirken seine Eltern und Brüder kurz darauf die Entlassung, da sie den Sohn und Bruder nicht in einer »Irrenanstalt« wissen wollen. Nach einem kurzen Aufenthalt bei seinen Eltern in Chemnitz, wo er es nicht länger als ein paar Tage – wohl über die Weihnachtszeit – aushält, kehrt er in seine Berliner Wohnung zurück.

1917 Durch die Initiative Eberhard Grisebachs und dessen Schwiegermutter Helene Spengler, Frau des Lungenarztes Dr. Luzius Spengler, reist Kirchner über Stuttgart nach Davos, wo er am 19. Januar eintrifft und bis zum 5. Februar in der Pension Wijers wohnt. Er verläßt Davos, macht kurz Station in Zürich, wo er sich mit dem Architekten Karl Moser trifft und die »Deutsche Ausstellung« im Kunsthaus besucht und kehrt über Stuttgart nach Berlin zurück. Dort gibt er sich wieder dem Abusus von Veronal hin, wird so in taumelndem Zustand angefahren, kommt aber mit einem verletzten Arm davon. Ende Februar oder Anfang März fährt er für ein paar Tage nach München, wo er eine Einzelausstellung veranstalten will, deren Eröffnungsrede Botho Graef halten soll. Dieser ist aus gesundheitlichen Gründen jedoch verhindert.
Vom 21. Februar bis zum 1. April findet eine Einzelausstellung im Kunstverein Jena statt. Von den siebzehn ausgestellten Werken, fünfzehn Gemälde und zwei Skulpturen, werden neun Verkäufe erzielt.
Er reist nach Oberbayern und München im März des Jahres 1917.
Sein Freund und Mentor Botho Graef stirbt am 9. April im Alter von 40 Jahren. Die seelische Krise verschlimmert sich und hinzu kommt die Angst, durch eine etwaige Genesung zum Militärdienst zurückbeordert zu werden.

Asyl für Gemütskranke · Abbildung des Hauses in der Berliner Straße 17 (Sanatorium Dr. Edel) · o. J.

Am 8. Mai trifft Kirchner zum zweiten Mal in Davos ein. Dr. Luzius Spengler, ärztlicher Leiter des Sanatoriums Schatzalp, behandelt ihn nun, während dessen Frau Helene die persönlichen Belange des Künstlers übernimmt. Der Arzt, zu dem sich die Freundschaft inzwischen intensiviert hat, bestätigt nicht nur die Veronalsucht, sondern diagnostiziert zugleich die Abhängigkeit von Morphium, das ihm offensichtlich während einer seiner Sanatoriumsaufenthalte in Deutschland verabreicht wurde. Narkotika und Alkohol werden ihm entzogen.

Auf eigenen Wunsch zieht Kirchner Mitte Juni für zwei Monate, zusammen mit der aus Berlin mitgereisten Pflegeschwester Hedwig, in die Rüeschhütte auf der Stafelalp oberhalb von Frauenkirch. Sein Gesundheitszustand ist äußerst schlecht. Der Künstler ist bettlägerig und leidet unter einer Nervenlähmung, die eine Bewegungslosigkeit seiner Beine hervorruft. Auch die Hände kann er fast nicht mehr gebrauchen. Dennoch entstehen Holzschnitte und einige Gemälde.

Der Künstler fertigt nahezu ausschließlich nur noch druckgraphische Blätter und Zeichnungen. Seinen eigenen Gesundheitszustand festhaltend, malt der das *Selbstbildnis als Kranker*. Ferner entstehen die Zeichnung *Selbstbildnis im Morphiumrausch* und der Farbholzschnitt *Kopf des Kranken (Selbstbildnis)*.

Wohl im ersten Drittel des Monats Juli stattet Henry van de Velde ihm einen Krankenbesuch ab. Auf dessen Anraten begibt sich Kirchner nach Kreuzlingen in das Sanatorium Bellevue, wo er ab dem 15. September bis zum Februar 1918 bei Dr. Ludwig Binswanger in Behandlung ist. In Kreuzlingen macht er die Bekanntschaft mit dem Sammler Georg Reinhart aus Winterthur sowie mit dem Dichter Leonhard Frank. In der Weihnachtszeit läßt Gustav Schiefler ihn aus Hamburg wissen, daß er an der Katalogisierung der Druckgraphik arbeite. Zudem schreibt Eberhard Grisebach an einer Publikation über ihn.

Kirchners Lebensgefährtin Erna Schilling bleibt während seiner Abwesenheit in Berlin und kümmert sich um die geschäftlichen und persönlichen Kontakte in Deutschland. Mit ihrem Engagement erreicht sie, daß der Künstler in der Sommerausstellung der »Berliner Secession« vertreten ist. Kirchner wird nur noch wenige Male nach Berlin zurückkehren.

Ernst Ludwig Kirchner · Selbstportrait · um 1919

Annäherungen
Kunst und Prostitution im Kaiserreich

Rita E. Täuber

»Seinem Ursprung nach, eben als Deutschen, kann dem Künstler unseres Vaterlandes gerade die Darstellung des Nackten gar kein so wesentliches Ausdrucksbedürfnis seines Künstlertums sein. Das Nackte ist nicht deutsch, das ist die Sache.«[1] Diese Auffassung eines Parlamentariers, geäußert in der zehn Jahre währenden Auseinandersetzung um den Unzuchtsparagraphen Lex Heinze, mag einen Begriff davon geben, wie es um die künstlerische Freiheit im wilhelminischen Deutschland bestellt war.

Aufsehenerregendes Vorspiel dieser Debatte, die sich um 1900 zu einem öffentlich diskutierten Gesinnungskampf von Traditionalisten und Modernen auswuchs, war der 1891 öffentlich verhandelte Berliner Mordprozeß gegen das Ehepaar Heinze – ihres Zeichens Zuhälter und Dirne –, der Presseberichten zufolge einen »erschreckenden Einblick in den Abgrund sittlicher Verkommenheit und in die durch die Verbreitung der Unsittlichkeit bewirkte moralische Verseuchung weiter Volksschichten« gewährte.[2] Wilhelm II. reagierte umgehend mit einem Erlaß, in dem er auf Verschärfung der bestehenden Strafbestimmungen drängte: »Der Heinz'sche Prozeß hat in erschreckender Weise dargelegt, daß das Zuhältertum neben einer ausgedehnten Prostitution in den großen Städten, insbesondere in Berlin, sich zu einer gemeinen Gefahr für Staat und Gesellschaft entwickelt hat. ... Es wird der Polizei ein kräftiges und unter Umständen rücksichtsloses Vorgehen gegen die Ausschreitungen jener verworfenen Menschenklasse zur Pflicht machen, zugleich aber werden die Exekutivbeamten darüber zu vergewissern sein, daß sie bei thatkräftigem Vorgehen nicht nur Meine Anerkennung, sondern auch Meinen Schutz finden werden.«[3]

Wilhelm II., der sich seit seinem Amtsantritt 1888 zunehmend auch als Kunstrichter berufen fühlte, begrüßte wohl die damit zugleich in Betracht gezogene strengere Reglementierung unsittlicher Schriften, Abbildungen und Darstellungen. Ein paradoxer Passus, eingegeben von der Centrumspartei, wollte nicht nur wie bisher »unzüchtige« Werke darin inbegriffen sehen, sondern auch solche, »welche, ohne unzüchtig zu sein, das Schamgefühl gröblich verletzten«. Die Befürchtung, daß damit ebenso Kunstwerke und Kunstausstellungen »unter polizeiliche Kontrolle« geraten könnten, lag nah. Mit den sich in München und Berlin formierenden Protestbewegungen appellierten daher die sozialliberalen Kräfte im Reichstag scharfzüngig an den »hohen Geist des Kaisers«, der »den niedrigen Gedanken dieser Degradierung der Kunst zur Dirne« wohl kaum billigen konnte. Ein Protest, der schließlich dazu führte, daß der Passus zwar nicht gestrichen, aber unter Gesichtspunkten des Jugendschutzes entschärft wurde.[4]

Es scheint kein Zufall, daß diese Diskussion um Kunst und Sexualmoral gerade zu dem Zeitpunkt geführt wurde, als sich der Einfluß der französischen Kunst verstärkte und zugleich der Ruf nach einer »deutschen« Kunst lauter wurde: »Wir können der Kunst des letzten Jahrzehnts den Vorwurf nicht ersparen, daß sie – bei verhältnismäßig geringer Darstellung des Nackten – doch oft genug jenes Schönheitsschamgefühl verletzt und durch Erregung von Ekelgefühlen die Lust und Freude am Nackten kompromittiert. Jene Ateliermanieren, die sich z. B. den völlig unnöthigen Spaß machen, in Bildhauerei und Malerei nur den Flächencharakter der Formen herauszuheben, in eckigen, heftigen Flächen arbeiten ... Weiber mit Hängebrüsten, Männer mit eingefallenen Brustkästen und spießigen Achseln sind vielmehr an thatsächlichen Verletzungen des Schamgefühls schuld, als irgendeine Venus Kallipygos.«[5] Das l'Art pour l'Art Prinzip der Franzosen, mit dem das Abstoßende über die deutsche Kunst gekommen sei und das jedem Motiv Einlaß in die künstlerische Darstellung böte und dabei den »Mann als Lüstling« und die Frau als »Buhldirne« darstelle, schien auch der vom Kaiser wiederholt formulierten Auffassung, daß Kunst neben einer »erhebenden« eine ästhetische und erzieherische Aufgabe habe, häßlich, verwerflich und unsittlich.[6] Diese Angriffe richteten sich an progressive Galeristen und Museumsdirektoren, an schreibende Verfechter des Impressionismus und nicht zuletzt an die Künstler der 1898 gegründeten »Berliner Secession«, die sich in ihrem heterogenen Spektrum von Hans Baluschek über Käthe Kollwitz bis Max Liebermann dem wilhelminischen Wunschbild einer »deutsch-nationalen« Kunst verweigerte.

Der Heinzeprozeß und seine Folgen hatte zugleich auch die Prostitution als eines der dringlichsten und heftigst umstrittenen Probleme der Zeit in die öffentliche Diskussion gerückt. Denn ebenso wie in anderen sich industrialisierenden und urbanisierenden europäischen Städten wuchs sich die seit Mitte des 19. Jahrhunderts steigende Präsenz von Prostituierten auf der Straße und in den expandierenden Vergnügungsgewerben zu einem unüberschaubaren Problem aus.[7] Sie galten als Überträgerinnen gefährlichster und todbringender Geschlechtskrankheiten, gefährdeten damit die gesellschaftliche Fortpflanzungsfähigkeit und untergruben nicht

Hans Makart · Marmorherzen · um 1880

zuletzt Moral, Sitte und Anstand. In Berlin, wo bereits seit 1846 die staatlich konzessionierten Bordelle abgeschafft worden waren, da man es unter der Würde des Staates ansah, Profit aus der Prostitution zu schlagen, erwiesen sich die Zustände als besonders eklatant.[8] Insbesondere die Masse der »heimlichen« Prostituierten, die die Zahl der eingeschriebenen um mehr als ein Zehnfaches überstieg, machte den Behörden zu schaffen. Nach § 361,6 wurde daher diejenige »Weibsperson« mit Haft bestraft, die »ohne einer Aufsicht unterstellt zu sein, gewerbsmäßig Unzucht treibt« und auch diejenige unter Kontrolle stehende Prostituierte, die den »zur Sicherung der Ordnung und des öffentlichen Anstandes erlassenen Vorschriften zuwider handelt«.[9] Jeder neu eingeschriebenen Berliner Prostituierten händigte man neben den »Maßregeln zur Verhütung von ansteckenden Geschlechtskrankheiten« eine mehrseitige Polizeiverordnung aus, die u.a. folgendes vorschrieb: periodische Pflichtuntersuchungen, Meldepflicht von Geschlechtskrankheiten, zwangsweise Klinikeinweisung bei einer Erkrankung, unauffällige Kleidung, kein Erregen öffentlicher Aufmerksamkeit, kein Rauchen, Lärmen und Singen, Besuchsverbot von Theater, Oper, Konzerten, Ausstellungen und Museen, der Aufenthalt in und an bestimmten Straßen und Plätzen (Unter den Linden, Potsdamer Platz, Friedrichstraße, Leipziger Platz u.a.) und schließlich uneingeschränkte Kontrolle der Wohnung durch die Sittenpolizei.[10] Dieser akribische Perfektionismus macht zwar deutlich, wie sehr man bemüht war, jegliche Lücke zu schließen, durch die sich die Prostituierte mit der »anständigen« Gesellschaft vermischen könnte, verhindern oder gar eindämmen konnte man das »notwendige Übel« jedoch nicht.

Blieb die männliche Klientel von diesen Entmündigungsmaßnahmen vollkommen ausgenommen, konnte dagegen jede Frau, die sich in irgendeiner Weise verdächtig machte – und sei es nur durch einen längeren Aufenthalt ohne männliche Begleitung an einem Ort – von der Sittenpolizei aufgegriffen, zwangsuntersucht und unter Kontrolle gestellt werden. Daß sich darin mehr als alles andere verdeutlichte, inwieweit die Prostitution die persönlichen Freiheiten auch »unbescholtener« Frauen beschnitt und einschränkte, machte die Reformierung des Reglementierungssystems im gesamten Spektrum der Frauenbewegung zu einer der zentralen Fragen.[11] Während die gemäßigteren Frauenverbände die unterbezahlte

Arbeit und die Arbeitsbedingungen von Dienstmädchen, Näherinnen, Kellnerinnen, Tänzerinnen, Schauspielerinnen und Fabrikarbeiterinnen als elementare Ursachen ins Feld führten und sanitäre, soziale, wirtschaftliche und erzieherische Reformen forderten, diskutierten der radikale Frauenflügel wie auch fortschrittlich denkende Kreise darüber hinaus die tieferliegende und grundsätzlichere Problematik des Phänomens, die sich im Sitten- und Moralkodex der wilhelminischen Gesellschaft verbarg: in der Scheinmoral der bürgerlichen Gesellschaft, die der Sexualität allein in der Ehe ihren Platz zuwies, aber freie Verhältnisse strafrechtlich ahndete und nicht zuletzt in der Verweigerung der sexuellen Gleichstellung der Geschlechter.

Was sich vor dem Hintergrund vergleichbar gelagerter gesellschaftlicher Zustände seit Edouard Manets *Olympia* und *Nana* (S. 221) motivisch stringent entwickelt hatte und in den Bildwelten Henri de Toulouse-Lautrecs gewissermaßen einen Höhepunkt und vorläufigen Abschluß erreichte, stellte sich im wilhelminischen Deutschland – wo bereits der lockere Pinselstrich von französischer Unmoral kündete – ungleich verhaltener dar.[12] Hier war es zunächst der literarische Naturalismus, der sich mit der Darstellungswürdigkeit der modernen Großstadt den sexuellen und sozialen Fragen der Zeit stellte und damit das Motiv und Thema der Prostitution als Ausdruck gesellschaftlichen Außenseitertums und gleichsam ungeschminkter Vitalität unter dem Einfluß sozialistischen Gedankenguts und der Ideenwelt Friedrich Nietzsches eingeführt hatte. Das »Häßliche« aber, das damit erstmals eine sich auf Nietzsche berufende eigenständige ästhetische Wertigkeit erfuhr, war der Hauptvorwurf, mit dem sich so mancher Romanautor, der die Sexualität in ihren »sittenwidrigen« und »unzüchtigen« Formen wie der Freien Liebe und der Prostitution offen thematisierte, vor Gericht konfrontiert sah.[13]

Hans Baluschek · Tingeltangel · 1900

Bevor diese Einflüsse im literarischen Expressionismus aufgenommen und radikalisiert wurden, zeigten sie sich bei jenen Künstlern, die, wie Heinrich Zille, entweder im Schutz der politisch-kritischen Zeitsatire sich dieser Themen im Stil humorvoll-bissiger Sozialreportagen annahmen oder auch in den größtenteils sozialromantisch verklärten Berliner Milieustudien Hans Baluscheks. In einem Gemälde wie dem *Montagmorgen* (S. 226) wird der naturalistische Protest gegen die Salonerotik der Gründerzeit nochmals Gegenwart. Der dekorative Schmelz der aristokratischen Mätressen Hans Makarts wird in die beengten Verhältnisse proletarischer Dachkammern verschoben, deren Bewohnerinnen nicht selten dazu gezwungen waren, das karge Einkommen an arbeitsfreien Tagen durch Gelegenheitsprostitution aufzubessern. Ähnlich weit entfernt ist Baluschek von Toulouse-Lautrecs vitalen Montmartre-Szenen. Im züchtigen Auftritt und im mädchenhaft-bravem Dank seiner Tingel-Tangel-Tänzerin an eine Blumenofferte in schwieliger Hand zeigen sich die sozialen und sexuellen Fragen der Zeit in rühriger Verbundenheit.

In der impressionistischen Malerei der Zeit hielt man sich von derartig tendenziösen Inhalten dagegen weitgehend fern. Dort, wo solche Themen nahe gelegen hätten, wie etwa in den Berliner Straßenbildern von Franz Skarbina und Lesser Ury, interessierte weit mehr die geschäftige Betriebsamkeit und der atmosphärische Zauber der wirtschaftlich erstarkten Metropole. Ein sexuell anrüchiger und gleichsam gesellschaftskritischer Stoff wie die Prostitution erwies sich als kalkuliertes Risiko, dem sich Künstler wie Max Liebermann – obwohl er sich bereits seit Anfang der achtziger Jahre mit Themen der proletarischen Arbeitswelt auseinandersetzte – oder passionierte Aktmaler wie Lovis Corinth gar nicht oder nur verschlüsselt stellten.

Einzig Max Slevogt ging mit seiner 1895 gemalten *Danae* das Wagnis ein und scheiterte auch prompt. Das wenig ansprechende Modell und die zugleich desillusionierende zeitkritische Abwandlung eines mythologischen Themas à la Manet wurden derart öffentlich beanstandet, daß das Bild 1899 aus der Ausstellung der »Münchner Secession« entfernt werden mußte. Tizian und Mantegna lieferten die Folie, mit dem Slevogt auf das ausbeuterische Kuppeleiwesen aufmerksam machte. Sinnfällig weist die Christusadap-

Max Slevogt · Danaë · 1895

tion auf die außerordentliche Lage des Opfers und negiert jedweden Anschein erotisch-sexueller Verführungskunst. Im Spannungsfeld von hehrem Mythos und sozialer Realität zeigt sich hier die Demontage idealistisch geprägter Ästhetik ebenso wie das malerische Verdikt des häßlich Schönen.

Allen Widerständen der staatlichen Moralhüter und Kunstpfleger zum Trotz ließ sich der gärende Prozeß des gesellschaftlichen Wandels nicht aufhalten. Das moralische Wertesystem bröckelte und die autoritären wilhelminischen Gesellschaftsstrukturen begannen sich aufzulösen. Und Friedrich Nietzsche bot dabei denjenigen ein theoretisches Gerüst, die sich von der Generation ihrer Väter lösten, um das von ihnen Verachtete zu preisen.

Und auch die 50.000 Prostituierten in der Zweimillionen-Metropole Berlin machten zu Beginn des Jahrhunderts schließlich deutlich, daß Polizei und Staat wenig ausrichten können, um den sittlich-moralischen Umbruch der Gesellschaft aufzuhalten. Damit mündete auch erstmals der jahrelang Kampf der Frauenbewegung um die Kriminalisierung der Prostitution in einer auch von einsichtigen Medizinern getragenen Sexualreformbewegung. Die Prostitution, verstanden als ein Produkt der herrschenden Kultur, avancierte in der sich in Berlin um Iwan Bloch und Hans Magnus Hirschfeld erstmals konstituierenden Sexualwissenschaft zu einer Zentralfrage des modernen Lebens.[14] Iwan Bloch schrieb 1912: »... mit der organisierten Frauenbewegung, die es in dieser Art niemals vorher in der Menschheitsgeschichte gegeben hat, beginnt eine neue Epoche in der Geschichte der Prostitution, weil erst jetzt das allein wirksame und aussichtsreiche Prinzip der Selbsthilfe und Selbsterlösung sich verwirklichen kann, das bis dahin ... wegen der Recht- und Machtlosigkeit der Frau völlig gefehlt hat.«[15] Die offene sexualpolitische Argumentation des 1905 in Berlin unter Vorsitz der Frauenrechtlerin und Nietzscheanhängerin Helene Stöcker gegründeten Bundes für Mutterschutz und Sexualreform erwies sich somit auch am radikalsten. Die liberale Einstellung zur Sexualität, gefaßt im Begriff der »Neuen Ethik«, sah die Abschaffung der Prostitution nur durch rechtliche, soziale, hygienische, pädagogische, ethische und politische Reformen gewährleistet und nur dann grundlegend, wenn auch den Frauen dasselbe Recht nach sexuellen Bedürfnissen und ihrem Ausleben zugestanden werde.[16]

Dieser gesellschaftliche Diskurs um die Modernisierung der Sexualität, die von ihren zahlreichen Gegnern als »hedonistische Hetärenmoral« bezeichnet wurde, traf in den sich antibürgerlich gebenden Künstler- und Intellektuellenkreisen dagegen auf denkbar größten Zuspruch.[17] Zeitschriften wie Herwarth Waldens »Sturm« oder Franz Pfemferts »Aktion« gaben dieser Diskussion nicht nur ein theoretisches Forum, sondern gewährten auch der Dirne und ihren Dichtern großzügiges Asyl. Die breiten Volksschichten dagegen erreichte die sogenannte »Sexuelle Frage« durch eine wahre Flut von Tagebuchaufzeichnungen, Lebensberichten und Romanen von und über Prostituierte. Allein das 1905 erschienene »Tagebuch einer Verlorenen« von Margarete Böhme verzeichnete 1911 bereits die 22. Auflage.[18]

Auf der Suche nach dem Elementaren, dem Ursprünglichen und Allgemein-Menschlichen fiel dieser sich ankündigende Wandel des sexuellen Lebens in Literatur und Kunst des Expressionismus auf besonders fruchtbaren Boden. Denn im Konflikt von Ich und Welt, den der soziale Wandel der industrialisierten Lebenswelt mit sich brachte, spielte das Geschlechtliche im nietzscheanischen Gleichklang von Sexualität und künstlerischer Schaffenskraft eine entscheidende Rolle.[19] Und so bemerkte auch Richard Huelsenbeck in jenen Jahren: »Sexualität, haben wir herausgefunden, ist eine spielerische Lebensform und dem Expressionismus sehr verwandt.«[20]

Zur authentischsten Repräsentantin des sexuellen Lebens avancierte die Prostituierte. Ihr gilt im Dickicht der modernen Städte als Jagende und Gejagte die meiste Aufmerksamkeit. Mit schaudernder Faszination entblößt man die Verbrauchtheit ihres Körpers und seiner Gefahren von Krankheit und Tod, entdeckt den Reiz des Morbiden, die Käuflichkeit des Sexus und preist nicht zuletzt den in ihr verankerten anarchischen Urinstinkt der Sexualität. Die Sexualwissenschaft gab dieser Einschätzung Recht, sah man doch in ihr ebenso eine »archaisch-primitive Erscheinung ..., in der die letzten Reste eines ursprünglich freien und ungebundenen Instinktlebens der Urmenschheit noch deutlich erkennbar sind«.[21] Vor allem die Lyrik suchte in konvulsivischer Syntax und drastisch-ekstatischer Metaphorik – und dabei dem Verismus eines Dix vorauseilend – die Wesenhaftigkeit der Großstadtprostitution in allen ihren grauenvollen, tragischen und zugleich faszinierenden Schattierungen zu fassen und reagiert damit auf eine dissoziierende, chaotisch und feindselig erfahrene verstädternde Welt, die auch Georg Simmel in jener Zeit in verschiedensten kulturkritischen Abhandlungen analysierte. Als Rebellin, Opfer und Schicksalsgefährtin gleichermaßen markiert sie provokant die gesellschaftliche Opposition des Künstlers. Die vermeintlich subversive und ungezügelte Urkraft der Sexualität, die sie scheinbar bedingungslos und selbstlos zur allgemeinen Verfügung stellt, macht sie den Literaten bald zur Dämonin, bald zur märtyrerhaften Heiligen. Als soziales Wesen interessierte sie kaum, dementsprechend hielt man es wohl wie Vincent van Gogh: »Besagter unterwürfiger Hure gehört mehr meine Sympathie als mein Mitleid. Ausgestoßen und abgelehnt wie Du und ich es als Künstler sind, ist sie gewißlich unsere Freundin und Schwester. Und in dieser Stellung als Auswurf findet sie – wie auch wir selbst – eine Unabhängigkeit, die, genau betrachtet auch ihre Vorteile hat. Machen wir uns also nichts vor, daß wir ihr durch soziale Rehabilitierung einen Dienst erweisen würden, was übrigens sehr schwer durchführbar und für sie selber nur unheilvoll wäre.«[22]

Unsere liebe Frau von der Tauentzienstraße scheint nicht nur im Titel dem Literarischen kongenial. Die erotisch-sexuelle Ausstrahlungskraft der von zwei Männern flankierten Straßendirne faßte Heinrich Richter-Berlin im profanisierten Zitat christlicher Bildkunst mit den futuristischen »Gesetzen der Emotion«. Die vibrierende Mandorlenform ist jedoch nicht das einzige Anzeichen religiöser Aufwertung. In der in ihren Gesten offenkundigen emotionalen Zerrissenheit, mit dem sie den äußerst portraithaft skizzierten – bekannten? – Freier zu ihrer Linken abwehrt, aber sich zugleich mit dem aggressiven Werben seines Widersachers einverstanden zeigt, ist der Leidensausdruck christlicher Vorbilder eingeschrieben. Die über allem thronende Kaiser-Wilhelm-Gedächtniskirche sowie der Himmel, der in der malerischen Behandlung den Goldgrund mittelalterlicher Malerei travestiert und schließlich das symbolische Kreuz aus Zeppelin und Kirchturm vervollständigen dieses Feld religiöser Symbolik.[23]

Unsere liebe Frau versteht sich sowohl als ironische Huldigung ihrer omnipotenten Liebesbereitschaft als auch ihrer Schicksalsergebenheit und Opferbereitschaft, die sie einer Gesellschaft, die sie ebenso braucht wie kriminalisiert, entgegenbringt. Madonnengleich verweist sie auf die Bohèmegemeinde der Dirnenanbeter, der Künstler und vor allem der Literaten, die ihr Innerstes veräußern, sich gleich ihr an die Menge hingaben und sie somit zur Schutzheiligen auserkoren. Was sie der Bohème bedeutete, beschrieb Richard Huelsenbeck: »Wir huren hier herum um die Tauentzienstraße, wir trinken, auch sitzen wir manchmal in den Tavernen und in den Liqueurstuben zwei Tage lang, bis uns die Polizei hinauswirft. Wir halten alles das für Expressionismus, da wir weniger auf die Bilder sehen, als auf den Lebensstil. Wir wollen ein neues Leben, wir wollen eine neue Aktivität. ... Nur die Weiber bleiben dieselben. Danken wir Gott für die Huren und ihre freie Lebensart, sie sind die wirklichen Menschen.«[24]

Schon bald nach der Ankunft in Berlin geraten auch die »Brücke«-Maler in den avantgardistischen Kreis dieser jungen und aufsässigen Literaten, mit deren freiheitlicher Kunst- und Lebensphilosophie man sich sehr verbunden fühlen mußte, suchte man doch selbst im Praktizieren einer freizügigen Sexualität mit den Dresdener Modell-Freundinnen nach einem ursprünglich harmonischen Zusammenhang von Kunst und Leben. Insbesondere für die Entwicklung der Malerei Ernst Ludwig Kirchners erwiesen sich die Kontakte zum »Neuen Club« um Kurt Hiller, Jacob van Hoddis und Georg Heym und die Bekanntschaft mit Alfred Döblin als folgenreich. Das erklärte Ziel Hillers, »die Dinge so zu geben, wie wir sie erleben« und diesen »Erlebnissen des intellektuellen Städters« eine adäquate zeitbezogene Form zu verleihen, darin formulierte sich wohl auch für Kirchner in Berlin die neue Aufgabe seiner Kunst: die Sprache der künstlerischen Mittel gibt sich umgehend verschärfter, die Farbgebung wird schriller und der Duktus in zunehmendem Maße härter und splittriger.[25] Dabei ist er der dissonanten Schönheit der Kunst Egon Schieles (S. 246–247) nicht allzu fern, den zerbrechlich wirkenden Körpern, in denen sich das Hinfällige existentiellen Seins verdichtet.

Heinrich Richter-Berlin · Unsere liebe Frau von der Tauentzienstraße · 1913

Die in Berlin entstandenen Großstadtbilder begriff Kirchner jedoch nicht als Bruch mit dem Vorausgegangenen, sondern als Ergebnis konsequenter Entwicklung: »Erstens die Gestaltung des nackten Menschen in der Natur. Diese Arbeit begann in [der] Dresdener Zeit von 1904-05 bis in die Berliner Zeit und erreichte ihren vorläufigen Abschluß in den großen Fehmarnbildern, ... Zweitens das Straßenbild. Die Studien dazu begannen in Dresden, das erste große Bild 1907 [1908] vollendet, die bisher ereichten vollendeten Lösungen kamen in den Berliner Jahren 1912, 1913, 1914 in den Bildern *Potsdamer Platz, Frauen auf der Straße* und *Friedrichstraße* zu stande. ... So kam er von den arkadischen Seen und Wäldern seiner nackten Menschen zum realen Leben ... Die zweite Periode der Bilder aus Mann und Weib, aus dem täglichen Leben, deren Krönung die Straßenbilder werden sollten, begann.«[26]

Neben die Aktlandschaften der ausgedehnten Fehmarnaufenthalte treten nun verstärkt die Themen der großstädtischen Vergnügungswelt: der Zirkus, die Tingel-Tangel-Lokale und die Varietés. An diesen Orten fanden sich auch jene »amphibischen Wesen, die«, nach Stefan Zweig, »halb außerhalb und innerhalb der Gesellschaft standen, Schauspielerinnen, Tänzerinnen, Künstlerinnen, die einzig ›emanzipierten‹ Frauen jener Zeit«, die man nach Fehmarn mitnahm oder ins Atelier bestellte.[27] Auf diese Weise lernte Kirchner auch seine Lebensgefährtin Erna Schilling und ihre Schwester Gerda kennen. Ihre »architektonisch aufgebauten strengförmigen Körper« und ihre charakteristischen Physiognomien erscheinen seitdem nicht nur in Zeichnungen und Graphiken allgegenwärtig, auch in den Gemälden und insbesondere in den Kokottenbildern bilden sie das immer wiederkehrende Grundmuster der Figuren.[28]

Die von den Literaten emphatisch gepriesene Großstadterotik der Bordelle und Absteigen fand in der Malerei Kirchners jedoch vergleichbar wenig Raum. Meist klingen derartige Motive nur an und werden gerade gegen Ende der Berliner Zeit in der Zurückgezogenheit des Ateliers nicht selten zur Chiffre grundsätzlicher Disparatheit der Geschlechter. Gemälde wie *Drei Modelle* oder das *Paar im Zimmer* (S. 229) wirken durch gezielte milieuadaptierte Anleihen wie schwarze Strümpfe, Bordellhänger und Zigarette daher auch mehr inszeniert und weniger – wie Kirchner immer wieder herausstellte – als ein erinnertes Resultat von tatsächlich erlebter Beobachtung.

Die im Jahr 1913 begonnene Folge der Kokottenbilder verdeutlicht, daß Kirchner die erotische Sprache der Straße weit mehr interessierte, als die geschäftsmäßigen Händel der Hinterzimmer und Separées. Themen, die zudem bereits die Franzosen ausgiebigst und erschöpfend behandelt hatten. Einzig Constantin Guys' Pariser Boulevard-Choreographien, in denen bereits Baudelaire seine Auffassung einer flüchtigen, vergänglichen Schönheit der modernen Großstadt sinnfällig umgesetzt fand, hätte Anregung und Perspektiven bieten können.[29]

Tiefgreifendere Impulse für diesen nun offensiven Umgang mit aktuellsten Problemen der Zeit vermittelte Kirchner die künstlerische Auseinandersetzung mit Döblins Bordelldrama »Komtess Mizzi«, das sich sehr freizügig mit dem zeitgenössischen Konflikt der Ehe- und Sexualmoral beschäftigte. Bereits ein Jahr zuvor hatte Döblin in einem bemerkenswerten Prosatext mit dem Thema »Jungfräulichkeit und Prostitution« auf die perfide institutionalisierte Zweckgebundenheit der Sexualität in Ehe und Prostitution hingewiesen, in der die Liebe, der »Zusammenschluß von Sexualität und Ich«, vollkommen unberücksichtigt bleibt.[30]

Entgegen seiner Brücke-Kollegen, die, mit Ausnahme von Erich Heckel, weiterhin und zunehmend die Flucht im Primitiven suchten, nahm Kirchner die Herausforderung der Zweimillionen-Metropole an und malte das, was auch Ludwig Meidner ebenfalls im gleichen

Constantin Guys · Auf dem Boulevard · um 1860

Jahr in seinem Großstadtcredo so emphatisch gepredigt hatte: die Natur der Stadt. Die Prostituierte als integralen Bestandteil der Großstadt zu begreifen, sie erstmals grundlegend herauszulösen aus der französischen Verklammerung der Cafés, Bars, Ankleidezimmer und Bordelle und sie auf der Straße ins Bild zu setzen, darin liegt der erneuernde Aspekt und der zugleich weitreichende Einfluß dieser Bilder.

Eine oberflächliche – wenn auch ironische – Symbolik wie sie Richter-Berlin im konstruierten Ineinandergreifen von literarisch geprägten Metaphern und aktuellsten malerischen Tendenzen vorführte, lag Kirchner jedoch dabei ebenso fern wie der Entwurf apokalyptischer Großstadtszenarios im Stil Ludwig Meidners. Kirchner beobachtete Menschen aus nächster Nähe, sah zu, wie es Louis Aragon einmal formulierte, wie sich auf der Straße »unsichere Schicksale formten und auflösten.«[31]

In der wogenden Menschenmenge, die sich über die Trottoirs schob, spürte er die Prostituierten dort auf, wo sie nach den Berliner Polizeivorschriften eigentlich nicht in Erscheinung treten durften: an »verkehrsreichen« Knotenpunkten wie dem Potsdamer Platz und der Friedrichstraße, dort, wo die »Gehsteige derart durchsprenkelt« waren »mit käuflichen Frauen, daß es«, wie Stefan Zweig schrieb, »schwerer hielt ihnen auszuweichen, als sie zu finden.«[32] Das pulsierende Nachtleben zwischen dem Bahnhof Friedrichstraße und der Leipzigerstraße, wo sich luxuriöse Warentempel und einschlägige Etablissements in der farbenkreischenden Koloristik des grüngelbweißen Gaslichts und dem Blau der Bogenlampen vermischten, faszinierte nicht nur Kirchner, sondern auch jeden Ankömmling aus der Provinz wie beispielsweise den jungen Rudolf Schlichter: »Auf der Friedrichstraße herrschte ein Gedränge, daß man kaum durchkam. Café reihte sich an Café, in den Seitenstraßen Bier- und Weinschwemmen; dazwischen Vergnügungsetablissements, Schallplattenautomaten, Kabaretts, Tanzdielen, Aschinger- und Branntweindestillen. Alles von dem bläulichen Lichterglanz der großen Bogenlampen überstrahlt. Ich riß Mund und Augen auf. Das ist Babylon, die große Hure, frohlockte ich jauchzend.«[33]

Kirchners Straßenszenen sind nicht die direkte Umsetzung seiner Beobachtungen, sondern Synthese der vor Ort in der Zeichnung eingefangenen Empfindungen und Erfahrungen, die im Atelier bewußt erinnert und anhand der weiblichen Modelle zu »reinen Phantasiebildern« – wie er dies nannte – reaktiviert wurden.[34] Vom ersten Gemälde der *Fünf Frauen auf der Straße* bis hin zum *Potsdamer Platz* ist dabei ein schrittweiser Prozeß der Steigerung ablesbar, in dem sich jede Szenerie als fokussiertes und verdichtetes Resultat des Vorangegangenen darstellt.

Die *Fünf Frauen auf der Straße* setzten den Anfang, noch statisch, wartend auf potentielle Kundschaft, die eine von ihnen bereits im Blick hat. Exotischen Nachtvögeln gleich stehen sie in den gelbgrünen Lichtkegeln der Straßenlampen auf dem Trottoir einer Geschäftsstraße, fest eingefügt in das dort herrschende Vergnügungs- und Konsumangebot. Ihr Blick in die Warenauslagen der Schaufenster ist metaphorisch zu nennen, »reflektieren« sich dort doch zwei Formen ihrer Existenz; ihr Abbild und ihr Zerrbild. Denn ebenso wie für sie galt es auch für die aufkommenden Massenartikel der Zeit zu »prunken, zu locken und die Begehrlichkeit zu reizen«.[35]

Ihre voluminösen Federhüte, die langen dunklen, schmal geschnittenen und hochgeschlossenen Mäntel mit weit ausladenden Kragen sind im Gewühl der Straße Zeichen der Tarnung, die stark geschminkten Gesichter und exaltierten Haltungen dagegen die Reizsignale ihrer Profession. »Da sitzen, an fleckigen Marmortischen, ... geschminkte Weiber in buntem Anzug, mit wippendem Federhut. Kleid und Mantel sind aus dem billigen Laden, der an Prostituierte mit hohem Preisaufschlag auf Abzahlung verkauft; Perlenbesatz und Federchenputz. Der Hut, der bar bezahlt werden muß, ist gewöhnlich das Prachtstück. Das Gesicht mit Lilienmilch kalkweiß getüncht, Backen, Ohren und Kinn hat die Hasenpfote gerötet, die Lippen strotzen in fettem Karminglanz, um die Augen hat der schwarze Schminkstift dicke Ränder gezeichnet.«[36]

Dort, wo sich die Bildräume zu Stadträumen erweitern, sich die Wege von potentieller Kundschaft und Kokotten kreuzen, verliert sich dieser Aspekt der Käuflichkeit in der latenten Präsenz des Nebensächlichen. Wesentlich ist hier das oftmals nur Sekunden andauernde Vibrato der Begegnung, das über den Ausgang des Geschehens, über Nähe oder Distanz, entscheidet. Dem werbenden Blick der Kokotten hält man entweder stand, gibt ihm nach oder weicht ihm demonstrativ und peinlich berührt aus. In der anonymen Masse kein Aufsehen zu erregen, aber trotzdem auf sich aufmerksam zu machen und die Privatheit des anderen zu wahren, dies erforderte von den Prostituierten eine unmißverständliche Zeichensprache: eine Geste, ein fixierender Blick oder eine leise obszöne Melodie im Vorübergehen.[37] Im Gemälde *Die Straße* (S. 45) kommt Kirchner unter verstärktem Einsatz futuristischer Wirkungsstrategien und bestechendem Kontrastreichtum der Farbe zu einer ungemein dichten und überzeugenden Lösung dieser besonderen Kommunikationsformen. Was August Endell 1908 noch nicht gemalt sah, die Empfindungen des Raums, seiner Richtungen und seiner Maße und insbesondere die verlebendigte rhythmisierte Leere im Dazwischen, hier erscheint es eingelöst.[38] Eine Schar von Männern, magisch gefesselt von dem erotisierenden Flirren zweier extravaganter Kokotten, folgen ihrem Weg. Verschworen wenden sich die beiden Frauen einander zu, scheinbar fest dazu entschlossen, einen weiteren – dessen ausladender Gehstock bereits zweideutige Nähe schafft – zu erobern und mit einzubeziehen in die Sphäre ihrer Anhänger, die sich mit ihnen in das rotlodernde herzförmige Feld erotischer Energien einfügen.

Diese unvermeidlichen und auch wohl gesuchten tagtäglichen Konfrontationen von männlichen Passanten und Straßendirnen, mit denen sich ausgesprochen erotische und sexuelle Phantasien verbinden ließen, von denen man sich in gleichem Maße abgestoßen wie hingezogen fühlte, diese spannungsgeladenen flüchtigen Begegnungen sind der eigentliche und wesentliche Inhalt. Es ist die Vibration der Stadt, in der sich der Flaneur im Strom der Masse am Kommen und Gehen der Frauen berauschte und »den Fächer der Kleider auf dem langen Weg seiner Augen« brauchte.[39] Kirchners immer wieder in seinen schriftlichen Aufzeichnungen formulierte Absicht, das unmittelbare Erleben, die »sinnliche Lust am Gesehenen« für den Betrachter spürbar werden zu lassen, setzt genau das um, was Max Beckmann bereits 1909 faszinierte: »Machte den Entwurf zu einer Skizze der Friedrichstraße, ... Männer, die sich nach ein Paar Dirnen umdrehen. Die Frauen drehen sich ebenfalls nach ihnen um ... Möchte gerne etwas von dem Zucken, dem magnetischen Zusammenreißen der Geschlechter hineinbringen; etwas, was mich gerade auf der Straße immer wieder mit Bewunderung über diese immense Pracht der Natur erfüllt.«[40]

Im Jahr 1914, als sich der Krieg näherte und sich die Anfänge der persönlichen Krise in steigendem Alkoholkonsum, körperlichen

Ernst Ludwig Kirchner · Olympia · 1914/15

Beschwerden und Angstzuständen bemerkbar machten, all dies wohlmöglich eng verknüpft mit dem gegenüber seinen ehemaligen »Brücke«-Kollegen bis dahin noch verhaltenen künstlerischen Erfolg, erfährt das Thema jener Zeit einen gewissen Umschlag ins Aggressive. Im stakkatohaft Splitternden des Stils der *Friedrichstraße* verkehrt sich in der gesichtslosen dunklen Männerphalanx das Moment des Berauschens in Zustände des zwanghaft Narkotisierten. Auch die Kokotten, die den rattenfängerischen Auftakt dieses grotesken Parademarsches bilden, prägt nun der morbide Widerschein des grünen Asphalts. Der Blick Kirchners ist ein distanzierter, fühlt sich nicht mehr ein in den enthusiasmierten Flaneur der Straße, sondern verweist nun auf die entseelte Maschinerie der großstädtischen Prostitution.

Bereits vor dem Hintergrund des begonnenen Krieges entsteht der *Potsdamer Platz* (S. 39), Abschluß und Krönung zugleich.[41] Die Verzerrtheit der Verhältnisse bekommt ein Gesicht. In der Weiträumigkeit des Platzes sind die klettenhaften Verzahnungen der Männer und Frauen nun vollends aufgegeben, den Bruch verdeutlichend in den architektonischen Chiffren sexueller Differenz. Bereits gelichtet durch den »blutigen Karneval« der Zeit, zeigt sich hier die Schar der Männer dezimiert und versprengt in den Figuren verhuschter Einzelgänger, die nunmehr zögerlich den vorgegebenen erotischen Fährten der Kokotten folgen. Denn unnahbar und entrückt, statuengleich auf dem insulären Postament, beherrschen diese weiterhin die Situation. In der reizvollen Kombination von Trauerflor und Schminke – die zynisch auf das gefährdende Moment ihrer Sexualität deutet – haben sie sich dem veränderten Straßenbild der Zeit bereits angepaßt.

Die Prostitution als Repräsentationsform eines zivilisatorisch degenerierten sexuellen Lebens zu begreifen und zugleich als die einzig gegebene Möglichkeit sich dieser rundum entfremdeten Welt entgegenzustellen, darin werden Ziel und Absicht Kirchners deutlich. Die Prostituierte ist dabei weder Opfer noch Dämonin, sondern, wie er später einmal bemerken sollte, der »Ausweg des Liebesuchens«, dessen nonverbale Konversation er mit den Mitteln der Malerei offenzulegen wußte.[42] Das sehnsüchtige und enervierte männliche Begehren, der triebgesteuerte Kollektivzwang, die in der Masse präsente gleichsam unsichtbare Choreographie des Sexuellen führt Kirchner zu einer Metasprache der inneren Befindlichkeit, die über die Dramaturgie der formalen Mittel wie Komposition, Duktus und Farbe zum Ausdruck gelangte. Daneben erweist sich die Bildsprache der im Kriegsjahr entstandenen Szenerien, in denen sich zunehmend ein den gesellschaftlichen Tatsachen verhafteter Realitätsbezug einstellte, als bedeutungsreicher Vorgriff auf die nur wenige Jahre darauf folgenden Entblößungen des Verismus.

In der *Olympia* aber – eines der sonderbarsten Gemälde jener Zeit – formuliert Kirchner im Zeichen eines Epilogs den eigentlichen und zugleich schmerzhaften Schlußpunkt seiner großstädtisch geprägten Kunst. Die programmatische Vorbildlichkeit der *Olympia* Manets erscheint hier nicht nur in ihr Gegenteil verkehrt und damit als nicht mehr zeitgemäß verworfen. Auch die *Urbino- Venus*, Manets Vorbild, erfährt zugleich eine geradezu herabwürdigende Demontage. Eine radikale Absage an ein epochemachendes Gemälde, ohne das Motiv und Malweise Ernst Ludwig Kirchners nicht denkbar wären, präsentiert sich hier als selbstbewußter und gleichsam resignierter Akt eines Künstlers, der das Phänomen der Prostitution im Zeichen der Zeit grundlegend neuformuliert hatte.

1 Hans von Wolzogen: *Eine nicht ganz deutsche Entrüstung*, in: *Die Lex Heinze und ihre Gefahr für Kunst Literatur und Sittlichkeit*, Köln 1900, S. 5.
2 Ebenda.
3 Zitiert nach Wilhelm Fischer: *Der Mordprozeß Heinze*, in: Wilhelm Fischer: *Berühmte Giftmischerinnen. Der Mordprozeß Heinze*, Bd. 5, Heilbronn 1903, S. 168f.
4 Wie Anm. 1, S. 31. Vgl. zur Lex-Heinze-Debatte Peter Mast: *Künstlerische und wissenschaftliche Freiheit im deutschen Reich 1890–1901*, o.O. 1980.
5 Werner Kirchbach: *Sexuelle Kunst*, in: *Die Nation*, Jg.17, 1899/1900, Nr. 51, S. 720.
6 Henry Thode: *Kunst und Sittlichkeit*, Heidelberg 1906, S. 25.
7 Vgl. Regina Schulte: *Sperrbezirke. Tugendhaftigkeit und Prostitution in der bürgerlichen Welt*, Frankfurt 1984.
8 Vgl. Vera Konieczka: *Prostitution im 19. Jahrhundert*, Frankfurt/Tübingen 1980.
9 Wie Anm. 7, S. 21.
10 Zitiert nach Wilhelm Hammer: *Zehn Lebensläufe Berliner Kontrollmädchen und zehn Beiträge zur Behandlung der geschlechtlichen Frage*, Berlin/Leipzig 1905, S. 22ff sowie Franz Schuppe: *Die staatliche Überwachung der Prostitution. Zum Handgebrauch für preußische Polizei und Verwaltungsbeamte*, Berlin 1914.
11 Vgl. Petra Schmackpfeffer: *Frauenbewegung und Prostitution. Über das Verhältnis der alten und neuen Frauenbewegung zur Prostitution*, Oldenburg 1989.
12 Vgl. Rita E. Täuber: *Der häßliche Eros. Darstellungen zur Prostitution in der Malerei und Grafik 1855–1930*, Berlin 1997.
13 Vgl. Gerhard Schulz: *Naturalismus und Zensur*, in: *Naturalismus, Bürgerliche Dichtung und soziales Engagement*, hrsg. von Helmut Scheuer, Stuttgart 1974.
14 Vgl. Bernhard Egger: *Iwan Bloch und die Konstituierung der Sexualwissenschaft als eigene Disziplin*, Düsseldorf 1988.
15 Iwan Bloch: *Die Prostitution*, Bd. I, Berlin 1912, S. XV.
16 Wie Anm. 11, S. 55ff.
17 Marielouise Janssen-Jurreit: *Die Sittlichkeitsfrage. Prostitution und Mädchenhandel*, in: *Frauen und Sexualmoral*, hrsg. von Marielouise Janssen-Jurreit, Frankfurt 1986. S. 37.
18 Margarete Böhme: *Tagebuch einer Verlorenen. Von einer Toten*, Frankfurt 1988.
Ende der zwanziger Jahre waren bereits 1,5 Millionen Exemplare verkauft.
19 Vgl. Iwan Bloch: *Das Sexualleben unserer Zeit in seinen Beziehungen zur modernen Kultur*, Berlin 1908, S. 198ff.
20 Richard Huelsenbeck an N.F., in: *Briefe des Expressionismus*, hrsg. von Kasimir Edschmid, Frankfurt/Berlin 1964, S. 68.
21 Wie Anm. 15, S. 63.
22 Brief von Vincent van Gogh an Emile Bernard, 1888, in: *Vincent van Gogh. Sämtliche Briefe. An die Familie, an Freunde und Bekannte*, hrsg. von Fritz Erpel, Bd. 5, Berlin 1985, S. 278.
23 Eine Symbolik, die in Iwan Golls »Heiliger der Unterwelt« sehr ähnlich klingt: »O du an alle Tiefgebeugten Hingeschenkte / ... / Mit deines Haares roter Glorie / Entzünde die dunklen Straßen der Menschen: Denn alle gütigen Feuer der Erde / Brennst du unendlich zurück, du Liebende du! / Täglich zerrst du ein Stückchen Himmel / Tiefer hinab in die Stadt; / ... / Alle Engel sind in deinem Gang / Und die Sklaven, Was von beiden ist der Geliebte dir? ...«
Zitiert nach Iwan Goll: *Unterwelt*. Berlin 1919.
24 Wie Anm. 20, S. 69.
25 Kurt Hiller zitiert nach Schutte/Sprengel: *Die Berliner Moderne 1885–1914*, Stuttgart 1987, S. 230ff.
26 Ernst Ludwig Kirchner zitiert nach Lothar Grisebach: *Ernst Ludwig Kirchners Davoser Tagebuch. Eine Darstellung des Malers und eine Sammlung seiner Schriften*, Wichtrach/Bern 1997, S. 82ff.
27 Stefan Zweig: *Die Welt von Gestern*, Hamburg 1944, S. 103.
»Wir wollten nach Fehmarn zusammen (Kirchner und Heckel) und suchten nach einem Mädchen, das wir außer der Sidi mitnehmen wollten. Ich fand eine kleine Tänzerin, die im selben Lokal wie Sidi auftrat. ... Ich fand das Mädchen nett und bestellte sie zu mir, um zu sehen, ob sie sich eignete, resp. ihr Körper. Sie war nett, gut gebaut, nur sehr elend und traurig. Wir hatten Sympathie füreinander, und sie ging mit mir und lebte bis zur Abreise ganz mit mir.« Ernst Ludwig Kirchner, wie Anm. 25, S. 248.
28 Vgl. Klaus-Peter Schuster: *Kalkulierter Expressionismus. Versuch über Ernst Ludwig Kirchners »Dame mit Hut«*, in: *Ikonographia. Anleitung zum Lesen von Bildern*, hrsg. von Bazon Brock und Achim Preiß, München 1990, S. 229–248.
29 Ob sich Kirchner tatsächlich in Zusammenhang seiner Großstadtbilder mit Guys Zeichnungen beschäftigte, bleibt offen, obwohl sich in seinem Bücherbestand auch eine Ausgabe zu Guys befand.
Vgl. *Ernst Ludwig Kirchner. Zeichnungen und Dokumente*, Ausst.Kat. Museum der Stadt Aschaffenburg, Aschaffenburg 1980, Bd.I, S. 353-361.
30 Alfred Döblin: *Jungfräulichkeit und Prostitution*, in: *Der Sturm*, 3. Jg., 1912, Nr. 127/128, S. 141f. u. S. 152.
31 Louis Aragon: *Ein komischer Heiliger*, in: Louis Aragon: *Das Wahr-Lügen*, Düsseldorf 1983, S. 98.
32 Wie Anm. 27, S. 104.
33 Rudolf Schlichter: *Tönerne Füße*, Berlin 1992, S. 227f.
34 »Ist so ein Straßenbild wie die blauen Kokotten kein Phantasiebild? Wohl wohl, nur der Vorwurf ist real da gewesen. Aber wie schön, wie stark und wie naturfern ist die Ausführung, ...« Ernst Ludwig Kirchner zitiert nach Anm. 26, S. 93.
35 »Sie (die Warenauslage) muß das Interesse durch künstliche Mittel zu steigern versuchen. Muß prunken, muß locken, die Begehrlichkeit reizen. Umsomehr, als infolge der erleichterten Herstellung der Wettbewerb gewachsen, Reklame zum ausschlaggebenden Faktor für den Erfolg.«
Karl Ernst Osthaus: *Das Schaufenster*, in: *Jahrbuch des deutschen Werkbundes 1913*, Jena 1913, S. 59f. Vgl. dazu Sherwin Simmons: *Ernst Ludwig Kirchner's Streetwalkers. Art, Luxury and Immorality in Berlin 1913–1916*, in: *Art Bulletin*, March 2000, Vol. LXXXIII, No. I, p. 117–148.
36 Hans Ostwald: *Das Berliner Dirnentum*, Leipzig o.J., S. 648.
Vgl. dazu auch Kirchners Gemälde *Cafégarten* von 1914, Gordon 374.
37 Ebenda.
38 August Endell: *Die Schönheit der großen Stadt*, Stuttgart 1908, S. 65ff.
39 Wie Anm. 31, S. 97.
Erfahrungen, die Kirchner bereits in Dresden gemacht hatte: »Lieber Erich, heute ist eine Nacht, wo dieses verfluchte Nest seinen ganzen bestrickenden Reiz entwickelt. Die Weiber gehen mit gestrafften Arschmuskeln. ... Ich treibe mit dem Strom, willenlos. ... Ich spreche ein Weib an in einem gelben Mantel mit schwarz. Ich hatte eigentlich gar nicht die Absicht. Gehe mit ihr in ein Kaffee und wir bummeln dann nach Strehlen nach ihrer Wohnung. Sie hat diesen eigentümlichen Geruch an sich eine Mischung von Heuduft und Eau de Cologne, schwül und berauschend, der mich manchmal in diesem halbscharfen Zustande wahnsinnig macht. Ich muß sie küssen, schade sie hat den Belag auf den Zähnen vom nicht putzen. Das kühlte mich wieder ab, der Geruch erregt mich aber wieder. Ich nehme ihren Busenvichu ja der Mantel ist doch das beste an ihr.«
Ernst Ludwig Kirchner an Erich Heckel, ca. 1910, in: Annemarie Dube-Heynig: *Ernst Ludwig Kirchner. Postkarten und Briefe an Erich Heckel im Altonaer Museum in Hamburg*, Köln 1984, S. 242.
40 *Max Beckmann. Leben in Berlin. Tagebuch 1908–1909*, hrsg. von Hans Kinkel, München/Zürich 1984, S. 24.
41 Vgl. Roland März: *Ernst Ludwig Kirchner. Potsdamer Platz. 1914*, in: *Patrimonia 185 – Kulturstiftung der Länder (Hrsg.)*, Berlin 2000.
42 Brief von Ernst Ludwig Kirchner an Gustav Schiefler 1920, in: *Ernst Ludwig Kirchner. Gustav Schiefler. Briefwechsel 1910–1935/38. Mit Briefen von und an Luise Schiefler und Erna Kirchner sowie weiteren Dokumenten aus Schieflers Korrespondenz-Ablage*, bearbeitet von Wolfgang Henze mit Annemarie Dube-Heynig und Magdalena Kraemer-Noble, Stuttgart/Zürich 1990, S. 158.

Kokotten & Freier

Rita E. Täuber

Als Edouard Manet die *Nana* (S. 221) malte, lag der folgenreiche Skandal um die *Olympia* bereits mehr als zehn Jahre zurück. Überraschend und provokant hatte mit diesem Gemälde der Themenbereich der Halbwelt und damit ein wesentlicher Aspekt großstädtischer Realität die Tempel des Wahren, Guten und Schönen ebenso brüskiert wie gestürmt. Eine bekanntlich folgenschwere Zäsur, die das Ende einer Bildtradition und zugleich den Beginn einer nicht mehr »schönen« Kunst markieren sollte. Denn mit der Venus-Kurtisane *Olympia*, dem käuflichen Abglanz einer ehemals so hehren Kunst- und Kultfigur, wurden in prägnanter Form nicht nur die Ideale der Klassiker und Klassizisten der Zeit verworfen, sondern ebenso die Tugend- und Moralbegriffe der bürgerlichen Welt in Frage gestellt.

Sittliche und moralische Abwege der Gesellschaft, die bis zu diesem Zeitpunkt vorrangig meist nur in der Bildsatire geduldet waren, drangen seitdem als favorisierte Sujets in die Bildwelt des sich formierenden französischen Impressionismus und bekamen weitreichenden Einfluß. Die Literatur ging im Gleichschritt. Joris Carl Huysmans »Marthe«, Edmond Goncourts »Fille Elisa« und Emile Zolas »Nana« lösten sich aus den romantisierenden Verklammerungen wie sie Alexandre Dumas in der »Kameliendame« vorgegeben hatte und insistierten zunehmend in die Realitäten des Gewerbes.

Literatur und bildende Kunst reagierten damit auch auf die allgegenwärtige Präsenz von Femmes Galantes, Kokotten und proletarischen Gassendirnen, die im Zuge von Industrialisierung und Urbanisierung derart massenhaft auf den Boulevards und an Orten des öffentlichen Vergnügens in Erscheinung traten, daß sie nicht nur ein sittliches, sondern auch ein bedrohlich werdendes gesundheitliches Problem darstellten. Vor diesem Hintergrund skizzierte Emile Zola in »Nana« auch jene unbekümmerte, berechnende und luxusversessene Bestie, zwischen deren schneeweißen Schenkeln Paris zu verseuchen und zu zersetzen drohe. Edouard Manet, der den Roman seines Freundes und Mentors wohl bereits vor der Veröffentlichung gekannt haben mag, interessierte anderes: »Sie hatte den Pinsel in einen Topf mit schwarzer Tusche getaucht; nun drückte sie das Näschen an den Spiegel, kniff das linke Auge zu und fuhr damit behutsam und sachte über die Wimpern. Muffat stand hinter ihr und schaute ihr zu. Er sah sie im Spiegel mit ihren rundlichen Schultern und ihrer Brust, die in rosigen Schatten verschwamm. ... Als sie nun das rechte Auge schloß und mit dem Pinsel darüber strich, wußte er, daß er ihr verfallen war. ... Mit den Fingern schmierte sie noch zwei breite Striche Karminrot auf ihre Lippen. Graf Muffat fühlte sich noch verwirrter; er war der Verführungskraft all der sündhaft duftenden Puder und Schminken erlegen« (Emile Zola, »Nana«).

Offen zeigt sich in Manets *Nana* aber auch jenes Zusammentreffen, das sich in *Olympia* bereits vor der Leinwand abspielte und die Paul Cézanne in seiner grob parodierenden Olympia-Hommage als Traumsequenz eines offensichtlich nostalgisch veranlagten Freiers vergegenwärtigt hatte.

Hier dagegen tritt der wohlsituierte Kunde in den Hintergrund. Aufmerksam nimmt er jedoch zugleich teil an einem Zeremoniell, dem er wie Muffat bereits längst verfallen ist. Die verführerischen Inszenierungskünste des Gewerbes, die für Prostituierte und Halbweltlerinnen gezielten und unentbehrlichen Strategien des Kundenfangs, zeigen sich somit auch weniger für ihn als vielmehr für den Betrachter. Das Blendwerk von Schminke und Mode – die Maske des Begehrens – ist hier als äußerst selbstbewußter Akt der Verwandlung des Individuums zur Ware in Szene gesetzt. Dabei spricht die ironisch gesetzte Platzierung des Kranichs, die die Verblendung und Düpierung des männlichen Klienten gleichermaßen entlarvt, für sich. Denn Kranich, »grue« im Französischen – war damals eine geläufige Bezeichnung der »cocotte«.

Diese Werbestrategien des »freien Marktes« erscheinen im Bordell in der überschaubaren Situation von »Warenangebot« und Nachfrage weit weniger notwendig. Dies zumindest vermitteln die kleinformatigen Bordellszenen (S. 222–223) von Edgar Degas. Jegliche Form kunstvoll getarnter Verführung stellt die drastische Körpersprache der Prostituierten in Abrede. Degas drängt geradezu in die Rolle des Voyeurs und konfrontiert Betrachter wie Klient mit einer Sexualität, die sich nicht mehr mit verheißungsvollen Versprechungen tarnt. Der Kunde, mehr Eindringling als »Liebeskäufer«, wirkt irritiert, zögerlich, wenn nicht gar verunsichert. Der Sex der Prostituierten nimmt keine Umwege, zeigt sich direkt und nüchtern, ohne Illusion und Habitus, beinahe gewalttätig in seiner physischen Präsenz. Hier erscheint der Mythos der Prostitution nicht nur aufgedeckt, sondern gänzlich entzaubert und auf rein animalische Aspekte reduziert. Degas' Schilderung des Bordellwesens gibt sich realitätsnah, aber gleichsam auch diskriminierend. Denn mit der anstößigen Präsentation der Prostituierten schleichen sich diejenigen »wissenschaftlich analysierten« Behauptungen der Zeit ein, die der Dirne geistige und körperliche Degeneration bescheinigten. Zugleich zeigt sich eine offenkundige Faszination am Häßlichen, bei der, wie Ernst Kallai mit Blick auf George Grosz und Otto Dix einmal bemerkte, »Abscheu nicht mehr von Wollust zu unterscheiden ist«.

Weiß man bei Edgar Degas wenig darüber, ob diese »Bordellimpressionen« auf persönliche Erfahrungen zurückgehen oder sich an ebenso drastischen Schilderungen der Romanliteratur der Zeit orientieren, stellt dies bei Henri de Toulouse-Lautrec bekanntlich kein Geheimnis dar. Über Wochen quartierte sich der kleinwüchsige und gesundheitlich angeschlagene Künstler in die Bordelle auf dem Montmartre ein und beschrieb mit der ihm eigenen suggestiv-realistischen Beobachtungsgabe nicht etwa den professionellen Alltag des Gewerbes, sondern die täglichen Verrichtungen außerhalb des Kundenverkehrs. Ebenso wenig wie er sich nicht davor scheute, die homosexuellen Neigungen dieser Frauen ins Bild zu setzen, ebenso ungewöhnlich und beispiellos erscheint die Beobachtung der allwöchentlichen Pflichtuntersuchung. Die Akzeptanz und der Respekt, die der Künstler den Prostituierten entgegenbrachte und was sich folglich in der äußerst diskreten Ausdrucksqualität der Darstellungen niederschlug, beruhte wohl auf Gegenseitigkeit, wenn man berücksichtigt, daß Toulouse-Lautrecs Körperbehinderung ihn ebenso zum gesellschaftlichen Außenseiter stigmatisierte. Geläufige Klischees der Verführerin oder des Opfers vermeidend, bleiben daher jegliche Verklärung, soziale Anklage oder Diskriminierung ausgeklammert.

Edvard Munch sah dies anders. Von der im norwegischen Bohèmekreis um Hans Jaeger und Christian Krogh so leidenschaftlich umkämpften »freien Liebe«, die ihn in angstbesetzte und schmerzhafte Konflikte stürzte, legt *Der Tag danach* (S. 225) ein derangiertes Zeugnis ab. Dieser freiheitliche Lebensentwurf mag ursächlich gewesen sein für seine realen wie künstlerischen Ausflüge ins Milieu. Entgegen Toulouse-Lautrecs lesen sich Munchs Prostituierte jedoch mehr als besondere Spezies denn als differenzierte Individuen. CanCan-Tänzerinnen und Kellnerinnen im Tingeltangel verkörpern denselben Typus wie die Patience legenden Bordellprostituierten *Amelie und Roselie*: matronenhaft vollbusig, dazu gescheiteltes, zu einem Knoten gestecktes Haar und asiatisch anklingende Gesichtszüge. Ihrem fremden und gleichsam seriellen Erscheinungsbild ist das Befremdliche und der Automatismus ihrer Profession von vornherein eingeschrieben. Derart entmenschlicht stiften sie kaum Verwirrung und scheinen für Munch im Gegensatz zu einer »Normalfrau« wie etwa Tulla Larsen einschätzbar und – trotz der bedrohlichen Schatten – wenig gefährlich.

Derartige Strategien der Bannung waren Pablo Picasso mehr als fremd. Die nächtlichen Streifzüge durch Paris, durch Bars, Bordelle, Cafés und Varietés und die Begegnung mit Künstlern wie Edgar Degas, Auguste Renoir und Henri de Toulouse-Lautrec hinterließen im Werk des jungen Malers unverkennbare Spuren. Ein in jener Zeit entstandenes Selbstportrait, in dem er sich als äußerst elegante Erscheinung inmitten barbusiger Halbweltlerinnen in Szene setzt, macht deutlich, wie er sich die schillernde Vergnügungswelt ebenso einverleibt wie die Malerei, die diese Welt widerspiegelte. Auch nachdem alsbald die erotische Sphäre der Halbwelt unversehens umschlug in jene von abgründiger Melancholie gekennzeichneten Bilder der Bettler, Trinker und Prostituierten – konnte Picasso seine Vorbilder wenig leugnen. Erst mit den *Les Demoiselles d'Avignon*, ein Gemälde, dem ein Bordellszenario Degas'scher Prägung als Ausgangspunkt diente, gelang ihm in der abstrahierenden Neuformulierung eines bis dahin weidlich ausgeschöpften Themas die eigentliche und radikale Ablösung.

Ernst Ludwig Kirchner blieb dagegen der ersehnte Aufenthalt in Paris verwehrt, also ging er nach Berlin. Was die Franzosen bereits abgeschlossen hatten und die Berliner Literaten in baudelairescher Manier nun so ekstatisch und wortreich in Angriff nahmen, fand außer bei Kirchner nur wenig Entsprechung. Seine in Dresden geschaffenen Paradiese verflüchtigten sich, der Stil wurde härter und der Blick unterkühlter. »Farblos« und gleichsam entsinnlicht erscheint das *Paar im Zimmer* (S. 229), geschäftsmäßig monetär ihre Beziehung und dabei vermutlich im Atelier des Malers ebenso nachinszeniert wie das der *Drei Modelle* (S. 87). Bordellszenen, die sich am Ende der Berliner Zeit in einer kaleidoskopartig angelegten lithographischen Reihe sexueller Fetischismen und »außergewöhnlicher« Sexualpraktiken eklatant verschärfen. Die vielversprechenden Erregungen der Straße, denen er noch kurz zuvor in geradezu obsessiver Weise eine Sprache verliehen hatte, scheinen hier in pointierter Zeichenhaftigkeit ihr Ventil gefunden zu haben.

Edouard Manet · Nana · 1877 · Kat.Nr. 92

Edgar Degas · Repos sur le lit/Ruhe auf dem Bett · 1876/77 · Kat.Nr. 93

Edgar Degas · La fête de la patronne/ Das Fest der Hausherrin · 1878/79 · Kat.Nr. 94

Edvard Munch
Frau mit rotem Haar
1902
Kat.Nr. 95

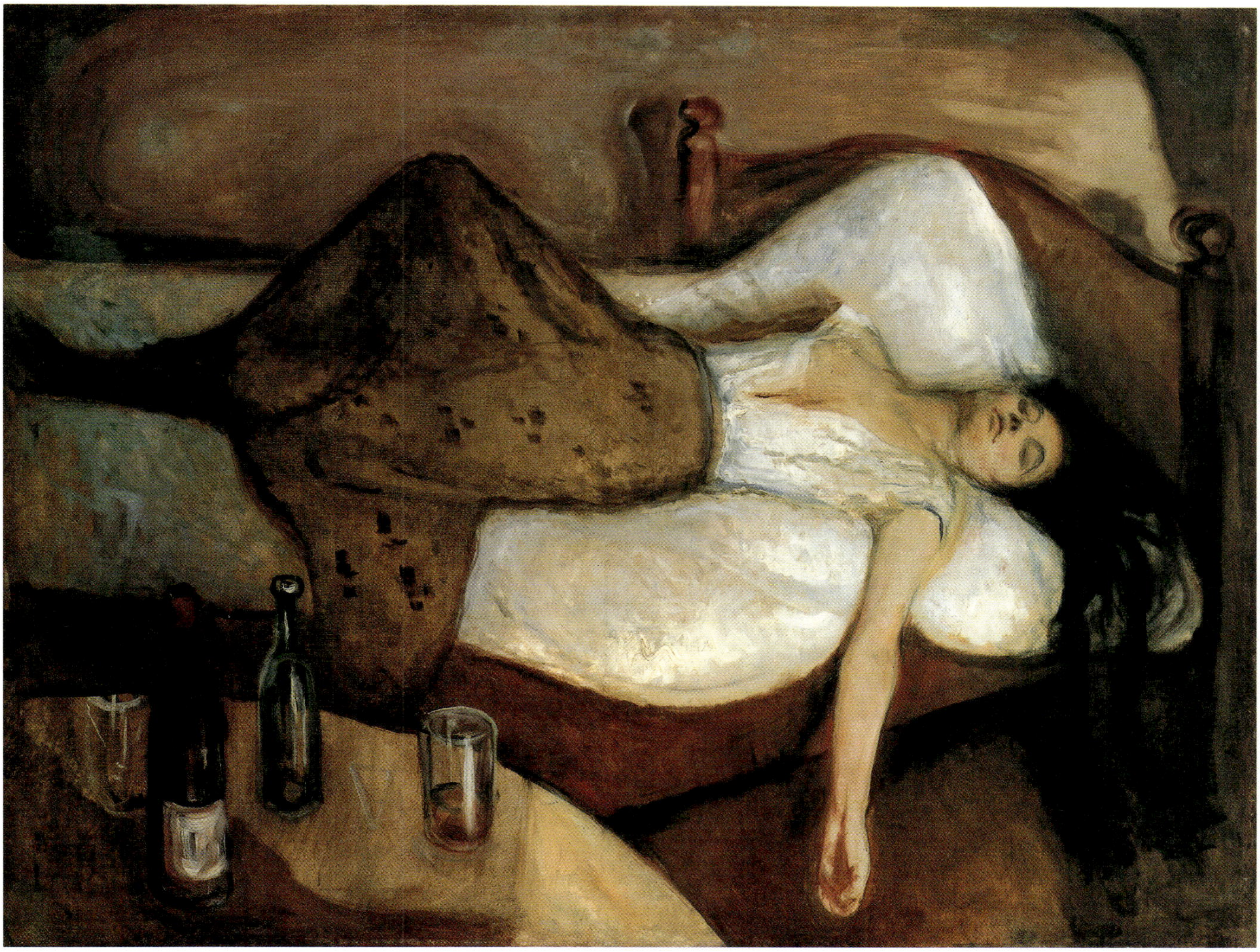

Edvard Munch · Der Tag danach · 1894/95 · Kat.Nr. 96

Hans Baluschek · Montagmorgen · 1898 · Kat.Nr. 97

Henri de Toulouse-Lautrec · Femmes au repos/Zwei Freundinnen · 1895 · Kat.Nr. 98

Ernst Ludwig Kirchner · Der Busenfreier · 1915 · Kat.Nr. 99

Ernst Ludwig Kirchner · Paar im Zimmer · 1912 · Kat.Nr. 100

Ernst Ludwig Kirchner · Drei Straßenmädchen vor einem Schaufenster · 1914 · Kat.Nr. 101

Ernst Ludwig Kirchner · Frauen auf der Straße · 1913 · Kat.Nr. 102

Georg Tappert · Halbakt mit Hut · 1910 · Kat.Nr. 103

Alexej von Jawlensky · La Cocotte · 1912 · Kat.Nr. 104

Georg Tappert · Varieté · 1913 · Kat.Nr. 105

Georg Tappert · Auftritt im Varieté · 1922 · Kat.Nr. 106

Feininger

Heilige Hure – Travestie und Groteske

Roland März

Charles Baudelaire hat in seinem Essay »Die Maler des modernen Lebens« von 1863 das Bordell und das Flanieren in den Parks von Paris gefeiert. Doch nur auf den ersten Blick steht Pablo Picassos grandioses Schlüsselbild der Malerei im 20. Jahrhundert *Les Demoiselles d'Avignon* von 1907 in dieser Tradition. Eine große Bordellkomposition mit fünf Huren auf einer Bühne, umgeben von kulissenhaften Draperien. Die Freier, ein Matrose und ein Student, sind in den Skizzen noch gegenwärtig, doch im Bilde nicht mehr berücksichtigt worden. *Le Bordel d'Avignon* in Barcelona gibt zwar die Zurschaustellung des Sexus in provokanter Weise wieder, doch nicht das Milieu »Bordell«, sondern die Radikalisierung und Neuschöpfung der Bildsprache ist das Anliegen Picassos gewesen. Das »erotische Drama« auf der Leinwand ist sekundär, primär allein die Revolution extremer Form aus dem Geiste des Kubismus, die selbst die Malerfreunde des Spaniers schockierte.

Mit seinen majestätischen Kokotten auf dem Potsdamer Platz hat sich Ernst Ludwig Kirchner nur per distance auf Picassos Bordellbild bezogen, in Berlin sah Kirchner die Hure nicht mehr mit dem Auge »der Wildheit in der Zivilisation« (Charles Baudelaire) an. Die afroiberische Mimikry der Huren Picassos ist von ganz anderer, bizarrer Art, und Kirchners ethnographisch inspirierter Exotismus der Dresdener Jahre hatte sich im Dickicht der nächtlichen Großstadt Berlin, mit all ihren Verlockungen, in der spitzen Gerecktheit seiner Dirnen verloren. Dennoch haben Picasso und Kirchner, bei aller Unterschiedlichkeit ihrer Formfindungen, zwei der herausragenden Programmbilder zur existentiellen Präsenz der Kokotte im modernen Großstadtleben geschaffen. An diesen beiden hochaufgerichteten »Altären« der Prostitution als Paradigmen der Unausweichlichkeit des Eros gibt es kein Vorbei und Darüberhinaus mehr in der Malerei des 20. Jahrhunderts.

Weniger distanziert als Kirchner sind die deutschen Kubisten Lyonel Feininger und Paul Klee an Picassos kubistische Formzersplitterung herangegangen und haben diese ihrer eigenen Intention zu hermetischen Kristallwesen anverwandelt. Feininger kam, wie George Grosz auch, von der Karikatur- und Witzblattzeichnung zur gemalten Groteske, inspiriert vom Scherenschnitt und vom grellen Schießbudenbild der Jahrmärkte. Seine Mummenschanz-Bilder baute er aus scharf geschnittenen, papageienhaft bunt kolorierten Silhouetten auf. In der *Promenade* (S. 242) wirbeln kostümierte Dämchen beziehungslos einher, beäugt vom verwunderten Flaneur. Eine Pantomime der Eitelkeit und des Eros, die Travestie des scheinbar Wirklichen ist modisch aufgeputzt zum unzeitgemäßen Spuk. Feiningers skurrile Gestalten aus seiner »Stadt am Ende der Welt« spiegeln »Die andere Seite« in Alfred Kubins finsterem Traumreich des apokalyptischen Untergangs ins Komische hinein. Von La Belle, der Schönen des Tages und der Nacht, ging es für Feininger, einst Schüler am Lütticher Jesuitenkolleg, in die anachronistische Welt der *Jesuiten*, gemalt im Jahre 1915. »Hohe Herren«, in der Scheinheiligkeit des Begehrens, die die Prostituierten umschwärmen wie Motten das Licht. Darin erweist sich Feininger als filmisch orientierter Inszenator, der die Figuren in den segmentierten Phasen der Bewegung wie in einem Räderwerk miteinander verklammert.

Feiningers Mummenschanz-Promenaden hat wohl vor 1914 auch Ernst Ludwig Kirchner in den Ausstellungen der »Berliner Secession« gesehen. In seinem Gemälde *Potsdamer Platz* (S. 39) ist die Linkstraße mit dem spitzen Gewimmel der Freier und Dirnen nicht denkbar ohne den kühl berechnenden »Scherenschneider« und Kulissenmaler Feininger, in der Abschüssigkeit der Straße und im Schießbudenhaften der Figurenstaffage. Die »Regisseure« Feininger und Kirchner malen präkinematographische Bilder, ohne Futuristen im Sinne der Italiener zu sein. Mit den *Nachtvögeln* (S. 243) von 1921 hat Feininger aus der Erinnerung seine Hommage auf die Berliner Kokottenbilder Kirchners gemalt. Auch Kirchners Biograph Will Grohmann hat in seiner kuriosen Maladaption nach Kirchners Holzschnitt *Frauen am Potsdamer Platz* eben diese scheinbare Nähe von Kirchner zu Feininger sowie die Feiningers zu Kirchner gesehen und dabei das Marionettenhafte in der Figurenbildung dieser beiden Antipoden hervorgehoben.

Die Wahlverwandten Feininger und Klee haben sich der Scheinheiligkeit des Eros gelegentlich mit den Mitteln der Travestie und Groteske in gebotener ironischer Distanz zugewandt. Beide wußten darum, daß »die Groteske Wertverschiebung erweist« (Carl Einstein) und auch das Sprungbrett für die optische Phantasie des Künstlers ist. Am Ende seines Militärdienstes in Gersthofen erhielt Klee durch die Vermittlung von Theodor Däubler oder des Leipziger Kunsthistorikers Eckart von Sydow im November 1918 vom Verlag Georg Müller in München den Auftrag, die Erzählung »Potsdamer Platz oder Die Nächte des neuen Messias. Ekstatische Visionen« von Curt Corrinth (1894–1960) zu illustrieren. Nur zögernd machte er sich an die Arbeit, eine Literatur zu »erleuchten«, die er zutreffend »einen

Will Grohmann · Frauen am Potsdamer Platz · o.J.

Schmarren« nannte. Trotz dieser Bedenken entstanden von Jahresende 1918 bis Anfang 1919 die zehn Vorzeichnungen zum Buch Corrinths, mit Feder in Tinte auf Papier in kleinem Format ausgeführt. Rissige, zuweilen schwingende Linienführung in einem bizarren Duktus, der nur mitunter das Kristalline streift. Die Illustrationen realisierte Klee in einer Zeit, wo er – bei aller Skepsis – als Sympathisant zeitweise der Münchner Räterepublik nahestand. Corrinths Geschichte vom »Potsdamer Platz« ist in ihrem emphatischen Revolutionarismus der Wortwahl verstiegen genug: Der junge Hans Termaden, Sohn aus reichem Hause, kommt in die Metropole Berlin, um die Prostituierten von ihrer elenden Fron der Käuflichkeit zu befreien: »Ah so gebar Europa seinen Messias«. Die Zeitgeistformel heißt für die spätexpressionistischen Maler und Dichter: Revolution = sexuelle Freiheit. Das Thema des Buches von Corrinth reicht vom erniedrigenden Frust zur befreiten Lust, gipfelnd »mit dem Sieg der freien, nicht käuflichen Sinnlichkeit, die am Ende sogar über den preußischen Militarismus triumphiert« (Anita Beloubek-Hammer). Jetzt kommt der Huren-Heiland als Erlöser aus deutscher Provinz in die Metropole, die Prostituierte hebt er aus der Trivialität des Potsdamer Platzes jubelnd zur Heiligen Hure, ja zur Hohen Priesterin des Sexus empor. Klee muß Corrinths Text der sexuellen Wortwallungen mit gemischten Gefühlen gelesen, aber mit klarem Kopf interpretiert haben. Als Titel seiner Illustrationen figurieren dabei signifikante Textzitate Corrinths. Nach dem prologischen Prospekt und Titelblatt mit der Sonne und dem Auge über der Stadt folgen als das allein selig machende Ziel die Paarung (Bl. II), das Liebesdrama (Bl. III, S. 240), das verzückte Weib in Erwartung des Erlösers (Bl. IV, S. 240) und das geistgewordene Fleisch, das wie auf der Wäscheleine am Himmel turnt (Bl. V). – Im Blatt VI dann der Sturmlauf der »Erlösungssüchtigen« zum Potsdamer Platz hinauf zur *Hochburg* Berlin, in der Erwartung *jäher Verzehnfachung seiner Bürger*. Die Metropole Berlin ist der Moloch (Bl. VII, S. 240), der die Einwohner verschlingt, mit dem unausweichlichen Schicksal der Liebenden (Bl. VIII) »zwischen Himmel hoch jauchzend und zu Tode betrübt« und der Ekstase des Eros, nach *Vollendung, Vollendung* (Bl. IX) lechzend, die im *Höher, ferner, schwindend* (Bl. X, S. 240) mit Termadens Himmelfahrt gipfelt. Der Huren-Heiland verflüchtigt sich zum Finale im All, vom »ALALA«-Geschrei der Huren begleitet, ganz im Kleeschen Sinne diesseitig nicht mehr faßbar. Schwülstige Pathosformel, »die in einem Eros der Allbeglückung kulminiert«: »Des Messias irdische Mission endete göttliches ewiges ewiges Leben.« Curt Corrinths »Erhabenheit« kippt in seinem »Potsdamer Platz« unfreiwillig ins Lächerliche und Pseudo-Groteske um, so in der Heiligsprechung der Hure: »Selig, wer nichts atmen darf als Geschenk für eure Arme und eure Schenkel, die ich mir weißer und fester erdichte denn Marmor aus den Gruben von Paros«. Hier und da taucht in den Blättern Klees auch der Pfeil wieder als kosmisch orientiertes Richtungssymbol auf, die Vulgarität des urbanen Sexus der Corrinthschen »Hure Babylon« hinter sich lassend. Dieser zwiespältigen »Arbeit« am Sexus ließ Paul Klee ein so erotisch schillerndes und präzis fabuliertes Blatt wie *Die Büchse der Pandora als Stilleben* (S. 241), frei nach Frank Wedekind, folgen. Am 1. Januar 1920 schrieb Paul Klee an Alfred Kubin: »Die Dichtung ist nicht gerade besonders, aber ganz dankbar ... Vielleicht hat eine gewisse Souveränität mich vor Plattheiten bewahrt«. Klee arbeitete so nicht mit, sondern gegen die literarische Vorlage, als ein ironischer Filigrantechniker, der die rauschhaften Hohlkörper des Sexus bei Corrinth in seinen »formalen Kosmos« (Mona Meister) der himmlichen Entrückung verwandelte. Das Buch erschien 1920 mit zehn Photo-Lithographien nach den Zeichnungen Paul Klees in einer Auflage von 500 Exemplaren bei Georg Müller in München. In der Singgebung Otto Dix nahe, der mit seinem *Mondweib* (S. 249) von 1919 die brünstige Sex-Raserei der spätexpressionistischen Dichter vom Schlage des Curt Corrinth und Johannes R. Becher, genannt »Johannes ›Erbrecher‹«, lustvoll parodierte.

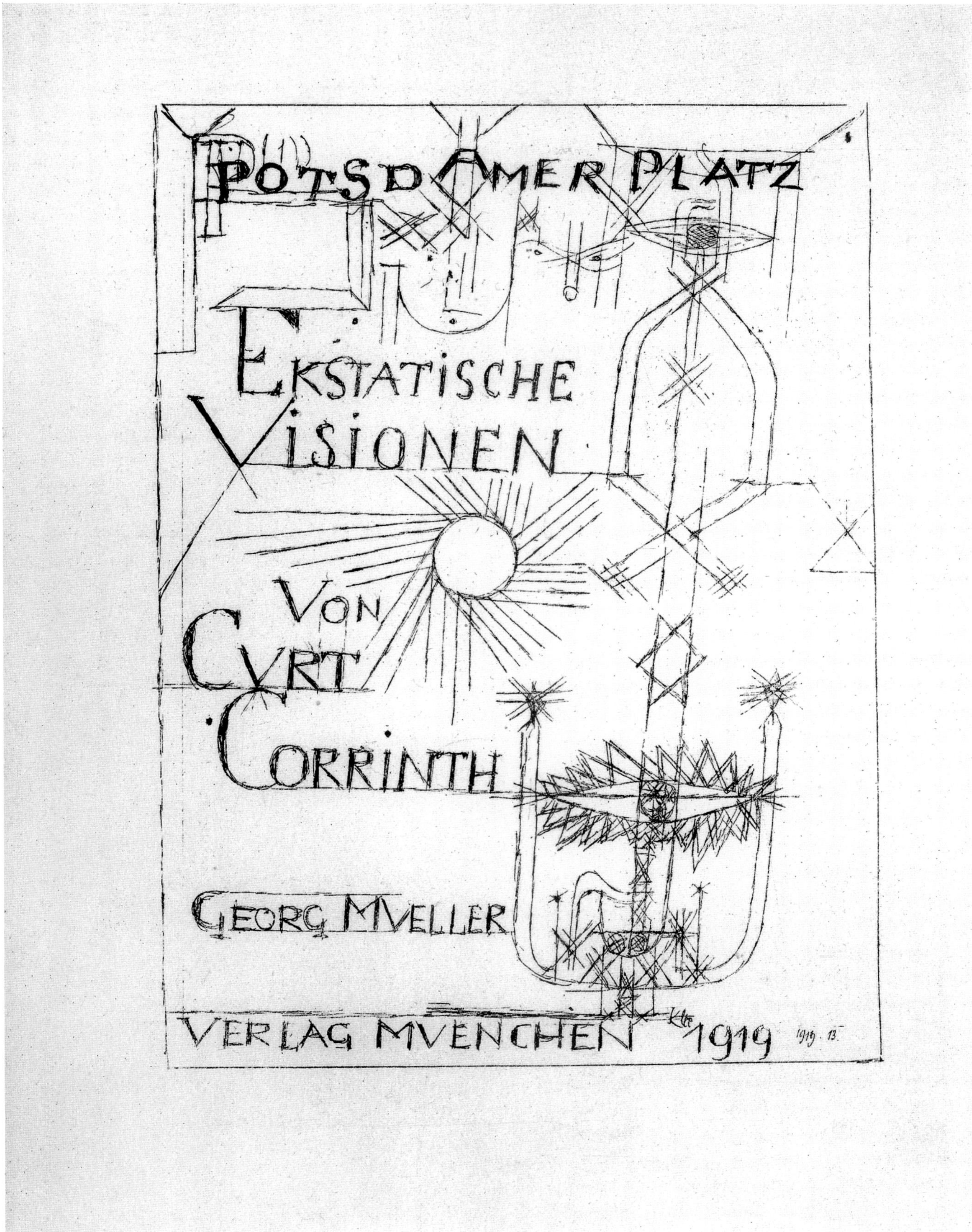

Paul Klee · Frontispiz zu Curt Corrinth, Potsdamer Platz · 1920

Paul Klee · III. Ich bin gesandt einen Alb zu nehmen von der Menschheit · 1919
Vorzeichnung zu Curt Corrinth, Potsdamer Platz 1920 · Kat.Nr. 107

Paul Klee · IV. Du Starker, o-oh oh du! · 1919
Vorzeichnung zu Curt Corrinth, Potsdamer Platz 1920 · Kat.Nr. 108

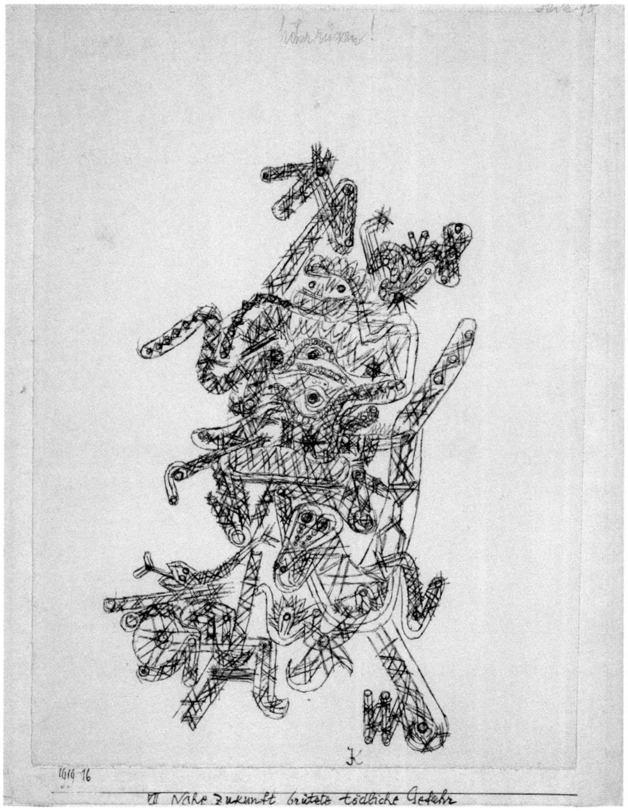

Paul Klee · VII. Nahe Zukunft brütete tödliche Gefahr · 1919
Vorzeichnung zu Curt Corrinth, Potsdamer Platz 1920 · Kat.Nr. 109

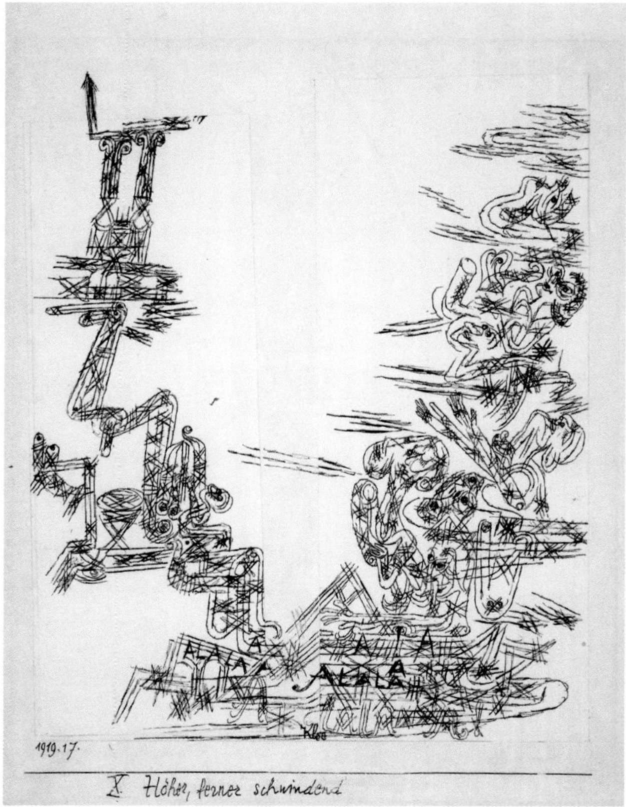

Paul Klee · X. Höher, ferner schwindend · 1919
Vorzeichnung zu Curt Corrinth, Potsdamer Platz 1920 · Kat.Nr. 110

Paul Klee · Die Büchse der Pandora als Stilleben · 1920 · Kat.Nr. 111

Lyonel Feininger · Promenade (Spaziergänger) · 1912 · Kat.Nr. 112

Lyonel Feininger · Nachtvögel · 1921 · Kat.Nr. 113

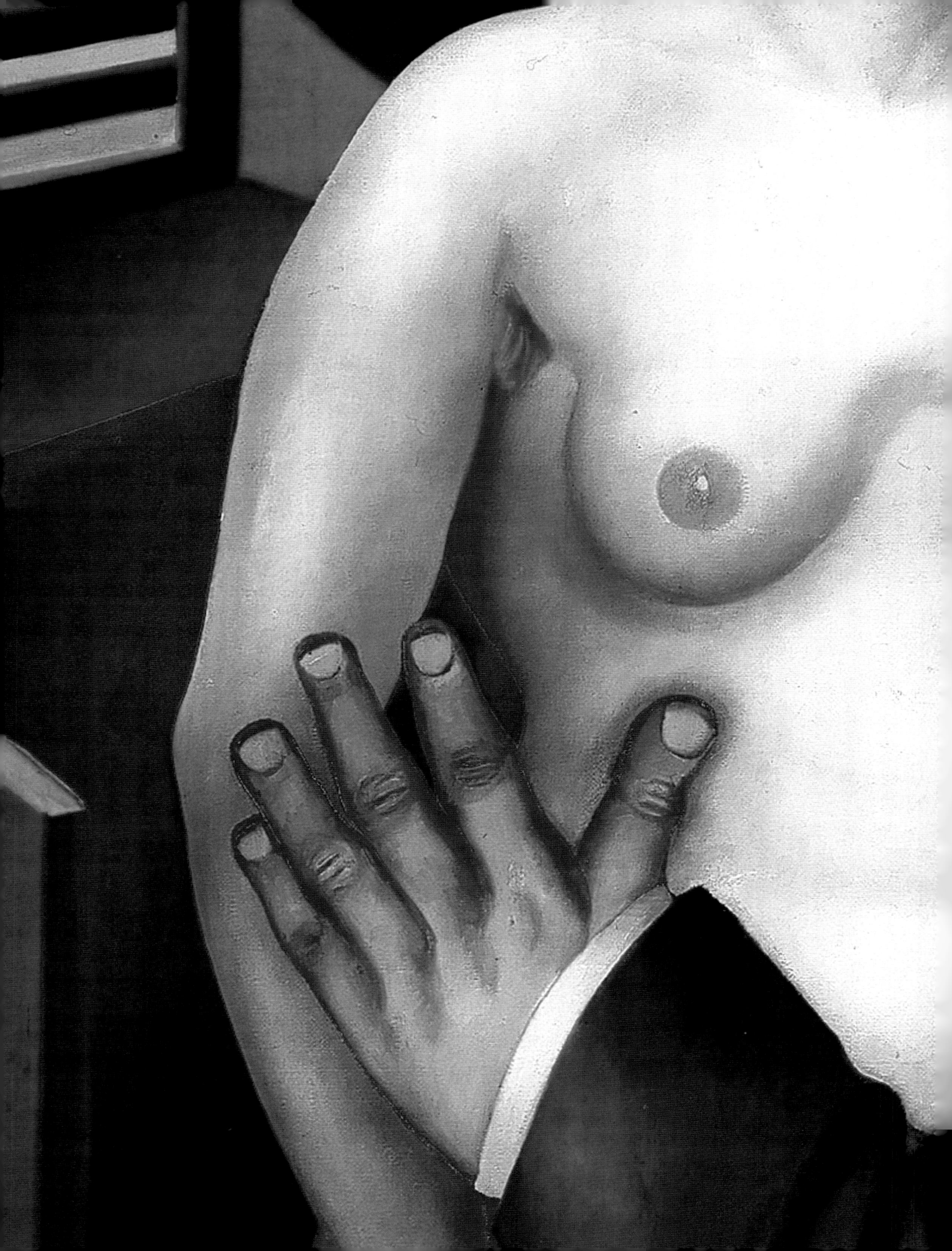

Der veristische Eros

Rita E. Täuber

Der gesellschaftliche Umbruch nach 1918 ist ein radikaler. Mit dem Ende der Monarchie stürzten die staatstragenden Werte: die der Ordnung, die des Geldes und nicht zuletzt die der Sitte und Moral. Richard Huelsenbeck: »Die Moral wurde zur Zielscheibe des Spottes, die Gewalt, die der Krieg legitimiert hatte, kroch ins persönliche Leben. Vorteil und Geschäft waren die Parole ... Die Frauen begannen, Rot auf ihre Lippen zu schmieren, und die Männer, Sklaven des Vergnügens, warfen das Geld, das sie verdienten, in die frischen Schöße der Huren.«

Kunst und Künstler jener Zeit beziehen Stellung. Man sammelt sich in politisierten »Kollektiven«, verwirft das introvertierte Bohème-Pathos der Vorkriegszeit und hält der aus den Bahnen geratenen Gesellschaft und ihren Scheinidyllen den Spiegel vor: die verelendeten Arbeitermassen, die Kriegsinvaliden und Kriegsgewinnler und immer wieder die Allgegenwärtigkeit sexueller Ausschweifung. In der Koppelung von Sexualität und Gewalt überschreitet man provokant die ästhetischen Grenzen. Erich Wulffens Fallbeispiele grausamster Sexualverbrechen und die Öffentlichkeit aufschreckenden Prozesse um Massenmörder wie Henri-Désiré Landru oder Fritz Haarmann scheinen mit ein ursächlicher Impuls für das in jener Zeit mehrfach auftauchende Motiv des »Lustmordes«. Das randständige Thema, bei Heinrich Maria Davringhausen (S. 252) gefaßt in Ironie und bei Rudolf Schlichter (S. 255) aus der Perspektive nüchterner Kriminalistik gesehen, dient George Grosz und Otto Dix als spektakulärer Schauplatz avantgardistischer Inszenierungswut.

Grosz' blutiges Szenario (S. 269) ist weit mehr als ein aus den traumatischen Kriegserlebnissen resultierender gewaltsamer Tötungsakt mit realem Hintergrund. Es ist die haßerfüllte Absage eines Dadaisten an einen traditionell weiblich konnotierten Kunstbegriff des Idealen und zugleich der gewaltsame Befreiungsschlag eines Künstlers, dem nach Raoul Hausmann in der kapitalistischen Gesellschaft eine »Drohnen- und Prostituiertenrolle« aufgezwungen wird. In seinen überspitzt konglomeraten Zustandsbeschreibungen einer durch Kapital, Korruption, Reaktion und sexuelle Genußsucht bestimmten gesellschaftlichen Realität wird der Pinsel zur entlarvenden Waffe. Lüsterner Zynismus »preist« die »Schönheit« einer triebbestimmten Gesellschaft, in der das wilhelminische Korsett sexualmoralischer Repressionen nicht nur aufbrach, sondern sich explosionsartig entlud.

Während man offen auf breitester Ebene Fragen der Liebe, der Ehe und Sexualität diskutierte und Hans Magnus Hirschfeld das erste Institut für Sexualwissenschaft gründete, schossen in der Vier-Millionen-Metropole Berlin Tanzdielen, Nacktbars, Homosexuellentreffs, Transvestitenlokale und andere vergleichbare Amüsierbetriebe wie Pilze aus dem Boden. Zugleich avancierten Sexual- und sogenannte »Aufklärungsfilme« zu Zugnummern der boomenden Filmindustrie und Anita Berber, die exzentrische und skandalumwitterte Schauspielerin und Nackttänzerin, deren faszinierender Dämonie und auratischer Ausstrahlung Otto Dix ein flammendes Denkmal setzte, tanzte die Tänze des Grauens, des Lasters und der Ekstase. Das überhitzte und enthemmte Klima jener Zeit lockte viele in die Weltstadt, die sich nun endlich mit Paris messen konnte.

Für Rudolf Schlichter, den zwanghaften Erotomanen und Schuhfetischisten, schienen gerade dort die »finsteren Reiche des Satanischen« in aller Gänze greifbar und die eigenen sadomasochistischen Gewaltphantasien geraten zum Anlaß allgemeiner Verhöhnung. Von der bald in Ernüchterung umschlagenden Begeisterung, die einen versachlichten präzisen Malstil nach sich zog, kündet bereits die eigentümlich abgeklärte Atmosphäre des Tingeltangel. Wo sich der anständige Bürger mit dem Halbweltler und Unterweltler vermischt, zeigt sich der Oscar Wilde-Bewunderer Schlichter dandylike distanziert und gleichgültig unter Gleichgesinnten.

Otto Dix, neben Rudolf Schlichter, George Grosz und Karl Hubbuch, einer der herausragenden Vertreter der sogenannten veristischen Richtung, rückte der »sentimentalen Geschwulstmystik« – wie Max Beckmann den Expressionismus bezeichnete – nicht nur in den grauenerregenden Kriegsdarstellungen zu Leibe. Die enorme Fülle von Prostituierten, festgehalten im Bordell und auf der Straße, als Ermordete und Portraitierte, zeugt von einem außerordentlichen Interesse an einem Phänomen, daß sich den Umständen der Zeit entsprechend inflationär ausbreitete. In schonungsloser Härte lenkt er den Blick auf die Vergänglichkeit des Körpers und verweist auf die ihn künstlerisch leitende und durch Friedrich Nietzsche geprägte Wirklichkeitssicht und die Dialektik von Eros und Tod, die in der Prostitution besonders gefährlich nah beieinander lagen. Der Ganzfigurenakt einer betagten, spärlich und nachlässig gekleideten Prostituierten mit dem für Dix ungewöhnlich tendenziösen Titel *Venus des kapitalistischen Zeitalters* (S. 247) gibt sich als groteske Allegorie der Zerfallserscheinungen der Zeit. »Venus« zeigt ihr zweites Gesicht. Das ehemals elegische Idealbild des Wahren und Schönen, der reinen Liebe und unbefleckten Schönheit; verkommen zur Ikone der Häßlichkeit. Und nach Friedrich Nietzsche ist die Wahrheit häßlich.

Die von allen Nebensächlichkeiten bereinigte Intimität einer Bordellszene Heinrich Maria Davringhausens zeugt dagegen von anderen Wahrheiten, von milieubedingten Verhaltenskodices, zugespitzt in einer spannungsvoll wie angespannten Divergenz von Professionalität und sexuell-erregter Unterwürfigkeit. Formen der Entfremdung, die auch Christian Schad einige Jahre darauf in seinem berühmten Selbstbildnis vor grauer Industriekulisse ungeschönt und vergleichbar ernüchternd deutlich werden ließ. Die zweite Haut, die er sich zulegte, ist Zeichen unüberbrückbarer emotionaler Distanz wie Ichbezogenheit und Ausdruck eines Auseinanderfallens von Geschlechtlichkeit und Liebe.

Mit der seit 1923 eintretenden wirtschaftlichen Konsolidierung nach amerikanischem Muster, die in der Malerei mit einer abgeklärteren, kühleren und gegenstandsbezogeneren Erfassung der Realität einherging, interessiert die Frau der Straße auch außerhalb des Milieus: der moderne, modebewußte Frauentypus, schlank, sportlich, mit kurzem Haar und gekürztem Rock, angestellt in Handel, Banken und Industrie. Das politische Stimmrecht, die verstärkte Integration ins Berufsleben und die allgemeine Befreiung moralischer Zwänge eröffneten neue Freiheiten und verhießen zunächst den Anfang vom Ende patriarchal geprägter gesellschaftlicher Strukturen. Der Wunsch nach Selbständigkeit und Unabhängigkeit trieb daher manche junge Frau aus provinzieller Enge in die schillernde Konsum- und Warenwelt Berlins und zugleich in wechselnde Verhältnisse mit Männern gehobener Schichten.

Ungleiche Paare, die Jeanne Mammen in ihren Aquarellen, Zeichnungen und Zeitschriftenillustrationen mehrfach und mit leisem ironisch-karikierenden Unterton ins Bild zu setzten wußte. Eine Welt der Frauen prägt Mammens Gesicht der Zeit, die Tagträume und Lebensprobleme von Tänzerinnen und Bardamen, Lesbierinnen und »kunstseidenen Mädchen« in den Scheinwelten von Konsum und Mode (S. 284). Denn der Preis in dieser sich verdinglichenden Welt mit ihren zunehmend an Äußerlichkeiten orientierten Werten ist hoch: Vereinzelung, Einsamkeit und Oberflächlichkeit. Die lärmige Umgebung eines Berliner Cafés scheint zu der jungen eleganten Frau nicht mehr durchzudringen. Ungemein eindringlich schildert Schad hier einen jener zwiespältigen Momente, changierend zwischen großstädtisch aufgesetzter Gleichgültigkeit und verhaltener Melancholie.

Mode- und Konsumkultur hatte diese »Emanzipation« in traditionelle und ausbeutbare Bahnen gelenkt. »Der Krieg ist es gewesen,« so Robert Musil, »der den Massen der Frauen die Scheu vor den Mannesidealen wie dabei auch vor dem Ideal der Frau genommen hat, nur die entscheidende Schlacht ist nicht von den Vorkämpferinnen der Emanzipation, sondern am Ende von den Schneidern geschlagen worden.«

Ein ernüchterndes Fazit, daß nicht nur so manche enttäuschte Frauenrechtlerin zog, sondern dem auch Otto Dix in seinem sakral überhöhten Altar des mondänen Zeitgeistes monumentalen Ausdruck verleihen sollte. Die vergnügungssüchtige und luxusversessene bürgerliche Welt auf gefährlich glattem Parkett scheint sich wenig von dem zu unterscheiden, was sie beidseitig flankiert. Das Triptychon *Großstadt* (S. 286–287) von Dix erinnert nochmals an die beiden großen Themen Krieg und Prostitution. Diese sind Auswuchs und Spiegel einer mental abgestumpften, modisch extrovertierten und instabilen Gesellschaft. Das Prinzip des Eros scheint erschöpft in kühl kalkulierten Posen. Dabei rücken Dirne und Emanzipierte sehr nahe beieinander, veranschaulichen einen von Cesare Lombroso und Otto Weininger geprägten geläufigen Zusammenhang, der gegen Ende der zwanziger Jahre in großangelegten Abhandlungen im Zeichen von »Feminismus und Kulturuntergang« erneut diskutiert wurde.

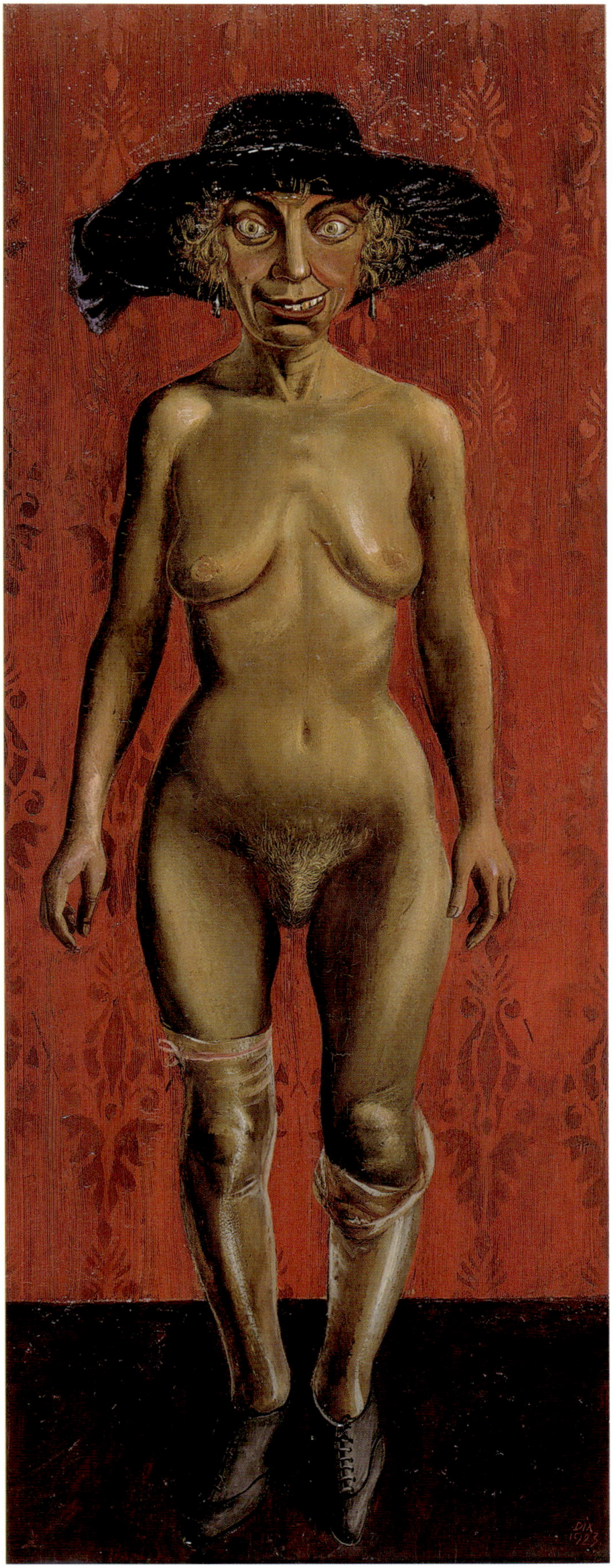

Otto Dix
Venus des kapitalistischen Zeitalters
1923
Kat.Nr. 114

Conrad Felixmüller · Dix malt · 1920 · Kat.Nr. 115

Otto Dix · Das Mondweib · 1919 · Kat.Nr. 116

Otto Dix · Älteres Liebespaar · 1923 · Kat.Nr. 117

Otto Dix · Wedekind gewidmet · 1923 · Kat.Nr. 118

Heinrich Maria Davringhausen · Der Lustmörder · 1917 · Kat.Nr. 119

Heinrich Maria Davringhausen · Die Dirne · 1921 · Kat.Nr. 120

Rudolf Schlichter · Zusammenkunft von Fetischisten und manischen Flagellanten · um 1923 · Kat.Nr. 121

Rudolf Schlichter · Überfall im Bordell · um 1919 · Kat.Nr. 122

Karl Hubbuch · Zweimal Hilde (I) · 1929 · Kat.Nr. 123

Otto Dix · Salon I · 1921 · Kat.Nr. 124

Metropolis – ›Berlin, dein Tänzer ist der Tod‹

Roland März

1918 – Berlin nach Kriegsende, im tristen November: Revolution auf den Straßen und vor dem Schloß, Kaiser Wilhelm II. dankt ab, der Sozialdemokrat Philipp Scheidemann ruft die »Deutsche Republik« aus und der Spartakist Karl Liebknecht proklamiert die »freie sozialistische Republik«. Die Reichshauptstadt gleicht einer grauen Leiche, von chaotischen Turbulenzen aufgemischt. Ein Stimmungsbild von Max Liebermann: »Berlin ist zerlumpt, schmutzig. Abends dunkel und eine tote Stadt, dazu Soldaten, die Streichhölzer oder Cigaretten in der Friedrichstraße und Unter den Linden verkaufen. Blinde Drehorgelspieler in halbverfaulten Uniformen, mit einem Worte: jammervoll. Aus dégôut gehe ich seit Wochen nicht mehr in die Stadt. Welche Wendung! Das sind die glänzenden Zeiten, denen man uns entgegenführen wollte. Es ist zum Heulen.« Aus den »Stahlgewittern« des Weltkrieges kommt nicht etwa der von den Expressionisten und linken Revoluzzern ersehnte »Neue Mensch« hervor, sondern eine geschlagene Armee zerstückelter Materialmenschen zieht heimwärts in eine durch Hunger, Not und Inflation erschütterte Republik von Weimar. *Ist euch nicht Kristus erschienen?* fragt Karl Schmidt-Rottluff in einem seiner Holzschnitte angesichts des Grauens im Nachkrieg. In der »Hölle« Großstadt setzen sich Max Beckmann und Otto Dix in ungeschminkter Wahrhaftigkeit mit der schockierenden Realität der menschlichen Wracks »Kriegskrüppel« auseinander. Die *Nacht* (S. 266) und das *Martyrium* bei Beckmann, quälend die Gewalt, die der wölfische Mensch dem Mitmenschen antut. Nicht wenige der Künstler, die den Krieg überlebten, treten jetzt desillusioniert vor eine unwägbare Wirklichkeit neuer Lebensumstände, vor allem »mit dem Willen, fürderhin mehr, tiefer, strenger, härter, böser, stiller zu fragen« (Friedrich Nietzsche), «das Vertrauen zum Leben ist dahin«. Max Beckmann bekennt sich zu einer »transzendenten Sachlichkeit« in der Kunst und Ludwig Meidner proklamiert einen »fanatischen, inbrünstigen Naturalismus« im Erleben einer krassen Wirklichkeit der Zeitnähe.

Der Expressionismus schien zu Ende, tatsächlich aber erlebt er, angefeuert vom »Novembergeist« der Revolution, noch einmal eine letzte kosmische Ekstase, in der sich in der Mixtur von »Marxismus und Gebet« (Ernst Bloch) Politik und Religiosität verbinden. Wieder ist in Deutschland eine Revolution gescheitert, doch »es sind nicht die siegreichen, es sind die erstickten und unterdrückten, die verratenen und verleugneten Revolutionen, die ein Volk krank machen. Deutschland krankt an der verratenen Revolution von 1918 noch heute« (Sebastian Haffner). Unter den zahlreichen Opfern sind auch die Rädelsführer und Spartakisten Rosa Luxemburg und Karl Liebknecht. In Berlin nimmt sich Käthe Kollwitz der Trauerarbeit für die Opfer an. Karl Liebknecht auf dem Totenbett, vom Schmerz gebeugt, an seiner Seite die Gemeinde der Trauernden. Von der Kollwitz einfühlsam wieder und wieder auf Papier und den Stein gezeichnet, in die Kupferplatte radiert und in Holz geschnitten (S. 264). Schier endlos scheinende, aktualisierte Szenen der »Beweinung« Christi in christlicher Tradition, wie stupende Sequenzen der Trauer über eine verlorene Idee in einem imaginären Film. Ein Thema mit Variationen: Nach der Ermordung von Rosa Luxemburg und Karl Liebknecht malt und zeichnet Conrad Felixmüller seine *Menschen über der Welt* (S. 265), die Apotheose eines schwebenden Liebespaares über der Großstadt, den religiösen Gedanken von Tod und Auferstehung gen Himmel führend. Dem Gedenkblatt Felixmüllers verwandt, aber emphatischer im Ton, klingt der *Hymnus auf Rosa Luxemburg* von Johannes R. Becher: »Durch Welten rase ich: / Den geschundenen Leib / Abnehmend vom Kreuz / In weicheste Linnen ihn hüllend / Triumph dir durch die Welten blase ich: / Dir Einzige!! Dir, Heilige!! O Weib!!!«.

Der Expressionismus ist für tot erklärt und erwartet als deutscher Nationalstil seine Musealisierung. In den Schweizer Bergen beschwört Ernst Ludwig Kirchner mit seinem Gemälde *Atelierecke* noch einmal den farbfrohen Matisse-Stil der Dresdener Jahre herauf und in Osterholz an der Flensburger Förde malt Erich Heckel seine matten neoklassizistischen Idyllen am Meer. In Berlin aber sorgt der Dadaismus für Furore, »das Narrenspiel aus dem Nichts« (Hugo Ball), das Buffonade und Totenmesse in einem ist. Auf den Trümmern des Kaiserreiches und der verfehlten Revolution tritt jetzt der Dandy George Grosz als dadaistischer Tod auf. An seiner Seite läßt der Dichter Walter Mehring in Ragtime-Rhythmen seinen Dada-Prolog aufklingen: »Hurra-r-r-r-a / Tatü-Tata! / Die deutsche Revolution! / Schon naht Zylinderhut, Zylinderhut / Die Sozialisierung / Oder das Auto im Stechschritt! / Schon revoltieren / Die ersten Lebensmittel der Entente / Im Magen der Kapitalisten! Berlin, dein Tänzer ist der Tod! – / Foxtrott und Jazz – / Die Republik amüsiert sich königlich – / Vergiß mein nicht zum ersten Mai / Als alle Knospen sprangen! / ... Wir winden dir den Jungfernkranz / Mit schwarz-weiß-roter Seide / Zur Bluthochzeit des Kapitals im roten Trauerkleide!« Im ausgehungerten und orientierungslosen Berlin schlägt der Dadaismus ein wie eine anarchistische Bombe, radikalisiert die zerstrittenen Geister und gewinnt sofort eine scharfe politische Dimension der Provokation. »Anti!« heißt die Parole; die Dadaisten sind gegen alles, was vorgibt, Kunst zu sein, vor allem aber gegen die neue Gesellschaft, die auf der alten des Wilhelminismus fußt. Bei aller Gemeinsamkeit unter den Individualanarchisten gibt es von Anbeginn Fraktionen: die Linken mit dem »Propaganda-Marschall« Grosz, dem »Monteur-dada« Heartfield und dem »Progressdada« Herzfelde, den »Meister-Dada« Richard Huelsenbeck, das nihilistische Intellektuellen-Duo »Oberdada« Baader und »Dadasoph« Hausmann, die liaison amoureuse Hausmann & Höch, umgeben von Satelliten wie Carl Einstein, Walter Mehring und Erwin Piscator.

1920 – die »Erste Internationale Dada-Messe« bildet den Höhe- und zugleich den Endpunkt der Dada-Aktivitäten in Berlin. Der »Grosz-Heartfield-Konzern« verhöhnt mit seiner elektro-mechanischen Tatlin-Plastik *Der wildgewordene Spießer Heartfield* (S. 274) die hehren Ideale des preußischen Militarismus. An der Decke baumelt der *Preussische Erzengel* von Heartfield und Schlichter, eine Puppe in Soldatenuniform mit Schweinsmaske an Stelle des Gesichtes. Ein Sturm der Entrüstung bricht in den deutschnationalen Kreisen los, dem ein Gerichtsverfahren mit glimpflichem Ausgang folgt. Alle Dada-Aggression an satirischer Gesellschaftskritik gipfelt in Hannah Höchs *Schnitt mit dem Küchenmesser Dada durch die letzte Weimarer Bierbauch-Kulturepoche Deutschlands* (S. 275), ein collagiertes Schüttelsieb aus Zeitungsfragmenten. Links oben der Physiker Albert Einstein, der als Kronzeuge Dadas die Kunst relativiert: »He, he, Sie junger Mann, Dada ist keine Kunstrichtung«. Was aber dann? Die paradoxale Hin-Richtung aller Richtungen, der geheiligten Mythen und Ideologien von Adel und Bürgertum, die Lebensfremdheit des deutschen Idealismus und den Expressionismus als »metaphysisches Beefsteak« eingeschlossen. Die Dadaisten machen aus ihrer Sympathie für die Linken kein Hehl, sie werden in Hannah Höchs Collage flankiert von Karl Radek, Wladimir Iljitsch Lenin und Karl Marx. Als Krönung des grotesken »Aufschnittes« der jungen Republik von Weimar folgt die Revue der Politiker mit dem sozialdemokratischen Präsidenten Friedrich Ebert, dem letzten deutschen Kaiser Wilhelm II., Generalfeldmarschall von Hindenburg und dem blutrünstigen Innenminister Gustav Noske (»Einer muß der Bluthund sein!«) an der Spitze, allesamt präsentiert als Antipoden der dadaistischen Bewegung.

Aus den satirischen Materialexperimenten der Berliner Dadaisten und dem mit der Malerfaust hingeschmetterten *Fleischerladen* (S. 268) von Otto Dix kommt der nachhaltige Impuls für einen neuen, wahrheitsbesessenen Verismus in der Kunst der 1920er Jahre: Otto Dix – George Grosz – Karl Hubbuch – Rudolf Schlichter. Dix weiß, worauf es jetzt ankommt: »Auf den Arsch setzen und malen, und wenn der Kaiser kommt.« Doch der Kaiser ist im holländischen Exil, sein militaristisches Gesindel und dessen Gesinnung aber bleibt. Die Veristen haben es mit einer Demokratie zu tun, die von Anfang an den Todeskeim in sich trägt. Die faschistische Diktatur steht noch in »weiter Ferne«, doch schon trägt *Der weiße General* am Stahlhelm das Hakenkreuz. Im Wartesaal zwischen den Kriegen führt jetzt George Grosz in sachlicher Präzision und erbarmungslosem Feststellungswillen die neuen wie die alten *Stützen der Gesellschaft* (S. 281) vor. Sie repräsentieren in der Tradition von Honoré Daumier und William Hogarth eine Staatshierarchie, die sich im Fortleben des wilhelminischen Militarismus auf die nächste, faschistische Katastrophe zubewegt. Grosz' unvergleichliche Physiognomien: der gehörlose Jurist mit Schmiß und Monokel, ein »alter Herr« mit Vatermörder, Bierseidel und Florett, Corpsbruder einer schlagenden Verbindung, am Schlipskragen das Hakenkreuz, die Schädeldecke aufgesägt, als Kavallerieoffizier unverbesserlicher »Ostlandreiter«. Der Journalist mit den Zügen des Pressezaren Alfred Hugenberg (›Die Spinne‹), einen Nachttopf auf dem Kopf als Zeichen beschränkter geistiger Haftung, den »Berliner Lokalanzeiger« und das »8 Uhr-Abendblatt« unter dem Arm. Der Parlamentarier, der sich auf den Reichstag stützt, ein Opportunist, der mit deutschnationalem Fähnchen und der demagogischen Parole »Sozialismus ist Arbeit« die Kacke (nur kein Streik!) am Dampfen hält. Der versoffene Militärseelsorger vertritt die Generalität, er predigt scheinheilig Frieden und duldet hinter seinem Rücken Mord und Totschlag durch Reichswehr, Stahlhelm und Wehrwolf. Im Hintergrund brennen die Häuser, Jahre später werden es die Bücher, Synagogen und die durch Fliegerbomben skelettierten Häuserschluchten des steinernen Berlins sein.

Warnungen werden, wie üblich in Deutschland, in aller Sorglosigkeit ignoriert und in den Wind geschlagen. In der Mitte der 1920er Jahre amüsiert sich Berlin königlich, ein heißer Tanz auf dem Vulkan. Der Berliner liebt seine Revuetheater, in denen Josephine Baker und die Tiller-Girls ihre Triumphe feiern. Dix, der »Otto Holbein aus Dresden«, für einige Jahre in Berlin, zeichnet und malt seine grandiose Version der *Großstadt* (S. 286–287). Halbseidene Paradiesvögel des Eros stelzen im Stakkato der Jazzklänge auf dem glatten Parkett der Tanzpaläste einher, von Dix konterkariert mit der nächtlichen Halbwelt der Dirnen und Kriegskrüppel. Einer der Krüppel ist der Zeitzeuge Otto Dix. Die altmeisterlich anmutende Zeichnung dient als Vorlage zum Ölgemälde, in dem das Thema der Metropole in die feierliche Form des Triptychons gekleidetm wird. Siegfried Giedeon schreibt 1929 im »Cicerone«: »Dix bewegt sich in einer Zwischensphäre, wie wir sie in der Literatur kennen: Neue Zeit mit alten Mitteln zu zeigen. Upton Sinclair, Bert Brecht, *Dreigroschenoper* gehören in diese Reihe. Bei Dix fasziniert die Ehrlichkeit des Welterlebens mehr als seine Prägung. Vergänglichkeit, falsches Pathos, bengalische Gemeinheit, die ganze Unterhöhltheit bürgerlicher Anschauung wird manchmal mit grandioser Nüchternheit verifiziert.« Im Pantheon der ätzenden Bildniskunst jener Jahre steht neben Otto Dix und seinem *Alfred Flechtheim* (S. 289) und der *Sylvia von Harden* (S. 288) als Portrait nur einer ebenbürtig zur Seite: Christian Schad. Da ist *Sonja* zwischen den Männern, die königliche Sekretärin im feinfrostigen Ambiente des »Romanischen Café« am Tauentzien. Max Herrmann-Neiße mit Nosferatus Fledermausohr an ihrer Seite. Mit seinen unterkühlten Bildnissen prägt Christian Schad den Prototyp des narzißtischen Zeitgenossen: cool – glatt – unberührbar. Ein Stereotyp, das bis heute weiterlebt als kosmetische Mimikry einer Gesellschaft, die sich auf nichts einläßt und untereinander nur im per distance des schönen, glatten Scheins verkehrt.

Doch hinter der polierten Fassade der relativen Stabilisierung der Gesellschaft in der Weimarer Republik formiert sich rapide die Reaktion. Reichspräsident Paul von Hindenburg spielt dabei die Rolle des volkstümlichen Ersatz-Monarchen für den Exilkaiser »WII«. Mit der Weltwirtschaftskrise von 1929 und dem aufkommenden Nationalsozialismus brechen zu Beginn der 1930er Jahre hinter der Kulisse perfekter Sachlichkeit und des geschönten Technikkultes die von allen Seiten verdrängten politischen und sozialen Widersprüche auf. Verschärftes Säbelrasseln wie im wilhelminischen Preußen, auf den Straßen Berlins schlägt sich der braune mit dem roten Mob. *Der grosse Kaiser reitet in den Krieg* (S. 293) – Paul Klees Satire schien der Vergangenheit anzugehören, doch weit gefehlt. Denn plötzlich ist er wieder da, der Kaiser aus dem Exil, von John Heartfield mit Adolf Hitler in gleichsam filmischer Überblendung theatralischen Donners identifiziert: *S.(eine) M.(ajestät) Adolf. Ich führe euch herrlichen Pleiten entgegen* (S. 292). In seiner Photomontage *Auferstehung* (S. 295) entlarvt Heartfield im nächtlichen Spuk auf dem Dorotheenstädtischen Friedhof die unheilige Allianz von Nationalsozialismus und wilhelminischer Reaktion. Ahnungsvoll schreibt Oskar Schlemmer bereits 1930: »Wird man sich, wenn die Nazis regieren, in die böhmischen Wälder zurückziehen müssen, oder directement in den nächsten Krieg?«. 1933 – der verhängnisvolle Tag von Potsdam mit der verhängnisvollen Liaison von Hitler und Hindenburg. Der General ernennt den Gefreiten des Ersten Weltkrieges zum Reichskanzler. Die faschistische Diktatur und das »Tausendjährige Reich« brechen an, das nicht mehr als 12 Jahre währen sollte.

Die kulturelle Avantgarde geht in das Exil oder in die innere Emigration einer verlorenen Heimat. Ein letztes Mal malt Otto Dix 1934–36 am Bodensee sein Menetekel wider den Krieg, *Flandern* (S. 270), um die drohenden Schrecknisse zu bannen. Flandern streckt sich als sintflutartige Grabenlandschaft dahin, im Schlamm der Krater versacken die Soldaten in der Grenzsituation von Erschöpfung, Schlaf und Tod, über ihnen schweben kalt und bedrohlich gleichzeitig Sonne und Mond. Eine apokalyptische Landschaft in der Spanne von Endzeit und Totenstille, wie sie Henri Barbusse in seinem Antikriegsroman »Le Feu« beschreibt. Diese lautlose »Endmoräne« des Otto Dix ist in seiner Sinngebung ohne positiven Schluß, ganz ohne den Gedanken der Erlösung oder die Erwartung des himmlischen Jerusalems. In seiner Ausdeutung des unausweichlich Endgültigen verweigert der Maler das »Prinzip Hoffnung«, »der Krieg«, so Wolfgang Sofsky, »macht die Schöpfung rückgängig. So muß die Welt aussehen, wenn die Elemente wieder eins werden«. Unter den »entarteten« Künstlern in Hitlers Drittem Reich ist auch der freiwillige Emigrant Ernst Ludwig Kirchner: »Mein Herz ist deutsch ... Es ist ja immer so gewesen in Deutschland, dass es seine Künstler verkannte«. 1938, am Vorabend des Zweiten Weltkrieges, wählt Ernst Ludwig Kirchner den Freitod, wohl auch in dem Bewußtsein, daß er mit seiner Kunst am Ende sei. Das, was sich danach in Deutschland und Europa abzeichnet, übertrifft alles bisher Dagewesene an den Schrecknissen und Zerstörungen in dieser Welt: Verbrannte Erde – Trümmerwüste – Holocaust. Adolf Hitlers heimliche Geliebte ist nicht etwa Eva Braun, sondern der perfekt organisierte, massenhaft vernichtende Gevatter Tod. Der feige Selbstmörder und »Führer« zum Abgrund hinterläßt im Mai 1945 »Berlin, den Schutthaufen bei Potsdam« (Bertolt Brecht) und eine ausgebrannte und umgepflügte Mark Brandenburg, die auch ein Ernst Ludwig Kirchner so liebte. Aus und vorbei der hypertrophe Traum von der Weltmetropole »Germania« und vom chiliastischen »Tausendjährigen Reich«. Preußen ist jetzt auf Grabesgrund gesetzt und sein Untergang zur endgültigen und unumkehrbaren Tatsache geworden. Schon nach dem ersten der beiden Weltkriege im 20. Jahrhundert resümierte Hugo Ball in seinen Tagebuchaufzeichnungen »Die Flucht aus der Zeit«: »Vielleicht ist die ganze deutsche Geschichte seit 1517 nur ein Romantizismus, ein Dämonismus, ein Phantasma. Beweis: der insgesamte Herr Friedhof.« Aus der fatalen Perspektive von 1945 und 1947 kommt eines noch hinzu, – die »Stunde Null« mit der Ungewißheit all dessen, was Zukunft hieß.

Willy Römer · Demonstration der Soldaten zur sofortigen Demobilisierung. Liebknecht spricht vor dem Ministerium des Inneren in Berlin 4.1.1919 · Kat.Nr. 125

Willy Römer · Zerstörungen im Schloßhof · Weihnachten 1918

Käthe Kollwitz · Gedenkblatt für Karl Liebknecht · 1920 · Kat.Nr. 126

Conrad Felixmüller · Menschen über der Welt (Gedenkblatt für Karl Liebknecht und Rosa Luxemburg) · 1919 · Kat.Nr. 127

Max Beckmann · Die Nacht · 1919 · Blatt 6 aus der Mappe »Die Hölle« · Kat.Nr. 128

Max Beckmann · Selbstbildnis mit Sektglas · 1919 · Kat.Nr. 129

Otto Dix · Fleischerladen · 1920 · Kat.Nr. 130

George Grosz · Der kleine Frauenmörder · 1918 · Kat.Nr. • 131

Otto Dix · Flandern · 1934/36 · Kat.Nr. 132

Otto Dix · Die Skatspieler · 1920 · Kat.Nr. 133

Rudolf Schlichter · Phänomen-Werke · 1919/20 · Kat.Nr. 134

Raoul Hausmann · Elasticum · 1920 · Galerie Berinson, Berlin · Kat.Nr. 135

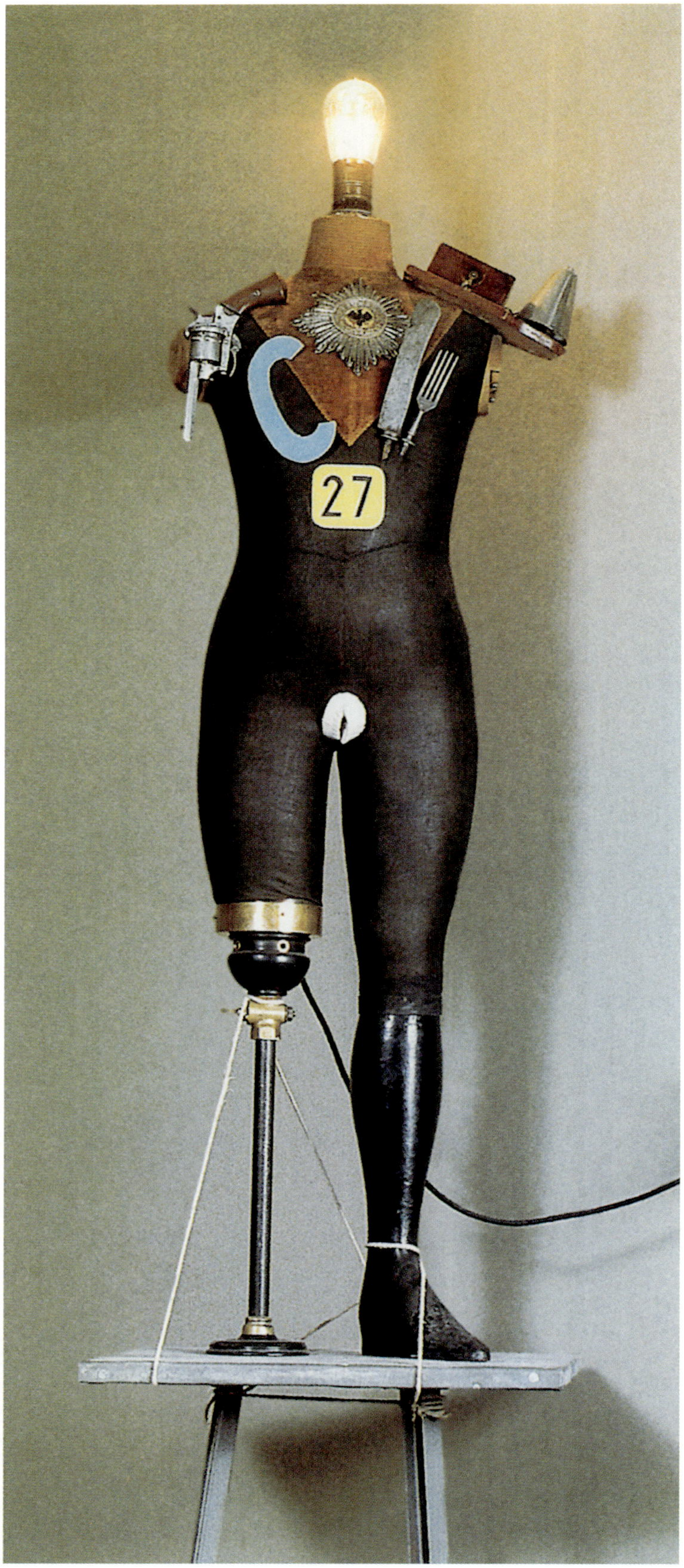

George Grosz/John Heartfield · Der wildgewordene Spießer · 1920 · Rekonstruktion 1988 · Kat.Nr. 136

Hannah Höch · Schnitt mit dem Küchenmesser Dada durch die letzte Weimarer Bierbauch-Kulturepoche Deutschlands · 1919 · Kat.Nr. 137

Kurt Schwitters · Der Harz · 1921 · Kat.Nr. 138

Hannah Höch · Hochfinanz · 1923 · Galerie Berinson, Berlin · Kat.Nr. 139

George Grosz · Südende · 1918 · (verso: a piece of my world. Chicago 1918) · Kat.Nr. 140

George Grosz · Der General · 1919 · Kat.Nr. 141

George Grosz · Grauer Tag · 1921 · Kat.Nr. 142

George Grosz · Stützen der Gesellschaft · 1926 · Kat.Nr. 143

Karl Hubbuch · Berliner Großstadtszene mit Zirkuswagen · 1924 · Kat.Nr. 144

Rudolf Schlichter · Hausvogteiplatz · um 1926 · Kat.Nr. 145

Jeanne Mammen · Sie repräsentiert · um 1928 · Kat.Nr. 146

Karl Hubbuch · Im Rausch des Irrens · 1923 · Kat.Nr. 147

Otto Dix · Großstadt (Triptychon), Karton · 1927/28 · Kat.Nr. 148

Otto Dix · Bildnis der Journalistin Sylvia von Harden · 1926 · Kat.Nr. 149

Otto Dix · Der Kunsthändler Alfred Flechtheim · 1926 · Kat.Nr. 150

Christian Schad · Triglion (Reichsgräfin Triangi-Taglioni) · 1926 · Kat.Nr. 151

Christian Schad · Agosta, der Flügelmensch, und Rasha, die schwarze Taube · 1929 · Kat.Nr. 152

John Heartfield · S.M. Adolf – Ich führe euch herrlichen Pleiten entgegen! · 1932 · Kat.Nr. 153

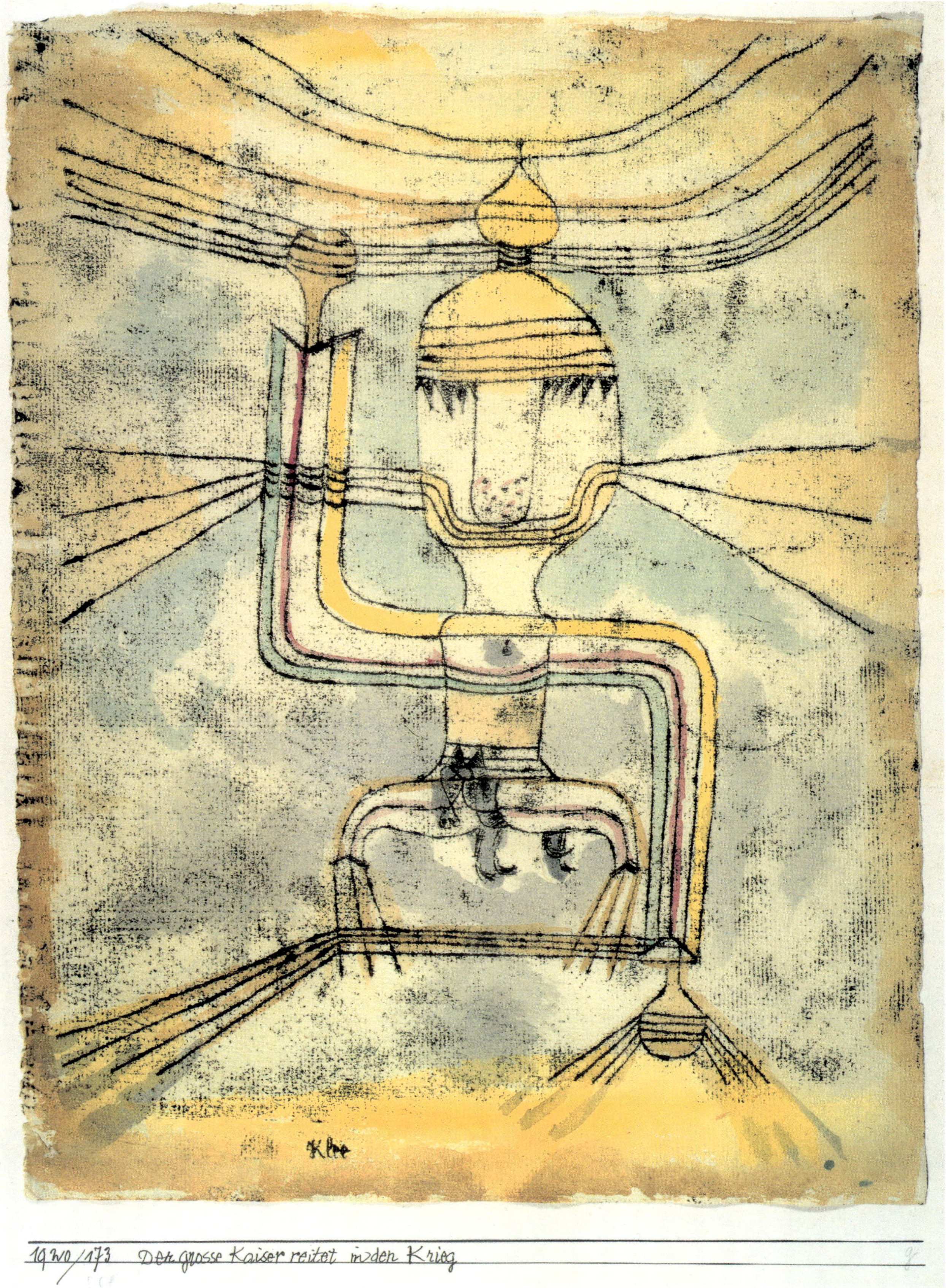

Paul Klee · Der grosse Kaiser reitet in den Krieg · 1920 · Kat.Nr. 154

Friedrich Fricke · Wilhelm II. · vor 1908

John Heartfield · Auferstehung · 1932 · Kat.Nr. 155

Verzeichnis der ausgestellten Werke
Ernst Ludwig Kirchner 1880–1938

Gemälde

Rückenakt mit Spiegel 1912
Öl auf Leinwand, 150 x 75.5 cm
Gordon 225
Brücke-Museum, Berlin
Kat.Nr. 28

Zwei Badende, Fehmarn 1912
Öl auf Leinwand, 61 x 50.5 cm
Gordon 266
Staatliche Museen zu Berlin, Nationalgalerie
1996 Vermächtnis Theophila Bluth, London, im Gedenken an Dr. Karl Theodor Bluth

Rotes Elisabethufer, Berlin 1913
Öl auf Leinwand, 83.5 x 94 cm
Gordon 275
Bayerische Staatsgemäldesammlungen, München
Photo: Joachim Blauel – Artothek
Kat.Nr. 33

Paar im Zimmer 1912
Öl auf Leinwand, 95 x 85 cm
Gordon 285
Privatsammlung
Photo: Jens Willebrand
Kat.Nr. 100

Akte im Atelier (Drei Modelle) 1912
Öl auf Leinwand, 80.6 x 70.5 cm
Gordon 286
Leopold Museum – Privatstiftung, Wien
Kat.Nr. 31

Nollendorfplatz 1912
Öl auf Leinwand, 69 x 60 cm
Gordon 291
Stiftung Stadtmuseum Berlin, Museumsstiftung Dr. Otto und Ilse Augustin
Photo: Hans-Joachim Bartsch
Kat.Nr. 29

Unterhaltung der Künstler (Künstlergruppe) 1912/13
Öl auf Leinwand, 95 x 92 cm
Gordon 300
Karl Ernst Osthaus-Museum der Stadt Hagen

Zwei Frauen am Waschbecken 1913
Öl auf Leinwand, 121 x 90.5 cm
Gordon 295
Städelscher Museums-Verein e.V., Frankfurt am Main
Photo: Blauel/Gnamm – Artothek
Kat.Nr. 34

Otto Mueller mit Pfeife 1913
Öl auf Leinwand, 60 x 50.6 cm
Gordon 296
Brücke-Museum, Berlin
Kat.Nr. 30

Kranke Frau; Dame mit Hut; Portrait Erna Schilling 1913
Öl auf Leinwand, 71.5 x 60.5 cm
Gordon 298
Staatliche Museen zu Berlin, Nationalgalerie
1989 erworben durch den Verein der Freunde der Nationalgalerie und aus Mitteln des Bundes
Photo: Jörg P. Anders
Kat.Nr. 35

Haus unter Bäumen, Fehmarn 1913
Öl auf Leinwand, 90.5 x 121 cm
Gordon 341
Staatliche Museen zu Berlin, Nationalgalerie

Badende am Strand 1913
Öl auf Leinwand, 76 x 100 cm
Gordon 350
Staatliche Museen zu Berlin, Nationalgalerie

Akte im Strandwald (Drei Akte unter Bäumen) 1913
Öl auf Leinwand, 124 x 90 cm
Gordon 354
Staatliche Galerie Moritzburg Halle, Landeskunstmuseum Sachsen-Anhalt
Dauerleihgabe der Stadt Halle (Saale) und des Bundes
Photo: Klaus E. Götz
Kat.Nr. 46

Berliner Straßenszene 1913
Öl auf Leinwand, 121 x 95 cm
Gordon 363
Brücke-Museum, Berlin
Photo: Roman März
Kat.Nr. 11

Die Straße 1913
Öl auf Leinwand, 120.6 x 91.1 cm
Gordon 364
The Museum of Modern Art, New York, Erwerbung 1939
Kat.Nr. 14

Friedrichstraße, Berlin, 1914 1914
Öl auf Leinwand, 125 x 91 cm
Gordon 367
Staatsgalerie Stuttgart
Kat.Nr. 24

Zwei Frauen auf der Straße 1914
Öl auf Leinwand, 120.5 x 91 cm
Gordon 369
Kunstsammlung Nordrhein-Westfalen, Düsseldorf
Photo: Walter Klein
Kat.Nr. 12

Der Potsdamer Platz 1914
Öl auf Leinwand, 200 x 150 cm
Gordon 370
Staatliche Museen zu Berlin, Nationalgalerie
1999 erworben mit Unterstützung der Kulturstiftung der Länder, des Ernst von Siemens-Kunstfonds der Kulturstiftung der Deutschen Bank und Mitteln der Bundesregierung
Photo: Jörg P. Anders
Kat.Nr. 8

Belle-Alliance-Platz in Berlin 1914
Tempera auf Leinwand, 96 x 85 cm
Gordon 371
Staatliche Museen zu Berlin, Nationalgalerie
1955 erworben aus Mitteln der Deutschen Klassenlotterie Berlin
Photo: Jörg P. Anders
Kat.Nr. 32

Straßenbahn und Eisenbahn 1914
Öl auf Leinwand, 71 x 81 cm
Gordon 379
Museum für Kunst und Kulturgeschichte: St. Annen-Museum, Behnhaus/Drägerhaus, Katharinenkirche, Völkerkundesammlung, Holstentor, Hansestadt Lübeck
Kat.Nr. 26

Rheinbrücke in Köln 1914
Öl auf Leinwand, 120.5 x 91 cm
Gordon 387
Staatliche Museen zu Berlin, Nationalgalerie

Selbstbildnis mit Mädchen 1914
Öl auf Leinwand, 60 x 49 cm
Gordon 417
Staatliche Museen zu Berlin, Nationalgalerie
Photo: Jörg P. Anders
Kat.Nr. 88

Selbstbildnis 1914
Öl auf Leinwand, 65 x 47 cm
Gordon 421
Brücke-Museum, Berlin
Photo: R. Friedrich
Kat.Nr. 27

Das Soldatenbad 1915
Öl auf Leinwand, 140.3 x 153 cm
Gordon 434
The Solomon R. Guggenheim Museum, New York
Photo: David Heald
Kat.Nr. 89

Brandenburger Tor, Berlin 1915
Öl auf Leinwand, 50 x 70 cm
Gordon 437
Douglas & Nash, Partnership, New York
Kat.Nr. 21

Arbeiten auf Papier

Kopf Dr. Döblin 1912
Lithographie, 65 x 50 cm
Wolfgang Wittrock Kunsthandel, Düsseldorf
Kat.Nr. 72

Bordellszene 1913
Illustration zu Komtess Mizzi I
Originaldruck aus Schiefler, 19 x 9 cm
Stiftung Museum Schloss Moyland – Sammlung van der Grinten – Joseph Beuys Archiv des Landes Nordrhein-Westfalen, Bedburg-Hau

Frauenunterhaltung im Bordell 1913
Illustration zu Komtess Mizzi II
Originaldruck, 16.8 x 12.6 cm
Staatliche Museen zu Berlin, Kunstbibliothek

Chronik KG Brücke 1913
Titelholzschnitt und Druckblätter, 67 x 51 cm
E. W. K., Bern
Kat.Nr. 90

Titelblatt zu Alfred Döblins »Das Stiftsfräulein und der Tod« 1913
Holzschnitt, 11.5 x 8.4 cm
Staatliche Museen zu Berlin, Kunstbibliothek
Kat.Nr. 73

Frauen auf der Straße 1913
Pastell, Tempera und Temperakreiden auf Velin, 44 x 32 cm
Leopold-Hoesch-Museum, Düren
Kat.Nr. 102

Straßenszene in Berlin 1913/14
Bleistift, 20.6 x 16 cm
E. W. K., Bern

Straßenszene in Berlin 1913/14
Bleistift, 20.6 x 16.5 cm
E. W. K., Bern

Straßenszene in Berlin 1913/14
Bleistift, 20.6 x 16 cm
E. W. K., Bern

Drei Straßenmädchen vor einem Schaufenster 1914
Pastell, 55,8 x 35,9 cm
Staatsgalerie Stuttgart, Graphische Sammlung
Kat.Nr. 101

Kokotten am Kurfürstendamm 1914
Lithographie auf gelbem Papier, 59,5 x 50,5 cm
Staatliche Museen zu Berlin, Kupferstichkabinett

Potsdamer Platz 1914
Skizze, Bleistift auf Papier, 20.5 x 16.5 cm
Brücke-Museum, Berlin
Kat.Nr. 9

Potsdamer Platz 1914
Kohle auf Bütten, 67.5 x 51.2 cm
Brücke-Museum, Berlin
Photo: Ute Brunzel
Kat.Nr. 10

Straßenszene mit grüner Kokotte 1914
Pastell, 57.5 x 44 cm
Privatbesitz
Kat.Nr. 13

Frauen am Potsdamer Platz 1914
Holzschnitt, 51.2 x 37.5 cm
Staatliche Museen zu Berlin, Kupferstichkabinett
Photo: Jörg P. Anders
Kat.Nr. 7

Porträt Otto Mueller 1915
Farbholzschnitt, 27.4 x 54.5 cm
Staatliche Museen zu Berlin, Kupferstichkabinett

Titelblatt aus der Illustrationsfolge zu Adelbert von Chamissos *»Peter Schlemihls wundersame Geschichte«* 1915
Farbholzschnitt in Rot und Blau, 29.3 x 26.3 cm
Brücke-Museum, Berlin
Karl und Emy Schmidt-Rottluff-Stiftung
Photo: Nic Tenwiggenhorn
Kat.Nr. 36

Der Verkauf des Schatten 1915
Aus der Illustrationsfolge zu Adelbert von Chamissos »Peter Schlemihls wundersame Geschichte«
Farbholzschnitt in Schwarz, Rot und Violett, 32.3 x 22 cm
Brücke-Museum, Berlin
Karl und Emy Schmidt-Rottluff-Stiftung

Die Geliebte 1915
Aus der Illustrationsfolge zu Adelbert von Chamissos »Peter Schlemihls wundersame Geschichte«
Farbholzschnitt in Schwarz, Rot, Braun, Violett, Blau und Gelb, 28.8 x 23.6 cm
Brücke-Museum, Berlin
Karl und Emy Schmidt-Rottluff-Stiftung
Photo: Nic Tenwiggenhorn
Kat.Nr. 39

Kämpfe (Qualen und Liebe) 1915
Aus der Illustrationsfolge zu Adelbert von Chamissos »Peter Schlemihls wundersame Geschichte«
Farbholzschnitt in Schwarz, Rot und Blau, 33.6 x 21.7 cm
Brücke-Museum, Berlin
Karl und Emy Schmidt-Rottluff-Stiftung
Photo: Nic Tenwiggenhorn
Kat.Nr. 25

Schlemihl in der Einsamkeit des Zimmers 1915
Aus der Illustrationsfolge zu Adelbert von Chamissos »Peter Schlemihls wundersame Geschichte«
Farbholzschnitt in Schwarz, Rot, Gelb, Blau und Olivgrün, 33.3 x 23.8 cm
Brücke-Museum, Berlin
Karl und Emy Schmidt-Rottluff-Stiftung

Begegnung Schlemihls mit dem Grauen Männlein auf der Straße 1915
Aus der Illustrationsfolge zu Adelbert von Chamissos »Peter Schlemihls wundersame Geschichte«
Farbholzschnitt in Schwarz, Rot, Blau, Grün und Apricot, 30.5 x 31 cm
Brücke-Museum, Berlin
Karl und Emy Schmidt-Rottluff-Stiftung
Photo: Nic Tenwiggenhorn
Kat.Nr. 38

Schlemihls Begegnung mit dem Schatten 1915
Aus der Illustrationsfolge zu Adelbert von Chamissos »Peter Schlemihls wundersame Geschichte«
Farbholzschnitt in Schwarz, Rot, Gelb, Blau und Grün, 30.5 x 29.3 cm
Brücke-Museum, Berlin
Karl und Emy Schmidt-Rottluff-Stiftung
Kat.Nr. 37

Der Busenfreier 1915
Lithographie, 42 x 32 cm
E. W. K., Bern
Kat.Nr. 99

Der Handschuhfreier 1915
Lithographie, 42 x 32 cm
E. W. K., Bern

Der Urinfreier 1915
Lithographie, 42 x 32 cm
E. W. K., Bern

Träumender Mann 1916
Holzschnitt, Druck von zwei Stöcken in grün, schwarz und violett, 32.1 x 42.5 cm
Staatliche Museen zu Berlin, Kunstbibliothek

Einband für die Luxusausgabe zu Georg Heyms »Umbra Vitae« 1923
Holzschnitt in braun und blaugrün, 18.8 x 37.6 cm
Staatliche Museen zu Berlin, Kunstbibliothek

Titelentwurf zu Georg Heyms »Umbra Vitae« 1923
Kaltnadelradierung, 18.2 x 11.1 cm
Staatliche Museen zu Berlin, Kunstbibliothek

Dem Dichter Georg Heym 1923
Radierung, 15.2 x 11.2 cm
Staatliche Museen zu Berlin, Kunstbibliothek

Skulpturen

Liegende 1911/12
Kastanienholz lasierend bemalt, 25 cm Höhe, 69 cm Länge
Staatliche Kunstsammlungen Dresden, Galerie Neue Meister
Kat.Nr. 70

Stehende 1912
Holz (Erle), 98 x 23 x 18 cm
Staatliche Museen zu Berlin, Nationalgalerie
Kat.Nr. 71

Photographien

Hugo Biallowons und Erna Schilling im Atelier Berlin-Friedenau, Körnerstraße 45 1914/15
Photographie, Originalabzug, 18 x 24 cm
E. W. K., Bern
Kat.Nr. 91

Erna Kirchner (Schilling) und Ernst Ludwig Kirchner im Atelier Berlin-Wilmersdorf, Durlacher Straße 14 um 1912/14
Photographie, neuer Abzug, 18 x 24 cm
E. L. Kirchner Stiftung
(Kirchner Museum Davos)
Kat.Nr. 66

Unbekannte junge Frau (Gerda Schilling?), Ernst Ludwig Kirchner, Erna Kirchner (Schilling) und Hans Gewecke vermutlich im Atelier Berlin-Friedenau, Körnerstraße 45 um 1914/15
Photographie, neuer Abzug, 18 x 24 cm
E. L. Kirchner Stiftung
(Kirchner Museum Davos)
Kat.Nr. 23

Werner Gothein, seine Freundin, Ernst Ludwig Kirchner und Erna Kirchner (Schilling) im Atelier Berlin-Friedenau, Körnerstraße 45 um 1914/15
Photographie, neuer Abzug, 18 x 24 cm
E. L. Kirchner Stiftung
(Kirchner Museum Davos)
Kat.Nr. 67

Botho Graef und Hugo Biallowons im Atelier Berlin-Friedenau, Körnerstraße 45 um 1914/15
Photographie, neuer Abzug, 18 x 24 cm
E. L. Kirchner Stiftung
(Kirchner Museum Davos)
Kat.Nr. 22

Selbstportrait als Soldat im Atelier Berlin-Friedenau, Körnerstraße 45 (Ganzaufnahme) 1915
Photographie, neuer Abzug, 13 x 18 cm
E. L. Kirchner Stiftung
(Kirchner Museum Davos)
Kat.Nr. 1

Selbstportrait als Soldat im Atelier Berlin-Friedenau, Körnerstraße 45 (Brustbild) 1915
Photographie, neuer Abzug, 13 x 18 cm
E. L. Kirchner Stiftung
(Kirchner Museum Davos)

Ernst Ludwig Kirchner Selbstportrait um 1919
Photographie, neuer Abzug, 18 x 24 cm
E. L. Kirchner Stiftung
(Kirchner Museum Davos)

Werke anderer Künstler

Hans Arp
1886–1966

Konkretes Relief 1923
Holz, bemalt, 27.7 x 21.4 x 7 cm
Staatliche Museen zu Berlin,
Nationalgalerie
1979 Ankauf durch den Verein der Freunde der Nationalgalerie aus dem Nachlaß Hannah Höch, Berlin

Hans Baluschek
1870–1935

Montagmorgen 1898
Öl auf Leinwand, 120 x 150 cm
Stiftung Stadtmuseum Berlin
Photo: Christel Lehmann
Kat.Nr. 97

Berliner Rummelplatz 1914
Öl auf Leinwand, 150 x 100 cm
Bröhan-Museum, Landesmuseum für Jugendstil, Art Deco und Funktionalismus (1889–1939), Berlin
Photo: Martin Adam
Kat.Nr. 57

Max Beckmann
1884–1950

Kaiserdamm in Berlin 1911
Öl auf Leinwand, 94 x 73 cm
Kunsthalle Bremen

Im Auto 1914
Öl auf Leinwand, 81.5 x 83 cm
Privatsammlung
Kat.Nr. 61

Die große Operation 1914
Radierung, 30 x 44,8 cm
Staatliche Museen zu Berlin,
Kupferstichkabinett

Die Straße 1914
Öl auf Leinwand, 171 x 72 cm
Berlinische Galerie, Landesmuseum für Moderne Kunst, Photographie und Architektur, Berlin
Kat.Nr. 62

Die Kriegserklärung 1914
Radierung, 18.8 x 25 cm
Staatliche Museen zu Berlin,
Kupferstichkabinett
Photo: Jörg P. Anders
Kat.Nr. 74

Weinende Frau 1914
Radierung, 24 x 19 cm
Städelsches Kunstinstitut,
Frankfurt am Main
Photo: Ursula Edelmann
Kat.Nr. 76

Die Granate 1915
Radierung, 43.6 x 28.3 cm
Städelsches Kunstinstitut,
Frankfurt am Main
Photo: Ursula Edelmann
Kat.Nr. 77

Das Leichenhaus 1915
Radierung, 26 x 36 cm
Städelscher Museums-Verein e.V.,
Frankfurt am Main
Photo: Ursula Edelmann
Kat.Nr. 75

Sturmangriff 1916
Kaltnadelradierung auf van Gelder Bütten,
17.5 x 25.5 cm
Sprengel Museum Hannover

Kreuzabnahme 1917
Öl auf Leinwand, 151.2 x 128.9 cm
The Museum of Modern Art, New York,
Vermächtnis Curt Valentin, 1955
Kat.Nr. 85

Der Nachhauseweg 1919
Blatt 1 aus der Mappe »Die Hölle«
Lithographie, 73 x 48.5 cm
Staatliche Museen zu Berlin,
Kupferstichkabinett

Die Straße 1919
Blatt 2 aus der Mappe »Die Hölle«
Lithographie, 67.3 x 53.5 cm
Staatliche Museen zu Berlin,
Kupferstichkabinett

Die Nacht 1919
Blatt 6 aus der Mappe »Die Hölle«
Lithographie, 55.5 x 70.3 cm
Staatliche Museen zu Berlin,
Kupferstichkabinett
Photo: Jörg P. Anders
Kat.Nr. 128

Malepartus 1919
Blatt 7 aus der Mappe »Die Hölle«
Lithographie, 69 x 42 cm
Staatliche Museen zu Berlin,
Kupferstichkabinett

Die Letzten 1919
Blatt 9 aus der Mappe »Die Hölle«
Lithographie, 66.8 x 47.2 cm
Staatliche Museen zu Berlin,
Kupferstichkabinett

Selbstbildnis mit Sektglas 1919
Öl auf Leinwand, 65 x 55 cm
Privatsammlung
Kat.Nr. 129

Lovis Corinth
1858–1925

Rüstungsteile im Atelier 1918
Öl auf Leinwand, 97 x 82 cm
Staatliche Museen zu Berlin,
Nationalgalerie
1992 erworben aus Mitteln der Spende Dr. Otto und Ilse Augustin, Berlin, im Andenken an William Guenther Vogel, Berlin

Berlin, Unter den Linden 1922
Öl auf Leinwand, 70 x 90 cm
Von der Heydt-Museum Wuppertal
Kat.Nr. 55

Die Schloßfreiheit in Berlin, gesehen von der Darmstädter Bank aus 1923
Öl auf Leinwand, 104 x 79 cm
Staatliche Museen zu Berlin,
Nationalgalerie
1995 erworben aus Mitteln der Stiftung Deutsche Klassenlotterie Berlin

Heinrich Maria Davringhausen
1894–1970

Der Lustmörder 1917
Öl auf Leinwand, 119.5 x 148.5 cm
Bayerische Staatsgemäldesammlungen,
München
Kat.Nr. 119

Die Dirne 1921
Öl auf Leinwand, 100 x 90 cm
Privatsammlung
Photo: Christian Wirth
Kat.Nr. 120

Edgar Degas
1834–1917

Au Salon/Im Salon 1876/77
Monotypie, 15.9 x 21.6 cm
Musée Picasso, Paris

Repos sur le lit/
Ruhe auf dem Bett 1876/77
Monotypie, 12.1 x 16.4 cm
Musée Picasso, Paris
Photo: RMN
Kat.Nr. 93

Repos/Ruhe 1879
Monotypie, 15.9 x 21 cm
Musée Picasso, Paris

La fête de la patronne/
Das Fest der Hausherrin 1878/79
Pastell über Monotypie, 26.6 x 29.6 cm
Musée Picasso, Paris
Photo: RMN
Kat.Nr. 94

La Conversation chez la modiste/
Unterhaltung um 1884
Pastell auf Pappe, 65 x 86 cm
Staatliche Museen zu Berlin,
Nationalgalerie

Otto Dix
1891–1969

Selbstbildnis als Soldat 1914
Öl auf Leinwand, 68 x 53.5 cm
Galerie der Stadt Stuttgart
Kat.Nr. 79

Selbstbildnis als Mars 1915
Öl auf Leinwand, 81 x 66 cm
Städtische Sammlungen Freital,
Stiftung Friedrich Pappermann
Kat.Nr. 83

Schlafender Soldat 1915
Schwarze Kreide, 42.9 x 33.9 cm
Staatliche Museen zu Berlin,
Kupferstichkabinett

Trümmerstätte (Zerschossene Mauer)
1915/16
Kohle und Bleistift auf Papier,
28.5 x 28.5 cm
Zeppelin Museum Friedrichshafen – Technik und Kunst

Verwundete am Abend Finale 1917
Kreide, 39.5 x 39.7 cm
Staatliche Kunstsammlungen Dresden, Kupferstich-Kabinett
Kat.Nr. 82

Handgemenge 1917
Kohlezeichnung, 41.3 x 39.8 cm
Zeppelin Museum Friedrichshafen – Technik und Kunst
Photo: Toni Schneiders
Kat.Nr. 78

Landschaft (Schützengraben) um 1917
Öl und Papier auf Leinwand, 28.8 x 28.8 cm
Zeppelin Museum Friedrichshafen – Technik und Kunst
Photo: Toni Schneiders
Kat.Nr. 81

Krieger mit Pfeife 1918
Gouache, 39.5 x 39 cm
Privatsammlung
Kat.Nr. 80

Schützengraben um 1918
Gouache, 39 x 41 cm
Privatsammlung

Das Mondweib 1919
Öl auf Leinwand, 120.5 x 100.5 cm
Staatliche Museen zu Berlin, Nationalgalerie
Photo: Jörg P. Anders
Kat.Nr. 116

Die Skatspieler 1920
Öl und Collage auf Leinwand, 110 x 87 cm
Staatliche Museen zu Berlin, Nationalgalerie
Gemeinsame Erwerbung des Vereins der Freunde der Nationalgalerie und des Landes Berlin
Photo: Jörg P. Anders
Kat.Nr. 133

Fleischerladen 1920
Öl auf Leinwand, 81 x 70 cm
Privatsammlung
Courtesy Massimo Martino Fine Arts & Projects, Mendrisio
Kat.Nr. 130

Der Salon I 1921
Öl auf Leinwand, 86 x 120.5 cm
Galerie der Stadt Stuttgart
Kat.Nr. 124

Hure 1922
Aquarell, 48 x 36.5 cm
Privatsammlung

Älteres Liebespaar 1923
Aquarell, 39 x 33.5 cm
Privatsammlung
Kat.Nr. 117

Gruppenbild 1923
Öl auf Leinwand, 40 x 75 cm
Staatliche Museen zu Berlin, Nationalgalerie

Venus des kapitalistischen Zeitalters 1920
Öl auf Karton, 128 x 50 cm
Privatsammlung
Courtesy Massimo Martino Fine Arts & Projects, Mendrisio
Kat.Nr. 114

Wedekind gewidmet 1923
Aquarell, 75 x 53 cm
Privatsammlung
Photo: Karlheinz Grünke
Kat.Nr. 118

Der Kunsthändler Alfred Flechtheim 1926
Öl auf Holz, 120 x 80 cm
Staatliche Museen zu Berlin, Nationalgalerie
1961 erworben aus Mitteln der Stiftung Deutsche Klassenlotterie Berlin
Kat.Nr. 150

Bildnis der Journalistin Sylvia von Harden 1926
Centre Georges Pompidou, Musée National d'Art Moderne, Paris
Öl auf Leinwand, 120 x 88 cm
Kat.Nr. 149

Großstadt (Triptychon) 1927/28
Kohle, Rötel, Deckweiß und Bleistiftspuren auf gelblich-ocker Tizianpapier auf Leinwand
Karton zum linken Flügel, 184 x 104 cm,
Karton zum Mittelteil, 180.5 x 203.5 cm,
Karton zum rechten Flügel, 179.5 x 100.5 cm
Galerie der Stadt Stuttgart
Kat.Nr. 148

Marianne Vogelsang 1931
Mischtechnik auf Leinwand auf Holz, 69 x 44 cm
Staatliche Museen zu Berlin, Nationalgalerie
1951 Schenkung des Magistrats von Groß-Berlin, Galerie des 20. Jahrhunderts

Flandern 1934/36
Mischtechnik auf Leinwand, 200 x 250 cm
Staatliche Museen zu Berlin, Nationalgalerie
Photo: Jörg P. Anders
Kat.Nr. 132

Lyonel Feininger
1871–1956

Promenade (Spaziergänger) 1912
Öl auf Leinwand, 54.3 x 54.3 cm
Privatbesitz
Kat.Nr. 112

Nachtvögel 1921
Öl auf Leinwand, 60 x 50 cm
Privatsammlung
Courtesy Achim Moeller Fine Art Ltd., New York
Kat.Nr. 113

Conrad Felixmüller
1897–1977

Menschen über der Welt (Gedenkblatt für Karl Liebknecht und Rosa Luxemburg) 1919
Lithographie, 71 x 49 cm
Staatliche Museen zu Berlin, Kupferstichkabinett
Kat.Nr. 127

Otto Dix malt 1920
Öl auf Leinwand 120.5 x 95.5 cm
Staatliche Museen zu Berlin, Nationalgalerie
Kat.Nr. 115

Oskar Fischer
1892–1955

Brüder, zur Sonne, zur Freiheit 1919
Öl auf Leinwand, 116 x 106 cm
Staatliche Museen zu Berlin, Nationalgalerie

George Grosz
1893–1959

Nachtcafé 1915
Rohrfeder und Buntstift, 28.4 x 22.5 cm
Privatsammlung

Wildwest 1916
Öl auf Leinwand, 145 x 94 cm
Privatsammlung
Courtesy of Pyms Gallery, London
Kat.Nr. 86

Metropolis (Blick auf Metropolis) 1916/17
Öl auf Leinwand, 100 x 102 cm
Museo Thyssen-Bornemisza, Madrid
Kat.Nr. 87

Leichenwagen 1917
Öl auf Leinwand, 68.5 x 48 cm
Privatsammlung
Courtesy Massimo Martino Fine Arts & Projects, Mendrisio

Gefährliche Straße 1917
Öl auf Leinwand, 48 x 66 cm
Privatsammlung
Courtesy Massimo Martino Fine Arts & Projects, Mendrisio

Berlin – Friedrichstraße 1918
Feder, Tusche, 48.9 x 32.4 cm
Stiftung Archiv der Akademie der Künste, Berlin, Kunstsammlung

Der kleine Frauenmörder 1918
Öl auf Leinwand, 66.8 x 66.8 cm
Privatsammlung
Courtesy Massimo Martino Fine Arts & Projects, Mendrisio
Kat.Nr. 131

Südende 1918
(Verso: a piece of my world. Chicago 1918)
Aquarell über Feder und Tusche, 46 x 53.5 cm
Sammlung Cary und D. Georg Bronner, Düsseldorf
Photo: Jens Willebrand
Kat.Nr. 140

Der General 1919
Aquarell, 60 x 48 cm
Privatbesitz
Kat.Nr. 141

George Grosz/John Heartfield
Der wild gewordene Spießer 1920
(Rekonstruktion 1988)
Schneiderpuppe, Mixed Media, 130 cm h
Berlinische Galerie, Landesmuseum für Moderne Kunst, Photographie und Architektur, Berlin
Kat.Nr. 136

Grauer Tag 1921
Öl auf Leinwand, 115 x 80 cm
Staatliche Museen zu Berlin, Nationalgalerie
Kat.Nr. 142

Der weiße General 1922/23
Rohrfeder, Feder, Tusche, 50.8 x 46.5 cm
E. W. K., Bern

Stützen der Gesellschaft 1926
Öl auf Leinwand, 200 x 108 cm
Staatliche Museen zu Berlin, Nationalgalerie
Photo: Jörg P. Anders
Kat.Nr. 143

Raoul Hausmann
1886–1971

Elasticum 1920
Collage und Gouache auf dem Titelblatt des Kataloges der »Ersten Internationalen Dada-Messe«, 31 x 37 cm
Galerie Berinson, Berlin
Kat.Nr. 135

Bildnis Conrad Felixmüller als mechanischer Kopf 1920
Graphit auf Papier, 37 x 34.6 cm
Staatliche Museen zu Berlin, Kupferstichkabinett

John Heartfield
1891–1968

Nach zehn Jahren: Väter und Söhne 1924 1924
in AIZ Prag: 37/1934
Photomontage, retuschiert, 37.3 x 40.5 cm
Stiftung Archiv der Akademie der Künste, Berlin, Kunstsammlung

Auferstehung 1932
Photomontage, 42 x 57.9 cm
Stiftung Archiv der Akademie der Künste, Berlin, Kunstsammlung
Kat.Nr. 155

Krieg und Leichen – die letzte Hoffnung der Reichen 1932
in AIZ: 18/April 1932
Kupfertiefdruck, 38 x 54 cm
Stiftung Archiv der Akademie der Künste, Berlin, Kunstsammlung

S.M. Adolf – Ich führe euch herrlichen Pleiten entgegen! 1932
in AIZ: 34/August 1932
Photomontage im Kupfertiefdruck, 38 x 27 cm
Stiftung Archiv der Akademie der Künste, Berlin, Kunstsammlung
Kat.Nr. 153

Wollt ihr wieder fallen, damit die Aktien steigen?! 1932
in AIZ: 35/August 1932
Kupfertiefdruck, 38 x 27 cm
Stiftung Archiv der Akademie der Künste, Berlin, Kunstsammlung

Aufrüstung tut not! 1932
in AIZ: 46/November 1932
Kupfertiefdruck, 38 x 27 cm
Stiftung Archiv der Akademie der Künste, Berlin, Kunstsammlung

Deutsche Naturgeschichte 1934
in AIZ: 33/August 1934
Kupfertiefdruck, 38 x 27 cm
Stiftung Archiv der Akademie der Künste, Berlin, Kunstsammlung

Erich Heckel
1883–1970

Gasanstalt am Luisenufer 1912
Öl auf Leinwand, 71 x 60 cm
Sammlung Hermann Gerlinger
Kat.Nr. 48

Laute spielendes Mädchen 1913
Öl auf Leinwand, 72 x 79 cm
Brücke-Museum, Berlin

Barbierstube (Beim Friseur) 1913
Öl auf Leinwand, 95 x 72 cm
Staatliche Galerie Moritzburg Halle, Landeskunstmuseum Sachsen-Anhalt
Schenkung der Ferdinand Möller-Stiftung an die Stadt Halle (Saale)
Kat.Nr. 51

Kanal im Winter 1913
Öl auf Leinwand, 70 x 80 cm
Staatliche Museen zu Berlin, Nationalgalerie

Das Irrenhaus (Der Irre) 1914
Öl auf Leinwand, 70.5 x 80.5 cm
Städtisches Museum Gelsenkirchen
Kat.Nr. 50

Leidendes Mädchen 1914
Öl auf Leinwand, 100 x 74.5 cm
Stiftung Wilhelm Lehmbruck Museum, Duisburg
Photo: Bernd Kirtz BFF
Kat.Nr. 49

Curt Herrmann
1854–1929

Savignyplatz mit Stadtbahnbrücke 1911/12
Öl auf Leinwand, 110 x 100 cm
Stiftung Stadtmuseum Berlin
Photo: Hans-Joachim Bartsch
Kat.Nr. 58

Hans Herrmann
1858–1942

Der Potsdamer Platz 1894
Öl auf Leinwand, 184 x 153 cm
Stiftung Archiv der Akademie der Künste, Berlin, Kunstsammlung
Photo: Roman März
Kat.Nr. 54

Hannah Höch
1898–1978

Schnitt mit dem Küchenmesser Dada durch die letzte Weimarer Bierbauch-Kulturepoche Deutschlands 1919
Collage, 114 x 90 cm
Staatliche Museen zu Berlin, Nationalgalerie
1961 erworben aus Spendenmitteln der BASF
Photo: Jörg P. Anders
Kat.Nr. 137

New York um 1922
Collage, 29.5 x 18.5 cm
Staatliche Museen zu Berlin, Kupferstichkabinett

Hochfinanz 1923
Photomontage und Collage, 36 x 31 cm
Galerie Berinson, Berlin
Kat.Nr. 139

Karl Hubbuch
1891–1979

Im Rausch des Irrens 1923
Lithographie, 45.3 x 61.2 cm
Privatsammlung
Kat.Nr. 147

Berliner Großtadtszene mit Zirkuswagen 1924
Bleistift und Aquarell, 52.5 x 40.8 cm
Staatliche Kunsthalle Karlsruhe
Kat.Nr. 144

Auf zum Regimentstag 1925
Bleistift über Wasser-/und Deckfarben, 54.4 x 48 cm
Stiftung Archiv der Akademie der Künste, Berlin, Kunstsammlung

Zweimal Hilde (I) 1929
Öl auf Leinwand, 150 x 77 cm
Bayerische Staatsgemäldesammlungen, München
Kat.Nr. 123

Alexej von Jawlensky
1864–1941

La Cocotte 1912
Öl auf Leinwand, 53.5 x 49.5 cm
Courtesy Galerie Vömel, Düsseldorf
Kat.Nr. 104

Paul Klee
1879–1940

II Das Ziel, mein Ziel! 1918 (175)
Vorzeichnung zu Curt Corrinth »Potsdamer Platz. Ekstatische Visionen« 1920
Feder auf Papier auf Karton, 28.9 x 21.9 cm
Paul-Klee-Stiftung, Kunstmuseum Bern

III Ich bin gesandt einen Alb zu nehmen von der Menschheit 1918 (191)
Vorzeichnung zu Curt Corrinth
Potsdamer Platz 1920
Feder auf Papier auf Karton, 21.6 x 17.8 cm
Paul-Klee-Stiftung, Kunstmuseum Bern
Photo: Peter Lauri
Kat.Nr. 107

IV Du Starker, o-oh oh du! 1919 (14)
Vorzeichnung zu Curt Corrinth
Potsdamer Platz 1920
Feder und Bleistift auf Papier und Karton, 12.2/15.2 x 22 cm
Paul-Klee-Stiftung, Kunstmuseum Bern
Photo: Peter Lauri
Kat.Nr. 108

V Endlich erlöstes Frauentum 1918 (187)
Vorzeichnung zu Curt Corrinth
Potsdamer Platz 1920
Feder auf Papier auf Karton, 28.9 x 21.9 cm
Paul-Klee-Stiftung, Kunstmuseum Bern

VII Nahe Zukunft brütete tödliche Gefahr 1919 (16)
Vorzeichnung zu Curt Corrinth
Potsdamer Platz 1920
Feder auf Papier auf Karton, 30.5 x 22.5 cm
Paul-Klee-Stiftung, Kunstmuseum Bern
Photo: Peter Lauri
Kat.Nr. 109

VIII Delict türmte jedoch dieser Art sich auf Delict 1918 (179)
Vorzeichnung zu Curt Corrinth
Potsdamer Platz 1920
Feder auf Papier auf Karton, 28.8 x 22 cm
Paul-Klee-Stiftung, Kunstmuseum Bern

IX Vollendung, Vollendung 1918 (186)
Vorzeichnung zu Curt Corrinth
Potsdamer Platz 1920
Feder und Bleistift auf Papier auf Karton, 28.8 x 21.9 cm
Paul-Klee-Stiftung, Kunstmuseum Bern

X Höher, ferner schwindend 1919 (17)
Vorzeichnung zu Curt Corrinth
Potsdamer Platz 1920
Feder auf zweiteiligem Papier auf Karton,
a.) 24.3 x 9.2 cm
b.) 26.2 x 10.9 cm
Paul-Klee-Stiftung, Kunstmuseum Bern
Photo: Peter Lauri
Kat.Nr. 110

Die Büchse der Pandora als Stilleben 1920 (158)
Ölfarbezeichnung und Aquarell auf Papier und Karton, 16.8 x 24.1 cm
Staatliche Museen zu Berlin, Nationalgalerie, Sammlung Berggruen
Photo: Jens Ziehe
Kat.Nr. 111

Der grosse Kaiser reitet in den Krieg 1920 (173)
Ölfarbezeichnung und Aquarell auf Papier und Karton, 31 x 23.8 cm
Staatliche Museen zu Berlin, Nationalgalerie, Sammlung Berggruen
Photo: Jens Ziehe
Kat.Nr. 154

Leo von König
1871–1944

Im Bohème-Café 1909
Öl auf Leinwand, 88 x 108 cm
Privatbesitz
Photo: Landesmuseum Oldenburg
Kat.Nr. 56

Käthe Kollwitz
1867–1945

Gedenkblatt für Karl Liebknecht 1919
Bleistift und blauer Farbstift, 31 x 52.6 cm
Käthe-Kollwitz-Museum Berlin

Gedenkblatt für Karl Liebknecht 1919
Kohle und schwarze Kreide, 39.2 x 61.5 cm
Käthe-Kollwitz-Museum Berlin

Gedenkblatt für Karl Liebknecht 1920
Pinsel in schwarzer Tusche, weiße und fleischfarbene Deckfarbe, 34.5 x 50 cm
Käthe-Kollwitz-Museum Berlin

Gedenkblatt für Karl Liebknecht 1920
Holzschnitt, mit Pinsel in Deckweiß und schwarze Tusche, 34.6 x 50.1 cm
Käthe-Kollwitz-Museum Berlin
Kat.Nr. 126

Wilhelm Lehmbruck
1881–1919

Emporsteigender Jüngling 1913
Bronze, 221 x 84 x 55 cm
Kunsthaus Zürich, Vereinigung Zürcher Kunstfreunde
Kat.Nr. 68

Der Gestürzte 1915/16
Bronze, 72 x 82,5 x 239 cm
Staatliche Museen zu Berlin, Nationalgalerie
Kat.Nr. 69

Pieta 1915
Öl auf Leinwand, 72,6 x 54 cm
Lehmbruck Nachlaß in der Stiftung Wilhelm Lehmbruck Museum, Duisburg
Photo: Thomas Riehle
Kat.Nr. 84

Der Denker 1918
Steinguß, 62 x 59 x 32 cm
Staatliche Museen zu Berlin, Nationalgalerie

Max Liebermann
1847–1935

Straßenszene am Brandenburger Tor 1916
Öl auf Leinwand, 55 x 85 cm
Sammlung Deutsche Bank
Photo: Fototechnik Dreieich
Kat.Nr. 59

Jeanne Mammen
1890–1976

Großstadt 1927
Gouache, Aquarell und Bleistift, 28 x 21 cm
Berlinische Galerie, Landesmuseum für Moderne Kunst, Photographie und Architektur, Berlin

Sie repräsentiert um 1928
Aquarell und Bleistift, 40 x 30.4 cm
Privatbesitz Berlin
Kat.Nr. 146

Nutten um 1930
Lithographie, 46.5 x 35 cm
Jeanne-Mammen-Gesellschaft, Berlin

Valeska Gert 1928/29
Öl auf Leinwand, 60 x 44 cm
Berlinische Galerie, Landesmuseum für Moderne Kunst, Photographie und Architektur, Berlin

Edouard Manet
1832–1883

Nana 1877
Öl auf Leinwand, 154 x 115 cm
Hamburger Kunsthalle, Hamburg
Photo: Elke Walford, Hamburg
Kat.Nr. 92

Ludwig Meidner
1884–1966

Revolution (Barrikadenkampf) 1912/13
Öl auf Leinwand, 80 x 116 cm
Staatliche Museen zu Berlin, Nationalgalerie
Kat.Nr. 3

Mein Nachtgesicht 1913
Öl auf Leinwand, 66.7 x 48.9 cm
Sammlung Familie Fishman, Milwaukee
Kat.Nr. 2

Apokalyptische Landschaft 1913
Öl auf Leinwand, 67.3 x 80 cm
Sammlung Familie Fishman, Milwaukee
Kat.Nr. 4

Otto Mueller
1874–1930

Das Paar in der Kaschemme um 1921/22
Leimfarbe auf Rupfen, 110 x 85,5 cm
Stiftung Wilhelm Lehmbruck Museum, Duisburg
Photo: Britta Lauer
Kat.Nr. 47

Edvard Munch
1863–1944

Der Tag danach 1894/95
Öl auf Leinwand, 115 x 152 cm
Nasjonalgalleriet, Oslo
Photo: J. Lathhion/© Nasjonalgalleriet
Kat.Nr. 96

Frau mit rotem Haar 1902
Öl auf Leinwand, 120 x 50 cm
Munch-museet, Oslo
Kat.Nr. 95

Leichenwagen auf dem Potsdamer Platz 1902
Öl auf Leinwand, 68 x 97.5 cm
Munch-museet, Oslo
Kat.Nr. 52

Emil Nolde
1867–1956

Am Weintisch 1911
Öl auf Leinwand, 88.5 x 73.5 cm
Stiftung Seebüll Ada und Emil Nolde
Kat.Nr. 64

Slowenen 1911
Öl auf Leinwand, 80 x 69.5 cm
Stiftung Seebüll Ada und Emil Nolde
Kat.Nr. 63

Erregte Menschen 1913
Öl auf Leinwand, 102.5 x 76.5 cm
Stiftung Seebüll Ada und Emil Nolde
Kat.Nr. 5

Max Pechstein
1881–1955

Russisches Ballett 1909
Öl auf Leinwand, 98 x 98 cm
Privatsammlung
Kat.Nr. 41

Doppelbildnis 1910
Öl auf Leinwand, 89.5 x 89.5 cm
Staatliche Museen zu Berlin, Nationalgalerie
1966 erworben aus Mitteln der Stiftung Deutsche Klassenlotterie Berlin
Photo: Reinhard Friedrich
Kat.Nr. 40

Pablo Picasso
1881–1973

Studie zu »L'offrande« 1908
Aquarell und Bleistift, 47.5 x 62.5 cm
Staatliche Museen zu Berlin, Kupferstichkabinett

Christian Schad
1894–1982

Triglion (Reichsgräfin Triangi-Taglioni) 1926
Öl auf Leinwand, 115 x 80 cm
Hamburger Privatsammler
Photo: Galerie Brockstedt, Hamburg
Kat.Nr. 151

Sonja 1928
Öl auf Leinwand, 90 x 60 cm
Staatliche Museen zu Berlin, Nationalgalerie
1997 erworben durch den Verein der Freunde der Nationalgalerie durch die Stiftung von Ingeborg und Günter Milich, Berlin

Agosta, der Flügelmensch, und Rasha, die schwarze Taube 1929
Öl auf Leinwand, 120 x 80
Privatsammlung
Photo: Kunsthaus Zürich
Kat.Nr. 152

Egon Schiele
1890–1918

Liebespaar 1914/15
Bleistift, Aquarell und Deckfarben auf Papier, 47.4 x 30.5 cm
Leopold Museum – Privatstiftung, Wien
Kat.Nr. 15

Knieende mit hinuntergebeugtem Kopf 1915
Bleistift und Gouache auf Papier, 28.5 x 46 cm
Leopold Museum – Privatstiftung, Wien
Kat.Nr. 16

Mädchenakt mit angezogenem rechten Bein und orangefarbenen Stiefeln 1915
Bleistift und Gouache auf Papier, 47.1 x 31.5 cm
Leopold Museum – Privatstiftung, Wien
Kat.Nr. 17

Rudolf Schlichter
1890–1955

Überfall im Bordell um 1919
Aquarell auf Papier, 24.5 x 34.5 cm
Privatsammlung
Kat.Nr. 122

Tingeltangel 1919/20
Aquarell auf Papier, 53 x 45.5 cm
Privatsammlung

Phänomen-Werke 1919-20
Collage mit Deckfarben, Textilteile und Aquarellfarben auf Papier, 61.7 x 46.6 cm
Privatsammlung
Kat.Nr. 134

Zusammenkunft von Fetischisten und manischen Flagellanten um 1923
Aquarell auf Papier, 43.9 x 27.3 cm
Privatsammlung
Photo: Christian Wirth, München/© Gal. v. Alvensleben, München
Kat.Nr. 121

Der Künstler mit zwei erhängten Frauen um 1924
Aquarell über Bleistift, 45 x 33 cm
Mirko Heipek, Karlsruhe

Passanten und Reichswehr 1925/26
Aquarell, 58 x 40 cm
Mirko Heipek, Karlsruhe

Hausvogteiplatz um 1926
Aquarell über Bleistift, 66.5 x 51.5 cm
Privatsammlung Offenbach am Main
Kat.Nr. 145

Domina Mea 1927/28
Aquarell und Tusche auf Papier, 75.5 x 56 cm
Privatbesitz

Karl Schmidt-Rottluff
1884–1976

Lesende (Else Lasker-Schüler) 1912
Öl auf Leinwand, 102 x 76 cm
Sammlung Hermann Gerlinger
Kat.Nr. 43

Häuser am Kanal 1912
Öl auf Leinwand, 110 x 87 cm
Staatliche Museen zu Berlin, Nationalgalerie
Photo: Klaus Göken
Kat.Nr. 42

Weinstube 1913
Öl auf Leinwand, 76 x 84 cm
Brücke-Museum, Berlin
Kat.Nr. 44

Mädchen vor Spiegel 1915
Öl auf Leinwand, 110 x 87 cm
Staatliche Museen zu Berlin, Nationalgalerie
Photo: Jörg P. Anders
Kat.Nr. 45

Kurt Schwitters
1887–1948

Der Harz 1921
Collage, 36.7 x 29.7 cm
Staatliche Museen zu Berlin, Kupferstichkabinett
Photo: Jörg P. Anders
Kat.Nr. 138

Collage für Otto Mueller 1926
Collage, 9.9 x 7.7 cm
Staatliche Museen zu Berlin, Kupferstichkabinett

Alma Gassert 1921
Collage auf Papier, 18 x 14 cm
Staatliche Museen zu Berlin, Nationalgalerie
Private Leihgabe

Kathedrale 1923
Holzrelief, 39 x 17 x 7 cm
Staatliche Museen zu Berlin, Nationalgalerie
1979 Ankauf durch den Verein der Freunde der Nationalgalerie aus dem Nachlaß Hannah Höch, Berlin

Die breite Schmurchel 1923
Holzrelief, 36 x 56 x 12 cm
Staatliche Museen zu Berlin, Nationalgalerie
1979 Ankauf durch den Verein der Freunde der Nationalgalerie aus dem Nachlaß Hannah Höch, Berlin

Max Slevogt
1868–1932

Einzug (Unter den Linden) 1913
Öl auf Leinwand, 48 x 56.5 cm
Niedersächsisches Landesmuseum
Hannover
Kat.Nr. 60

Georg Tappert
1880–1957

Halbakt mit Hut 1910
Öl auf Leinwand, 63 x 49 cm
Privatbesitz
Kat.Nr. 103

Varieté 1913
Öl auf Leinwand, 117 x 110 cm
Privatsammlung Berlin
Kat.Nr. 105

Auftritt im Varieté 1922
Öl auf Leinwand, 95.5 x 80 cm
P.H.G.
Photo: Jörg P. Anders
Kat.Nr. 106

Henri de Toulouse-Lautrec
1864–1901

Femmes au repos/Zwei Freundinnen 1895
Öl auf Pappe auf Holz, 81.5 x 59.5 cm
Staatliche Kunstsammlungen Dresden,
Galerie Neue Meister
Kat.Nr. 98

Cancan/Tanz 1886
Kohle auf Papier, 47.2 x 61.8 cm
Staatliche Museen zu Berlin,
Kupferstichkabinett

La Clownesse assise, Mademoiselle Cha-U-Kao/Weiblicher, sitzender Clown, Fräulein Cha-U-Kao 1896
Tafel 1/aus der Folge »Elles«
Farbige Lithographie, 52.7 x 40.5 cm
Staatliche Museen zu Berlin,
Kupferstichkabinett

Femme en Corset, Conquéte de Passage/Frau beim Schnüren ihres Korsetts, flüchtige Eroberung 1896
Tafel 9/aus der Folge »Elles«
Farbige Lithographie, 52.5 x 40.5 cm
Staatliche Museen zu Berlin,
Kupferstichkabinett

Femme sur Le Dos, Lassitude/Frau auf dem Rücken liegend, Erschöpfung 1896
Tafel 10/aus der Folge »Elles«
Farbige Lithographie, 40.2 x 52.3 cm
Staatliche Museen zu Berlin,
Kupferstichkabinett

Lesser Ury
1861–1931

Berliner Straßenszene (Leipziger Straße)
1889
Öl auf Leinwand, 107 x 68 cm
Berlinische Galerie, Landesmuseum
für Moderne Kunst, Photographie und
Architektur, Berlin
Kat.Nr. 53

Verkehrsturm auf dem Potsdamer Platz
um 1925
Pastell auf Pappe, 33.5 x 49.7 cm
Staatliche Museen zu Berlin,
Kupferstichkabinett

Oskar Zwintscher
1870-1916

Bildnis der Gattin des Künstlers 1902
Öl auf Leinwand, 200 x 100 cm
Staatliche Kunstsammlungen Dresden,
Galerie Neue Meister
Kat.Nr. 18

Verzeichnis der ausgestellten Plakate

Lucian Bernhard
1883–1972

Manoli Gibson Girl um 1910
Plakat, Lithographie
Staatliche Museen zu Berlin,
Kunstbibliothek

Hans Rudi Erdt
1851–1918

Manoli Zigaretten 1911
Plakat
Deutsches Historisches Museum, Berlin

Joseph Fenneker
1895–1956

Die Prostitution 1919
Plakat
Filmmuseum Berlin, Deutsche Kinemathek

Nerven – von Robert Reinert 1919
Plakat, Lithographie
Staatliche Museen zu Berlin,
Kunstbibliothek

Heinz Fuchs
1886–1961

Arbeiter, Hungertod naht 1919
Plakat, Lithographie
Staatliche Museen zu Berlin,
Kunstbibliothek

George Caré
1878–1945

Das Liebes-San atorium 1912
Plakat
Deutsches Historisches Museum, Berlin

Ernst Deutsch
1883–1938

Richard's (Grill Room) 1913
Plakat
Deutsches Historisches Museum, Berlin

Ernst Ludwig Kirchner
1880–1938

MUIM-Institut 1911
Plakat, Holzschnitt, 72 x 48.2 cm
Brücke Museum, Berlin

Laurent Friedrich Keller
1885 – (unbekannt)

Mary Wigman. Tanz 1919
Plakat, Lithographie
Staatliche Museen zu Berlin,
Kunstbibliothek

Cesar Klein
1876–1954

Arbeiter, Bürger, Bauern, Soldaten aller Stämme... 1919
Plakat, Litographie
Staatliche Museen zu Berlin,
Kunstbibliothek

Julius Klinger
1876 – nicht bekannt (1942 deportiert)

Corsets Obersky 1912
Plakat, Lithographie
Staatliche Museen zu Berlin,
Kunstbibliothek
Photo: Dietmar Katz
Kat.Nr. 65

Oskar Kokoschka
1886–1980

Der Sturm 1910/11
Plakat, Litographie
Staatliche Museen zu Berlin,
Kunstbibliothek

Kokoschka Ausstellung bei Fritz Gurlitt 1921
Plakat, Lithographie
Staatliche Museen zu Berlin,
Kunstbibliothek

Stephan Krotowski
1881 – (unbekannt)

Roda-Roda (Wintergarten) 1911
Plakat
Deutsches Historisches Museum, Berlin

Max Pechstein
1881–1955

III. Ausstellung Neue Secession 1911
Plakat, Lithographie
Staatliche Museen zu Berlin,
Kunstbibliothek

An die Laterne! 1919
Plakat, Lithographie
Staatliche Museen zu Berlin,
Kunstbibliothek

Hans Poelzig
1869–1939

Der Golem. Wie er in die Welt kam 1920
Plakat, Lithographie
Staatliche Museen zu Berlin,
Kunstbibliothek

Heinrich Richter-Berlin
1884–1981

3 Worte
Ungestörte Demobilmachung, Aufbau der Republik, Frieden 1918
Plakat, Lithographie
Staatliche Museen zu Berlin,
Kunstbibliothek

Erich Ludwig Stahl
1886–1943
Otto Arpke
1886–1943

Das Cabinet des Dr. Caligari 1920
Plakat
Deutsches Historisches Museum, Berlin

Jo Steiner
1877–1935

Passage Panopticum
50 Wilde Kongoweiber 1913
Plakat
Deutsches Historisches Museum, Berlin

Senta Söneland 1912
Plakat
Deutsches Historisches Museum, Berlin

Verzeichnis der ausgestellten Photographien

Max Missmann
1874–1945

Wachablösung vor der Neuen Wache 1906
Original-Photographie, 15.5 x 21.5 cm
Stiftung Stadtmuseum Berlin

Hallesches Tor mit marschierenden Soldaten 1907
Original-Photographie, 29.7 x 35.9 cm
Stiftung Stadtmuseum Berlin

Wittenbergplatz mit KaDeWe und Gedächtniskirche 1907
Original-Photographie, 17 x 23 cm
Stiftung Stadtmuseum Berlin

Potsdamer Platz mit Blick in die Leipziger Straße 1907
Original-Photographie,
(dreiteilig) 24 x 27.5 cm; 24 x 24.5 cm; 24 x 29.5 cm
Stiftung Stadtmuseum Berlin

Südfront des Potsdamer Platzes 1907
Original-Photographie, 17.4 x 23.3 cm
Stiftung Stadtmuseum Berlin

Bahnhof Friedrichstraße 1907
Original-Photographie, 18 x 23.5 cm
Stiftung Stadtmuseum Berlin

Unter den Linden zwischen Opernhaus und Schloßbrücke 1907
Original-Photographie, 16.5 x 22.7 cm
Stiftung Stadtmuseum Berlin

Belle-Alliance-Platz 1907
Original-Photographie, 24 x 33 cm
Stiftung Stadtmuseum Berlin

Bahnhof Nollendorfplatz 1907
Original-Photographie, 16.5 x 22 cm
Stiftung Stadtmuseum Berlin

Friedrichstraße/Ecke Leipziger Straße 1907
Original-Photographie, 18 x 23.5 cm
Stiftung Stadtmuseum Berlin

Warenhaus Wertheim, Leipziger Straße 1909
Original-Photographie, 22.5 x 28.5 cm
Stiftung Stadtmuseum Berlin

Potsdamer Bahnhof, Empfangsgebäude 1910
Original-Photographie, 16.5 x 22.8 cm
Stiftung Stadtmuseum Berlin
Kat.Nr. 20

Brandenburger Tor, Tiergartenseite 1910
Original-Photographie, 18 x 24 cm
Stiftung Stadtmuseum Berlin

Stadtpark Schöneberg 1912
Original-Photographie, 17.5 x 23 cm
Stiftung Stadtmuseum Berlin

Stadtpark Schöneberg, im Hintergrund Gasometer 1912
Original-Photographie, 17.5 x 23.5 cm
Stiftung Stadtmuseum Berlin

Unter den Linden/Ecke Friedrichstraße 1911
Original-Photographie, 23.5 x 18 cm
Stiftung Stadtmuseum Berlin

Wittenbergplatz mit U-Bahnhof 1913
Original-Photographie, 17.5 x 23.5 cm
Stiftung Stadtmuseum Berlin

Pariser Platz 1913
Original-Photographie, 16.5 x 23 cm
Stiftung Stadtmuseum Berlin

Friedrichstraße mit Festdekoration zum 25. Regierungsjubiläum von Kaiser Wilhelm II. 1913
Original-Photographie, 17 x 23 cm
Stiftung Stadtmuseum Berlin

Friedrichstraße mit Festdekoration zum 25. Regierungsjubiläum von Kaiser Wilhelm II. 1913
Original-Photographie, 17 x 23 cm
Stiftung Stadtmuseum Berlin

Potsdamer Platz 1914
Original-Photographie, 20 x 28.5 cm
Stiftung Stadtmuseum Berlin

Schloßbrücke am 2. September 1914
Original-Photographie, 36 x 30 cm
Stiftung Stadtmuseum Berlin

Haus Vaterland 1926
Original-Photographie, 17 x 23 cm
Stiftung Stadtmuseum Berlin

Willy Römer
1887–1979

Verkehrsstreik in Berlin. Berlin läuft! Überblick auf den Potsdamer Platz mit den vielen Pferdewagen der wilden Verkehrsunternehmer 1.7.1919
Original-Photographie, 11.8 x 15.8 cm
Agentur für Bilder zur Zeitgeschichte, Berlin

Vorplatz des Potsdamer Bahnhofs
Photographie, alter Kontakt-Abzug, 11.8 x 16.3 cm
Agentur für Bilder zur Zeitgeschichte, Berlin

Unruhen in Berlin. Der Verkehr ist mal wieder eingestellt und auf dem Potsdamer Platz diskutieren die Menschen 1919
Original-Photographie, 16.8 x 11.9 cm
Agentur für Bilder zur Zeitgeschichte, Berlin

Demonstration in der Siegesallee. Die Demonstranten fordern die sofortige Entlassung der Soldaten 4.1.1919
Original-Photographie, 11.9 x 17.1 cm
Agentur für Bilder zur Zeitgeschichte, Berlin

Bewaffnete Arbeiter und Soldaten hinter Barrikaden aus Zeitungspapierrollen vor dem Mossehaus in der Schützenstraße 11.1.1919
Photographie, alte Kontakt-Kopie, 11.6 x 16.4 cm
Agentur für Bilder zur Zeitgeschichte, Berlin

Demonstration der Soldaten für die sofortige Demobilisierung. Liebknecht spricht vor dem Ministerium des Inneren in Berlin 4.1.1919
Original-Photographie, 11.7 x 16.4 cm
Agentur für Bilder zur Zeitgeschichte, Berlin
Kat.Nr. 125

Karl Liebknechts letzte öffentliche Ansprache an seine Anhänger die vor dem Ministerium des Inneren. Sie fordern die Demobilisierung des Heeres und die sofortige Entlassung der Soldaten 4.1.1919
Original-Photographie, 10.9 x 14.8 cm
Agentur für Bilder zur Zeitgeschichte, Berlin

Bewaffnete Soldaten und Arbeiter besetzen das Zeitungsviertel 5.1.1919
Original-Photographie, 11.9 x 16.4 cm
Agentur für Bilder zur Zeitgeschichte, Berlin

Oskar Sparke
1885–1935

Der Potsdamer Platz 1904
Vintage Zelloidin Kontaktabzug, 17.5 x 23.5 cm
Galerie Bodo Niemann, Berlin

Waldemar Titzenthaler
1864–1937

Siegesalle 1900
Kontaktkopie von der Original-Glasplatte, Silbergelatinepapier, 24 x 30 cm
Berlinische Galerie – Landesmuseum für moderne Kunst, Photographie und Architektur
© Landesarchiv Berlin

Brandenburger Tor 1901
Kontaktkopie von der Original-Glasplatte, Silbergelatinepapier, 24 x 30 cm
Berlinische Galerie – Landesmuseum für moderne Kunst, Photographie und Architektur
© Landesarchiv Berlin

Leipziger/Friedrichstraße 1901
Kontaktkopie von der Original-Glasplatte, Silbergelatinepapier, 24 x 30 cm
Berlinische Galerie – Landesmuseum für moderne Kunst, Photographie und Architektur
© Landesarchiv Berlin

Dreifaltigkeits-Friedhof vor dem Potsdamer Bahnhof 1901
Kontaktkopie von der Original-Glasplatte, Silbergelatinepapier, 24 x 30 cm
Berlinische Galerie – Landesmuseum für moderne Kunst, Photographie und Architektur
© Landesarchiv Berlin
Kat.Nr. 6

Potsdamer Platz 1901
Kontaktkopie von der Original-Glasplatte, Silbergelatinepapier, 24 x 30 cm
Berlinische Galerie – Landesmuseum für moderne Kunst, Photographie und Architektur
© Landesarchiv Berlin

Potsdamer Platz 1903
Kontaktkopie von der Original-Glasplatte,
Silbergelatinepapier, 24 x 30 cm
Berlinische Galerie – Landesmuseum
für moderne Kunst, Photographie und
Architektur
© Landesarchiv Berlin

Schloß-Panorama/I. Teil 1903
Kontaktkopie von der Original-Glasplatte,
Silbergelatinepapier, 30 x 24 cm
Berlinische Galerie – Landesmuseum
für moderne Kunst, Photographie
und Architektur
© Landesarchiv Berlin

Schloß-Panorama/II. Teil 1903
Kontaktkopie von der Original-Glasplatte,
Silbergelatinepapier, 30 x 24 cm
Berlinische Galerie – Landesmuseum
für moderne Kunst, Photographie
und Architektur
© Landesarchiv Berlin

Schloß-Panorama/III. Teil 1903
Kontaktkopie von der Original-Glasplatte,
Silbergelatinepapier, 30 x 24 cm
Berlinische Galerie – Landesmuseum
für moderne Kunst, Photographie
und Architektur
© Landesarchiv Berlin

Schloß-Panorama/IV. Teil 1903
Kontaktkopie von der Original-Glasplatte,
Silbergelatinepapier, 30 x 24 cm
Berlinische Galerie – Landesmuseum
für moderne Kunst, Photographie
und Architektur
© Landesarchiv Berlin

Schloß-Panorama/V. Teil 1903
Kontaktkopie von der Original-Glasplatte,
Silbergelatinepapier, 30 x 24 cm
Berlinische Galerie – Landesmuseum
für moderne Kunst, Photographie
und Architektur
© Landesarchiv Berlin

Hallesches Tor, Hochbahnhof 1906
Kontaktkopie von der Original-Glasplatte,
Silbergelatinepapier, 24 x 30 cm
Berlinische Galerie – Landesmuseum
für moderne Kunst, Photographie
und Architektur
© Landesarchiv Berlin

Alexanderplatz und Alexanderstraße 1909
Kontaktkopie von der Original-Glasplatte,
Silbergelatinepapier, 24 x 30 cm
Berlinische Galerie – Landesmuseum
für moderne Kunst, Photographie
und Architektur
© Landesarchiv Berlin

Potsdamer Brücke 1913
Kontaktkopie von der Original-Glasplatte,
Silbergelatinepapier, 24 x 30 cm
Berlinische Galerie – Landesmuseum
für moderne Kunst, Photographie
und Architektur
© Landesarchiv Berlin

Schloßbrücke und Schloß 1913
Kontaktkopie von der Original-Glasplatte,
Silbergelatinepapier, 24 x 30 cm
Berlinische Galerie – Landesmuseum
für moderne Kunst, Photographie
und Architektur
© Landesarchiv Berlin

Tropea

Leipziger Platz, vom Potsdamer Platz aus gesehen um 1914
Photographie, Neuer Abzug, 18 x 24 cm
Landesarchiv Berlin

Unbekannte Photographen

Blick in die Friedrich Ebert-Straße undatiert
Photographie, Vintage-Print,
Silbergelatinepapier, 22 x 17.1 cm
Berlinische Galerie – Landesmuseum
für moderne Kunst, Photographie
und Architektur

U-Bahnhof Potsdamer Platz 1902
Photographie, Vintage-Print,
Silbergelatinepapier, 22.1 x 16.4 cm
Berlinische Galerie – Landesmuseum
für moderne Kunst, Photographie
und Architektur

Friedrichstraße/rechts: Französische Straße um 1912
Photographie, Neuer Abzug, 18 x 24 cm
Landesarchiv Berlin

Potsdamer Platz um 1915
Photographie, Neuer Abzug, 17.4 x 23 cm
Privatbesitz

Volksmarine-Division vor dem Brandenburger Tor 1918
Photographie, 13 x 18 cm
Stiftung Stadtmuseum Berlin

Demonstration vor dem Brandenburger Tor am 4.1. 1919
Photographie, 12.8 x 17.7 cm
Stiftung Stadtmuseum Berlin

Potsdamer Platz während des Verkehrsstreiks 1919
Photographie, Neuer Abzug, 18 x 24 cm
Landesarchiv Berlin

Reichstagswahlen 1920, Flugblätter der SPD am Potsdamer Platz 1920
Photographie, Neuer Abzug, 18 x 24 cm
Landesarchiv Berlin

Haus Vaterland (Nachtaufnahme) 1928
Photographie, 16.5 x 22.5 cm
Stiftung Stadtmuseum Berlin

Heinrich Zille
1858–1929

o. T./National-Denkmal
Kaiser Wilhelm I. Frühling 1897
Photographie, Vintage-Print,
Zelloidin matt, 8.3 x 11.3 cm
Berlinische Galerie – Landesmuseum
für moderne Kunst, Photographie
und Architektur

o. T./Spaziergänger und Brezelverkäuferinnen Sommer 1897
Photographie, Vintage-Print,
Zelloidin matt, 7 x 10.6 cm
Berlinische Galerie – Landesmuseum
für moderne Kunst, Photographie
und Architektur

o. T./Charlottenburger Schloß, Toreinfahrt
August 1901
Photographie, Vintage-Print,
Zelloidin matt, 8.6 x 11 cm
Berlinische Galerie – Landesmuseum
für moderne Kunst, Photographie
und Architektur

o.T./Passage mit »Panopticum«,
Friedrichstraße August 1901
Photographie, Vintage-Print,
Zelloidin matt, 8.7 x 11 cm
Berlinische Galerie – Landesmuseum
für moderne Kunst, Photographie
und Architektur

o. T./Potsdamer Platz, Passanten
beobachten eine Sonnenfinsternis
17.04.1912
Photographie, Vintage-Print,
Zelloidin matt, 8.8 x 11.4 cm
Berlinische Galerie – Landesmuseum
für moderne Kunst, Photographie
und Architektur
Kat.Nr. 19

Verzeichnis der Illustrationen

Ernst Ludwig Kirchner
Der Potsdamer Platz (Detail) 1914
Öl auf Leinwand, 200 x 150 cm
Staatliche Museen zu Berlin,
Nationalgalerie
Photo: Jörg P. Anders
Seite 10, 12

Paul Beckert
Kaiser Wilhelm II. 1890
Öl auf Leinwand, 255 x 151 cm
Staatliche Museen zu Berlin,
Nationalgalerie
Seite 16

Unbekannter Photograph
Siegesallee, Berlin-Tiergarten 1901
Photographie, neuer Abzug
Landesarchiv Berlin
Seite 18

Ernst Ludwig Kirchner
Hugo Biallowons und Erna Schilling im Atelier, Körnerstraße 45, Berlin-Friedenau
1915
Photographie, neuer Abzug
E. W. K., Bern
Seite 19

Wilhelm Fechner
Kaiser Wilhelm II. im Atelier des Malers Anton von Werner um 1895
Photographie, neuer Abzug
Bildarchiv Preußischer Kulturbesitz
Seite 19

Ludwig Meidner
Berlin, Potsdamer Straße 1913
Kaltnadelradierung, 8.8 x 11.9 cm
Winfried Flammann, Karlsruhe
Seite 20

Unbekannter Photograph
Menschenmenge vor dem Stadtschloß in Berlin, Ansprache Kaiser Wilhelm II. (Mobilmachung und Kriegserklärung an Rußland): »Ich kenne keine Parteien mehr, Ich kenne nur noch Deutsche« 1.8.1914
Photographie, neuer Abzug
Ullstein, Berlin
Seite 21

Portrait Wilhelm II.,
Zitat: »Ich kenne keine Parteien mehr, Ich kenne nur noch Deutsche.« 1.8.1914
Propaganda-Postkarte
Privatbesitz
Seite 22

Unbekannter Photograph
Begeisterte junge Kriegsfreiwillige in Berlin August 1914
Photographie, neuer Abzug
Ullstein, Berlin
Seite 23

Anzeige 2. August 1914
In: »Die freie Straße« (Berlin)
Seite 24

Edvard Munch
Potsdamer Platz 1902/35
Radierung auf Velin, 23.7 x 29.7 cm
Stiftung Stadtmuseum, Berlin
Photo: Hans-Joachim Bartsch
Seite 24

George Grosz
Durchhalten bis zum Ende 1915/16
Einzelblatt, Neue Jugend,
Heft 11/12, Der Malik-Verlag, Berlin
Seite 24

Frédéric Coubillier
Kolossalbüste Kaiser Wilhelm II.
(Große Berliner Kunstausstellung 1906)
Photo: Staatliche Museen zu Berlin
Seite 25

Otto Dix
Die Skatspieler (freistehendes Detail) 1920
Photographie, 16.8 x 11.5 cm
Privatbesitz
Seite 25

Ernst Ludwig Kirchner
Der Potsdamer Platz (Detail) 1914
Öl auf Leinwand, 200 x 150 cm
Staatliche Museen zu Berlin,
Nationalgalerie
Photo: Jörg P. Anders
Seite 32

Ernst Ludwig Kirchner
Potsdamer Platz 1914
Farbige Kreide, 64.8 x 48.5 cm
The Busch-Reisinger Havard University
Art Museums, Cambridge
Seite 34

Kirchners Signatur auf der Rückseite
des Gemäldes *Potsdamer Platz*
Photo: Manfred Huisgen, Neuß/Rhein
Seite 34

Ernst Ludwig Kirchner
Gerda Schilling um 1911
Photographie, neuer Abzug
E. L. Kirchner Stiftung
(Kirchner Museum Davos)
Seite 35

Ernst Ludwig Kirchner
Der Potsdamer Platz (Detail) 1914
Öl auf Leinwand, 200 x 150 cm
Staatliche Museen zu Berlin,
Nationalgalerie
Photo: Jörg P. Anders
Seite 35

Elisabeth Plessen
Potsdamer Platz
Gedicht, 1979/80
In dieser Form Erstveröffentlichung mit
freundlicher Genehmigung der Autorin
Seite 38

Stadtplan von Berlin
(Bereich um den Potsdamer Platz) um 1910
Reproduktion, Detail
Photo: Roman März
Seite 50

Anonym
Das Leipziger Thor (= Potsdamer Tor)
um 1795
Radierung
Stiftung Stadtmuseum, Berlin
Seite 52

Adolph Menzel
Die Berlin-Potsdamer Eisenbahn 1847
Öl auf Leinwand, 42 x52 cm
Staatliche Museen zu Berlin,
Nationalgalerie
Seite 52

Unbekannter Photograph
Straßenleben auf dem Potsdamer Platz, im Hintergrund der Potsdamer Bahnhof 1892
Photographie, neuer Abzug
Landesarchiv Berlin
Seite 53

Unbekannter Photograph
Luftaufnahme, Potsdamer Platz/ Leipziger Platz um 1920
Photographie, neuer Abzug
Landesarchiv Berlin
Seite 54

Unbekannter Photograph
Potsdamer Platz 1912
Photographie, neuer Abzug
Landesarchiv Berlin
Seite 55

Unbekannter Photograph
Café Josty am Potsdamer Platz
Postkarte
Bildarchiv Preußischer Kulturbesitz
Seite 55

Unbekannter Photograph
Warenhaus Wertheim Mai 1910
Photographie, Neuer Abzug
Landesarchiv Berlin
Seite 56

Unbekannter Photograph
Straßencafé-Szene um 1910
Photographie, neuer Abzug
Bildarchiv Preußischer Kulturbesitz
Seite 56

Unbekannter Photograph
Straßenleben am Potsdamer Platz, im Hintergrund das Hotel Bellevue und das Palast-Hotel (Detail) um 1895
Photographie, neuer Abzug
Bildarchiv Preußischer Kulturbesitz
Seite 58

Weinhaus »Rheingold«
Postkarte
Privatbesitz
Seite 59

F. Albert Schwartz
Potsdamer Bahnhof 1876
Photographie, neuer Abzug
Sammlung Alfred Gottwaldt
Seite 60

Unbekannter Photograph
Halle des Potsdamer Bahnhofs 1910
Photographie, neuer Abzug
Sammlung Alfred Gottwaldt
Seite 60

Herbert Hoffmann
Karl Liebknecht in Soldaten-Uniform auf dem Weg zum Reichstag 1918
Photographie, neuer Abzug
Bildarchiv Preußischer Kulturbesitz
Seite 61

Unbekannter Photograph
Elektrische Straßenbahn auf dem Potsdamer Platz um 1905
Photographie, neuer Abzug
Ullstein, Berlin
Seite 64

Unbekannter Photograph
Café Josty am Potsdamer Platz um 1914
Photographie, neuer Abzug
Landesarchiv Berlin
Seite 65

Herbert Hoffmann
Potsdamer Platz, im Hintergrund das Haus Vaterland um 1930
Photographie, neuer Abzug
Bildarchiv Preußischer Kulturbesitz
Seite 66

Waldemar Titzentaler
Platz vor dem Potsdamer Bahnhof 1906
Photographie, neuer Abzug
Landesarchiv Berlin
Seite 67

Ernst Ludwig Kirchner
Erna Kirchner (Schilling) und Ernst Ludwig Kirchner im Atelier Berlin-Wilmersdorf, Durlacher Straße 14 (Detail)
um 1912/14
Photographie, neuer Abzug, 18 x 24 cm
E. L. Kirchner Stiftung
(Kirchner Museum Davos)
Seite 68

Ernst Ludwig Kirchner
Berliner Kokotten 1911
Aquarell, 44.8 x 57 cm
Museum Ludwig, Köln
Seite 70

Ernst Ludwig Kirchner
Studie zu Straße mit Roter Kokotte 1914
Bleistift, 20.5 x 16.5 cm
Privatbesitz
Seite 71

Ernst Ludwig Kirchner
Straße mit Roter Kokotte 1914
Pastell, 41 x 30.5 cm
Staatsgalerie Stuttgart
Seite 71

Ernst Ludwig Kirchner
Straße mit Roter Kokotte 1914/25
Öl auf Leinwand, 120 x 90 cm
Sammlung Thyssen Bornemisza, Madrid
Seite 71

Ernst Ludwig Kirchner
Kokotte mit Hund 1914
Tuschfeder, 53.3 x 38.4 cm
Privatbesitz
Seite 71

Unbekannter Photograph
Der Pariser Platz um 1910
Photographie, neuer Abzug
Landesarchiv Berlin
Seite 73

Ernst Ludwig Kirchner
Skizzenbuch 38/67 (Detail)
E. L. Kirchner Stiftung
(Kirchner Museum Davos)
Seite 76

Luigi Russolo
Plastische Übersicht der Bewegungen einer Frau 1912
Öl auf Holz, 85.5 x 65 cm
Musée de Grenoble
Seite 76

Ernst Ludwig Kirchner
Selbstbildnis im Morphiumrausch 1917
Rohrfeder und Tinte auf Kreidegrundpapier, 50 x 38 cm
Brücke-Museum, Berlin
Seite 78

Ernst Ludwig Kirchner
Große Straßenszene 1926
Schwarze Kreidezeichnung, 50 x 36.2 cm
Berlinische Galerie – Landesmuseum für moderne Kunst, Photographie und Architektur, Berlin
Seite 80

Berlin bei Nacht: Potsdamer Platz
Postkarte
Privatbesitz
Seite 80

Unbekannter Photograph
Belle-Alliance-Platz 1905
Photographie, neuer Abzug
Landesarchiv Berlin
Seite 88

Unbekannter Photograph
Luisenstädtischer Kanal und Engel-Becken (Detail) 1926
Photographie, neuer Abzug
Landesarchiv Berlin
Seite 89

Ernst Ludwig Kirchner
Eine Künstlergruppe 1925/26
(stehend von rechts: Schmidt-Rottluff, Heckel, Kirchner; sitzend: Mueller)
Öl auf Leinwand, 168 x 126 cm
Museum Ludwig, Köln
Photo: Rheinisches Bildarchiv
Seite 96

Hans Baluschek
Berliner Rummelplatz (Detail) 1914
Öl auf Leinwand, 150 x 100 cm
Bröhan Museum, Berlin
Seite 112

Julius Klinger
Corsets Obersky (Detail) 1912
Plakat
Staatliche Museen zu Berlin, Kunstbibliothek
Photo: Dietmar Katz
Seite 128

Robert L. Leonard
»Der Raub der Sabinerinnen« ist nicht von Schönthan sondern von Jagow 1914
Aus »Lustige Blätter« 29/Heft 6
Seite 130

Willibald Krain
Sitten-Kontrolle 1914
Aus »Jugend« 19/Heft 11
Seite 131

Walter Trier
Berlin die sittlichste Stadt 1914
Aus »Lustige Blätter« 29/Heft 24
Seite 131

Ernst Ludwig Kirchner
Korsettladen 1913/14
Aus »Zeichnungen von E. L. Kirchner«, in »Genius« 2/Heft 2, 1920
Seite 133

Pelzkonfektion/Schneiderkleider Werbeanzeige um 1914
Photographie
Privatbesitz
Seite 136

Ernst Ludwig Kirchner
Kokotten 1914/15
Aus dem Skizzenbuch 40/21
Bleistift auf Papier, 22.5 x 16.5 cm
E. L. Kirchner Stiftung
(Kirchner Museum Davos)
Seite 136

Ernst Ludwig Kirchner
Dame mit Hund 1916
Seite aus dem Katalog »Irene Eucken«
Staatliche Museen zu Berlin, Kunstbibliothek
Seite 137

Ernst Ludwig Kirchner
Selbstbildnis (Detail) 1913
Öl auf Leinwand, 68 x 28 cm
Privatbesitz
Seite 138

Ernst Ludwig Kirchner
Der Trinker 1914/15
Öl auf Leinwand, 118.5 x 88.5 cm
Germanisches Nationalmuseum Nürnberg
Seite 141

Ernst Ludwig Kirchner
Selbstportrait in Kreuzlingen 1917
Aus dem Skizzenbuch 54/5.
E. L. Kirchner Stiftung
(Kirchner Museum Davos)
Seite 146

Wilhelm Lehmbruck
Der Denker 1918
Steinguß, 62 x 59 x 32 cm
Staatliche Museen zu Berlin, Nationalgalerie

Brief von Ernst Ludwig Kirchner an Anita Lehmbruck 22.1.1920
Wilhelm Lehmbruck-Nachlaß, Berlin, verwaltet durch Dr. Christoph Lehmbruck
Photo: Jörg P. Anders
Seite 150

Ernst Ludwig Kirchner
Zwei Skulpturen vor Gemälden
(rechts: *Tänzerin*, 1912; links: *Stehende*, 1912)
Photographie, neuer Abzug
Privatbesitz
Seite 152

Ernst Ludwig Kirchner
Stehende (5 Details) 1912
Holz (Erle), 98 x 23 x 18 cm
Staatliche Museen zu Berlin,
Neue Nationalgalerie
Photo: Werner Zellien
Seite 153–155

Ernst Ludwig Kirchner
Stehende (Rückansicht) 1912
Holz (Erle), 98 x 23 x 18 cm
Staatliche Museen zu Berlin,
Neue Nationalgalerie
Photo: Werner Zellien
Seite 156

Ernst Ludwig Kirchner
Träumender Mann 1916
Holzschnitt, farbiger Druck von zwei Stöcken, 180 x 128 cm
Staatliche Museen zu Berlin,
Kunstbibliothek
Seite 162

Ernst Ludwig Kirchner
Variéte/Titelseite »Der Sturm«
August 1911
Holzschnitt
Staatliche Museen zu Berlin,
Neue Nationalgalerie
Photo: Jörg P. Anders
Seite 164, 312

Ernst Ludwig Kirchner
Alfred Döblin 1912/13
Photographie, neuer Abzug
Deutsches Literaturarchiv im Schiller-Nationalmuseum, Marbach am Neckar
Seite 164

Ernst Ludwig Kirchner
Portrait des Dichters Guttmann 1910
Öl auf Leinwand, 81.6 x 65.1 cm
The Nelson Atkins Museum of Art,
Kansas City, Missouri
(Gift of the Friends of Art) 54–88
Photo: Robert Newcombe
Seite 167

Karl Schmidt-Rottluff
Programm-Titelholzschnitt 1911
Seite 168

Ernst Ludwig Kirchner
Titelblatt zu Georg Heym »Umbra Vitae«
1924
Holzschnitt, farbiger Druck von zwei Stöcken, 142 x 92 cm
Privatbesitz
Seite 169

Max Beckmann
Die Granate (Detail) 1915
Radierung, 43.6 x 28.3 cm
Städelsches Kunstinstitut,
Frankfurt am Main
Photo: Ursula Edelmann
Seite 170

Unbekannter Photograph
Verkündung des Zustands drohender Gefahr, Unter den Linden, Ein Offizier verließt die Erklärung 31.7.1914
Photographie, neuer Abzug
Ullstein, Berlin
Seite 172

Unbekannter Photograph
Wachsoldaten vor dem Brandenburger Tor
um 1905
Photographie, neuer Abzug
Ullstein, Berlin
Seite 173

Unbekannter Photograph
Kriegsfreiwillige bei Ausbruch des 1. Weltkriegs Herbst 1914
Photographie, neuer Abzug
Bildarchiv Preußischer Kulturbesitz
Seite 173

Unbekannter Photograph
Gefallener Soldat August 1917
Photographie, neuer Abzug
Privatbesitz
Seite 173

Unbekannter Photograph
Lazarett, im Operationssaal
Photographie, neuer Abzug
Privatsammlung
Seite 174

Unbekannter Photograph
Soldat mit Kriegsverletzung
Photographie, Reproduktion
Photo: Jörg P. Anders
Seite 174

Ernst Ludwig Kirchner
Selbstbildnis als Soldat 1915
Öl auf Leinwand, 69 x 61 cm
Allen Memorial Art Museum – Oberlin College, Oberlin Ohio
Seite 177

George Grosz
Widmung an Oskar Panizza 1917/18
Öl auf Leinwand, 140 x 110 cm
Staatsgalerie Stuttgart
Seite 178

Ernst Ludwig Kirchner
Der Rote Turm in Halle 1915
Tempera auf Leinwand, 120 x 90.5 cm
Museum Folkwang, Essen
Seite 179

Atelier Brendel
Ernst Ludwig Kirchner 1904
Photographie, neuer Abzug
E. L. Kirchner Stiftung
(Kirchner Museum Davos)
Seite 196

Ernst Ludwig Kirchner
Anzeige des MUIM-Institutes in einer Zeitung 1911
Kunstbibliothek, Staatliche Museen zu Berlin
Seite 198

Unbekannter Photograph
Ausstellung der Künstlergruppe »Brücke« in der Galerie Fritz Gurlitt, Berlin April 1912
Photographie, Reproduktion
Seite 199

Stadtplan des Bezirkes Berlin-Steglitz
Heimatmuseum Berlin-Steglitz
Seite 201

Eine Seite eines Briefes von Ernst Ludwig Kirchner an Gustav Schiefler 1915
Staatsbibliothek Hamburg
Signatur: NGS: B: 31: 1915,2: 232
Seite 203

Asyl für Gemütskranke (Sanatorium Dr. Edel) o. J.
Abbildung des Hauses in der Berliner Straße 17
Seite 205

Ernst Ludwig Kirchner
Selbstportrait um 1919
Photographie, neuer Abzug
E. L. Kirchner Stiftung
(Kirchner Museum Davos)
Seite 206

Ernst Ludwig Kirchners Signatur
(Umschlag, Annemarie und Wolf-Dieter Dube, 1980)
Seite 207

Hans Baluschek
Pärchen (Im Lokal) (Detail) 1913
Aquarell und Pastel auf Pappe,
86.5 x 60.5 cm
Stiftung Stadtmuseum Berlin
Seite 208

Hans Makart
Mamorherzen um 1880
Öl auf Mahagoni, 93 x 124 cm
Sammlung Schönthal
Seite 210

Hans Baluschek
Tingel-Tangel 1900
Mischtechnik auf Pappe, 111 x 68.5 cm
Bröhan-Museum, Berlin
Seite 211

Max Slevogt
Danaë 1895
Öl auf Leinwand, 77 x 83 cm
Privatbesitz
Seite 212

Heinrich Richter-Berlin
Unsere liebe Frau von der Tauentzienstraße 1913
Öl auf Leinwand, 149 x 79.5 cm
Berlinische Galerie
Seite 213

Constantin Guys
Auf dem Boulevard um 1860
Feder laviert
Abb. 299, Fuchs 1979
Seite 214

Ernst Ludwig Kirchner
Olympia 1914/15
Öl auf Leinwand, 73.5 x 148.5 cm
Gregory Callimanopulos
Seite 216

Ernst Ludwig Kirchner
Paar im Zimmer (Detail) 1912
Öl auf Leinwand, 95 x 85 cm
Privatbesitz
Seite 219

Lyonel Feininger
Nachtvögel (Detail) 1921
Öl auf Leinwand, 60 x 50 cm
Privatbesitz
Seite 236

Will Grohmann
Frauen am Potsdamer Platz o. J.
Öl auf Malkarton, 59.8 x 50.3 cm
Privatbesitz
Seite 238

Paul Klee
Frontispiz zu Curt Corrinth, Potsdamer Platz 1920
Staatliche Museen zu Berlin, Kunstbibliothek
Photo: Dietmar Katz
Seite 239

Heinrich Maria Davringhausen
Die Dirne (Detail) 1921
Öl auf Leinwand, 100 x 90 cm
Privatbesitz, München
Photo: Christian Wirth
Seite 244

George Grosz
Trauermagazin (Detail) 1918/19
Feder und Tusche über Bleistift, 48.5 x 32 cm
Privatsammlung, Frankfurt am Main
Seite 258

Willy Römer
Zerstörungen im Schloßhof
Weihnachten 1918
Photographie, alte Kontakt-Kopie
Agentur für Bilder zur Zeitgeschichte, Berlin
Seite 263

Friedrich Fricke
Wilhelm II. vor 1908
Öl auf Leinwand, 300 x 150 cm
Sony-Center, Berlin
»Das Bildnis von Kaiser Wilhelm II. befindet sich im Kaisersaal des ehemaligen Hotels Esplanade im Sony Center am Potsdamer Platz und wurde als ein Teil unterschiedlicher architektonischer Erhaltungsstufen restauriert. Das Restaurierungskonzept des heutigen Esplanade umfaßt dabei die Kaiserzeit als Erbauungsphase, die Kriegs- und Nachkriegszeit als Zerstörungsphase, die 50er und 60er Jahre sowie die Gegenwart als Ergänzungen in zeitgemäßer Formsprache.« (Sony GmbH)
Seite 293

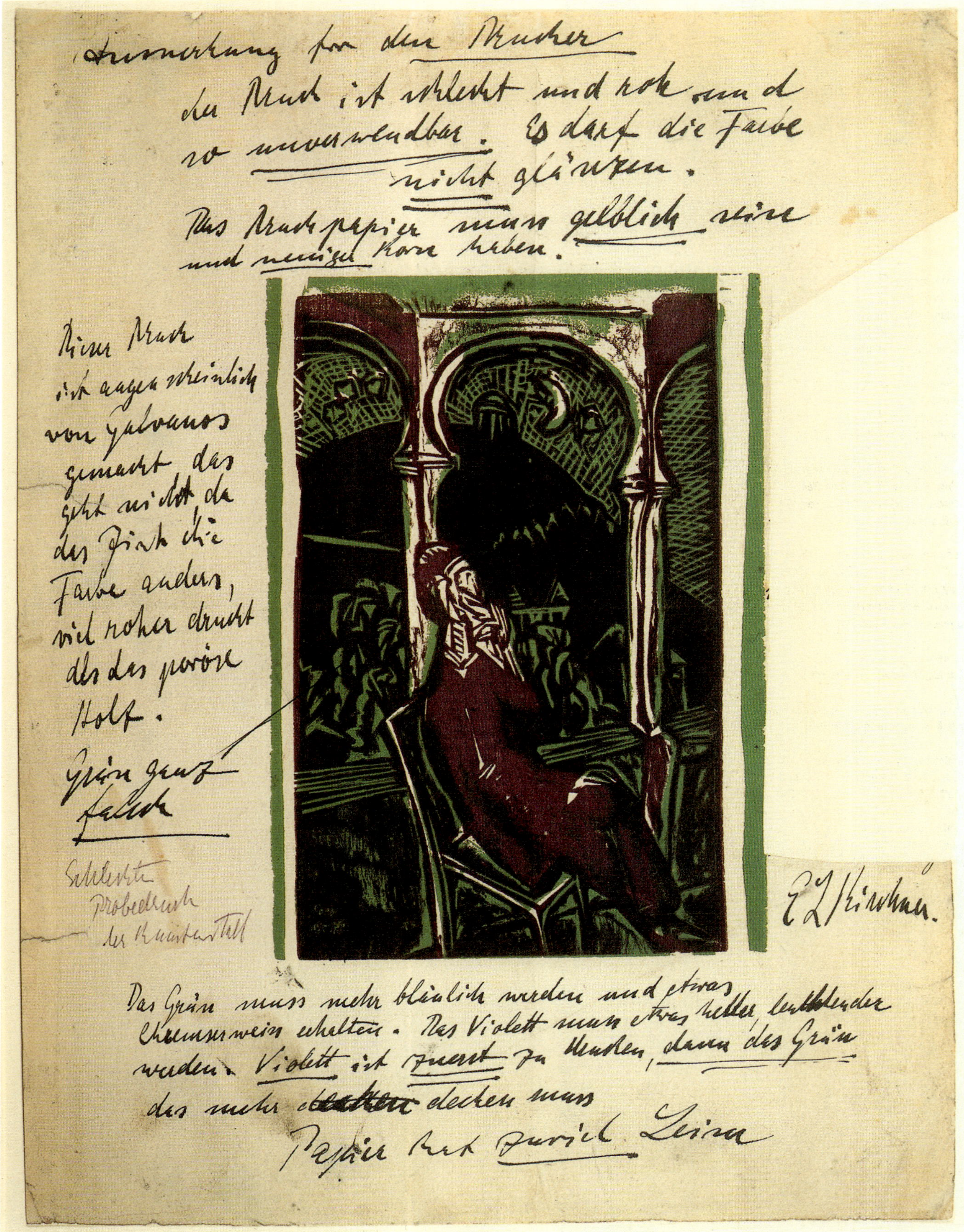

Anmerkung für den Drucker

der Druck ist schlecht und roh und so unverwendbar. Es darf die Farbe nicht glänzen.

Das Druckpapier muss gelblich sein und weniger Korn haben.

Dieser Druck ist augenscheinlich von Galvanos gemacht das geht nicht da das Zink die Farbe anders, viel roher druckt als das poröse Holz.

Grün ganz falsch

Schlechter Probedruck der Kunstanstalt

E L Kirchner

Das Grün muss mehr bläulich werden und etwas Chamoisweiss erhalten. Das Violett muss etwas heller leuchtender werden. Violett ist zuerst zu drucken, dann das Grün das mehr ~~[illegible]~~ decken muss

Papier hat zuviel Leim

Bibliographie – Ernst Ludwig Kirchner in Berlin

Barron, Stephanie/Dube, Wolf-Dieter: *German Expressionism: Art and Society*, Mailand 1997, S. 24f

Blume, Eugen: *Expressionismus und Weltkrieg – Zu den Reaktionen von Max Beckmann, Otto Dix und Ernst Ludwig Kirchner*, in: *Expressionisten. Die Avantgarde in Deutschland 1905–1920*, Ausst.Kat. Nationalgalerie (Ost), Berlin 1986, S. 53–61

Buchheim, Lothar-Günther: *Die Künstlergemeinschaft Brücke. Gemälde, Zeichnungen, Graphik, Plastik, Dokumente*, Feldafing 1956, S. 162–172

Chiappini, Rudy: *Eine kritische Betrachtung der Gesellschaft im Zerfall*, in: Chiappini, Rudy: *Ernst Ludwig Kirchner*, Ausst.Kat. Museo d' Arte Moderna dalla Città di Lugano, Mailand 2000, S. 43–61

Dube-Heynig, Annemarie: *E. L. Kirchner. Graphik*, München 1961, S. 47–84

Elger, Dietmar: *Expressionismus. Eine deutsche Kunstrevolution*, Köln 1988, S. 34–42

Gabler, Karlheinz: *E. L. Kirchner. Dokumente. Fotos, Schriften, Briefe*, Aschaffenburg 1980, S. 88–101, 122–129, 140–160

Gabler, Wolfram: *Ernst Ludwig Kirchner als Illustrator*, Phil. Diss. Freie Univ. Berlin, Berlin 1988, S. 63–89

Grisebach, Lothar: *Ernst Ludwig Kirchners Davoser Tagebuch. Eine Darstellung des Malers und eine Sammlung seiner Schriften*, Wichtrach/Bern 1997, S. 78–80, 128–132, 140–146

Grisebach, Lucius: *Ernst Ludwig Kirchner. Großstadtbilder*, München 1979

Grisebach, Lucius: *Ernst Ludwig Kirchner. 1880–1938*, Köln 1999, S. 70–151

Gordon, Donald E.: *Ernst Ludwig Kirchner. Mit einem kritischen Katalog sämtlicher Gemälde*, München 1968, S. 81–113

Gordon, Donald E.: *Ernst Ludwig Kirchner. A retrospective exhibition*, Ausst.Kat. Seattle Art Museum, Boston 1969, S. 21–24

Gordon, Donald E.: *Expressionism. Art and Idea*, New Haven/London 1987, S. 77–78, 136–140

Henze, Wolfgang: *Die Kunst Ernst Ludwig Kirchners in den Krisenjahren 1913–1917*, in: *Ernst Ludwig Kirchner. Von Jena nach Davos*. Ausst.Kat. Kunstverein Jena, Leipzig 1993, S. 49–58

Henze, Wolfgang: *Maler der Großstadt – Maler der Bergwelt*, in: Chiappini, Rudy: *Ernst Ludwig Kirchner*, Ausst.Kat. Museo d' Arte Moderna dalla Città di Lugano, Mailand 2000, S. 111–141

Hill, Theo (Hrsg.): *Ernst Ludwig Kirchner. Im Tanzcafé. 29 Zeichnungen*, Frankfurt/M. 1962

Jähner, Horst: *Künstlergruppe Brücke. Geschichte einer Gemeinschaft und das Lebenswerk ihrer Repräsentanten*, Berlin 1984, S. 60–71

Kirchner, Ernst Ludwig: *Ernst Ludwig Kirchner. Gustav Schiefler. Briefwechsel 1910–1935/1938. Mit Briefen von und an Luise Schiefler und Erna Kirchner sowie weiteren Dokumenten aus Schieflers Korrespondenz-Ablage*, bearbeitet von Wolfgang Henze mit Annemarie Dube-Heynig und Magdalena Kraemer-Noble, Stuttgart/Zürich 1990, S. 46–61, 65–75, 77–83, 87, 89–91, 111, 115, 579

Korff, Gottfried/Rürup, Reinhard: *Berlin, Berlin. Bilder einer Ausstellung*, Berlin 1988, S. 140–141

Kornfeld, Eberhard W.: *Ernst Ludwig Kirchner. Nachzeichnung seines Lebens*, Bern 1979, S. 34–46

Lloyd, Jill: *Acquisition of the Year. »Potsdamer Platz« by Ernst Ludwig Kirchner at the Neue Nationalgalerie, Berlin*, in: *Apollo*, Dezember 1999, S. 10f.

Madesta, Andrea: *Alle Kunst ist symbolisch. E. L. Kirchners Selbstinszenierung als moderner Künstler*, Phil. Diss. Freie Univ. Berlin, Berlin 1998, S. 77, 102–105, 148–153

März, Roland: *Ernst Ludwig Kirchner. Potsdamer Platz. 1914*, in: *Patrimonia 185*, Kulturstiftung der Länder, Nationalgalerie Berlin 2000

Moeller Magdalena M.: *Ernst Ludwig Kirchner. Die Straßenszenen 1913–1915*, München 1993

Moeller, Magdalena M.: *Höhepunkte des Expressionismus: Kirchners Berliner Stil der Jahre 1911–1914*, in: Moeller, Magdalena M./Scotti, Roland: *Ernst Ludwig Kirchner. Gemälde Aquarelle, Zeichnungen und Druckgraphik*, München 1998, S. 25–34

Presler, Gerd: *Ernst Ludwig Kirchner. Die Skizzenbücher »Ekstase des ersten Sehens«. Monographie und Werkverzeichnis*, Karlsruhe/Davos 1996, S. 60f, 94–99

Presler, Gerd: *Ernst Ludwig Kirchner. Seine Frauen, seine Modelle, seine Bilder*, München/New York 1998, S. 53–75

Rathke, Ewald: *Ernst Ludwig Kirchner. Straßenbilder*, Stuttgart 1969

Roters, Eberhard: *Großstadt-Expressionismus. Berlin und der deutsche Expressionismus*, in: *Katalog Deutscher Expressionismus 1905–1920*, München 1981, S. 247–261

Roters, Eberhard: *Berlin 1910–1933. Die visuellen Künste*, Freiburg 1983, S. 64–66

Roters, Eberhard/Schulz, Bernhard: *Ich und die Stadt. Mensch und Großstadt in der deutschen Kunst des 20. Jahrhunderts*, Ausst.Kat. Berlinische Galerie, Berlin 1987, S. 22–30

Schulz-Hoffmann, Carla: *Ernst Ludwig Kirchner. Gemälde 1908–1920*, München 1991, S. 14–18

Schulz-Hoffmann, Carla: *Inszenierte Wirklichkeit – Realität der Inszenierung*, in: Chiappi, Rudy: *Ernst Ludwig Kirchner*, Ausst.Kat. Museo d' Arte Moderna dalla Città di Lugano, Mailand 2000, S. 63–90

Simmons, Sherwin: *Ernst Ludwig Kirchner's Streetwalkers: Art, Luxury and Immorality in Berlin 1913–16*, in: *Art Bulletin*, Vol. LXX-XII, No. 1, March 2000, S. 117–148

Sykora, Katharina: *Weiblichkeit, Großstadt, Moderne: Ernst Ludwig Kirchners Berliner Straßenszenen 1913–1915*, Berlin 1996

Valentiner, William R.: *E. L. Kirchner. German Expressionist*, Ausst.Kat. North Carolina Museum of Art Raleigh, o.O. 1958, S. 18–23

Wypich, Eugen: *Ernst Ludwig Kirchner. Gemälde 1911–1917. Analytische Untersuchungen zur Werkstruktur*, Phil. Diss. Univ. Gießen, Gießen 1983, S. 42–72, 101–168

Bibliographie – Potsdamer Platz

Architekten- und Ingenieur Verein (Berlin): *AIV-Ideenkonkurrenz Leipziger Platz – Potsdamer Platz. Dokumentation*, Berlin 1992

Bartschat: *Umbau des Telschow-Hauses am Potsdamer Platz in Berlin*, in: *Deutsche Bauzeitung*, Nr. 38, 1928, S. 329–332

Behne, Adolf/Stone, Sasha: *Berlin in Bildern*, Wien/Leipzig 1929, S. 58f

Behne, Adolf/Wagner, Martin: *Das Neue Berlin. Großstadtprobleme* (Reprint der Ausgabe von 1929), Basel 1988, S. 33–37, 87, 136–141, 143, 151

Bellmann, Günther (Hrsg.): *Potsdamer Platz. Drehscheibe der Weltstadt*, Berlin 1997

Bellmann, Günther/Mey, Markus/Philipps, Peter: *Berlin einst und heute*, Berlin 1998 (2. Aufl.), S. 117–120

Blunck, R.: *Wird der Potsdamer Platz in Berlin erneut umgestaltet?*, in: *Monatsheft zur Deutschen Bauzeitung, Stadt und Siedlung, Bebauungsplan, Verkehrswesen, Versorgungs-Anlagen*, Nr.1, Jahrgang 1928, S. 24–28

Bolk, Florian/Meyer, Ulf: *Debis-Haus. Potsdamer Platz*, Berlin 1998

Bolk, Florian/Meyer, Ulf: *Berliner Volksbank Potsdamer Platz Berlin*, Berlin 1998

Busche, Ernst A.: *1918–1933 Laboratorium: Wohnen und Weltstadt*, in: Kleihues, Josef Paul: *750 Jahre Architektur und Städtebau in Berlin. Die Internationale Bauausstellung im Kontext der Baugeschichte Berlins*, Stuttgart 1987, S. 153–182

Caygill, Howard: *The Future of Berlin's Potsdamer Platz*, in: Scott, Alan (Hrsg.): *The Limits of Globalization. Cases and arguments.* London/New York 1999, S. 25–54

Corrinth, Curt: *Potsdamer Platz oder Die Nächte des neuen Messias*, München 1919

Daimler-Benz Aktiengesellschaft (Hrsg.): *Potsdamer Platz Berlin. Realisierungswettbewerb*, Berlin 1992

Daimler-Benz Aktiengesellschaft (Hrsg.): *Potsdamer Platz. Die Architekten des Wettbewerbs*, Berlin 1992

Daimler-Benz Aktiengesellschaft (Hrsg.): *Potsdamer Platz. Daimler-Benz*, Berlin 1997

Dehmel, Wilhelm: *Platzwandel und Verkehr. Zur Platzgestaltung im 19. und 20. Jahrhundert in Berlin unter dem Einfluß wachsenden und sich verändernden Verkehrs*, Berlin 1976, S. 96–112, 164–186

s. S. 315

Der Potsdamer Platz. Die größte Baustelle Europas. Fotografiert von Pierre Adenis, Berlin 1999

Endell, August: *Vom Sehen. Texte 1896–1925 über Architektur, Formkunst und »Die Schönheit der großen Stadt«*, hrsg. von Helge David, Basel 1995, S. 129–132

Fontane, Theodor: *Cécile*, München 1990, S. 117

Fontane, Theodor: *Die Poggenpuhls*, Aalen 1990, S. 54

Frecot, Janos: *Berlin im Abriß. Beispiel – Potsdamer Platz*, Berlinische Galerie, Berlin 1981

Friedrich, Thomas: *Die Grenze im Zentrum. Blicke auf Potsdamer und Leipziger Platz in Berliner Museen*, in: *Museumsjournal*, Nr. IV, 4. Jahrgang, Oktober 1990, Berlin, S. 4–8

Gottheimer: *Zur Geschichte des Potsdamer Platzes*, in: *Deutsche Bauzeitung*, Nr. 32, 1898, S. 205f.

Grove, David: *Zur Regelung des Verkehrs auf dem Potsdamer Platze in Berlin*, in: *Zentralblatt der Bauverwaltung*, 26. Jahrgang 1906, S. 79–80

Härlin, Benny/Sontheimer, Michael: *Die Leere der Geschichte*, in: *Potsdamer Straße – Sittenbilder und Geschichte*, Berlin 1983. S. 17–30

Hertzsch, Raimund: *Der Potsdamer Platz um 1930.* Der historische Ort Nr. 184, Berlin 1998

Huret Jules: *Berlin um Neunzehnhundert*, Berlin 1997, S. 24–26

s. S. 315

Info Box. *Der Katalog*, Berlin 1996.

Kapitzki, Christel: *Neue Bahnhöfe in Berlin. Visionen werden Realität*, Berlin 1998, S. 94–99

Kerr, Alfred: *Wo liegt Berlin? Briefe aus der Reichshauptstadt*, Berlin 1997, S. 158f

Kerr, Alfred: *Mein Berlin. Schauplätze einer Metropole*, Berlin 1999, S. 37–41

Keßler, Harry Graf: *Tagebücher 1918–1937*, Frankfurt am Main/Leipzig 1996, S. 92, 94, 150, 460, 557, 684, 747

Knieper, Helmut/Machleidt, Hildebrand/Schäche, Wolfgang: *Potsdamer und Leipziger Platz. Dokumentation einer Ausstellung über die Ereignis- und Planungsgeschichte der Doppelplatzanlage und ihres Umfeldes, ergänzt durch literarische und zeitgenössische Texte*, hrsg. durch die Senatsverwaltung für Stadtentwicklung und Umweltschutz, Berlin 1990

Knobloch, Heinz: *Geisterbahnhöfe – Westlinien unter Ostberlin*, Berlin 1992, S. 5–36, 68

Lange, Oskar/Hegemann, Werner: *Potsdamer Platz-Phantasien*, in: *Städtebau. Monatshefte für Stadtbaukunst/Städtisches Verkehrs-, Park- und Siedlungswesen*, Jahrgang 1925, S. 176–177

Lepik, Andres (Hrsg.): *Renzo Piano. Architekturen des Lebens*, Ostfildern/Ruit 2000, S. 28–47, 96–105

Mac Donogh, Gilies: *Berlin. A Portrait of its History, Politics, Architecture and Society*, Berlin 1997, S. 135–138

Magnago Lampugnani, Vittorio: *Ein Stück Großstadt als Experiment*, Stuttgart 1994

Mattenklott, Gerd: *Mythos Potsdamer Platz*, in: *Berlin Transit*, Berlin 1987. S. 115–138

Mauter, Horst: *Der Potsdamer Platz. Eine Geschichte in Wort und Bild*, Berlin 1993

McGee, Mark R.: *Berlin 1925–1946–2000*, Berlin 2000, S. 126–130, 136–141, 242–247

Möhring, Bruno: *Die Umgestaltung des Potsdamer Platzes in Berlin*, in: *Stadtbaukunst alter und neuer Zeit*, Heft 6, 1924, S. 81–83

Möhring, Bruno: *Der Potsdamer Platz. Vorschlag zu einer städtebaulichen Lösung*, in: *Stadtbaukunst alter und neuer Zeit*, Heft 7, 1924, S. 97f

Moertenboeck, Peter: *Veränderte Identitäten. Potsdamer Platz Berlin – Donau-City Wien*, (= Europäische Hochschulschriften, Reihe 37, Architektur, Bd. 19), Frankfurt/M. 1996

Moreck, Curt: *Führer durch das lasterhafte Berlin*, Leipzig 1931

Müller, Jörg: *Der Potsdamer Platz in Berlin. Zur Geschichte eines zentralen Platzes*, Berlin 1990

Nayhauß, Dirk von: *Schauplatz Berlin. Die Stadt im Zeitraffer*, Berlin 2000, S. 90f

Nicolas, Ilse: *Vom Potsdamer Platz zur Glienicker Brücke*, Berlin 1979, S. 19–23

Nielebock, Henry: *Berlin und seine Plätze*, Potsdam 1996, S. 49f, 62f, 66f, 69–73, 93f, 109–111, 148–150

Ostwald, Hans: *Berliner Kaffeehäuser. Großstadt-Dokumente*, Berlin 1904, S. 4, 16–23

Pabsch, Matthias: *Zweimal Weltstadt. Architektur und Städtebau am Potsdamer Platz*, Berlin 1998

Projekt Potsdamer Platz 1989–2000. Interviews von Giovanni di Lorenzo mit Manfred Gentz und Renzo Piano. Beiträge von Mark Müntzing und Karl Schlögel, Berlin 2001

Probst, Klaus: *Großbaustelle Potsdamer Platz Berlin*, Stuttgart 1997

Rauch, Yamin von/Visscher, Jochen/Schippel, Alexander: *Der Potsdamer Platz. Urbane Architektur für das neue Berlin*, Berlin 2000

Ree, Dieteke van der: *Die Erinnerung an das Herz der Stadt. Geschichts- und Gedächtnisbilder vom Potsdamer Platz*, Amsterdam 1991

Scheub, Ute: *Verrückt nach Leben. Berliner Szenen in den 20er Jahren*, Reinbek 2000, S. 175–185

Schröder, Thies: *Potsdamer Platz. Berliner Zentren – Berliner Pläne*, hrsg. von der Stiftung Naturschutz Berlin, mit Beiträgen von Rainer W. Ernst, Wolfgang Nagel, Michaele Schreyer, Volker Hassemer und Christoph Langhof, Berlin 1990, S. 4–9, 14f

Schubert, Peter: *Potsdamer Platz. Die Wiederbelebung eines legendären Ortes*, Berlin 1999

Schubert, Peter/Schneider, Günter: *Potsdamer Platz. Magischer Ort und Stadt der Zukunft*, Berlin 2000

Schweitzer, Eva: *Großbaustelle Berlin. Wie die Hauptstadt verplant wird*, Berlin 1998 (3. Aufl.), S. 110–133

Senatsverwaltung für Bauen, Wohnen und Verkehr (Hrsg.): *City-Projekte der Hauptstadt*, Berlin 1996, unpaginiert

Senatsverwaltung für Stadtentwicklung und Umweltschutz (Hrsg.): *2 Parks am Potsdamer Platz. Internationaler landschaftsplanerischer Realisierungs- und Ideenwettbewerb*, Berlin 1995

Sobek, Werner: *Sony Center am Potsdamer Platz. Sonderthema Glaskonstruktionen*, in: *Bauwelt Berlin Annual 1999/2000*, Berlin 2000

Sontheimer, Michael: *Haus Vaterland*, in: *Kursbuch 89*, 1987, S. 63–76

Sontheimer, Michael: *Potsdamer Platz*, in: *Die Zeit*, Nr. 32, 3.8.1990. S. 9

Sony Berlin GmbH (Hrsg.): *Sony: Architektenwettbewerb Potsdamer Platz*, Berlin 1992

Sony Berlin GmbH (Hrsg.): *Berlin – Potsdamer Platz. Realisierungswettbewerb im kooperativen Verfahren*, Berlin 1992

Thieme, Wolf: *Das letzte Haus am Potsdamer Platz*, Hamburg 1988

Thieme, Wolf: *Das Weinhaus Huth am Potsdamer Platz. Die wechselvolle Geschichte einer Berliner Legende*, Berlin 1999

Wangenheim, Ilse von: *Mein Haus Vaterland*, Berlin 1950

Wefing, Heinrich/Muhs, Andreas: *Der Neue Potsdamer Platz. Ein Kunststück Stadt*, Berlin 1998

Zwoch, Felix: *Potsdamer Platz, Oktober 1997*, in: *Bauwelt Berlin Annual. Chronik der baulichen Ereignisse 1996–2001: 1997*, Basel, Berlin, Boston 1998, S. 10–15

Die Herausgeber danken allen Museen, Galerien, Sammlern, Archiven und Photographen sowie den Künstlern und ihren Rechtsnachfolgern, die für den vorliegenden Band Abbildungsmaterial mit der Erlaubnis zur Reproduktion zur Verfügung gestellt haben.

Personenregister

Amiet, Cuno 142
Aragon, Louis 214
Arnold Ernst 202

Baader, Johannes 26
Baker, Josephine 260
Ball, Hugo 26, 259, 261
Baluschek, Hans 78, 113, 114, 209, 211
Barbusse, Henri 261
Barlach, Ernst 23, 157
Baudelaire, Charles 72, 214, 220, 237
Becher, Johannes R. 238, 259
Beckmann, Max 19, 24, 26, 76, 114, 157, 172, 173, 174, 175, 178, 180, 215, 245, 259
Benjamin, Walter 72
Benn, Gottfried 17, 18, 25, 26, 79, 163
Berber, Anita 245
Bergson, Henri 152
Biallowons, Hugo 26, 70, 202
Binswanger, Ludwig 205
Blass, Ernst 167
Bleyl, Fritz 197
Bloch, Ernst 259
Bloch, Iwan 212
Bluth, Karl Theodor 135, 202
Böcklin, Arnold 69
Böhme, Margarete 212
Bosch, Hieronymus 178
Braque, Georges 157
Braun, Eva 261
Brecht, Bertolt 260, 261

Carrà, Carlo 163
Cassirer, Paul 69, 80, 97, 157
Cézanne, Paul 157, 219
Chamisso, Adelbert von 79, 145, 178, 204
Corinth, Lovis 23, 72, 114, 211
Corrinth, Curt 169, 237, 238

Däubler, Theodor 237
Daumier, Honoré 260
Davringhausen, Heinrich Maria 245, 246
Degas, Edgar 113, 219, 220
Degner, Artur 157
Delaunay, Robert 157
Dix, Otto 24, 26, 172, 174, 175, 176, 178, 212, 220, 238, 245, 246, 259, 260, 261
Döblin, Alfred 70, 78, 130, 143, 163, 164, 166, 167, 169, 197, 202, 213, 214
Dostojewski, Fjodor 98
Dumas, Alexandre 219
Dürer, Albrecht 18, 69

Ebert, Friedrich 260
Edschmid, Kasimir 78
Einstein, Albert 260
Einstein, Carl 33, 144, 197, 237, 260
Elster, Alexander 129, 132, 134
Endell, August 33, 215
Eucken, Irene 129, 135, 202, 204
Eucken, Rudolf 129, 135

Fehr, Hans 24, 179, 202
Feinhals, Josef 202
Feininger, Lyonel 33, 237
Felixmüller, Conrad 259
Flaum, Franz 197
Flechtheim, Alfred 157, 260
Fontane, Theodor 55, 56, 69
Frank, Leonhard 205
Freud, Sigmund 76, 152
Friedrich Wilhelm I. 51

Gaertner, Eduard 113
Gauguin, Paul 70, 157
Gaul, August 149, 157
Gewecke, Hans 69, 197, 200
Giedeon, Siegfried 260
Glaser, Curt 19, 80, 129
Gogh, Vincent van 33, 97, 157, 213
Goll, Iwan 217
Goltz, Hans 97, 197, 200, 202
Goltz-Pesda, Colmar von der 20
Goncourt, Edmond 219
Gosebruch, Ernst 97, 204
Gothein, Werner 69, 130, 144, 197, 200
Graef, Botho 26, 70, 145, 180, 202, 204
Graf Kessler, Harry 78
Grisebach, Eberhard 70, 145, 166, 180, 202, 204, 205
Grohmann, Will 34, 37, 156, 237
Große, Doris (Dodo) 72, 145
Grosz, George 22, 25, 26, 56, 72, 172, 174, 176, 178, 220, 237, 245, 259, 260
Gurlitt, Fritz 97, 143, 197, 202
Guttmann, Wilhelm Simon 18, 143, 167, 168, 197
Guys, Constantin 214, 217

Haarmann, Fritz 245
Habsburg, Franz Ferdinand von 22
Hagemann, Carl 140, 146, 204
Hard, Nina 157
Harden, Maximilian 22
Harden, Sylvia von 260
Harkort, Friedrich 52
Hart, Julius 113
Hauptmann, Gerhart 113
Hausmann, Raoul 245, 260
Heartfield, John 260, 261
Heckel, Erich 18, 70, 73, 97, 98, 99, 142, 157, 164, 167, 197, 198, 217, 259
Hegemann, Werner 51
Heinze, Lex 131, 209
Hentzen, Alfred 142
Henze, Anton 139
Herrmann, Curt 37
Herrmann, Hans 113, 114
Herrmann-Neiße, Max 76, 260
Herzfelde, Wieland 23
Hessel, Franz 72
Heym, Georg 18, 34, 37, 167, 168, 169, 197, 213
Hiller, Kurt 143, 167, 197, 213
Hindenburg, Paul von 260, 261
Hirschfeld, Hans Magnus 212, 245
Hitler, Adolf 261
Höch, Hannah 260
Hoddis, Jacob van 18, 143, 167, 172, 197, 213
Hodler, Ferdinand 150, 157
Hogarth, William 260
Hohenzollern, Wilhelm von 19
Holz, Arno 113
Hubbuch, Karl 245, 260
Huelsenbeck Richard 172, 212, 213, 260
Hugenberg, Alfred 260
Huysmans, Joris Carl 219

Jaeger, Hans 220
Jagow, von 130, 135
Janthur, Richard 19
Justi, Ludwig 81

Kaesbach, Walter 98
Kaiser Wilhelm II. 259, 260
Kallai, Ernst 220
Kandinsky, Wassily 69, 163, 197
Kant, Immanuel 26
Kapp, Wolfgang 62
Kästner, Erich 53
Kerr, Alfred 19
Kessler, Harry Graf 17, 78
Kirchner, Ernst Ludwig 18, 19, 22, 24, 26, 33, 34, 37, 69, 70, 72, 73, 76, 78, 79, 80, 81, 97, 98, 99, 114, 129, 130, 132, 134, 135, 139, 140, 142, 143, 144, 145, 146, 147, 149, 150, 151, 152, 154, 156, 157, 163, 164, 166, 167, 168, 169, 172, 178, 179, 180, 197, 198, 199, 200, 201, 202, 204, 205, 213, 214, 215, 216, 217, 220, 237, 259, 261
Klee, Paul 17, 69, 163, 237, 238, 261
Klinger, Max 113
Kohnstamm, Dr. Oscar 179, 204
Kokoschka, Oskar 163, 197
Kolbe, Georg 157
Kollwitz, Käthe 17, 209, 259
König, Leo von 114, 157
Krain, Willibald 135
Kraus, Karl 18, 163
Krogh, Christian 220
Kubin, Alfred 18, 19, 237, 238

Landru, Henri-Désiré 245
Larsen, Tulla 220
Lasker-Schüler, Else 98, 163, 167, 169
Lehmbruck, Wilhelm 149, 150, 151, 152, 154, 156, 157, 172, 176, 178
Lehmbruck, Anita 157
Lenin, Wladimir Iljitsch 260
Lenné, Peter Josef 51, 52
Leonard, Robert L. 130
Lichtenstein, Alfred 25, 78, 172
Lichtwark, Alfred 59
Liebermann, Max 17, 23, 72, 81, 97, 114, 209, 211, 259
Liebknecht, Karl 18, 23, 61, 62, 259
Lilienthal, Otto 69
Lincke, Paul 20
Lindenberg, Paul 53, 54
Loewenson, Erwin 143, 167, 197
Lombroso, Cesare 246
Lotz, Ernst Wilhelm 25
Luxemburg, Rosa 18, 259

Macke, August 25, 172, 176
Makart, Hans 211
Mammen, Jeanne 246
Manet, Edouard 211, 216, 219
Mann, Heinrich 17
Mann, Thomas 24
Mantegna 211
Marc, Franz 18, 23, 26, 78, 163, 172, 176, 197
Mardersteig, Hans 168
Marinetti, Filippo Tomaso 163, 164
Marx, Karl 260
Matisse, Henri 97, 140, 157, 259
Mehring, Walter 259, 260
Meidner, Ludwig 19, 20, 70, 149, 163, 167, 172, 174, 214, 259
Mendelsohn, Erich 56
Menzel, Adolph 72, 113
Messel, Alfred 55, 56
Metzner, Franz 59
Meyer, Alfred Richard 163
Monet, Claude 113
Moser, Karl 204
Mueller, Otto 34, 69, 70, 97, 98, 99, 142, 154, 197, 200
Müller, Albert 152
Munch, Edvard 25, 76, 114, 140, 150, 157, 198, 220
Musil, Robert 246

Nietzsche, Friedrich 17, 24, 26, 37, 145, 152, 171, 175, 176, 211, 212, 245, 246, 259
Nolde, Emil 22, 24, 97, 99, 114
Noske, Gustav 260

Osthaus, Karl Ernst 146, 157, 202, 204
Ostwald, Hans 129, 132

Panizza, Oskar 176, 178
Paquet, Alfons 19
Paul, Jean 98
Pechstein, Max 17, 22, 69, 70, 97, 99, 142, 143, 163, 164, 197, 199
Pfemfert, Franz 17, 19, 23, 163, 167, 169, 212
Picasso, Pablo 150, 157, 220, 237
Piscator, Erwin 260
Poelzig, Hans 56
Prinzhorn, Hans 144
Przygode, Wolf 157
Purrmann, Hans 157

Radek, Karl 260
Rehnig, Otto 59
Reiche, Richard 157
Reinhart, Georg 205
Reiss, Erna 164
Renoir, Auguste 113, 220
Richter-Berlin, Heinrich 213, 214
Riha, Sidi 167, 198, 217
Rösler, Waldemar 157
Rowohlt, Ernst 168
Rubens, Peter Paul 130
Russolo, Luigi 78

Schad, Christian 246, 261
Schaxel, Julius 202
Scheffler, Karl 23
Scheidemann, Philipp 259
Scherer, Hermann 152
Schickele, René 149
Schiefler, Gustav 24, 79, 130, 142, 143, 145, 147, 151, 166, 180, 205
Schiele, Egon 213
Schilling, Erna 22, 34, 37, 70, 79, 80, 81, 98, 140, 143, 144, 145, 146, 152, 166, 178, 198, 199, 200, 201, 202, 205, 214
Schilling, Gerda 37, 70, 143, 145, 146, 198, 199, 214
Schinkel, Karl Friedrich 51, 76
Schlemmer, Oskar 145
Schlichter, Rudolf 215, 245, 260
Schmidt-Rottluff, Karl 18, 24, 70, 97, 98, 99, 142, 163, 164, 167, 168, 169, 197, 259
Schmitz, Bruno 59
Schnitzler, Arthur 76
Schwechten, Franz 60
Servaes, Franz 37
Simmel, Georg 72, 134, 212
Skarbina, Franz 211
Slevogt, Max 72, 114, 211
Sombart, Werner 129, 132, 134
Spengler, Helene 180, 204
Spengler, Luzius 180, 204, 205
Spengler, Oswald 26
Stadler, Ernst 25, 172
Stahl, Fritz 55
Steinhardt, Jakob 19
Stern, Norbert 132
Sternheim, Carl 34
Stöcker, Helene 212
Stramm, August 23, 172
Strindberg, August 76
Suttner, Bertha von 22
Sydow, Eckart von 237

Tappert, Georg 17, 197
Thorn-Prikker, Jan 157, 198
Tizian (Tiziano Vecelli) 129, 130, 211
Toulouse-Lautrec, Henri de 211, 220
Trakl, Georg 18, 172
Trier, Walter 131, 132
Tschechow, Anton 72
Tschudi, Hugo von 97

Ury, Lesser 72, 113, 114, 211

Velde, Henry van de 80, 135

Walden, Herwarth 17, 20, 23, 69, 78, 97, 98, 143, 163, 164, 169, 197, 212
Waldoff, Claire 59
Walther, Wilhelm 56
Wedekind, Frank 76, 238
Weininger, Otto 246
Werner, Anton von 17
Westheim, Paul 140, 150, 151, 156
Wigman, Mary 157
Wilde, Oscar 245
Wilhelm II., Kaiser 17, 18, 20, 22, 25, 26, 62, 113, 171, 209
Wolff, Kurt 168
Wolff, Theodor 62
Wulffen, Erich 245

Zille, Heinrich 17, 19, 78, 149, 157, 211
Zola, Emile 219